Building Ethereum Dapps

이더리움 디앱 개발

**스마트 컨트랙트에서 투표 디앱까지
실습하며 배우는 이더리움 디앱**

이더리움 디앱 개발

스마트 컨트랙트에서 투표 디앱까지 실습하며 배우는 이더리움 디앱

초판 1쇄 발행 2020년 6월 4일

지은이 로베르토 인판테 / **옮긴이** 정종화 / **펴낸이** 김태헌
펴낸곳 한빛미디어(주) / **주소** 서울시 서대문구 연희로2길 62 한빛미디어(주) IT출판부
전화 02-325-5544 / **팩스** 02-336-7124
등록 1999년 6월 24일 제25100-2017-000058호 / **ISBN** 979-11-6224-314-5   93000

총괄 전정아 / **책임편집** 홍성신 / **기획** 홍성신 / **편집** 이윤지
디자인 표지·내지 김연정 조판 다인
영업 김형진, 김진불, 조유미 / **마케팅** 박상용, 송경석, 조수현, 이행은, 홍혜은 / **제작** 박성우, 김정우

이 책에 대한 의견이나 오탈자 및 잘못된 내용에 대한 수정 정보는 한빛미디어(주)의 홈페이지나 아래 이메일로
알려주십시오. 잘못된 책은 구입하신 서점에서 교환해드립니다. 책값은 뒤표지에 표시되어 있습니다.
한빛미디어 홈페이지 www.hanbit.co.kr / **이메일** ask@hanbit.co.kr

지금 하지 않으면 할 수 없는 일이 있습니다.
책으로 펴내고 싶은 아이디어나 원고를 메일(**writer@hanbit.co.kr**)로 보내주세요.
한빛미디어(주)는 여러분의 소중한 경험과 지식을 기다리고 있습니다.

Building Ethereum Dapps

이더리움 디앱 개발

스마트 컨트랙트에서 투표 디앱까지
실습하며 배우는 이더리움 디앱

로베르토 인판테 지음
정종화 옮김

표지 그림은 '시베리아 보티악^{Wotiac} 여인의 습관(1768년)'입니다. 이 그림은 1757년에서 1772년 사이 런던에서 출판된 토머스 제프리스 ^{Thomas Jefferys}의 『A Collection of the Dresses of Different Nations, Ancient and Modern』(4권)에서 가져왔습니다.

토머스 제프리스(1719~1771)는 '조지 3세의 지리학자'라 불렸습니다. 그는 영국 지도 제작자로 당대 최고의 지도 제작 자였습니다. 정부와 공공기관을 위해 지도를 새기고 인쇄했으 며 다양한 종류의 상업 지도와 지도책을 제작했습니다. 특히 북 미 지역의 지도를 주로 만들었습니다. 지도를 제작하기 위해 조 사한 지역의 현지 의복에 사연스레 관심을 갖게 되었고 책에서 이 를 훌륭하게 설명합니다. 먼 나라에 매력을 느끼고 관광하는 것은 18세기 후반에는 비교적 새로운 현상이어서 그의 책들은 유명해져 관광객은 물론 일반 독자에게도 다른 나라의 모습을 소개했습니다. 제프리스의 책에 수록된 다 양한 그림은 약 200년 전 세계 여러 국가의 독창성과 개성을 생생하게 표현합니다.

그 후 의복 형태는 계속 바뀌었고 당시에 여러 지역과 국가별로 존재하던 다양성이 사라졌습 니다. 이제는 어떤 사람을 보고 어떤 지역에 사는지 말하기가 어렵습니다. 긍정적으로 바라보 자면 아마도 눈에 보이는 다양성과 문화 대신 더 다양한 삶의 방식과 더 흥미로운 지적, 기술적 생활을 선택했기 때문이라고 생각합니다. 오늘날에는 IT 기술 서적도 평준화되어 구분하기 어 렵습니다. 매닝출판사는 제프리스의 그림으로 2세기 전 풍부하고 다양한 지역별 삶을 표지로 되살려내어 IT 비즈니스의 창의성과 독창성을 기립니다.

멋진 아내 에스트렐라 그리고

아름다운 두 딸 비앙카와 클리오에게 바칩니다.

지은이 · 옮긴이 소개

지은이 **로베르토 인판테** Roberto Infante

20년간 다양한 금융 전문 소프트웨어 분야에 몸담았다. 영국 최초 인터넷 모기지 승인 시스템, 런던 최초 인터넷 보험 계약 시스템, 첨단 포트폴리오 거래 플랫폼과 같은 혁신적인 프로젝트를 수행했다. 현재는 금융 리스크 관리 애플리케이션과 블록체인 프로젝트 분야에서 일한다.

옮긴이 **정종화** jonghwaj@gmail.com

삼성SDS에서 8년간 IT 컨설턴트로 일하고 있다. 2016년 말 블록체인을 처음 접하고 기술과 사상에 매료됐다. 2018년에는 국내외 블록체인 해커톤에 참가했다. 해시드, 고팍스에서 주최하는 해커톤에 참가했고 퀀텀에서 주최하는 글로벌 해커톤에서는 유일한 한국팀으로 4위에 입상했다. 『밑바닥부터 시작하는 비트코인』(한빛미디어, 2019)을 감수했으며 최근에는 논스에서 진행하는 비트코인 연구회에 참여하고 있다.

2017년 12월 비트코인 가격의 급격한 상승과 하락을 봤다면 블록체인 이야기도 들어봤을 것입니다. 블록체인은 비트코인의 기반 기술입니다. 라이트코인^{Litecoin}, 대시^{Dash}와 같은 다른 암호화폐의 기반이기도 합니다. 블록체인은 탈중앙화된 데이터베이스이며 안전하게 암호화된 트랜잭션이 넓은 네트워크에 복제되어 분산 저장됩니다. 대부분의 블록체인은 하나의 탈중앙화된 화폐를 지원합니다. 이더리움은 2013년에 범용 블록체인으로 만들어졌습니다. 이더리움은 개발자가 탈중앙화 애플리케이션(Dapp)을 개발할 수 있어 프로그래밍 가능한 블록체인으로 봅니다.

저는 비트코인을 좋아하는 소프트웨어 개발자입니다. 이더리움 사상에 매료되었고 이더리움이 사회 전반과 산업에 미칠 영향에 설레었습니다. 그래서 저는 몇 년 전부터 이더리움 개발을 시작했습니다.

하지만 학습하는 과정이 매우 비효율적이라는 것을 깨달았습니다. 초반에는 배울 수 있는 책이 거의 없었고 일부 블로그만 있었습니다. 공식 문서는 실제 기술 속도를 따라가지 못했습니다. 시간이 지나며 자료들이 나타나기 시작했지만 웹상에 여기저기 흩어져 있고 품질도 일관되지 않았습니다. 그래서 출판을 제안하고 완전한 이더리움 디앱을 구축하기 위해서 알아야 할 모든 것을 한곳에 모으기로 했습니다. 완성된 책은 제가 처음 블록체인을 배우고 싶었을 때 찾던 바로 그 책입니다. 이 책으로 저보다 훨씬 더 빨리 이더리움을 배울 수 있기를 바랍니다.

로베르토 인판테

이더리움 디앱 개발 프레임워크

새로운 기술과 개념은 익히기 어렵습니다. 기존에 없던 혁신을 배울 때는 더 그렇습니다. 빠르게 변하기 때문입니다. 블록체인과 이더리움은 지금도 빠르게 발전하고 있습니다. 오픈소스 코드는 실시간으로 수정되고 새로운 기능도 계속 추가됩니다. 이 속도를 따라가다 보면 길을 잃기 십상입니다. 이 책에서는 탈중앙화 애플리케이션을 개발하는 프레임워크를 소개합니다. 프레임워크는 애플리케이션을 개발하는 뼈대입니다. 뼈대는 쉽게 변하지 않습니다. 간단한 이더리움 디앱을 직접 개발해보면서 솔리디티에서 자동화 테스트 툴까지 프레임워크를 익힐 수 있습니다. 뼈대 위에 살을 얹는 것은 우리 개발자 몫입니다. 더 나은 개발 도구를 찾고 새로운 버전으로 최신화해야 합니다.

이더리움 2.0

이더리움 진화를 다룬 마지막 장에서 이더리움 2.0을 짧게 소개합니다. 올해 이더리움은 이더리움 2.0으로 전환을 앞두고 있습니다. 이더리움 2.0은 1.0과는 완전히 다른 플랫폼입니다. 새로운 합의 알고리즘(지분 증명 방식), 데이터 처리 방식(샤딩^{Sharding}), 프로그램 작동 환경(eWASM)을 다음과 같이 단계별로 도입합니다.

이더리움 2.0 로드맵

- 0단계: 비콘 체인(2020. 07), 합의 알고리즘 지분 증명 방식
- 1단계: 샤드 체인(2021), 데이터 처리
- 2단계: eWASM(2021), 프로그램 작동 환경
- 3단계: 안정화(2022)

디앱 개발 관점에서는 특히 2단계를 주목해야 합니다. 이더리움 웹어셈블리(eWASM)를 지원하면 솔리디티 외에도 C, C++, 자바 등 다양한 프로그래밍 언어로 스마트 컨트랙트를 구현할 수 있습니다. 또 이더리움 가상머신(EVM)보다 더 나은 성능을 지원합니다. 지금보다 더 많은 개발자들이 이더리움 생태계로 들어올 긍정 요인이 됩니다.

코로나19와 블록체인

번역을 마무리하는 동안 세계는 코로나19로 빠르게 변하고 있습니다. 언택트^{untact}(비대면)가 새로운 생활 방식으로 자리 잡고 있습니다. 블록체인은 언택트 경제에서 중요합니다. 언택트 경제는 강한 신뢰가 필요하고 블록체인은 신뢰 비용을 획기적으로 줄여주기 때문입니다. 블록체인을 기반으로 하는 애플리케이션(디앱)도 더욱 다양한 산업에서 적극적으로 활용될 것입니다.

이제 디앱 개발은 선택이 아닌 필수입니다. 디앱 개발자가 되는 첫걸음을 응원합니다. 마지막으로 좋은 책을 제안하고 초반 작업을 지원한 홍성신 님에게 감사드립니다. 꼼꼼한 교정으로 읽기 좋은 문장을 만들어준 이윤지 님에게도 감사드립니다.

정종화

어떤 사람들은 블록체인이 모든 것을 새롭게 발명할 것이라고 말합니다. 또 다른 사람들은 주목할 가치가 없는 비열하고 거품 낀 기술이라 생각합니다. 블록체인 기술이 우리 곁에 있는 한 진실은 두 의견 사이 어딘가에 존재할 것입니다. 이 책은 여러분이 선택할 수 있는 최고의 투자 중 하나라고 생각합니다.

블록체인 산업은 매우 빠르게 성장하고 있습니다. 주요 콘퍼런스에 수천 명의 참가자가 몰려들고 새로운 블록체인 관련 회사도 계속 나타나고 있습니다. 그럼에도 블록체인 기술을 수용하는 속도는 여전히 느립니다.

이유는 두 가지입니다. 첫 번째는 규제가 없는 암호화폐 시장에서 일어나는 투기로 인한 영향이 파괴적이기 때문입니다. 투기적인 환경에 익숙하지 않거나 이런 환경이 개발을 방해한다고 생각하는 신규 개발자들은 들어오기를 꺼려합니다. 그러나 저는 새로운 형태인 프로그래밍이 가능한 화폐가 얼마나 많은 잠재력을 가지고 있는지 보여주는 환상적인 지표라고 생각합니다.

블록체인 기술 적용이 부진한 두 번째 이유는 잘못 설정된 기대치라고 생각합니다. 90년대 후반 인터넷이 가진 잠재력을 무시했다고 상상해봅시다. 지금의 페이스북이나 넷플릭스가 당시에 존재하지 않았다고 해서 인터넷을 사기라고 치부했으면 어땠을까요? 그 기회비용은 상상을 초월했을 것입니다.

2012년부터 블록체인 분야에서 근무하며 놀라운 성장과 기술 적용의 부진을 목격했습니다. 커뮤니티는 현재 수십 배나 커졌지만 커뮤니티에서 추구하는 이상은 제가 처음 블록체인이라는 토끼굴에 빠졌을 때 경험했던 그대로 유지되고 있습니다. 획기적이었던 비트코인 백서가 발표된 지 10년이 지났습니다. 그러나 "Don't trust—verify", 신뢰하지 말고 직접 검증하라는 정신으로 혁신을 주도하고 있습니다. 블록체인 초기 정신은 여전히 잘 유지되고 있고 기술적, 사회적 공격을 버텨내며 더욱 강화되고 있습니다.

비트코인이라는 무대 뒤에서 일하는 선구적 사상가들은 탈중앙화된 블록체인을 혁신적이고 강력한 기술로 발전시켜왔습니다. 이들은 비허가형 혁신, 신뢰의 재해석[1]이란 개념이 기존 시스

---

1   Ken Thompson, 「Reflections on Trusting Trust」 https://dl.acm.org/citation.cfm?id=358210

템의 잠재적 위협 요소가 된다는 것을 일찍이 깨달았습니다. 그리고 그들이 꿈꾸던 새로운 금융 시스템을 설계할 때 이를 고려해 도입했습니다.

이들이 처음 설계했던 새로운 탈중앙화된 금융 시스템은 이제 스스로 발전해가고 있습니다. 오늘날에는 수백 명의 개발자가 지식과 전문성으로 협력하여 비트코인 블록체인을 단단하게 만듭니다. 그리고 수천 명의 개발자가 비트코인이나 이더리움과 같은 다른 블록체인 플랫폼을 개발하는 데 기여하고 있습니다.

그러나 우리는 여전히 선구적인 개발자가 필요합니다. 이들은 새로운 것을 두려워하지 않는 반항적인 사상가로 블록체인을 잘 이해하고 블록체인 분야에 기여할 신선한 아이디어를 제공합니다. 이 책이 나오게 된 배경이 여기에 있습니다.

이더리움과 같은 블록체인에서 애플리케이션을 만드는 것은 복잡한 과정입니다. 하지만 저자인 로베르토 인판테는 간단한 방법으로 이 과정을 설명합니다. 어떤 개발자라도 성공적으로 복잡한 구조를 탐색하고 그 의미를 이해할 수 있도록 합니다. 궁극적으로 블록체인 애플리케이션 개발의 잠재력을 깨닫도록 합니다.

이 책에서는 블록체인 생태계에서 만들어진 다양한 도구와 서비스, 프로토콜을 소개합니다. 그리고 이 모든 것이 하나로 잘 조율되어 탈중앙화 애플리케이션을 지원하는 것을 보여줍니다. 저자는 블록체인은 상호운용적이라는 점을 잘 이해하고 있습니다. 또 여러분이 큰 그림을 그릴 수 있도록 도우면서 전문가용 개발 도구로 무장시켜줄 것입니다.

안전한 스마트 컨트랙트를 작성하는 것은 어렵지만 현재 블록체인의 핵심 요소를 새로 생성하는 것이므로 꼭 필요합니다. 이 책은 쓸데없이 다시 개발하는 것을 피할 수 있도록 합니다. 기본 제작 단위를 연결하는 새로운 방법을 찾도록 도와주고 여기서 살펴본 것을 넘어서 새로운 활용 사례를 만들 수 있도록 합니다.

2018년 초기 코인 공개^{Initial Coin Offering}(ICO)를 통한 크라우드펀딩은 엄청난 수익을 냈습니다. 블록체인 산업이 성장할 것은 의심할 여지가 없습니다. 그러나 어떤 활용 사례가 다음 성장 단계를 이끌어갈까요? 이 책에서 배운 지식으로 무장한다면 이 질문의 답을 얻기 위한 모든 도구를 얻게 될 것입니다. 차세대 금융 혁신은 이미 진행 중입니다. 놓치지 마세요!

토머스 베르타니^{Thomas Bertani}
오라클라이즈 CEO

이 책에 대하여

이 책은 이더리움 탈중앙화 앱(디앱)을 다루고 있습니다. 블록체인을 처음 접한 독자는 새로운 프로그래밍 언어나 개발 프레임워크를 배우는 것보다 디앱 개발이 낯설 수 있습니다. 이전과는 완전히 다른 새로운 기술을 배워야 하기 때문입니다. 앱을 개발하는 새로운 방법과 패러다임으로 전환해야 합니다.

이 책은 여러분이 새로운 패러다임으로 쉽게 전환할 수 있도록 도와줍니다. 신기술을 배우는 마법 같은 지름길이 있지는 않습니다. 그 대신 단계별로 직접 실습하며 디앱을 개발하는 데 필요한 모든 개념, 도구, 프로그래밍 언어, 프레임워크를 배웁니다. 장별로 개발해나가는 예제 애플리케이션이 여러분의 여정을 순조롭게 마치는 데 도움이 되길 바랍니다.

이 책을 다 읽고 나면 이더리움 플랫폼과 생태계를 구성하는 주된 요소를 이해할 수 있습니다. 그리고 완전한 디앱을 설계하고 구현, 배포할 수 있습니다.

대상 독자

2017년 12월 암호화폐의 기록적인 성장과 함께 블록체인이 주류 기술로 주목하기 시작합니다. 이더리움과 같은 블록체인 플랫폼에서 다양한 산업 분야에 진보와 혁신을 가져올 잠재력과 가능성을 찾고 있습니다. 많은 사람이 다양한 배경과 열망에 따라 각기 다른 수준으로 블록체인을 배우고 있습니다.

이 책은 이더리움을 이해하고 활용하려는 소프트웨어 개발자, 아키텍트, 중급 프로그래밍 경험이 있는 개발자를 대상으로 합니다. 새로운 기술을 배우는 데 관심 있지만 관련 지식은 부족하다고 가정합니다. 자바스크립트, 자바 또는 C와 유사한 프로그래밍 언어를 경험했다면 초급 개발자라도 어렵지 않게 과정을 따라갈 수 있습니다. 객체 지향 프로그래밍이나 Node.js를 다뤄본 경험이 있다면 더 좋습니다. 블록체인이나 이더리움 관련 기사나 개념을 읽어봤다면 시작해도 좋습니다.

이 책의 구성

이 책은 4부로 구성됩니다. 블록체인 플랫폼에 대한 사전 지식이 없는 독자는 처음부터 순서대로 읽어나가면 좋습니다. 개념과 도구를 점진적으로 설명하며, 대부분 직전 장을 읽었다고 가정하고 썼습니다.

블록체인이 친숙하거나 이더리움 기초 지식이 있는 독자는 1부를 건너뛰어도 됩니다. 그리고 구축한 앱을 실제로 배포하지 않을 독자는 15장을 제외한 4부의 나머지 장은 건너뛰어도 좋습니다.

- 1부에서는 탈중앙화 앱을 소개하고(1장), 블록체인 및 스마트 컨트랙트(2장), 이더리움 플랫폼, 이더리움 가상머신(EVM), Go 이더리움(geth) 클라이언트, 이더리움 지갑 등 이더리움 플랫폼(3장)을 다룹니다. 3장까지는 책을 이해하기 위한 기초 지식을 얻을 수 있습니다. 4장에서는 첫 디앱(간단한 암호화폐)을 구현하고 퍼블릭 테스트넷에 배포합니다.

- 2부에서는 이더리움에서 사용하고 있는 스마트 컨트랙트에 중점을 둡니다. 스마트 컨트랙트는 블록체인이 암호화폐를 지원할 뿐만 아니라 탈중앙화 앱을 구현할 수 있도록 합니다. 5장에서는 솔리디티^{Solidity}를 설명합니다. 이더리움 가상머신에서 실행되는 스마트 컨트랙트를 작성할 때 가장 많이 쓰이는 언어입니다. 6장에서는 크라우드세일 예제 앱을 통해 전형적인 스마트 컨트랙트 구조를 다룹니다. 생성자, 상태 변수, 함수, 이벤트와 같은 스마트 컨트랙트의 주요 요소를 설명합니다. 그리고 상속을 통해 컨트랙트 기능을 일반화하는 방법을 배웁니다. 7장에서는 추상 컨트랙트, 인터페이스처럼 좀 더 심화된 객체 지향 기능을 다룹니다. 이 또한 크라우드세일 앱의 기능을 높이거나 확장시키면서 단계별로 소개할 것입니다. 이 장에서는 작성되는 코드를 유지보수하기 쉽게 도와주는 라이브러리도 다룹니다. 8장은 스마트 컨트랙트를 퍼블릭 테스트넷에 배포하는 내용을 다룹니다. 이더리움 통신 라이브러리 Web3, Go 이더리움 콘솔, Node.js, 웹 UI를 통해 배포된 스마트 컨트랙트에 접근하는 것도 설명합니다. 또한 개인 네트워크를 설정하는 방법과 가나슈^{Ganache}와 같은 모의 네트워크 클라이언트를 사용하는 방법도 설명합니다.

- 이 책의 핵심인 3부에서는 실제 이더리움 네트워크를 배웁니다. 이전까지 이더리움의 기초를 잘 쌓았습니다. 따라서 9장부터는 더 넓은 생태계와 익숙해지기 시작할 것입니다. 여기에는 이더리움 네임 서비스(ENS), IPFS 및 스웜^{Swarm}과 같은 탈중앙화 스토리지 네트워크, 오라클^{Oracle} 및 기타 개발 프레임워크를 포함합니다. 그런 다음 전문 개발 도구를 사용합니다. 10장에서는 자바스크립트 모카^{Mocha} 프레임워크를 사용하여 스마트 컨트랙트를 테스트하는 방법을 배웁니다. 11장에서는 트러플^{Truffle} 프레임워크를 사용하여 개발 절차를 개선하고 컨트랙트를 쉽게 컴파일, 테스트, 배포하는 방법을 설명합니다. 마지막으로 12장에서는 엔드 투 엔드 투표 디앱을 처음부터 작성하여 지금까지 배운 것을 종합합니다. 3부를 마치면 이 책을 졸업했다고 생각해도 됩니다.

- 4부에서는 기술뿐만 아니라 실제 운영 네트워크에 디앱을 배포할 계획이 있는 독자를 대상으로 합니다. 13장에서는 이벤트 로깅과 컨트랙트 업그레이드 기능 등 운영할 때 고려할 점을 소개합니다. 14장은 보안에 중점을 두어 설명합니다. 자주 발견되는 취약점과 일반적으로 사용되는 스마트 컨트랙트 공격을 설명합니다. 15장은 모든 독자를 대상으로 합니다. 현재 블록체인과 분산 원장 환경에 대해 설명하고 더 깊게 알고 싶은 독자를 위해 더 알아보면 좋은 기술 목록을 제공합니다.

예제 소스

이 책의 예제 소스는 주로 솔리디티와 자바스크립트입니다. 다음 사이트에서 예제 파일을 다운로드할 수 있습니다.

- www.manning.com/books/building-ethereum-dapps

시스템 권장 사항

이더리움 개발 도구는 윈도우, 리눅스, 맥OS에서 사용 가능합니다. 책 전체에 실린 그림은 윈도우 기준입니다. 코드는 대부분 운영체제에 구애받지 않지만 윈도우에서만 사용되는 경우는 코드를 예외 문자 처리했습니다(예: curl 기반 RPC 호출). 사용 중인 운영체제에 상관없이 모든 예제를 따라 할 수 있습니다.

전체 이더리움 메인넷 블록체인을 다운로드하려면 약 1테라바이트의 디스크 공간이 필요합니다. 그러나 나중에 자세히 설명할 Fast 모드를 사용하면 약 100기가바이트면 됩니다. 책에서 대부분 테스트넷을 사용하며 테스트넷 블록체인은 집필 시점 기준으로 약 75기가바이트가 필요합니다.

이 책에서 사용된 도구

이 책에서 사용하는 도구의 버전입니다. 예제 실행을 위해서 버전에 맞게 설치하기를 권합니다.

- **리믹스**
  - http://remix.ethereum.org
  - Solidity compiler version used(Settings tab): 0.4.24+commit.e67f0147.Emscripten. clang

- **이더리움 지갑**
  - https://github.com/ethereum/mist/releases
  - 버전: Ethereum-Wallet-win64-0-11-1.zip

- **Geth**
  - https://ethereum.github.io/go-ethereum/downloads/
  - 버전: Geth & Tools 1.8.13

- **Solc**
  - https://github.com/ethereum/solidity/releases
  - 버전: 0.4.24 => solidity-windows.zip

- **Solc in node(version 0.4.24)**
  - `C:\>npminstallsolc@0.4.24`

- **Web3 in node(version 0.20.4)**
  - `C:\>npminstallweb3@0.20.4`

- **가나슈 6.1.8**
  - `C:\>npminstall-gganache-cli@6.1.8`

- **트러플 4.1.15**
  - `C:\>npminstall-gtruffle@4.1.15`

감사의 말

여가 시간을 쪼개어 이 책을 썼지만 가능한 한 가족과의 시간을 지키기 위해 아침 일찍 또는 밤 늦게 작업했습니다. 하지만 그럴 수 없던 적도 있습니다. 기다려주고 지원해준 아내 에스트렐라Estrella와 두 딸 비앙카Bianca와 클리오Clio에게 감사하다는 말을 전합니다. 이제 책을 모두 완성했기 때문에 가족과 함께할 시간이 기다려집니다.

저자가 되기 전까지 오랫동안 매닝출판사의 독자였습니다. 매닝에서 기회를 주었을 때 매우 기뻤습니다. 특히 프로젝트를 시작하고 본 궤도에 오르기까지 도움을 준 마이클 스티븐스Michael Stephens, 가능성을 믿어준 마르잔 바세Marjan Bace, 전체 프로젝트를 가이드해준 캔디스 웨스트Candace West, 제가 올바른 방향으로 가고 있다는 것을 확신시켜준 버트 베이츠Bert Bates에게 감사의 말을 전합니다. 또한 검토 과정을 조정해준 이반 마티노빅Ivan Martinovic, 책 홍보에 힘써준 캔디스 길훌리Candace Gillhoolley, 아나 로맥Ana Romac, 마르코 라이코비치Marko Rajkovic, 크리스토퍼 카우프만Christopher Kauffman에게 감사합니다.

집필 단계부터 원고를 읽고 의견을 준 다음 리뷰어에게도 감사의 말을 전합니다. 앨런 런턴Alan Lenton, 아르노 베일리Arnaud Bailly, 덩컨 맥레이Duncan McRae, 개리 터킹턴Garry Turkington, 가드프레드 아사모아Godfred Asamoah, 고팔라 크리슈나Gopala Krishna, 제임스 니카James Nyika, 조엘 코타르스키Joel Kotarski, 호세 산 레안드로Jose San Leandro, 위르겐 호첼Jürgen Hötzel, 마시모 달라Massimo Dalla, 매슈 카이저Matthew Kiser, 마이클 브라이트Michael Bright, 나세르 우고이Nasser Ugoji, 올리비에 두카테우Olivier Ducatteeuw, 라훌 라이Rahul Rai, 타티아나 페센코Tatiana Fesenko, 토모 헤르만Tomo Helman, 비노드 패니커Vinod Panicker, 비탈 다마라주Vittal Damaraju, 윈륀우Win Lwin Oo, 쥐홍웨이Zhuo Hong Wei.

베타리더, 감수자, 테크니컬 리뷰어, 이더리움 커뮤니티의 주요 회원들에게 받은 매우 유용한 피드백들로 책 내용이 많이 좋아졌습니다. 우선 저의 오랜 친구인 레한 말리크Rehan Malik에게 감사합니다. 가장 먼저 각 장의 초안을 철저히 검토해주었습니다. 알프레도 이엘포Alfredo Ielpo가 준 매우 상세한 피드백으로 책의 첫 부분을 더 명확하고 단순하며 읽기 쉽게 만들 수 있었습니다. 데우스토Deusto 대학교 공학부 강사이자 연구원인 다비드 부한David Buján 박사와 테크날리아Tecnalia의 사이버 보안 및 블록체인 연구원인 오스카르 라헤Oscar Lage는 특히 용어와 이론적인 주제를 설명하는 데 도움을 주었습니다.

테크니컬 리뷰어들에게도 정말 감사합니다. 테크니컬 개발 편집자인 알랭 쿠니오^{Alain Couniot}의 귀중한 피드백과 버그를 찾아주고 책이 인쇄되기 직전까지 참을성 있게 테스트해준 기술 감수자인 쿠마르 우니크리슈난^{Kumar Unnikrishnan} 덕분에 완전하고 정확한 책이 나왔습니다. 또한 제작 과정을 매끄럽게 조정해준 앤서니 캘카라^{Anthony Calcara}에게도 감사합니다. 특히 교열 담당자인 칼 케스넬^{Carl Quesnel}과 글을 다듬고 세부적인 것까지 교정해준 멜로디 돌라브^{Melody Dolab}에게 감사합니다.

마지막으로, 이더리움 커뮤니티도 저에게 큰 도움이 됐습니다. 우선 ENS 및 스마트 컨트랙트 업그레이드 부분을 검토해준 ENS 창립자 닉 존슨^{Nick Johnson}에게 감사의 말씀을 전합니다. 솔리디티 리드 개발자이며 이더리움 C++ 클라이언트 책임자인 크리스티안 라이트비스너^{Christian Reitwiessner} 박사님도 솔리디티와 스마트 컨트랙트 관련 장을 검토해주셔서 감사합니다. 오라클라이즈^{Oraclize}의 토머스 베르타니^{Thomas Bertani}와 그의 팀에게 감사의 말을 전합니다. 책 집필 초기에 항상 친절하게 대해주고 많은 도움을 주었습니다. 또한 ConsenSys Diligence 소속 톰 린데만^{Tom Lindeman}에게 감사합니다. 「Ethereum Smart Contract Best Practices」 내용을 참고하도록 허락해주었고 컨트랙트 보안과 관련하여 유용한 정보를 제공해주었습니다. 트러플의 조시 퀸틀^{Josh Quintal}은 책에서 설명하는 트러플 기능을 검토해주었습니다. 감사합니다.

CONTENTS

Part 1 **탈중앙화 앱과 관련 기술**

CHAPTER **1** **처음 만나는 탈중앙화 앱**

CHAPTER **4** 스마트 컨트랙트 배포하기

CHAPTER 5 솔리디티로 스마트 컨트랙트 프로그래밍하기

CHAPTER 8 Web3.js로 스마트 컨트랙트 활용하기

CHAPTER **9** 이더리움 생태계

Part **4**　디앱 배포

CHAPTER **13** 디앱 운영 준비하기

CHAPTER 15 결론

APPENDIX 부록

Part I

탈중앙화 앱과
관련 기술

1부에서는 이더리움 탈중앙화 앱과 관련 기술을 살펴봅니다. 1장에서는 탈중앙화 앱을 소개하고 2장에서는 블록체인과 스마트 컨트랙트를 소개합니다. 3장에서는 이더리움 가상머신(EVM), Go 이더리움(geth) 클라이언트, 이더리움 지갑 등 이더리움 플랫폼을 만나게 될 것입니다. 심플 코인이라는 첫 디앱을 구현하고 4장에서는 이를 퍼블릭 테스트넷에 올립니다.

CHAPTER 1

처음 만나는 탈중앙화 앱

이 장의 주요 내용

- 탈중앙화 소개
- 디앱 정의와 작동 방식
- 디앱 용어
- 디앱 활용 사례

다음과 같은 상황을 여러분은 얼마나 경험했는지 생각해봅시다. 최신 기기를 구매하기 위해서 인터넷으로 가격을 비교하다가 주로 이용하는 WellKnown.com보다 30퍼센트 저렴한 SmallWebRetailer.com을 발견했습니다. 가격이 오를 것을 걱정하며 재빠르게 장바구니에 담고 배송지를 입력하고 신용카드 정보를 적습니다. 그러던 중 불안한 느낌이 들면서 걱정하기 시작합니다. 이 가격이 정말 가장 좋은 가격일까? SmallWebRetailer.com이 가짜 사이트는 아닐까? 돈만 받고 사이트가 사라지는 것은 아닐까? 마지막 구매 버튼을 누르기 전 몇 분간 고민하다가 결국 WellKnown.com 사이트에서 30퍼센트 비싼 가격으로 구매합니다.

왜 두려웠을까요? SmallWebRetailer.com을 믿지 못했기 때문입니다. 신용카드사에 확인하거나 사기로 인한 환불 등 불필요한 시간을 낭비하고 싶지 않았을 것입니다. 새로운 전자상거래 앱으로 영세하고 잘 알려지지 않은 판매자와 거래하는 것은 어떨까요? 그 앱은 상품이 도착해 구매를 확정하기 전까지 판매자가 당신이 지불한 금액에 접근할 수 없도록 보증합니다. 하지만 이 보증이 판매자나 특정한 제3자에 의해 이루어지지 않고 수많은 독립적인 참여자에 의해서 이루어진다면 어떨까요? 누구나 검증할 수 있는 소프트웨어 위에 코딩된 규칙에 따라 거래를 검증하는 플랫폼에서 말입니다. 제가 너무 급히 설명한 것 같군요. 천천히 다시 이야기해 보겠습니다.

1 배송이 완료될 때까지 송금되지 않는다면 어떨까요? 판매자나 제3자가 아닌 특정 플랫폼에 참여하고 있는 다수의 참여자에 의해서 말이죠.

2 판매금을 보관하고 다시 송금하는 규칙이 수작업이 아니라 프로그래밍 로직으로 이루어진다면 어떨까요?

3 그래도 믿지 못한다면 프로그래밍된 코드를 직접 검사할 수 있다면 어떨까요?

구매자가 구매 버튼을 눌렀을 때 이 플랫폼은 배송이 완료될 때까지 안전하게 구매자의 돈을 보관할 것이라 확신합니다. 이런 시스템은 정말로 존재합니다. 우리는 그러한 앱을 **탈중앙화 앱**Decentralized Application (Dapp, 디앱)이라고 부릅니다. OpenBazaar (https://openbazaar.org/)와 같은 탈중앙화 전자상거래 사이트가 이렇게 운영되고 있습니다. 안전하게 배송이 완료되었을 때 구매자가 확인하면 판매금이 판매자에게 송금되는 이와 같은 작동 원리를 **스마트 컨트랙트**smart contract라고 부릅니다.

탈중앙화 애플리케이션이나 탈중앙화 앱 또는 디앱은 상업 거래, 행정 절차, 공급망 등 고객과 공급자, 사용자와 공급자 사이에 신뢰가 필요한 모든 시스템의 투명성을 높이기 위한 웹 애플리케이션의 새로운 변화 중 하나입니다. 디앱의 목적은 시스템 상호작용에서 참여자 간 신뢰 필요성을 최소화하거나 제거하는 것입니다. 웹 2.0이 제공한 것 이상으로 사용자에게 권한을 부여하는 것을 목표로 합니다. 디앱이 웹 3.0의 중추가 될 수 있다고 이야기하는 사람들도 있습니다.

프로그래밍 경험이 있거나 특히 자바스크립트 웹 애플리케이션에 익숙하다면 이 책에서 사용자 인터페이스(UI)로 제어되며 하나 이상의 스마트 컨트랙트로 구성된 디앱을 만드는 방법을 배울 수 있습니다. 이 책을 마치면 스마트 컨트랙트를 개발할 수 있을 뿐만 아니라 디앱 설계, 구현, 테스트, 디버그, 배포까지 모든 과정을 이해할 수 있습니다. 그 과정에서 새로운 언어, 새로운 플랫폼, 무엇보다 애플리케이션을 생각하고 설계하고 실행하는 새로운 방법을 배우게 됩니다.

이 장에서는 디앱에 대한 높은 수준의 개요를 소개할 것입니다. 디앱이 무엇인지, 어떻게 생겼는지, 기반 기술 스택은 무엇인지, 언제 빌드되는지 자세히 설명합니다. 무엇보다도 여러분만의 디앱을 만들 수 있도록 도와줄 것입니다.

1.1 디앱이란 무엇인가

탈중앙화 앱(디앱)을 이야기하기 전에 이미 익숙해 대부분 알아채지 못하는 **중앙화 앱**부터 짚고 시작하겠습니다. 기존 웹이나 기업용 앱은 사용자와 관련된 부분을 중앙 집중 방식으로 보이지 않게 처리하고 있어 중앙화 앱이란 표현이 익숙하지 않습니다. 먼저 '중앙화'가 정확히 어떤 의미인지부터 알아봅시다.

중앙화centralized 앱 또는 시스템은 개인, 회사, 기관, 정부와 같이 단일하거나 중앙화된 주체가 제어합니다. 이 주체들은 자체 시스템이나 서비스업체 또는 클라우드 제공업체를 통해 시스템을 직접 운영하면서 시스템 아키텍처의 모든 구성 요소와 계층을 완벽하게 제어할 수 있습니다. 따라서 사용자는 이러한 주체들이 선의로 운영할 것을 믿고 이들의 평판에 따라 해당 시스템을 이용할 것인지 결정하게 됩니다. 사용자 관점에서 시스템은 **신뢰**할 수 있거나 없는 것으로 나뉩니다. 오늘날 대부분의 웹과 기업용 앱은 이렇게 설계되고 있습니다.

[그림 1-1]은 사용자와 **중앙화된 시스템**의 일반적인 상호작용을 보여줍니다. 그림에서 특별히 놀랄 만한 것은 보이지 않습니다.

그림 1-1 중앙화 앱은 앱을 제어하는 단일 주체와 밀접하게 관련되어 있다. 따라서 사용자는 운영 주체를 신뢰하는지에 따라 시스템 사용 여부를 결정한다.

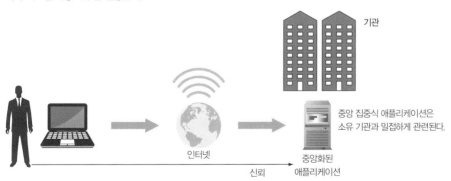

다음으로 탈중앙화 앱을 살펴봅시다. 앞서 소개했던 새로운 전자상거래 앱을 SmallWeb Retailer.com에 적용하여 생각해보면 탈중앙화 앱의 장점을 발견할 수 있습니다.

- **긍정적인 거래 조건**

  배송이 안전하게 완료됐다는 확인처럼 거래와 관련된 모든 조건을 소매업체가 만족시키는 경우에만 소매업체에게 대금이 지불되고 거래가 완료됩니다. 이렇게 된다면 SmallWebRetailer.com에 대한 가장 큰 의구심

중 하나를 없앨 수 있을 것입니다. 물건을 제대로 받을 수 있을지 아니라면 지불한 금액은 어떻게 될지 알 수 없는 불확실성을 없앨 수 있습니다.

- **거래 실행 및 검증의 독립성**

  소매업체나 제3자가 아닌 전자상거래 앱을 지원하는 플랫폼의 참여자 중 한 명이 거래를 진행시키고 다른 참여자들은 독립적으로 해당 거래를 검증하는 작업을 하게 됩니다. 이렇게 모든 참여자가 검증 작업에 동의하는 과정을 합의라고 합니다. 합의 과정은 알 수 없는 소매업체 대신 독립된 많은 참여자에 의해서 약속된 거래 조건이 수행되고 검증될 것임을 다시 한 번 확신시켜줄 것입니다.

> **DEFINITION_** 합의란 거래의 검증이 분산된 형태, 신뢰가 필요 없는 형태를 말합니다. 분산됐다는 것은 독립된 중앙 기관이 거래의 검증을 수행하지 않았다는 것을 뜻합니다. 대신 모든 참여자가 검증에 기여하고 이에 동의하는 과정을 거치게 됩니다. 신뢰가 필요 없다는 것은 검증 결과에 동의하기 위해 참여자가 서로를 신뢰할 필요가 없다는 의미입니다. 자격을 갖춘 다수의 참여자가 검증 결과에 동의하면 합의가 이루어집니다.

- **투명성**

  거래를 처리하는 코드를 확인하고 소매업체에 금액을 이체하기 전에 지정된 조건을 준수하고 있는지 확인할 수 있습니다. 이 특징은 약속한 조건에서 앱이 실행되고 있다는 확신을 줍니다.

서로 다른 개인이 소유하고 중요도나 기능 면에서 동등한 노드로 이루어진 네트워크 위에 새로운 전자상거래 앱을 개발한다면 위에서 설명한 장점을 가진 앱을 구축할 수 있습니다. 각 노드의 특성은 다음과 같습니다.

- 다른 노드와 동일한 방식으로 거래를 처리합니다.
- 다른 노드와 동일한 방식으로 모든 거래를 확인합니다.
- 거래 결과에 동등하게 기여합니다.

이렇게 설계하면 특정 주체가 소유하는 서버에 의해 중앙화되어 처리되기보다는 독립적인 노드들로 이루어진 네트워크에서 탈중앙화된 형태로 처리되는 결과를 가져올 수 있습니다. 이러한 탈중앙화는 사용자가 특정 주체를 신뢰해야 하는 부담을 덜어줍니다. 즉, 사용자는 단지 운영되는 네트워크 설계만을 신뢰하면 됩니다.

이러한 설계를 기반으로 구축된 앱을 탈중앙화 앱이라고 합니다. 조금 더 개념을 명확하게 이해하기 위해 다른 사례를 예로 들어 설명하겠습니다.

1.1.1 탈중앙화 앱 vs. 중앙화 앱

디앱의 장점을 더 명확하게 알아보기 위해 전자투표 앱 사례로 기존 중앙화 앱 개발 방식과 비교하여 설명하겠습니다.

중앙화된 투표 앱

전통적인 중앙화된 투표 앱은 일반적으로 주주 투표를 촉진하기 위해 회사에서 사용하거나 제안한 법안의 승인 또는 선택을 원활하게 하기 위해 지자체나 중앙 정부에서 사용합니다. 각 기관은 적어도 투표 기간에는 사용 중인 투표 앱을 직간접적으로 소유하고 있습니다.

[그림 1-2] 상단에서 볼 수 있듯이 중앙화된 투표 앱은 중앙 데이터베이스에 연결된 하나 이상의 앱 서버에서 실행됩니다. 이 시스템은 투표 웹사이트를 호스팅하는 하나 이상의 웹 서버를 통해 유권자에게 노출됩니다. 이때 기관은 사내 또는 클라우드에서 직접 호스팅되는 웹, 앱 및 데이터베이스 서버를 소유할 수 있습니다. 기관 내부 시스템에 투표 시스템을 구축했지만 클라우드 호스팅 업체를 통해 호스팅$^{Infrastructure\ as\ a\ Service}$(IaaS)을 할 수도 있고 선거 기간에만 외부 공급업체의 투표 시스템을 빌려 클라우드 앱 공급업체를 통해 구현되는 경우$^{Software\ as\ a\ Service}$(SaaS)도 있습니다. 이러한 구조는 유권자 입장에서 봤을 때 이상적이지 않을 수 있습니다. 신뢰와 보안에 문제에 잠재적 우려가 생길 수 있기 때문입니다.

중앙화된 투표 앱의 신뢰 문제

지난 몇 년간 기업과 정부 차원에서 일어난 모든 재정 및 회계 스캔들을 생각해보면 주주나 시민으로서 해당 기관을 완전히 믿지 못하는 것은 당연해 보입니다. 어떤 방식으로든 투표 결과가 조작될 수 있다고 의심을 품을지도 모릅니다.

예를 들면 전자투표 앱의 악의적인 개발자 또는 관리자가 이해관계자들과 공모하여 시스템의 주요 부분에 접근하여 투표의 수집, 처리, 저장 등 각 단계에서 조작할 수 있다고 상상할 수 있습니다. 투표 앱이 어떻게 설계되었느냐에 따라 악의적인 데이터베이스 관리자가 투표 결과를 바꿀 가능성도 있습니다.

중앙화된 투표 앱의 보안 문제

중앙화된 투표 앱으로 투표할 때, 선거를 진행하는 회사 또는 기관의 진정성뿐만 아니라 투표 시스템이 외부 공격에 적절하게 대처하고 있는지에 대해서도 걱정할 수 있습니다. 예를 들어 외부의 누군가가 투표를 특정 방식으로 진행하고 시스템을 해킹하여 원하는 결과를 얻으려고 할 수도 있습니다.

앞에서 설명한 것처럼 중앙화된 투표 앱은 몇 개의 서버를 통해 네트워크를 구성합니다. 각 서버는 일반적으로 하나의 기능만 제공합니다. 이는 서비스 처리 관점에서 보거나 보안 관점에서 볼 때 단일 장애 지점이 됩니다. 예를 들어 해커가 웹 서버의 코드를 변경하여 특정 계층에서 표를 가로채고 수정한다면 전체 시스템이 손상될 수 있습니다. 애플리케이션 서버, 더 나아가 데이터베이스 서버만 해킹돼도 같은 결과를 얻을 수 있습니다. 중앙화된 시스템은 한 부분에서 보안이 무너지면 전체 시스템의 보안이 무너집니다.

탈중앙화 투표 앱

탈중앙화 앱은 두 가지 핵심 기술 원칙을 기반으로 합니다.

- 탈중앙화 앱의 로직은 P2P^{peer-to-peer} **네트워크** 각 서버에서 동시에 독립적으로 존재하고 실행됩니다. 이론적으로 다른 참여자는 각자 **노드**라고 하는 서버를 소유합니다. 중앙 노드라는 것이 존재하여 각 서버를 제어하거나 조정하지 않습니다. 대신 각 서버는 서로 직접 통신하므로 우리는 이를 **피어 노드**라고 부릅니다. 피어 노드는 지속적으로 서로의 출력을 검증하기 때문에 사용자는 특정 주체가 P2P 네트워크만 신뢰하면 됩니다. 앱 데이터와 상태는 [그림 1-2] 하단에 표시된 것처럼 네트워크의 각 서버에 있는 데이터베이스의 로컬 복사본에 저장됩니다.

- 탈중앙화 앱은 **블록체인**^{blockchain}이라는 데이터베이스 기술을 통해 데이터를 소급 수정하지 못하도록 보장합니다.

그림 1-2 중앙화 투표 앱과 탈중앙화된 투표 앱을 비교한 그림. 중앙화 앱에서는 하나의 주체가 모든 서버를 소유한다. 탈중앙화 투표 앱은 다수의 주체가 소유한 다수의 노드 위에서 동시에 실행된다.

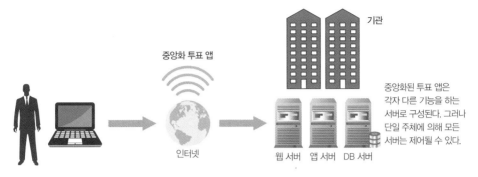

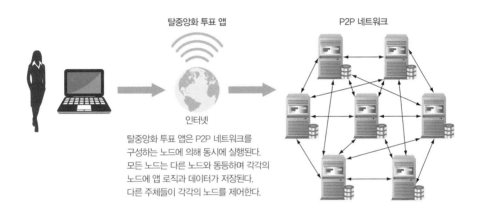

P2P 네트워크가 주는 디앱의 신뢰와 보안

앞에서 설명한 두 가지 원칙에 따라 투표 앱을 탈중앙화함으로써 어떻게 신뢰와 보안 문제를 해결할 수 있을까요? 탈중앙화 투표 앱을 사용하면 이론적으로 서로 다른 참여자가 소유한 많은 서버로 구성된 네트워크상에서 투표 앱이 복제되어 실행됩니다. 이는 기존의 신뢰 문제와 보안 위협을 무의미하게 만들 수 있습니다. 하나의 서버 대신 다른 참여자들이 소유한 여러 서버에 의해 독립적으로 투표가 처리되고 검증된 후 하나의 데이터베이스가 아닌 수많은 데이터베이스에 저장된다고 생각하면 신뢰와 보안에 대한 걱정을 덜 수 있습니다.

- **신뢰**

  참여자 중 한 명이 악의적으로 투표를 변경하고 수정된 투표를 네트워크에 전파하려고 시도하면 다른 참여자들이 해당 투표를 검증할 때 수정된 것으로 감지하여 거부합니다. 다른 참여자들은 자신의 데이터베이스에

이 정보를 저장하지 않고 변경된 투표를 네트워크 전체에 전파하지 않으므로 악의적인 공격은 의미가 없어집니다.

- **보안**

  해커는 중앙화된 시스템보다 탈중앙화된 시스템에서 투표를 변경하는 것이 훨씬 어렵다는 것을 알게될 것입니다. 만약 해커가 하나의 서버에서 투표를 수정하는 데 성공하거나 또는 탈중앙화 앱에서 쉽게 조작하기 위해 특정 서버를 직접 호스팅하더라도 이전에 설명했듯이 다른 참여자들이 조작된 표를 발견하고 거부합니다. 성공적으로 해킹하기 위해서는 과반수의 네트워크 노드가 전체 네트워크 상태를 결정한다면 하나의 서버가 아니라 네트워크 노드의 51퍼센트 이상을 동시에 조작해야만 합니다. 따라서 수천여 개의 서버로 구성된 네트워크의 과반수를 해킹하기란 거의 불가능한 일입니다. 특히 각각의 노드가 서로 다른 참여자에 의해 관리되는 경우는 더욱 그렇습니다. 또한 각각의 노드는 각기 다른 방식으로 해킹 위협에 대한 방어책을 세웠을 수도 있습니다.

블록체인이 주는 디앱의 신뢰와 보안

블록체인 데이터베이스는 이름에서 알 수 있듯이 연결된 데이터 블록을 기반으로 합니다. 블록은 전자서명된 일련의 거래내역, 메타 정보(블록 번호 및 타임스탬프 정보), 이전 블록에 대한 연결 정보를 담고 있습니다. 거래내역, 블록, 블록 간의 연결은 암호화 기술로 보호되어 **변경이 불가능**합니다. 어떤 거래내역을 바꿔 넣는 것은 거의 불가능합니다. 특히 더 많은 블록이 체인에 연결될수록 그렇습니다. 따라서 블록체인 데이터베이스는 악의적인 참여자나 외부의 해킹 시도에 대한 추가적인 보호 장치를 제공하여 신뢰와 보안 문제를 해결해줍니다.

기술 측면에서 몇 가지 의문 사항

지금까지 논리적 또는 개념적 수준에서 탈중앙화 투표 앱의 좋은 점을 찾을 수 있었지만 물리적, 기술적 수준에서 봤을 때 아직 이해되지 않은 점들이 있을 것입니다. 여러 부분에서 궁금증이 생길 것이라 생각합니다.

- **시스템 설계**

  탈중앙화 투표 앱을 호스팅할 때 특별한 종류의 네트워크가 필요한가. 서버 간 통신은 특별한 프로토콜을 사용하는가 아니면 표준 인터넷 기술을 사용하는가.

- **투표 처리 및 검증**

  투표하면 네트워크를 통해 어떻게 전파되고 전파된 표는 네트워크의 각 서버에서 어떻게 처리되는가. 표들은 어떻게 집계되고 블록체인에 저장되는가. 다른 참여자에게 받은 집계 결과가 거짓된 결과인지 아닌지를 어떻게 검증하는가.

다음 두 절에서 탈중앙화 투표 앱에 관해 조금 더 세부적인 정보를 다루면서 위 질문에 대한 답을 설명하겠습니다. 그리고 이 투표 디앱을 디앱 플랫폼인 이더리움 위에서 개발되었다고 가정하겠습니다. 상호 보완적인 두 가지 관점으로 시스템을 설명할 것입니다. 이렇게 하면 구체적인 인프라 구성 요소를 참조하면서 이더리움을 소개할 수 있습니다.

- **구조적 관점**
  투표 디앱의 클라이언트 측과 서버 측 기술 구조를 설명합니다.

- **거래 흐름에 따른 관점**
  투표 트랜잭션의 수명주기 전반을 단계별로 안내합니다.

1.1.2 구조적 관점: 디앱 해부하기

탈중앙화 투표 앱을 구조적 관점에서 살펴보겠습니다. 투표자가 투표할 때 마주하는 사용자 화면을 보여주는 클라이언트 측 구성 요소와 실제 프로그램 로직이 네트워크에 의해 실행되는 서버 측 구성 요소에 대해 설명합니다.

클라이언트 측: 웹 애플리케이션

[그림 1-3]에 표시된 투표 앱 웹 클라이언트는 보통 HTML, 자바스크립트가 포함된 웹 프로그램입니다. 일반적인 웹 서버에서 사용자 브라우저로 다운로드됩니다. 웹 UI에는 서버 측 스크립트가 포함되어 있지 않습니다. Web3.js라는 클라이언트 측 자바스크립트 라이브러리를 통해 네트워크의 특정 서버와 직접 통신합니다. 또한 자체 로컬 네트워크 노드와도 통신할 수 있습니다.

지금까지는 일반적인 웹 앱과 큰 차이가 없습니다.

그림 1-3 탈중앙화 투표 앱은 HTML과 자바스크립트를 모두 포함하며 기존 웹 서버에서 다운로드되어 사용자에게 노출된다. 서버 측 스크립트를 포함하지 않는 웹 앱(그렇지 않으면 부분적 중앙화)은 일반적으로 네트워크의 특정 노드와 직접 통신하도록 구성된다.

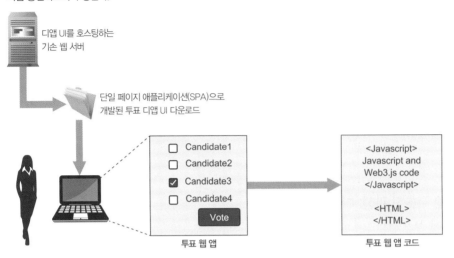

서버 측: P2P 네트워크

탈중앙화 서버는 같은 코드를 실행하고 같은 블록체인 데이터베이스를 갖는 서버의 P2P 네트워크입니다. P2P 네트워크의 주요 특징은 중앙에서 조정하지 않는다는 것입니다. 대신 각 노드와 피어 노드 또는 간략히 피어라고 하는 다른 여러 노드 간에 직접 통신하여 마스터 노드가 필요하지 않습니다. [그림 1-4]처럼 노드는 네트워크의 모든 노드에 연결될 필요가 없습니다. 몇 개의 노드에만 연결되어 있어도 투표내역을 전체 네트워크에 빠르게 전달할 수 있습니다.

그림 1-4 P2P 네트워크는 마스터 노드의 조정 없이 서로 직접 통신하는 노드로 구성된다.

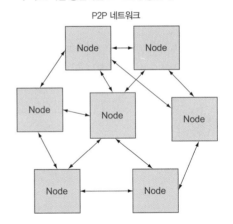

이더리움 네트워크

블록체인 플랫폼을 지원하는 다양한 P2P 네트워크가 있습니다. 가장 잘 알려진 것은 비트코인 Bitcoin 네트워크입니다.

이 책에서는 이더리움 네트워크에 중점을 두겠습니다. **참여자**^{participant} 노드는 [그림 1-5]와 같이 **블록체인 데이터베이스**^{blockchain database} 그리고 다른 노드와 통신할 수 있도록 하는 노드 **클라이언트**^{client}로 구성됩니다. 모든 노드가 서로 동등하기 때문에 이더리움 네트워크에서는 클라이언트와 서버에 명확한 구분이 없습니다. 각 노드는 다른 노드의 서버이지만 동시에 다른 노드의 클라이언트이기도 합니다. 이더리움 노드의 소프트웨어 요소를 클라이언트라고 합니다.

이더리움 클라이언트는 공통 클라이언트 인터페이스를 노출하고 **와이어**^{Wire}라는 P2P 프로토콜을 통해 서로 통신합니다. 이 프로토콜은 네트워크를 통해 투표내역과 같은 **거래내역**^{transaction}이나 투표내역이 쌓여 있는 **블록**^{block} 데이터를 표준화된 방식으로 전송하도록 합니다.

이더리움 클라이언트는 다양한 구현체가 존재합니다. [그림 1-5]와 같이 C++부터 Go까지 다양한 프로그래밍 언어로 작성되지만 모두 표준 클라이언트 인터페이스와 와이어 프로토콜을 사용하므로 원활하게 상호작용할 수 있습니다.

그림 1-5 이더리움 네트워크의 각 노드는 블록체인 데이터베이스와 블록체인에 저장된 애플리케이션 코드를 실행할 수 있는 노드 클라이언트로 구성된다. 노드는 와이어 프로토콜로 통신하고 동일한 인터페이스를 사용하기 때문에 다른 프로그래밍 언어로 구현될 수 있다.

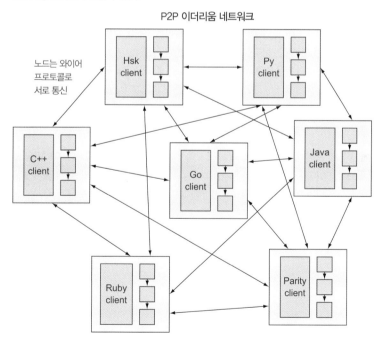

이더리움 노드 클라이언트의 이점은 비트코인 노드와 마찬가지로 암호화폐 거래내역 및 블록을 네트워크에 전파할 수 있을 뿐만 아니라 블록체인 데이터베이스에서 호스팅되는 애플리케이션 코드를 실행할 수 있다는 것입니다. 이러한 관점에서 이더리움과 같은 플랫폼을 **프로그램 블록체인**programmable blockchains이라고 합니다. 탈중앙화 앱의 코드는 스마트 컨트랙트로 구성됩니다. 객체 지향 언어에서 대부분 클래스를 통해 로직이나 상태를 캡슐화하여 수행하는 것과 비슷합니다. 예를 들면 탈중앙화 투표 앱은 이더리움 블록체인에서 수행되는 다양한 스마트 컨트랙트로 구성됩니다. 스마트 컨트랙트가 무엇이고 어떻게 배포하는 것인지, 어떻게 실행하며 어디에 저장되고 수행되는지는 곧 설명하도록 하겠습니다.

네트워크 노드의 역할

모든 네트워크 노드가 일반적인 P2P 와이어 프로토콜을 통해 원활하게 통신하지만 모든 노드가 동일한 기능을 수행하는 것은 아닙니다. [그림 1-6]에서 볼 수 있듯이 기능적으로 다른 두 가지 주요 유형의 노드는 대부분 다음과 같습니다.

- **전체 노드**

  대부분의 노드는 기본적으로 거래내역을 수동으로 처리합니다. 블록체인 데이터베이스에서 읽어올 수는 있지만 새로운 블록을 생성할 수는 없습니다. 다만 피어 노드에서 받은 블록을 자신의 로컬 블록체인에 추가할 수 있습니다. 또 피어 노드로부터 받은 블록체인 블록의 정확성을 검증하기 위해서만 거래를 실행합니다. 투표 앱의 경우 전체 노드full node는 동료로부터 받은 투표내역을 다른 동료에게 전파합니다. 또한 받은 블록이 올바른지 검증하고 투표 디앱 스마트 컨트랙트를 실행하여 투표내역을 포함합니다. 그러나 전체 노드는 새로운 블록에 투표내역을 저장하지 않습니다.

- **채굴 노드**

  일부 노드는 거래내역을 적극적으로 처리합니다. 거래내역을 모아서 새로운 블록에 저장합니다. 이더리움 플랫폼에서 지원하는 암호화폐인 이더를 보상 받기 위해 계산량이 많고 에너지가 많이 소요되는 작업을 수행합니다. 그런 다음 생성된 블록을 나머지 P2P 네트워크에 전파합니다. 이러한 노드를 채굴 노드mining node라고 부르며 새로운 블록을 블록체인에 추가하고 암호화폐를 보상으로 받는 과정을 **채굴**mining이라고 합니다. 투표 디앱의 경우 채굴 노드는 피어 노드에서 받은 투표내역을 모아 블록을 생성합니다. 생성된 블록을 블록체인에 추가하고 피어 노드를 통해 블록을 전파합니다.

그림 1-6 이더리움 네트워크의 주요 노드 형태는 두 가지다. 전체 노드는 거래내역을 수동적으로 처리하고 블록체인을 읽을 수는 있지만 쓸 수는 없다. 채굴 노드는 트랜잭션을 적극적으로 처리한다. 전체 노드가 수행하는 거래의 정확성을 검증하고 거래내역을 모아 새로운 블록을 생성하고 기존 블록체인에 추가한다.

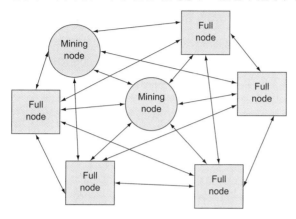

종합해서 살펴보기

투표 디앱의 구조를 살펴봤습니다. [그림 1-7]은 클라이언트와 서버 측을 포함한 전체 시스템을 보여줍니다.

1.1.3 거래 흐름: 거래 수명주기에 따른 관점

[그림 1-7]에서 보았던 정적 구조에서 조금 더 나아가 [그림 1-8]에서 투표의 전체 수명주기를 단계별로 설명하겠습니다.

1 사용자가 웹 화면에서 드롭다운 선택 박스로 된 투표 옵션 중 하나를 선택하고 [Vote]를 클릭합니다.

2 자바스크립트 함수가 클릭 이벤트를 처리하고 선택된 투표내역을 가져옵니다. 그런 다음 다양한 web3.js 라이브러리 함수를 사용하여 투표 스마트 컨트랙트와 연결된 이더리움 노드와 연결하고 castVote( ) 함수를 호출합니다. castVote( )는 전자서명된 거래내역 메시지를 생성하여 사용자가 실제로 이것을 보낸 사람임을 증명합니다.

3 연결된 로컬 이더리움 노드는 거래내역 메시지를 처리하고 검증한 뒤에 피어 노드로 전달합니다.

4 피어 노드는 거래내역이 채굴 노드를 만날 때까지 거래내역을 계속 전파합니다. 이는 전체 노드와 채굴 노드의 비율에 따라 다르지만 상대적으로 빠르게 일어납니다. 채굴 노드는 전체 노드의 동일한 단계(2단계 및 3단계)를 수행합니다. 또한 채굴 노드는 투표내역과 같은 거래내역 중 하나를 선택합니다. 거래를 처리하기 위해 필요한 전기 요금보다 많은 거래 수수료를 얻을 것으로 예상되면 해당 거래내역은 수익성이 있다고 판

단할 수 있습니다. 그렇다면 채굴 노드는 castVote( ) 함수를 실행하고 블록체인에 거래내역을 먼저 저장하기 위해 다른 채굴 노드들과 경쟁합니다. 경쟁에서 이긴 채굴 노드(이른바 합의 알고리즘, 암호화 문제를 성공적으로 해결한 채굴자^{miner})는 투표내역을 새로운 블록에 있는 다른 내역과 같이 모읍니다. 그런 다음 생성된 블록을 전체 노드 또는 채굴 노드에 관계없이 모든 피어 노드에 전달합니다.

5 각 노드는 새로운 블록을 받게 되면 블록에 포함된 개별 거래내역이 정상적인지 또 전체 블록이 유효한지 여부를 검증합니다. 그런 다음 블록에 존재하는 모든 거래내역을 처리합니다. 이 과정에서 계약 상태의 유효성을 암시적으로 확인합니다. 이를테면 투표 제출 로직에는 후보자가 투표할 수 있는 횟수나 투표 수가 등록된 유권자 수보다 크지 않은지 등이 포함됩니다. 노드가 성공적으로 블록을 확인하면 해당 블록을 피어 노드로 전달합니다. 전체 네트워크가 새 블록을 추가할 때까지 피어 노드는 동일한 검증 작업 및 전파 작업을 반복합니다(암호화 기술을 기반으로 한 검증 과정은 다음 장에서 더 명확하게 설명하도록 하겠습니다).

6 사용자 관점에서 로컬 이더리움 노드는 새로운 블록을 수신하고 다른 노드와 마찬가지로 수신된 블록에 있는 모든 거래내역을 실행하여 검증합니다. 그중 하나가 투표 트랜잭션이며 검증이 성공적으로 완료되면 VoteConfirmation 이벤트를 발생시키도록 프로그래밍되어 있습니다. 이벤트는 디앱 웹 UI를 포함하여 해당 노드와 연결된 모든 클라이언트에 전파됩니다.

7 투표 웹 클라이언트의 자바스크립트 코드에는 VoteConfirmation 이벤트에 대한 콜백 함수가 포함되어 있으며 이 이벤트가 완료되면 콜백 함수가 호출됩니다.

8 마지막으로 콜백 함수는 사용자의 화면에 투표가 완료되었음을 표시해줍니다.

그림 1-7 클라이언트 및 서버 측을 포함한 탈중앙화 투표 앱 전체 구조

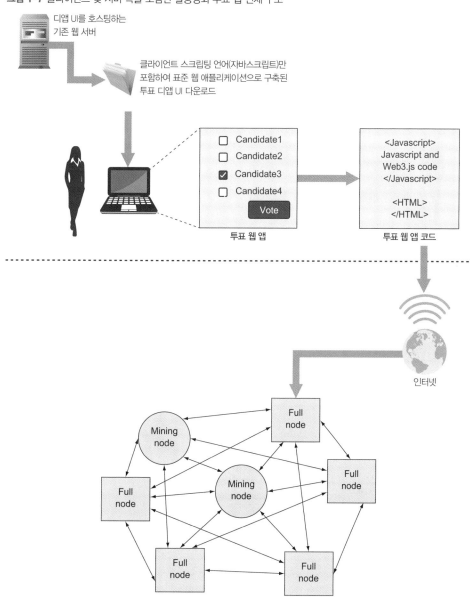

그림 1-8 투표 흐름의 수명주기. 투표자 브라우저가 이더리움 네트워크의 로컬 노드에서 투표 스마트 컨트랙트에 있는 castVote( ) 함수를 호출하면 투표내역이 생성된다. 그런 다음 유효성 검사가 수행되고 채굴 노드에 의해 새로운 블록이 블록체인에 포함될 때까지 네트워크 전체에 전파된다. 새로운 블록은 네트워크 전체에 전파된 다음 최종적으로 로컬 노드로 되돌아온다.

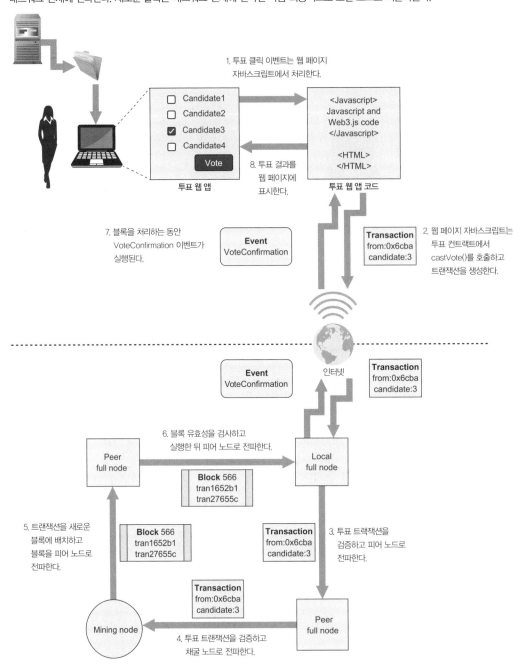

1.1.4 디앱 용어

탈중앙화 앱은 비교적 새로운 개념이지만 처음 디앱이 만들어진 뒤에 곧바로 표준화된 용어가 생기기 시작했습니다. 이 절에서는 이더리움을 만든 비탈리크 부테린^{Vitalik Buterin}이 디앱의 주요 개념을 설명하기 위해서 작성한 블로그 게시물[1]에 설명한 핵심 용어를 요약했습니다. 앞에서 이미 용어 중 일부를 알아봤지만 이번에는 좀 더 정확하게 정의하겠습니다.

스마트 컨트랙트

스마트 컨트랙트^{smart contract}는 디지털 자산을 교환하는 둘 이상의 당사자 사이에서 이루어지는 계약입니다. 당사자 중 한 명 또는 그 이상이 디지털 자산을 스마트 컨트랙트에 보냄으로써 그 계약이 활성화됩니다. 그런 다음 디지털 자산은 사전에 정의되고 프로그래밍된 규칙과 계약이 활성화된 상태에 따라서 다시 다른 사람에게 보내집니다.

자율 개체

자율 개체^{autonomous agent}는 외부 소프트웨어 서비스와 자율적으로 상호작용하는 소트트웨어 개체입니다. 외부 환경에서 검증된 변경 사항에 따라 스스로 재구성하거나 심지어 재프로그래밍할 수 있습니다.

탈중앙화 조직

전통적인 **중앙화 조직**^{centralized organization}은 자산, 투자자, 직원 및 고객 등 다양한 계층의 개인으로 구성되어 있습니다. 투자자는 조직 일부를 주식으로 소유하고 조직을 통제합니다.

다양한 계층에 있는 개인 간의 상호작용은 조직을 제어할 수 있는 권한에 따라 영향을 받습니다. 예를 들어 직원은 투자자 또는 투자자가 직간접적으로 권한을 부여한 다른 직원이 채용합니다.

탈중앙화 조직^{Decentralized Organization}(DO)은 어느 개인이나 주체에게 통제되지 않습니다. 사전에 정의된 규칙이 조직을 구성하는 다양한 계층에 있는 개인 간의 상호작용을 결정합니다. 그러나 이러한 규칙 역시 특정 개인이 다른 사람보다 더 많은 권한을 갖도록 설계될 수 있습니다. 예를 들어 중앙화 조직처럼 보유한 주식 수에 따라 권한을 부여할 수도 있습니다.

....

1 http://mng.bz/vNrq

탈중앙화 자율 조직

탈중앙화 자율 조직^{Decentralized Autonomous Organization}(DAO)은 탈중앙화 조직이면서 자율 개체 입니다. 자율 개체와 마찬가지로 외부 소프트웨어 서비스와 자율적으로 상호작용하는 소프트웨어 개체입니다. DAO와 관련된 개인은 미리 정의된 규칙을 바탕으로 DO처럼 상호작용합니다.

DAO와 DO의 가장 큰 차이는 DAO는 외부 주체 간의 상호작용이 대부분 자동화되어 있고 상호작용 프로토콜이 스마트 컨트랙트로 프로그래밍되어 있는 반면, DO 및 외부 주체는 수동 프로토콜을 사용한다는 점입니다. 외부 주체자의 관점에서 볼 때 DAO는 상호작용이 자동화 되어 있어 예측할 수 있기 때문에 DO보다 더 신뢰할 수 있습니다. 반면 DO는 **수동 프로토콜**을 기반으로 수행하는 개인의 평판에 상호작용을 전적으로 의존해야 합니다.

이러한 정의에 따르면 암호화폐를 지원하기 위한 목적으로 구축된 블록체인 플랫폼은 DAO 또는 DO로 분류될 수 있습니다. 비트코인 인프라는 쉽게 자동화된 상호작용 프로토콜을 구현 할 수 없으므로 어떤 사람들은 DO로 분류돼야 한다고 주장합니다.

탈중앙화 자율 기업

탈중앙화 자율 기업^{Decentralized Autonomous Corporation}(DAC)은 DAO이면서 주식을 구매하여 기 업의 일부를 소유할 수 있습니다. 전통적인 기업(중앙화된 조직)과 마찬가지로 실적에 따라 주기적으로 배당금을 지불합니다. 반면 DAO는 일반적으로 비영리 단체입니다. 참여자는 생태계에 기여하고 내부 자본금을 증대시켜 경제적 이익을 독점하여 얻을 수 있습니다.

> **NOTE_** 현재 일반적으로 인정되는 탈중앙화 앱의 정의는 이더리움 순수주의자가 이야기하는 DAO의 정의에 부합합니다. 이 책에서는 이러한 관점을 디앱의 정의로 삼으려 합니다. 왜냐하면 초기에는 애플리케이션이란 용어보다 기관이라는 단어를 더 많이 사용했습니다. 이더리움 창립자들은 탈중앙화 애플리케이션이 다른 주체들과 전통적인 기관처럼 거래할 수 있다는 것을 강조하고 싶었습니다. 정해진 규칙과 규약에 따라 금전적인 가치를 당연히 전통적인 화폐가 아닌 암호화폐 형태로 교환할 수 있기 때문입니다.

[표 1-1]은 각 용어를 주요 특징별로 요약한 것입니다.

표 1-1 각 용어의 주요 특징 요약(디앱은 DAO)

	소프트웨어인가	자본금이 필요한가	자율적인가	소유할 수 있는가
자율 개체	예	아니요	예	아니요
DO	아니요	예	아니요	예
DAO	예	예	예	아니요
DAC	예	예	예	예

몇 가지 개념적인 용어를 알아봤습니다. 하지만 블록체인의 개념에 익숙하지 않은 상태에서는 디앱의 목적과 그것이 어떻게 작동하는지 이해하기는 어렵습니다. 디앱은 블록체인 위에서 구축되고 블록체인 기술에 의존도가 높기 때문에 반드시 기반 기술을 이해해야 합니다. 이 부분은 다음 절에서 다룹니다.

탈중앙화 애플리케이션 vs. 분산 애플리케이션

탈중앙화 애플리케이션을 분산 애플리케이션과 혼동해서는 안 됩니다. 비슷한 개념으로 보이지만 같지 않습니다.

분산 애플리케이션은 하나의 네트워크 내에 있는 여러 서버에서 애플리케이션이 실행됩니다. 분산 애플리케이션의 가장 간단한 예는 웹 애플리케이션입니다. 일반적으로 하나의 웹 애플리케이션은 웹 서버, 애플리케이션 서버 및 데이터베이스 서버로 구성되고 경우에 따라 전자메일 서버나 기존 메인프레임으로 구성되어 있습니다. 앞서 살펴본 중앙화된 투표 앱이 분산 애플리케이션의 예입니다. 여러 대의 서버에 기능을 분배하여 분산화되어 있지만 모든 서버는 동일한 기관이 소유하기 때문에 중앙화되어 있습니다.

분산 애플리케이션은 네트워크의 여러 서버에서 실행됩니다. 탈중앙화 애플리케이션은 전체 네트워크의 각 노드에서 전체적으로 복제됩니다.

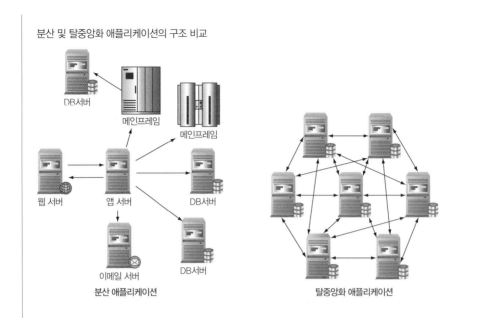

분산 및 탈중앙화 애플리케이션의 구조 비교

DB서버
메인프레임
메인프레임
웹 서버
앱 서버
DB서버
이메일 서버
DB서버
분산 애플리케이션

탈중앙화 애플리케이션

탈중앙화 애플리케이션은 이론적으로 각자 다른 주체가 소유하고 있는 노드에서 복제되어 실행됩니다. 노드를 소유하는 주체가 많을수록 전체 네트워크의 신뢰도는 올라갑니다. 당연히 소수 노드로 운영되는 네트워크는 진정으로 탈중앙화된 처리를 할 수 없기 때문에 신뢰도 역시 떨어집니다.

중앙화 애플리케이션은 일반적으로 분산화되어 있지만 탈중앙화 앱 역시 하나의 논리 노드 안에서 여러 서버로 분산될 수 있습니다.

1.2 디앱 적용 사례

지난 몇 년 동안 많은 디앱이 개발됐습니다. 일부는 벤처 캐피탈에서 투자를 받아 성공적으로 디앱을 완성했지만 어떤 디앱은 투자자와 사용자를 설득하지 못해 개념 증명(PoC)에 그치기도 했습니다.

1.2.1 좋은 적용 사례

새로운 기술이기 때문에 앞으로 성공할 것인지 실패할 것인지 예측하기는 어렵습니다. 그럼에도 불구하고 블록체인, 특히 이더리움을 사용하기에 적합한 사례를 다양한 분야에서 찾아볼 수 있습니다. 이상적인 디앱은 블록체인 기술의 주요 장점인 데이터 불변성, 분권화, 보안, 복원력을 활용합니다. 따라서 디앱으로 혁명을 일으킬 수 있는 주요 분야는 원산지 및 소유권 추적, 진품 확인, 신원 확인, 규제 감사, 자선 기금 감사, 예측 시장, 고객 충성도 관리, 크라우드 펀딩, 전자투표, 투자, 도박, 대출, 온라인 게임 관리, 저자 로열티 지불, 사물인터넷, 클라우드 컴퓨팅, 심지어 언론의 자유도 있습니다. 이 분야 중 일부에서 찾을 수 있는 혁신적인 솔루션을 살펴보겠습니다.

원산지 및 원본 추적

공급망 관리에 영향을 미치는 가장 큰 문제 가운데 하나는 여러 국가를 거쳐 오는 재료의 신뢰를 확보하는 것입니다. 블록체인 기반 솔루션으로 이 분야에서 혁신을 일으키는 디앱을 소개합니다.

- Provenance와 같은 디앱은 공급망 내에서 블록체인 기술을 통해 정보가 손실되거나 조작되지 않도록 합니다. 예상했던 품질의 상품이 최종 고객에게 도달하도록 합니다. Provenance를 기반으로 구축된 첫 번째 앱 중 하나는 식품 업계에 초점을 맞추고 있습니다. 재료 수확부터 가공 과정, 소비자 판매 단계까지 식재료의 공급망을 추적합니다. 이 시스템의 목적은 원산지, 지속 가능한 농법, 유기농, 유전자 변형 여부, 공정 거래 여부와 같이 소비자에게 광고하는 특성을 증명하는 것입니다.

- 다국적 소비재회사 Unilever는 말라위 농민에게서 시작되는 차 공급망을 추적하기 위해 스타트업들과 협력하여 블록체인 기반 시스템을 개발 중입니다.

- Everledger는 다이아몬드 인증 서류 프로세스를 블록체인 기반 시스템으로 대체하는 것이 목표입니다. 인증서 ID, 컷, 등급, 투명도, 색상, 캐럿과 같은 많은 속성을 포함한 다이아몬드의 디지털 기록 전체를 블록체인에 저장하고 인증서 ID는 다이아몬드 위에 레이저로 새깁니다. 다이아몬드와 관련한 모든 정보는 각인된 인증서 ID를 읽는 스캐너를 사용하여 공급망의 어느 지점에서나 검색할 수 있습니다. 약 200만 개의 다이아몬드가 이미 Everledger에 저장되어 있습니다.

- 제약회사 Pfizer는 Genentech 생명공학회사와 제휴하여 블록체인 기반의 의약품 배송 추적 시스템 MediLedger를 개발하고 있습니다. Pfizer 의약품의 출처와 진위 여부를 검증하여 전체 유통망에서 절도, 사기, 위조를 방지하기 위함입니다.

신원 확인

원산지 추적과 마찬가지로 신원 확인을 통해 사기, 신분 도용에서 기업과 개인을 보호할 수 있습니다. KYC-Chain은 사용자가 디지털 신원을 안전하게 관리할 수 있도록 이더리움을 기반으로 구축된 새로운 플랫폼입니다. 또한 기업 및 금융기관이 고객 데이터를 안정적이고 쉽게 관리할 수 있도록 지원합니다. 이 시스템은 사용자가 개인 데이터 및 신분증에 관한 '키'를 소유하도록 설계됐습니다. 결과적으로 개인, 회사와 같은 신원 소유자만이 정보의 어느 부분을 누구와 어떤 조건으로 공유할 것인지 결정할 수 있습니다. 이러한 정보는 소유자 및 등록된 대리인이 공유하기 전에 공증인 및 기관에서 디지털 방식으로 인증합니다.

소유권 증명

암호화폐와 관련된 전통적인 블록체인은 특정 주소에 저장된 비트코인과 같은 디지털 자산의 소유권을 암묵적으로 증명합니다. 정당한 주소 소유자만이 개인키를 알 수 있기 때문에 자금 이체가 가능합니다.

TrustToken은 조금 더 나아가려고 합니다. 부동산과 같은 물리적 자산, 주식 및 채권과 같은 금융 자산, 금과 같은 재화, 심지어 음악이나 서적 및 특허와 같은 지적 재산권까지 스마트 컨트랙트를 사용하여 소유권을 증명합니다. 비트코인을 다른 주소로 보내는 것처럼 이러한 자산들의 소유권을 다른 사람에 전송할 수 있습니다. 물론 블록체인에 기록된 소유권 증명이 법에 따라 강제성을 갖는 경우를 가정합니다.

사물 경제

기술 창업 Slock.it(https://slock.it/)은 사물인터넷과 블록체인 기술을 상호작용할 수 있는 '사물 경제'를 위한 인프라를 구축하고 있습니다. Universal Sharing Network는 금융 인터넷이 될 수 있습니다. 이곳에 연결된 자동화 기기는 스스로를 판매하고 임대할 수 있을 뿐만 아니라 서로의 서비스 비용을 지불할 수도 있습니다. 이더리움 스마트 컨트랙트를 기반으로 개발되고 있는 이 기술은 자동화된 기기에 신원을 제공하며 중개인 없이 계약을 체결하고 지불할 수 있는 능력을 제공하는 것을 목표로 합니다. 비용을 지불하면 특정 물건의 잠금을 해제할 수 있는 Smart Locker는 이 플랫폼을 활용하는 서비스입니다. Smart Locker는 스포츠 장비, 호텔 객실, 자전거, 사무실을 쉽게 임대할 수 있기 때문에 이 솔루션은 공유 경제의 기초를 제공합니다.

탈중앙화 예측 시장

예측 시장은 대통령 선거, 국민 투표 결과, 특정 날짜의 금리 수준, 스포츠 경기의 승자와 같이 실제 사건을 정확하게 예측한 사람들에게 보상합니다. 투기적 사용을 제외하더라도 예측 시장은 경제학자, 행정 기획자, 기업의 전략 담당자 등에게 유용한 도구입니다. 대중의 지혜가 반영된 예측 시장에서 거래내역은 의사결정을 내리는 데 도움이 될 수 있습니다.

predictit.org(www.predictit.org)와 같은 중앙화된 예측 시장이 존재하지만 탈중앙화하려는 움직임이 나타나기 시작했습니다. Augur는 이더리움을 기반으로 하는 탈중앙화 예측 플랫폼입니다. 탈중앙화가 주는 이점은 다음과 같습니다.

- 이더리움 네트워크를 기반으로 하여 단일 장애가 없어 본질적으로 가용성이 높습니다.

- 누구도 시장을 통제하지 못합니다. 누구나 새롭게 예측하여 새로운 시장을 시작할 수 있고 그에 관한 보상을 받을 수 있습니다.

- 각 예측의 공식 결과는 중앙에서 결정하지 않고 시장 참여자가 결정하기 때문에 조작될 가능성이 낮습니다.

- 자금이 블록체인에 저장되므로 거래상대방에 관한 위험 요소가 줄어들고 승자에게 신속하게 지불되며 오류 가능성도 낮아집니다.

국제무역 금융

다른 나라에 있는 공급업체와 제조업체 간의 국제교역은 복잡한 사업입니다. [그림 1-9]에서 알 수 있듯이 일반적으로 지불을 용이하게 하는 은행, 유통과 관련된 무역회사, 운송과 관련된 선사 및 물류업체, 운송하는 동안 재정적 위험을 다루는 보험회사, 물품의 적법성과 수입 관세의 지불을 확인하는 세관 공무원 등 많은 이해관계자가 참여하게 됩니다.

거래에 관련된 이해관계자는 이전에 서로 거래한 적이 없는 경우가 많습니다. 따라서 거래를 성공적으로 진행하려면 효과적인 의사소통이 필요합니다. 대개 상대방의 잘못된 행동으로부터 자신을 보호하기 위해 무역규약을 많이 만듭니다. 당사자는 서로를 점검해야 하고 엄청난 양의 서류 작업이 필요하기 때문에 시간이 지연되는 경우가 많습니다.

we.trade는 블록체인 기술의 도움을 받아 이러한 프로세스를 단순화하고 합리화하는 것을 목표로 합니다. 은행 파트너들(소시에테제네랄Société Générale, 도이체방크Deutsche Bank, 노르데아Nordea, 산탄데르Santander, HSBC 포함)이 컨소시엄을 후원하고 있습니다. we.trade는 거래 각 단계를 공개적이고 투명하게 추적합니다. 따라서 이해관계자는 문서들이 조작되지 않았다는 믿음을 갖고 관련 문서를 제출하거나 받을 수 있습니다. 몇 주가 걸렸던 것이 이제 며칠 안에 이루어지게 됐습니다.

그림 1-9 은행, 상업중개기관, 해운회사, 보험회사, 세관 공무원 등 많은 이해관계자가 참여하는 전형적인 국제무역

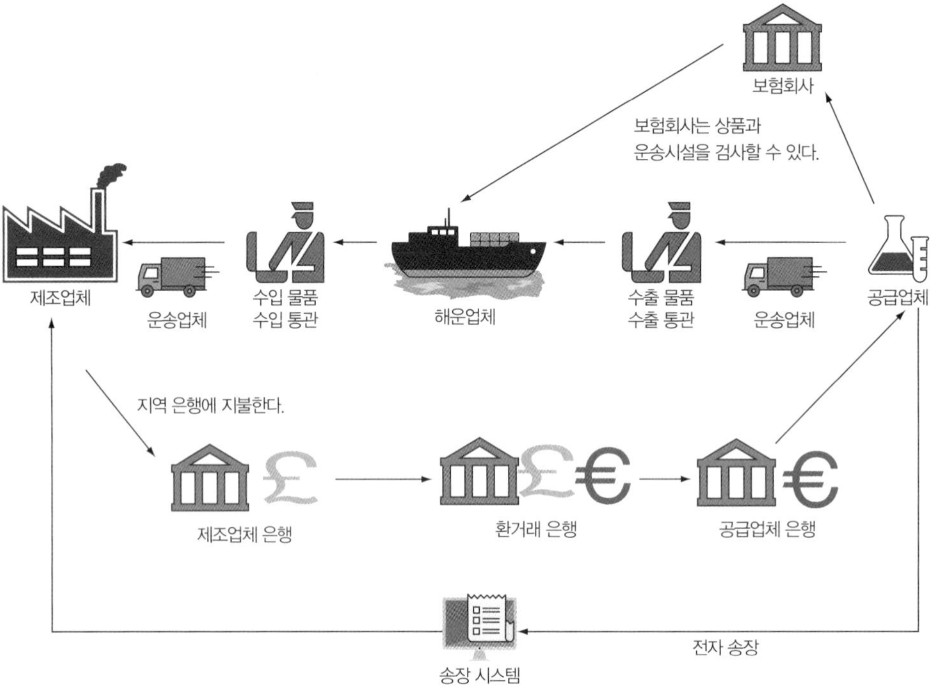

회계감사

블록체인은 그 위에 저장된 레코드가 변경되거나 변조되었는지 확인하는 데 적합합니다. Balanc3은 감사를 위한 회계 기록의 무결성을 보장하는 이더리움 기반 디앱입니다.

크라우드펀딩

WeiFund는 이더리움 블록체인을 기반으로 하여 오픈소스 모듈러 방식으로 확장 가능한 크라우드펀딩crowdfunding 유틸리티를 제공합니다. 사용자는 이러한 유틸리티를 통해 크라우드펀딩 캠페인을 만들고 관리할 수 있으며 스마트 컨트랙트 기술로 자금 조달 규정을 정의합니다. 캠페인이 성공하거나 실패할 경우에도 투자자들은 자금이 어떻게 운용될지 정확히 알 수 있습니다.

도박

도박 플랫폼은 탈중앙화 앱을 생각할 때 자연스럽게 떠올릴 수 있는 분야입니다. 사용자들은 베팅이 공정하고 예측 가능하게 이루어 진다는 확신을 얻을 수 있기 때문입니다. 도박 플랫폼의 한 예로 크라우드펀딩을 성공적으로 마치고 개발된 Edgeless가 있습니다.

지금까지 성공적인 디앱 구현 사례를 알아봤습니다. 하지만 블록체인에 기반한 앱이 항상 가치가 있을지 궁금할 것입니다. 이는 다음 절에서 살펴보겠습니다.

1.2.2 적절하지 못한 적용 사례

구축하려는 앱에 블록체인이 적합한 기술인지 결정하는 것은 어려울 수 있습니다. 블록체인 플랫폼이 제공하는 기능이 비즈니스 요구 사항을 만족시킬 수 있는지 스스로 고민해봐야 합니다. 그러나 이 플랫폼을 사용했을 때 얻을 수 있는 이점이 이 기술과 관련된 모든 기술적 한계와 복잡성보다 클지 고려해보는 것이 더 중요합니다. 「Avoiding the Pointless Blockchain Project」[2]라는 블로그 포스트에서 SQL 또는 NoSQL 데이터베이스와 같은 전통적인 기술보다 블록체인 플랫폼을 사용하는 것이 더 좋은지 판단하는 데 필요한 사항을 정리했습니다. 다음 질문에 모두 예라고 대답할 수 있는 경우에만 블록체인을 도입하는 것이 의미가 있다고 결론 내렸습니다.

- 당신의 앱에 공유 데이터베이스가 필요합니까?
- 다수의 사용자가 데이터베이스에 저장할 수 있습니까?
- 데이터베이스 사용자가 서로 신뢰하지 못하고 있습니까?
- 모든 사용자가 신뢰할 수 있는 중앙에서 통제하지 않고 사용자가 데이터베이스를 수정하려고 합니까?
- 사용자가 생성한 거래가 다른 거래들과 서로 협력하며 작용합니까?

이러한 기준에 따르면 외부인에게 데이터를 노출하지 않는 사내용 앱은 디앱을 선택하는 것이 적절하지 않습니다. 디앱에 적합하지 못한 다른 후보는 경영 규칙에 따라 기밀성이 중요한 앱입니다. 스마트 컨트랙트는 상호작용하는 모든 참여자에게 완전히 개방적이고 투명합니다. 따라서 사용자를 로직과 규칙에 접근하지 못하게 하거나 이해하지 못하게 막는 것은 디앱의 목적과 맞지 않습니다.

---

2 http://mng.bz/4Oqg

메시지가 전송되면 검열되거나 변경될 수 없다는 점을 중요하게 생각하는 사람들은 EthTweet과 같은 탈중앙화된 마이크로 블로그 앱을 괜찮은 디앱으로 생각합니다. 반면에 '탈중앙화된 왓츠앱WhatsApp'과 같은 인스턴트 메시지 디앱은 기술적인 이유로 유용하지 않을 수 있습니다. 블록체인 플랫폼의 기술적인 단점 중 하나는 거래(이 경우 인스턴트 메시지) 처리 속도입니다. 새로운 블록을 생성하는 데 대략 15초가 걸리기 때문에 메시지는 전혀 빠르게 전송되지 않습니다.

디앱을 구축할 때에는 운영적인 측면에서 고려할 점이 있습니다. 신기술이기 때문에 몇 가지 문제가 존재합니다. 예를 들어 스마트 컨트랙트는 특정 조건에 따라 자금을 분배하거나 보낼 수 있지만 실제 거래에서는 프로그래밍 로직으로만 처리할 수 없는 제약 사항이 존재할 수 있습니다. 비대면 전자 대출은 스마트 컨트랙트로 완전히 자동화할 수 없습니다. 대출을 받은 사람이 대출금을 블록체인 계좌에 보관한 뒤 이자를 지불하지 않을 경우 스마트 컨트랙트는 대출금을 대출해준 사람에게 돌려줍니다. 이러한 대출은 경제적으로 의미가 없습니다. 이런 경우는 스마트 컨트랙트를 자동화하지 않도록 법으로 강제하거나 기존의 법을 보완해야 하는지 아직 명확하지 않습니다.

1.3 5분 만에 디앱 구현하기

지금까지 알아본 디앱의 개념과 목적, 탈중앙화 앱의 주요 아키텍처 구성 요소와 블록체인 기술을 기반으로 하는 프로젝트에 착수하는 것이 과연 합리적인지를 잘 이해하고 있어야 합니다. 이제 조금 더 나아가 프로그래밍을 시작하겠습니다. 이 장의 나머지 부분에서는 나만의 암호화폐를 위한 스마트 컨트랙트를 개발하고 이를 활성화하여 사용해보겠습니다.

1.3.1 기본적인 암호화폐 심플코인 만들기

대부분의 디앱은 하나 또는 하나 이상의 스마트 컨트랙트 안에 코딩된 규칙을 통해 암호화폐 또는 토큰을 교환하는 기능을 기초로 설계됩니다. 기본적인 암호화폐인 심플코인을 통해 디앱 프로그래밍을 경험하고 스마트 컨트랙트와 이더리움 플랫폼을 이해하는 데 필요한 기초 개념을 익혀보겠습니다. 다음 장에서는 디앱 개발에 관해 더욱 자세히 설명하며 조금씩 디앱을 발전시켜 나갈 것입니다. 나중에 만들어볼 다른 디앱도 심플코인을 사용하거나 참고할 것입니다.

아직 이더리움 플랫폼 클라이언트를 컴퓨터에 설치하지 않았기 때문에 지금은 리믹스 솔리디티^Remix Solidity (이전에는 브라우저 솔리디티^Browser Solidity라고 함) 통합 개발 환경^Integrated Development Environment (IDE)에서 코드를 작성할 것입니다. 온라인 개발 도구인 리믹스 솔리디티를 사용하면 자바스크립트와 비슷한 솔리디티라는 고수준 언어로 스마트 컨트랙트를 구현하게 됩니다. 또 다음 장에서 만날 이더리움 가상 시스템을 에뮬레이션하는 로컬 자바스크립트 VM 에서 실행할 수 있습니다. 리믹스로 이더리움 네트워크에 배포된 실제 스마트 컨트랙트를 활용할 수도 있습니다.

웹 브라우저를 열고 http://remix.ethereum.org/로 이동합니다. [그림 1-10]과 같은 화면이 나타납니다. 웹사이트에서 IDE의 왼쪽은 파일 탐색기입니다. 화면의 왼쪽 상단에 있는 이중 화살표를 클릭하여 숨길 수도 있습니다. 중간에는 코드 편집기가 있고 오른쪽에는 코드를 실행하고 설정할 수 있는 다양한 패널이 있습니다.

솔리디티를 처음 만났으니 이제 되도록 가장 간단한 스마트 컨트랙트를 구현해보겠습니다. 스마트 컨트랙트는 객체 지향 언어의 클래스와 비슷합니다. 멤버 필드 하나, 생성자 하나, 메서드 하나만 있는 단일 클래스를 작성한 뒤 그것을 실행하고 사용해볼 것입니다.

리믹스 화면에서 이중 화살표를 클릭하여 파일 탐색기를 숨기고 편집기에서 [예제 1-1]의 코드를 입력합니다.

그림 1-10 왼쪽에는 코드, 오른쪽에는 코드 실행 패널이 있는 리믹스 시작 화면. 왼쪽 상단의 이중 화살표를 클릭하여 파일 탐색기를 숨겼다.

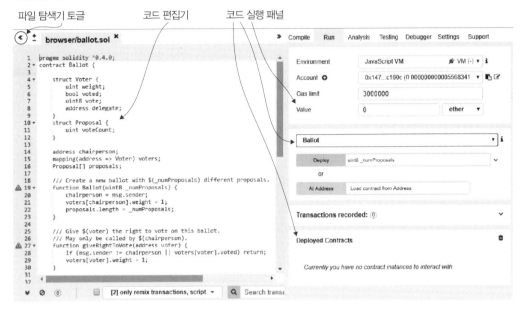

예제 1-1 간단한 암호화폐 SimpleCoin의 첫 번째 구현

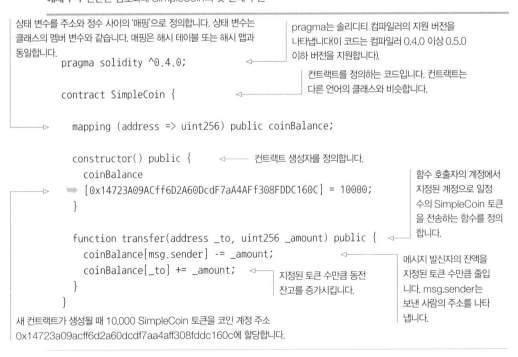

이 코드를 자세히 살펴보겠습니다. 솔리디티 컨트랙트는 다른 언어의 클래스와 비슷합니다. **상 태 변수**state variable(예: coinBalance), 생성자, 함수(예: transfer) 및 이벤트로 구성됩니다.

coinBalance 상태 변수는 mapping으로 정의됩니다. **매핑**mapping은 자바의 해시맵hashMap, C# 의 딕셔너리Dictionary 또는 파이썬의 딕셔너리 dict에 해당하는 해시 맵입니다. 예를 들면 키 는 **주소**address이며 값은 부호가 없는 256비트 정수인 uint256입니다. 주소의 값은 20바이트 이며 특정 스마트 컨트랙트나 특정 사용자 계정을 식별할 수 있습니다. 계정은 이후에 자세 히 설명하겠지만 거래의 발신자 또는 수신자입니다. 따라서 coinBalance 상태 변수는 각각 SimpleCoin 토큰을 보유하는 동전 계정의 모음을 나타냅니다.

transfer 함수는 호출자의 계정에서 지정된 계정으로 일정 수의 SimpleCoin 토큰을 전송할 때 쓰입니다. 스마트 컨트랙트 용어에서 함수 호출자는 **transaction sender**입니다. msg는 수 신된 메시지를 나타내는 용도로 정의된 특수한 변수입니다. msg에는 다양한 속성이 있으며 그 중 msg.sender는 호출자인 트랜잭션을 보낸 사람의 주소를 나타냅니다.

transfer 함수의 본문은 이해하기 쉽습니다. 함수 호출자와 연결된 계좌에서 지정된 금액을 빼거나 _amount 매개변수에 지정된 금액만큼 _to 매개변수에 지정된 주소로 토큰을 보내는 작 업이 있습니다. 첫 코드를 간단하게 하기 위해 점검 로직은 구현하지 않았습니다. 보내는 사람 이 소유한 SimpleCoin 토큰 수(예를 들면 소유한 토큰보다 많은 토큰을 보낼 수 없어야 함) 에 대한 점검 로직은 다음 장에서 SimpleCoin을 다시 설명할 때 구현하도록 하겠습니다.

이 시점에서 SimpleCoin 컨트랙트가 실제로는 생성자(SimpleCoin 함수), 일부 상태 (coinBalance 변수) 및 함수(transfer 함수)가 있는 클래스라는 것을 이해해야 합니다. [표 1-2]는 지금까지 살펴본 솔리디티 키워드를 요약한 것입니다.

표 1-2 첫 번째 코드 샘플에서 사용된 솔리디티 키워드

키워드	설명
contract	다른 프로그래밍 언어의 클래스와 유사한 유형
mapping	해시 테이블 또는 해시 맵과 유사한 데이터 구조
address	이더리움 사용자 계정 또는 컨트랙트 계정을 나타내는 20바이트 값
uint256	부호가 없는 256비트 정수
msg	수신된 메시지 객체를 나타내는 특수 변수
msg.sender	메시지 보낸 사람의 주소를 나타내는 msg 객체의 속성

1.3.2 컨트랙트 실행하기

이제 SimpleCoin 컨트랙트를 배포하기 위해 리믹스 화면의 오른쪽을 보겠습니다. 먼저 [그림 1-11]과 같이 [Compile] 탭의 Auto compile 옵션이 선택됐는지 확인하세요. 그러면 코드가 변경될 때마다 리믹스가 다시 컴파일할 것입니다. 그리고 현재 컴파일러 버전이 SimpleCoin 개발에서 사용하고 있는 버전인 0.4.24인지 확인하세요(예: 0.4.24+commit.e67f0147).

그림 1-11 [Compile] 탭의 Auto compile 옵션은 편집기에 입력된 코드가 변경될 때마다 다시 컴파일되도록 한다.

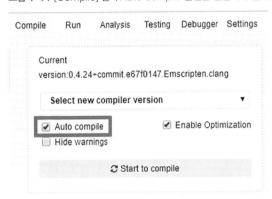

컴파일 오류가 발생하지 않도록 코드를 올바르게 입력했다면 웹사이트에서 제공하는 파일의 코드를 복사하는 것이 좋습니다. [Run] 탭을 눌렀을 때 [그림 1-12]처럼 [Deploy]와 [At Address] 버튼이 표시돼야 합니다. 지금은 주소^{Address}는 무시하고 배포^{Deploy}에 집중하겠습니다. [Deploy] 버튼을 클릭하면 SimpleCoin 컨트랙트가 리믹스의 가상 블록체인에 배포됩니다.

그림 1-12 코드가 올바르게 컴파일되면 [Run] 탭에 [Deploy]와 [At Address]라는 두 개의 버튼이 표시된다. [Deploy]를 클릭하여 컨트랙트를 인스턴스할 수 있다.

컨트랙트는 가상화된 이더리움 블록체인의 주소에 저장됩니다. [그림 1-13]과 같이 새로운 Deployed Contracts 패널이 나타납니다. 주소 복사 아이콘을 클릭하고 메모장에 붙여 넣으면 배포된 주소를 확인할 수 있습니다.

그림 1-13 컨트랙트를 배포하면 Deployed Contracts 패널이 나타난다. 드롭다운 리스트에서 SimpleCoin을 클릭하면 컨트랙트가 실행되는 것을 확인할 수 있다.

1.3.3 컨트랙트 활용하기

이제 SimpleCoin 컨트랙트가 배포되어 간단한 조작이 가능합니다. SimpleCoin 토큰 잔액을 확인하고 토큰을 다른 계정으로 전송할 수 있습니다. Deployed Contracts 패널에서 SimpleCoin을 선택하면 [그림 1-14]와 같이 [coinBalance]와 [transfer]라는 두 개의 새로운 버튼이 나타납니다.

그림 1-14 SimpleCoin 조작 버튼 [coinBalance]와 [transfer]. [coinBalance]는 coinBalance 상태 변수를 가져오며 읽기 전용 작업이다. [transfer]는 지정한 수의 토큰을 지정된 주소로 전송할 수 있다.

리믹스 IDE에는 두 가지 유형의 버튼이 있습니다.

- **파란색 버튼**

  컨트랙트 읽기 작업을 수행합니다. 상태 변수의 값을 확인하거나 읽기 전용 함수를 호출합니다.

- **빨간색 버튼**

  컨트랙트 쓰기 작업을 수행합니다. 생성자^{Create}를 통해서 컨트랙트를 생성하거니 상태 변수를 수정하는 함수를 호출합니다.

[coinBalance]는 계정의 잔고를 읽는 작업이므로 파란색 버튼입니다. [transfer]는 클릭하면 컨트랙트의 상태가 변경되므로 빨간색 버튼입니다. 구체적으로 coinBalance 상태 변수에 포함된 값을 변경합니다.

이제 생성된 계정에서 coinBalance를 통해 SimpleCoin 생성자에서 설정한 초기 토큰 공급량을 확인하겠습니다. "0x14723A09ACff6D2A60DcdF7aA4AFf308FDDC160C" 주소를 큰따옴표로 묶어 입력 상자에 입력하고 [coinBalance] 버튼을 클릭합니다. 결과로 생성자에서 설정한 SimpleCoin 토큰의 개수 10,000이 표시돼야 합니다.

0x14723A09ACff6D2A60DcdF7aA4AFf308FDDC160C는 리믹스 IDE에 있는 테스트 계정 다섯 개 중 하나입니다. 리믹스 화면의 오른쪽 상단에 있는 Transaction Origin 드롭다운 목록 상자에서 확인할 수 있습니다. 화면에서 전체 주소가 보이지 않아 [표 1-3]에 전체 주소를 정리했습니다(주소 복사 아이콘을 클릭하여 하나씩 가져왔습니다).

표 1-3 리믹스 테스트 계정 주소 목록 전체

```
0xca35b7d915458ef540ade6068dfe2f44e8fa733c
0x14723a09acff6d2a60dcdf7aa4aff308fddc160c
0x4b0897b0513fdc7c541b6d9d7e929c4e5364d2db
0x583031d1113ad414f02576bd6afabfb302140225
0xdd870fa1b7c4700f2bd7f44238821c26f7392148
```

0x14723A09ACff6D2A60DcdF7aA4AFf308FDDC160C 주소와는 다르게 다른 주소에는 SimpleCoin의 토큰이 0개인 것을 다시 확인할 수 있습니다. "0x583031D1113aD414F02576BD6afaBfb302140225"를 전에 입력했던 것과 같이 큰따옴표로 묶어서 coinBalance 입력 상자에 입력합니다.

버튼을 클릭하면 토큰의 양이 0인 것을 확인할 수 있습니다. 컨트랙트를 생성하면 0x14723A09로 시작되는 주소에 10,000개의 SimpleCoin 토큰이 초기 발행되어 할당됩니다. [표 1-4]에 정리한 것처럼 다른 주소들은 토큰을 갖고 있지 않습니다.

표 1-4 컨트랙트를 생성한 후에 각 리믹스 테스트 계정에 남은 금액

계정 주소	계정 잔액
0xca35b7d915458ef540ade6068dfe2f44e8fa733c	0
0x14723a09acff6d2a60dcdf7aa4aff308fddc160c	10,000
0x4b0897b0513fdc7c541b6d9d7e929c4e5364d2db	0
0x583031d1113ad414f02576bd6afabfb302140225	0
0xdd870fa1b7c4700f2bd7f44238821c26f7392148	0

이제 transfer 함수를 호출하여 0x14723a09로 시작하는 주소의 계정에서 토큰을 다른 테스트 계정으로 전송해보겠습니다. transfer 함수는 호출자의 계정에서 토큰을 이동하므로 0x14723a09로 시작하는 컨트랙트 생성자의 주소에서 함수를 호출해야 합니다. [Run] 탭에 있는 드롭다운 계정 리스트에서 주소를 선택한 다음 transfer 함수의 목적지 주소 입력창에 입력합니다. 예를 들면 0x4b0897b0 주소를 선택하고 전송할 토큰 수를 150으로 입력합니다. 매개변수의 값은 쉼표로 구분합니다.

```
"0x4B0897b0513fdC7C541B6d9D7E929C4e5364D2dB", 150
```

그리고 [transfer] 버튼을 클릭하면 예상한 대로 아무런 결과를 반환하지 않습니다.

컨트랙트 생성자의 주소("0x14723A09ACff6D2A60DcdF7aA4AFf308FDDC160C")를 입력 상자에 입력한 후 [coinBalance]를 클릭하여 계약 작성자 주소에 있는 토큰 수를 확인하면 예상대로 9,850을 확인할 수 있습니다.

주소("0x4B0897b0513fdC7C541B6d9D7E929C4e5364D2dB")에 동일한 작업을 수행하면 150을 확인할 수 있습니다. [표 1-5]에 정리된 것처럼 다른 주소에는 여전히 토큰이 없습니다.

표 1-5 전송 작업 후 각 리믹스 테스트 계정의 잔액

계정 주소	계정 잔액
0xca35b7d915458ef540ade6068dfe2f44e8fa733c	0
0x14723a09acff6d2a60dcdf7aa4aff308fddc160c	9,850
0x4b0897b0513fdc7c541b6d9d7e929c4e5364d2db	150
0x583031d1113ad414f02576bd6afabfb302140225	0
0xdd870fa1b7c4700f2bd7f44238821c26f7392148	0

실습을 통해 0x4b0897b05로 시작하는 주소에서 다른 주소로 토큰을 전송하고 그 금액이 정확한지 확인할 수 있습니다. 그렇게 하는 동안 특정 주소가 가진 토큰보다 더 많은 토큰을 이동하는 등 바보 같은 거래는 아직 하지 마세요. 코드를 간략하게 유지하기 위해 이러한 상황을 처리할 제한 조건을 아직 코딩하지 않았습니다. 이는 다음 장에서 배울 것입니다.

지금까지 작성한 코드는 간단하지만 이 단계의 주요 목적은 스마트 컨트랙트, 솔리디티 및 리믹스에 익숙해지는 것입니다. 이제는 이 목표를 달성할 수 있습니다. 또 컨트랙트를 어떻게 활성화시키고 다른 계정을 통해 컨트랙트에 접근할 수 있는지 알고 있습니다.

SimpleCoin은 여전히 디앱의 초기 단계에 있습니다. 지금까지는 자바스크립트 VM 기반 시뮬레이터에서만 코드를 실행했으며 UI가 부족하기 때문에 리믹스로 출력되는 것을 확인했습니다. 다음 장에서는 더 나아가 이더리움 클라이언트를 설치합니다. 그런 다음 SimpleCoin을 실제 이더리움 네트워크에 배포하고 활용해볼 것입니다.

WARNING_ [Compile] 탭에 설정된 컴파일러가 0.4.25 버전인 경우 리믹스는 코드 편집기에 유효한 체크섬checksum이 있는 주소만 입력할 수 있습니다. 유효한 체크섬에 관해서는 5장에서 설명하겠습니다. 지금은 0x14723a09acff6d2a60dcdf7aa4aff308fddc160c(모두 소문자)와 0x14723A09ACff6D2A60DcdF7aA4AFf308FDDC160C는 같은 것으로 해석되지 않는다고 이해하면 됩니다. [Run] 탭의 드롭다운 목록에 있는 주소들은 모두 소문자이므로 유효한 계정이 아닙니다. 유효한 체크섬이 있는 해당 주소를 알고 싶다면 온라인 블록체인 익스플로러인 이더스캔Etherscan(https://etherscan.io/)을 사용하면 됩니다. 사이트 상단의 텍스트 상자에 잘못된 형식의 주소(예: 0x14723a09acff6d2a60dcdf7aa4aff308fddc160c)를 입력하면 상단의 주소 헤더에 올바른 형식의 주소(0x14723A09ACff6D2A60DcdF7aA4AFf308FDDC160C)가 표시됩니다.

1.4 요약

- 탈중앙화 앱은 특정 주체가 소유하거나 제어하지 않고 신뢰가 필요 없는 분산 P2P 네트워크에서 실행되는 새로운 유형의 앱입니다.

- 탈중앙화 앱의 구조는 비즈니스 로직과 데이터(블록체인)가 네트워크의 각 노드에서 완전히 복제되어 실행되기 때문에 기존의 중앙화된 앱의 구조와 다릅니다.

- 탈중앙화 앱은 블록체인 기술을 기반으로 합니다. 공개키 암호화, 해시 함수, 합의 알고리즘을 통한 채굴 기술 등을 활용합니다.

- 탈중앙화 앱을 적절하게 활용한 사례는 많습니다. 특히 원산지 및 진품 추적, 신원 확인, 규제 감사, 예측 시장 및 크라우드펀딩 분야에서 활용되고 있습니다.

- 탈중앙화 앱이 비즈니스 문제를 해결하기에 항상 옳은 방법은 아닙니다. 예를 들어 외부 참여자와 정보를 공유할 수 없는 사내용 앱을 탈중앙화는 것은 목적에 맞지 않습니다.

- 탈중앙화 앱의 핵심인 이더리움에서 스마트 컨트랙트를 자바스크립트와 비슷한 솔리디티로 구현할 수 있습니다. 리믹스 솔리디티 IDE를 사용하여 간단한 스마트 컨트랙트를 작성하고 활성화하여 테스트 이더리움 계정과 상호작용할 수 있습니다.

CHAPTER 2

블록체인 이해하기

이 장의 주요 내용

- 이더리움 노드에 대한 기술적인 이해
- 이더리움 디앱을 만들 때 사용하는 기술 요소
- 이더리움 블록체인의 기반 기술
- 이더리움 역사와 운영 방식

1장에서는 처음부터 세부적이고 많은 내용을 다루었다가 놀라지 않도록 탈중앙화 앱에 관해서 개념적인 수준으로 설명했습니다. 따라서 전체 디앱을 구축하는 데 필요한 기술 요소가 무엇인지 궁금할 것입니다. 디앱 설계 구조에 관한 설명이 기대한 것보다 덜 다뤄졌다고 생각할 수 있고 여전히 블록체인이 정확하게 작동되는지 궁금할 수도 있습니다. 이러한 궁금증을 이번 장에서 자세히 다뤄보겠습니다.

1장에서 소개한 탈중앙화 투표 앱으로 다시 시작하겠습니다. 간단히 설명하기 위해 생략했던 이더리움 노드를 더 살펴보고 탈중앙화 앱을 만들기 위해 필요한 모든 기술 요소를 처음부터 끝까지 설명하겠습니다. 이와 더불어 블록체인 작동 방식을 이해하는 데 필요한 암호학의 개념과 기초도 소개합니다. 이 장의 마지막에는 이더리움 블록체인에 특화된 기술과 이더리움의 역사, 운영 방식도 알아보겠습니다.

2.1 디앱 자세히 살펴보기

1장에서 탈중앙화 앱을 구조적인 관점과 거래 흐름에 따른 관점으로 설명하면서도 개념적으로 설명하기 위해 노력했습니다. 블록체인은 완전히 새로운 기술입니다. 그렇기 때문에 너무 많은 전문 용어와 기술 때문에 헷갈리지 않고 탈중앙화 앱의 목적과 구조를 먼저 이해할 수 있도록 했습니다. 이제는 어느 정도 기초가 쌓였기 때문에 이더리움 디앱을 자세히 살펴보려고 합니다. 이더리움 노드부터 알아보겠습니다.

2.1.1 이더리움 노드

[그림 2-1]에서 볼 수 있듯이 이더리움 P2P 네트워크는 두 가지 요소로 구성되어 있습니다.

- **이더리움 클라이언트**^{Ethereum client} : 런타임 시 작동하며 네 가지 요소를 포함합니다.
  - **이더리움 가상머신**^{Ethereum Virtual Machine} (EVM)은 솔리디티나 EVM 바이트코드로 작성된 스마트 컨트랙트를 실행할 수 있습니다.
  - **메모리 풀**^{memory pool}은 노드가 수신한 거래내역을 네트워크에 전파하기 전에 저장합니다. 투표 앱에서는 사용자가 제출한 투표내역을 저장합니다.
  - **클라이언트 프로세스**^{client process}는 수신된 메시지 및 거래내역을 적절하게 EVM에 보내거나 거래내역을 메모리 풀에 저장하고 검색합니다. 또한 피어 노드에서 받은 블록을 처리하고 블록체인 데이터베이스의 로컬 복사본에 추가합니다.
  - **JSON-RPC API**는 다른 노드나 외부에서 클라이언트의 기능을 사용할 수 있도록 합니다.
- **블록체인 데이터베이스**^{blockchain database}

  유권자가 제출한 투표와 같은 거래내역 외에도 블록체인은 네트워크상에 배포된 모든 스마트 컨트랙트의 EVM 바이트코드 복사본과 상태를 저장하고 있습니다. 채굴 노드는 15초마다 정기적으로 새로운 블록을 블록체인에 추가합니다.

그림 2-1 이더리움 노드는 이더리움 클라이언트와 블록체인 데이터베이스로 구성되어 있다. 이더리움 클라이언트는 클라이언트 프로세스, EVM, 메모리 풀, 외부에서 접근할 수 있도록 하는 JSON-RPC API로 구성된다. 노드 유형은 전체 노드와 채굴 노드로 두 가지다.

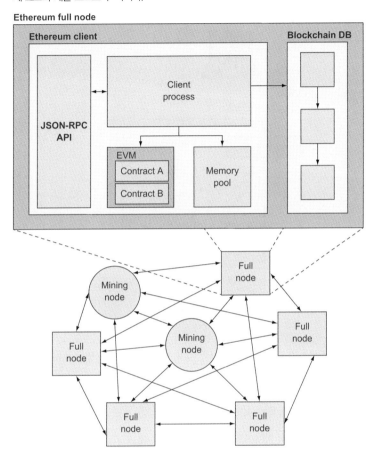

2.1.2 거래내역 수명주기 다시 보기

이제 이더리움 노드가 JSON-RPC 인터페이스, EVM, 메모리 풀로 구성된다는 것을 알았습니다. [그림 2-2]부터 [그림 2-4]까지 참고하여 거래가 흘러가면서 어떤 일들을 하는지 살펴보도록 하겠습니다.

그림 2-2 거래내역의 수명주기. JSON-RPC 인터페이스로 선택된 이더리움 노드의 함수를 호출한다. 함수는 스마트 컨트랙트를 실행하고 투표 거래내역이 생성된다. 노드는 거래내역을 메모리 풀에 저장하고 유효성 검사를 위해 EVM에서 거래를 실행한다. 검증된 거래내역이 채굴 노드에 도달할 때까지 피어 노드를 통해 전파하고 검증되지 않은 거래는 폐기한다.

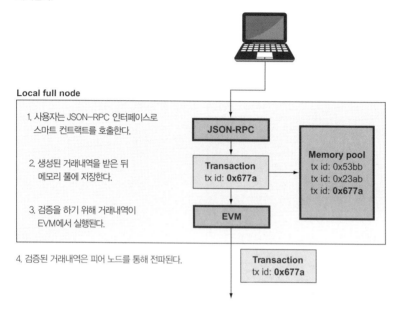

거래내역은 JSON-RPC 인터페이스로 선택한 이더리움 노드의 스마트 컨트랙트에서 함수가 호출될 때 생성됩니다(그림 2-2).

1 전체 노드가 피어 노드에서 거래내역을 수신하여 메모리 풀에 저장합니다(그림 2-2).

2 전체 노드가 유효성 검사를 위해 EVM에서 거래내역을 실행합니다(그림 2-2).

3 검증된 거래는 피어 노드로 전파합니다. 유효하지 않은 거래내역일 경우 노드는 거래내역을 전파하지 않고 폐기합니다.

4 채굴 노드는 피어 노드에서 수신된 거래내역을 메모리 풀에 저장합니다(그림 2-3).

5 채굴 노드가 메모리 풀에서 수익성이 높은 거래내역을 선택합니다. EVM에서 실행한 다음 새 블록에 거래내역을 추가합니다(그림 2-3).

6 생성된 블록이 블록체인에 성공적으로 추가되면 채굴 노드는 관련된 거래내역을 메모리 풀에서 제거합니다(그림 2-3).

그림 2-3 채굴 노드는 피어 노드에서 거래를 수신하여 메모리 풀에 저장한다. 노드는 저장된 거래 중에서 하나를 골라 EVM에서 실행한 뒤 유효한 거래는 새로운 블록에 추가한다. 생성된 블록이 블록체인에 추가되면 추가된 거래내역들은 메모리 풀에서 제거되고 새로운 블록은 피어 노드를 통해 전파된다.

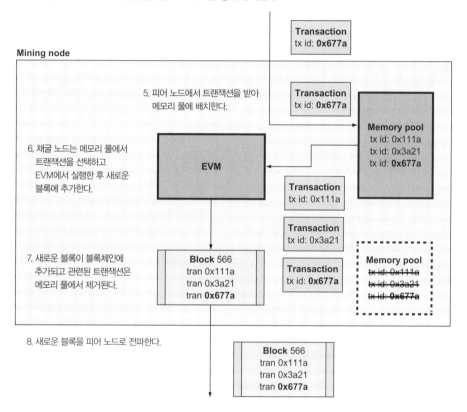

7 노드는 새 블록을 피어 노드로 전파합니다(그림 2–3).

8 전체 노드는 피어 노드에서 새로운 블록을 수신합니다(그림 2–4).

9 전체 노드는 유효성 검사를 위해 EVM에서 모든 블록의 거래내역을 실행합니다(그림 2–4).

10 노드는 블록이 모두 검증되면 관련된 모든 거래내역을 메모리 풀에서 제거합니다(그림 2–4).

11 노드는 블록을 피어 노드로 전파합니다(그림 2–4).

그림 2-4 블록을 수신하고 EVM에서 블록에 포함된 모든 트랜잭션을 검증하기까지의 전체 노드 프로세스를 나타낸다. 검증이 완료되면 메모리 풀에서 완료된 트랜잭션을 제거하고 검증된 블록을 네트워크에 전파한다.

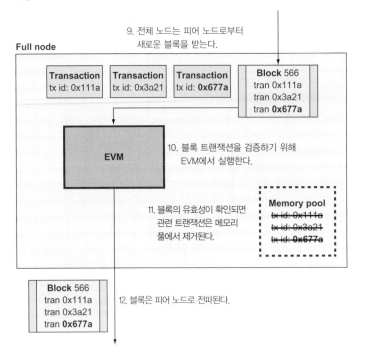

2.1.3 개발 관점: 투표 앱 스마트 컨트랙트 배포하기

지금까지 탈중앙화 앱이 어떻게 구성되고 시스템 전체에서 거래가 어떻게 흐르는지 살펴봤습니다. 다음으로 스마트 컨트랙트가 언제, 어떻게 네트워크를 통해 전파되는지 궁금할 것입니다. 서버에서 컨트랙트를 전파하는 절차는 1장에서 살펴본 [그림 1-8]의 투표내역과 같이 표준 거래를 처리하는 절차와 비슷합니다.

투표 디앱의 스마트 컨트랙트와 같은 이더리움 스마트 컨트랙트는 솔리디티 언어로 코드를 작성합니다. 스마트 컨트랙트 개발자는 먼저 코드를 EVM 바이트코드로 컴파일하고, 로컬 이더리움 노드에서 실행합니다. 그런 다음 컨트랙트 배포 트랜잭션으로 P2P 네트워크에 스마트 컨트랙트를 배포합니다. 채굴 노드는 네트워크 전반에 전파되는 동안 배포 트랜잭션을 처리하고 EVM 바이트코드를 블록체인에 저장합니다(그림 2-5).

그림 2-5 개발자는 투표 스마트 컨트랙트를 솔리디티 언어로 작성한 다음 EVM 바이트코드로 컴파일하고 컨트랙트 배포 트랜잭션에 추가한다. 컨트랙트는 로컬 이더리움 노드로 푸시되고 네트워크 전체로 전파된다. 그런 다음 채굴되어 블록체인에 추가된다.

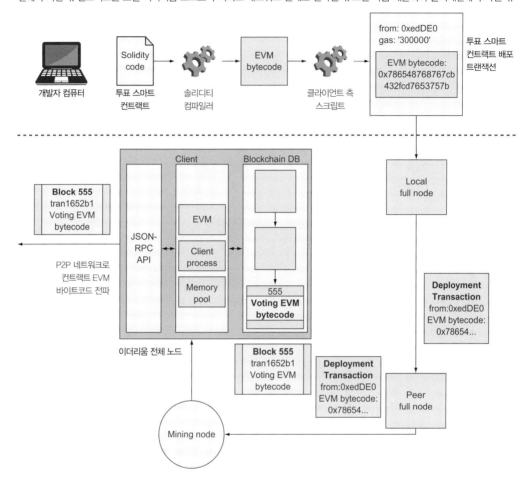

앞에서 디앱을 정적, 동적 및 개발 관점에서 살펴보던 중에 익숙하지 않은 프로그래밍 언어와 자바스크립트 라이브러리를 언급했습니다. 하지만 배워야 할 기술의 범위에 대해 특별히 걱정할 필요는 없습니다. 이더리움 블록체인을 기반으로 디앱을 개발하는 것은 중앙화된 앱을 개발하는 것과 비슷하기 때문입니다. 디앱의 클라이언트 부분 역시 일반적으로 표준 HTML5와 자바스크립트를 사용합니다. Web3이라는 클라이언트 자바스크립트 라이브러리를 통해 UI와 서버 간 통신이 가능합니다. 그리고 스마트 컨트랙트는 자바스크립트와 유사한 솔리디티를 통해 서버에 구현할 수 있습니다.

[그림 2-6]에서 볼 수 있듯이 탈중앙화 앱의 핵심 영역인 스마트 컨트랙트를 솔리디티로 서버에서 개발할 것입니다. 그런 다음 Web3.js 자바스크립트 라이브러리로 스마트 컨트랙트를 원격으로 실행하는 방법을 배우게 됩니다. 마지막으로 HTML 및 자바스크립트를 기반으로 하는 웹 기반 UI를 구현하겠습니다.

그림 2-6 솔리디티로 스마트 컨트랙트를 작성한 뒤 Web3.js 자바스크립트 라이브러리를 통해 스마트 컨트랙트를 원격으로 실행해보고 HTML 및 자바스크립트로 웹 UI를 만들 것이다.

자바스크립트 또는 C와 유사한 프로그래밍 언어를 다룬 경험이 있다면 중앙화된 앱에서 탈중앙화 앱으로 개발을 전환하는 것은 어렵지 않습니다. 그러나 전환 과정에서 탈중앙화 앱은 중앙화된 앱을 구축하는 방식과 차이가 있기 때문에 탈중앙화 앱의 기본 기술을 완전히 이해할 필요가 있습니다. 이러한 부분을 다음 절에서 살펴보겠습니다.

2.2 디앱에 사용되는 기술

디앱은 블록체인이라는 탈중앙화된 데이터베이스 위에서 실행되는 스마트 컨트랙트에 캡슐화된 비즈니스 로직을 기반으로 합니다. 블록체인 기술은 공개키 암호화, 암호화 해시 함수, 합의 알고리즘에 기반하고 있습니다. 합의 알고리즘에는 **작업 증명**proof of work, **지분 증명**proof of stake 등 다양한 알고리즘이 있습니다.

러시아 인형 마트료시카를 더 많이 열어놓은 것처럼 느껴질 수도 있고 끝나지 않을 수도 있지만 좌절하지 마세요! 암호학보다 더 깊게 설명하지는 않을 것입니다.

2.2.1 블록체인 기술

다음 절에서 앞서 언급한 모든 암호와 용어를 간략하게 알아보고 블록체인 데이터베이스가 작동하는 방식의 기초를 다지겠습니다. 공개키 암호화는 블록체인의 기본 기술 중 가장 기초가 되는 기술이므로 여기서부터 시작해봅시다.

공개키 암호화

공개키 암호화public key cryptography는 한 쌍의 키를 기반으로 하는 암호화 방법입니다. 일반적으로 임의로 생성되고 소유자만 알 수 있는 개인키와 개인키를 알고리즘으로 변환하여 모두가 알수 있는 공개키가 있습니다. [그림 2–7]은 개인키와 공개키가 생성되는 방법을 보여줍니다.

그림 2-7 난수 생성기로 개인키가 생성된다. 그런 다음 공개키를 생성하는 알고리즘에 입력된다.

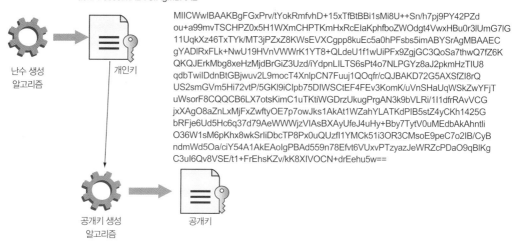

더 나은 비유를 들자면 [그림 2-8]과 같이 개인키를 우편함의 물리적 열쇠(자신의 사본만 가질 수 있음)로, 공개키를 우편 주소(모두 알고 있음)로 생각할 수 있습니다.

그림 2-8 개인키와 공개키의 목적을 쉽게 이해하려면, 공개키는 모든 사람이 알고 있는 우편 주소로 개인키는 우편함 소유자의 열쇠로 생각하면 된다.

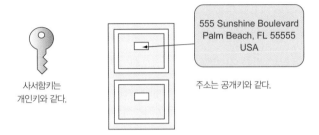

사서함키는
개인키와 같다.

555 Sunshine Boulevard
Palm Beach, FL 55555
USA

주소는 공개키와 같다.

[그림 2-9]처럼 개인키의 주요 목적은 두 가지입니다.

- 공개키를 사용하여 암호화된 데이터를 복호화할 수 있습니다.

- 누군가가 문서에 디지털 서명을 할 수 있게 합니다. 개인키를 알고 있는 경우에만 서명을 생성할 수 있고 공개키를 알고 있는 사람은 서명을 검증할 수 있습니다. 스마트 컨트랙트 거래내역의 진위 여부는 이 디지털 서명을 사용합니다.

그림 2-9 그림 상단에서 볼 수 있듯 개인키를 사용하여 관련된 공개키로 암호화된 문서의 암호를 해독할 수 있다. 하단에서는 개인키로 누군가가 문서에 디지털 서명하여 출처를 증명할 수 있음을 보여준다. 생성된 디지털 서명은 문서와 공개키로 검증할 수 있다.

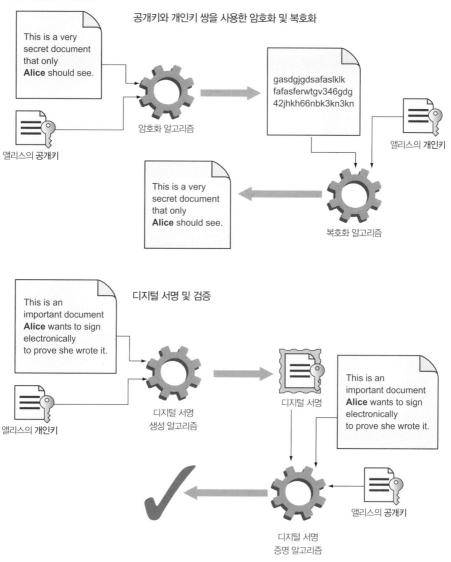

블록체인 플랫폼에서 암호화폐는 일반적으로 공개키로 식별되는 계정에 저장됩니다. 하지만 개인키를 알고 있는 경우에만 활용할 수 있습니다. 따라서 개인키를 잊어버리거나 잃어버리면 아무도 해당 계정을 사용할 수 없으며 계정의 암호화폐는 분실된 것으로 간주합니다.

암호화 해시 함수

해시 함수hash function는 임의 크기의 데이터를 고정 크기의 데이터로 매핑할 수 있는 함수입니다. 고정 크기의 데이터를 해시 또는 다이제스트digest라고 합니다. 예를 들어 어떤 크기의 파일이나 문자를 항상 64비트 크기로 만들어주는 해시를 만들 수 있습니다. 크기가 10킬로바이트인지 10기가바이트인지에 관계없이 [그림 2−10]과 같이 64비트 해시가 생성됩니다.

그림 2-10 해시 함수는 어떤 크기의 입력값도 고정된 크기(이 예제에서는 64비트)의 해시로 만든다.

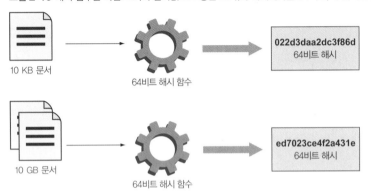

암호화 해시 함수cryptographic hash function의 다섯 가지 특징은 다음과 같습니다.

- **결정론적**deterministic입니다. 동일한 입력값은 항상 동일한 해시를 생성합니다.

- **빠르게 계산**할 수 있습니다.

- **일방향 함수**one-way function이며 **불가역적**unfeasible to invert입니다. 따라서 원래 데이터를 해시에서 추론할 수 있는 유일한 방법은 동일한 해시를 얻을 때까지 함수에 막대한 수의 입력값을 넣어볼 수밖에 없습니다.

- **두 개의 다른 입력값에서 같은 해시값이 나오는 경우는 거의 불가능**합니다. 물론 다른 두 개의 입력값에서 같은 해시가 나올 수도 있지만 앞서 이야기한 것처럼 무수히 대입해보지 않는 한 입력값을 알아낼 수는 없습니다.

- **입력값이 조금이라도 변경되면 전혀 다른 해시값이 생성**됩니다. 결과적으로 앞에서 설명했듯이 동일한 값을 함수에 넣지 않고는 의도적으로 동일한 해시 또는 비슷한 해시조차 얻을 수 없습니다.

이러한 속성을 고려해서 다음 시나리오를 생각해봤습니다. 동네 서점에서 최신 블록체인 참고서를 구매하기 위해 30달러짜리 수표를 쓰려고 합니다. 물론 요새 수표를 잘 쓰지 않는다는 것을 잘 알고 있습니다. 연령이 낮은 독자라면 수표를 본 적도 없을 테죠. 하지만 양해를 바랍니다.

수표에 서명하고 동네 서점으로 가는 길입니다. 스마트폰으로 채팅하며 도로 경계석을 넘는 순간 나도 모르게 수표를 흘리고 맙니다. 그리고 바람에 날려 저 멀리 사라져버렸다고 합시다. 재수 없게도 그 수표는 잭 포저라는 동네 범죄자 손에 들어갑니다. 잭은 잉크를 지우는 법을 알고 있어서 수표에 쓰인 내용을 [그림 2-11]처럼 위조합니다.

그림 2-11 서명을 재사용하고 수신인과 금액을 위조한 수표

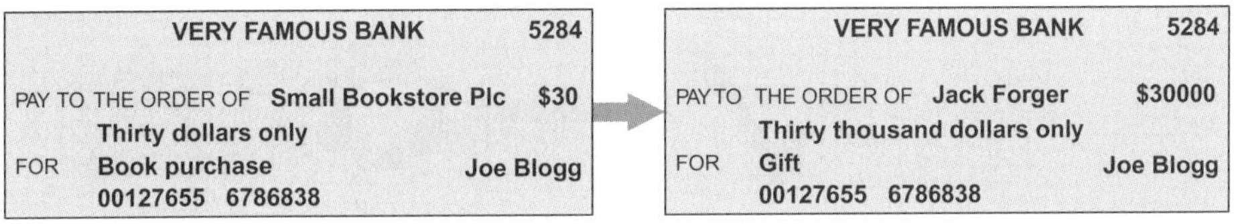

잭은 은행에 가서 3만 달러 수표를 현금으로 바꾸는 데 성공합니다. 범죄자는 여러분이 직접 쓴 서명으로 수령인과 금액을 조작할 수 있었습니다. 이번에는 전자수표에 있는 전자서명으로 어떻게 이런 불쾌한 상황을 피할 수 있는지 알아보겠습니다.

전자수표에 쓰이는 전자서명은 암호화된 해시로 변환됩니다. 얼마나 지불할지, 수령자는 누구인지 수표에 적힌 세부 사항과 은행 계좌의 개인키(본인 손으로 직접 쓴 서명과 같은 기능)를 함께 입력값으로 넣어 [그림 2-12]처럼 해시값을 생성합니다.

그림 2-12 전자수표는 보낼 계좌의 개인키와 수표의 세부 내용을 가지고 생성된 전자서명으로 보호된다. 보낼 계좌의 공개키와 수표의 세부 내용을 통해 수표의 유효성을 검증할 수 있다.

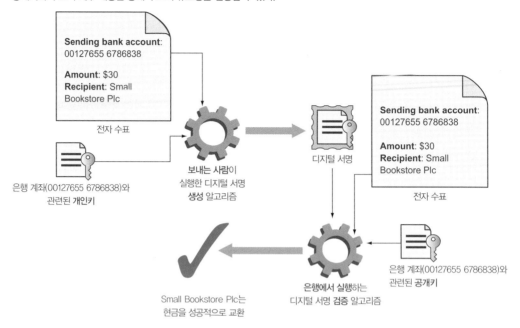

누군가가 여러분의 은행 계좌 공개키와 함께 전자수표를 은행에 보여준다면 은행은 전자서명과 수표의 세부 사항(금액과 수령인), 개인키가 일치하는지 검증합니다. 이런 과정을 거쳐 서점 주인은 여러분의 수표를 현금으로 바꿀 수 있습니다.

전자서명은 암호화된 해시값이므로 일치하는 서명을 만들기 위해서는 전자수표를 사용하기 위해 기입한 세부 내용과 같아야 합니다. 만약 숙련된 해커 집단이 전자수표를 중간에 가로채고 금액 또는 수령인을 변경한다고 해도 다음 두 가지 이유 덕분에 전자수표는 안전합니다.

1 금액이나 수령인이 바뀌면 전혀 다른 전자서명이 생성되고 은행은 [그림 2-13]처럼 수표가 유효하지 않다는 것을 확인할 수 있습니다.

2 해커가 바뀐 수표내역으로 새로운 전자서명을 만들려고 시도하면 여러분의 개인키를 모르기 때문에 은행 계좌의 공개키와 관련된 전자서명을 생성하지 못합니다.

그림 2-13 전자서명으로 보호된 전자수표를 조작하기는 어렵다. 원본 전자서명과 바뀐 수표내역이 일치하지 않기 때문이다.

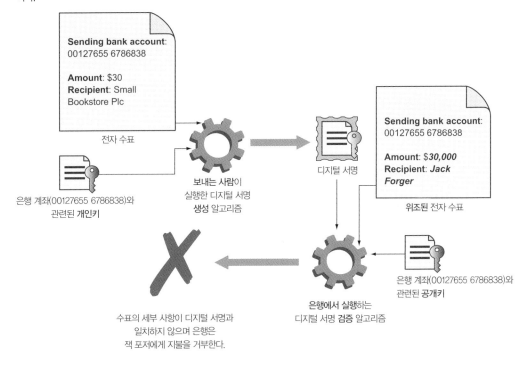

블록체인 거래는 전자수표 특성과 비슷합니다.

- 공개키로 확인할 수 있는 계정에서 거래가 발생합니다.

- 공개키로 확인할 수 있는 암호화폐의 수량, 수령인과 같은 거래의 세부내역을 가지고 있습니다.

- 블록체인 거래내역에는 개인키를 통해 계정 소유자가 거래내역을 입력해서 보냈다는 것을 증명해주는 전자서명을 포함하고 있습니다.

블록체인 거래내역에는 암호화폐 대신 데이터가 있을 뿐입니다. 중요한 점은 보내는 사람이 진짜 보냈다는 것을 전자서명으로 증명할 수 있다는 것입니다. 암호화 해시 함수는 전자서명에만 활용되는 것은 아닙니다. 더 알아보고 싶다면 판매자를 악의적인 구매자에게서 보호할 수 있는 방법을 설명한 다음 상자글을 읽어보세요.

악의적인 구매자에게서 판매자를 보호할 수 있는 커밋 리빌 스킴

암호화 해시 함수는 다양한 상황에서 유용하게 쓰일 수 있습니다. 1장에서 소개했던 탈중앙화 전자상거래 앱을 기억하나요? 판매자 관점에서 보는 탈중앙화 해결책은 구매자 관점보다는 만족스럽지 않을 수 있습니다. 예를 들면 앞에서 설명된 방법으로는 구매자가 상품을 수령하고도 확정하지 않아 판매자가 대금을 받지 못하는 상황이 생길 수 있습니다. 굉장히 실망스럽지만 포기하지 마세요. 암호화 해시 함수가 해결할 수 있습니다.

판매자에게 좀 더 안전한 앱을 만들기 위해 구매자에게 비밀번호를 생성하도록 한다면 어떨까요. 예를 들면 판매자가 주문을 확인할 때 비밀 문구나 난수를 생성하여 암호화된 해시값을 보냅니다. 이 해시값을 결제를 위한 일종의 자물쇠로 보면 됩니다. 그리고 배송 담당자가 비밀번호를 받은 경우에만 물건을 넘겨줍니다. 비밀번호는 전자상거래 디앱으로 전달되며 이 비밀번호를 해시하여 공급자가 주문할 때 받았던 해시값과 일치하는지 확인합니다. 자물쇠로 생각하면 물리적인 열쇠인 셈입니다. 일치하면 대금이 지불됩니다.

처음에는 원래 정보의 해시값만 제공하고 두 번째 단계에서 전제 정보를 공개하는 방법을 **커밋먼트 스킴**commitment scheme 또는 **커밋 리빌 스킴**commit-reveal scheme이라 부릅니다. 이 방법은 두 단계를 거칩니다.

1. 커밋 단계에서는 공개 알고리즘으로 생성된 원본 정보의 암호화 해시가 상대방에게 전달됩니다.

2. 리빌 단계에서는 전체 정보를 공개합니다. 전달 받은 해시와 공개된 정보를 해시한 값이 일치하는지 검증합니다.

전체 정보를 밝히지 않고 일부만으로 증명할 수 있다는 강력한 아이디어는 16세기에 갈릴레오가 이미 사용했습니다. 갈릴레오는 금성 위상이 변한다는 것을 발견하고 연구가 마무리되기 전에 애너그램으로 자신의 발견을 알렸습니다. 다른 천문학자인 로버트 훅과 뉴턴도 비슷한 기법을 사용해서 발견한 전체 내용을 밝히지 않고도 자신이 가장 먼저 발견한 사람임을 입증할 수 있었습니다.

이 책의 나머지 부분에서 이 아이디어가 어떻게 탈중앙화 앱에 활용되는지 확인 가능합니다.

축하합니다. 이제 암호학 입문 과정을 완료했습니다. 너무 힘들지 않았기를 바랍니다. 블록체인이 어떻게 작동하는지 이해하기 위해 기초적인 도구를 배웠고 이젠 블록체인 안으로 들어가 보겠습니다.

블록체인

블록체인은 거래내역을 담고 있는 블록이 분산된 데이터베이스입니다. [그림 2-14]는 블록체인의 전형적인 구조를 보여줍니다.

그림 2-14 블록들이 연결된 것이 블록체인. 블록은 일련 번호, 타임스탬프, 각각 전자서명된 거래내역을 포함하고 있다. 또 각 블록은 직전 블록의 암호화된 해시값을 참조한다.

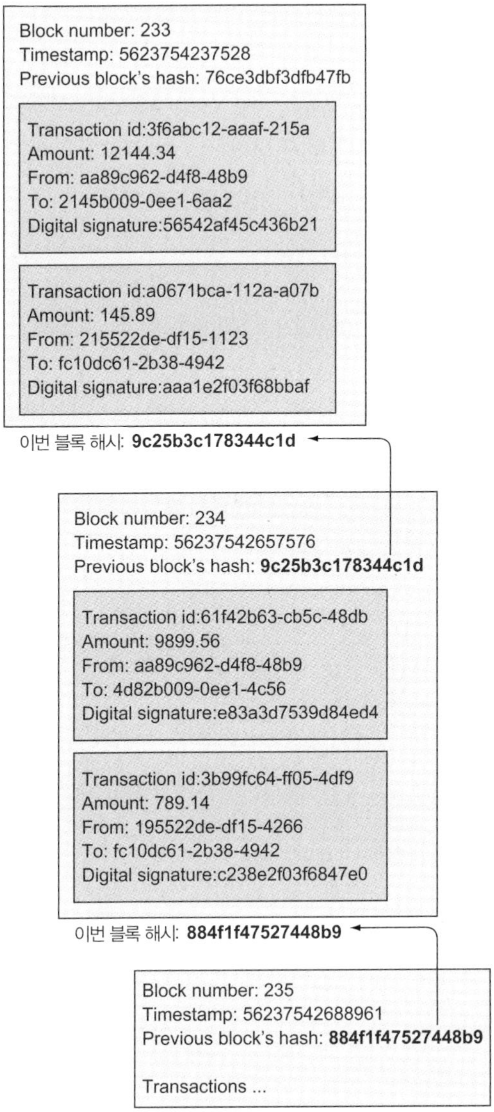

```
Block number: 233
Timestamp: 5623754237528
Previous block's hash: 76ce3dbf3dfb47fb

    Transaction id:3f6abc12-aaaf-215a
    Amount: 12144.34
    From: aa89c962-d4f8-48b9
    To: 2145b009-0ee1-6aa2
    Digital signature:56542af45c436b21

    Transaction id:a0671bca-112a-a07b
    Amount: 145.89
    From: 215522de-df15-1123
    To: fc10dc61-2b38-4942
    Digital signature:aaa1e2f03f68bbaf
```

이번 블록 해시: **9c25b3c178344c1d**

```
Block number: 234
Timestamp: 56237542657576
Previous block's hash: 9c25b3c178344c1d

    Transaction id:61f42b63-cb5c-48db
    Amount: 9899.56
    From: aa89c962-d4f8-48b9
    To: 4d82b009-0ee1-4c56
    Digital signature:e83a3d7539d84ed4

    Transaction id:3b99fc64-ff05-4df9
    Amount: 789.14
    From: 195522de-df15-4266
    To: fc10dc61-2b38-4942
    Digital signature:c238e2f03f6847e0
```

이번 블록 해시: **884f1f47527448b9**

```
Block number: 235
Timestamp: 56237542688961
Previous block's hash: 884f1f47527448b9

Transactions ...
```

하나의 블록은 출처를 증명하기 위해 전자서명된 거래내역들을 포함하고 있습니다. 블록체인은 대부분 타원곡선 암호학 기반의 **타원곡선 전자서명 알고리즘**Elliptic Curve Digital Signature Algorithm(ECDSA)을 활용해 전자서명합니다. 전통적인 DSA보다 ECDSA가 더 강력하고 더 적은 키를 사용하며 같은 수준의 보안을 제공합니다. 각각의 블록은 타임스탬프와 이전 블록의 암호화 해시값 그리고 이전 블록의 해시와 블록의 전체 내용을 요약하는 암호화 해시를 갖습니다. 블록체인은 이 방법으로 현재 상태(최신 블록)와 첫 거래가 생성된 이후 저장된 모든 거래내역을 저장합니다.

이런 구조적인 특성은 거래내역이 조작되거나 수정되지 않았다는 것을 보장해줍니다. 블록에 기록된 거래내역은 한 번 기록되면 수정할 수 없습니다. 수정하게 되면 블록의 해시값을 다시 생성해야 합니다. 하지만 다시 생성된 해시는 [그림 2-15]와 같이 연결된 블록에서 참조하고 있는 기존의 해시와 절대 같을 수 없습니다.

그림 2-15 블록의 거래내역을 조작하는 것은 어렵다. 조작된 블록의 새로운 해시값은 다음 블록이나 연결된 블록들이 참조하고 있는 기존 블록의 해시값과 일치하지 않는다.

원본 블록 233

Block number: 233
Timestamp: 5623754237528
Previous block's hash: 76ce3dbf3dfb47fb

Transaction id: 61f42b63-cb5c-48db
Amount: 12144.34
From: aa89c962-d4f8-48b9
To: 4d82b009-0ee1-4c56
Digital signature:e83a3d7539d84ed4

Transaction id: 3b99fc64-ff05-4df9
Amount: 145.89
From: 195522de-df15-4266
To: fc10dc61-2b38-4942
Digital signature: c238e2f03f6847e0

이번 블록 해시: 9c25b3c178344c1d

변경된 블록 233

Block number: 233
Timestamp: 5623754237528
Previous block's hash: 76ce3dbf3dfb47fb

Transaction id: 61f42b63-cb5c-48db
Amount: **121440000.34**
From: aa89c962-d4f8-48b9
To: 4d82b009-0ee1-4c56
Digital signature: **d7c48a808eb942ba**

Transaction id: 3b99fc64-ff05-4df9
Amount: 145.89
From: 195522de-df15-4266
To: fc10dc61-2b38-4942
Digital signature: c238e2f03f6847e0

변경된 데이터는 **굵게** 표시

이번 블록 해시: **2556415e50254de8**

Block number: 234
Timestamp: 56237542657576
Previous block's hash: 9c25b3c178344c1d

Transactions ...

This block's hash: 884f1f47527448b9

앞에서 설명한 블록체인 구조는 비트코인에서 사용하는 머클 트리나 이더리움에서 사용되는 패트리샤 트리와 같이 실제 사용되는 블록체인 구조를 단순하게 만든 버전입니다. 블록체인은 P2P 네트워크를 통해 자율적으로 관리됩니다. P2P 네트워크는 장애 허용$^{fault\ tolerance}$ 없이 서비스를 제공할 수 있으며 각 노드는 모든 거래를 탈중앙화된 합의를 통해 독립적으로 처리합니다. 이러한 특성을 고려할 때 블록체인은 이벤트 기록을 영구적으로 기록하는 데 적합합니다. 이는 신원 관리, 거래내역 처리 및 출처 추적에 유용하며 몇 가지 사례를 들 수 있습니다.

채굴

P2P 네트워크로 블록체인 트랜잭션을 지속적으로 처리하려면 **합의** 알고리즘에 따라 **채굴 노드** 또는 **채굴자**라 부르는 처리 노드에 연산력에 관한 보상을 해줍니다. 연산력을 제공하는 데 드는 전기 비용을 간접적으로 보상해주는 것입니다. 몇 초에 한 번씩 채굴에 성공한 채굴자는 플랫폼에서 지원하는 일정 수의 암호화폐를 받습니다. 암호화폐는 경제적 가치가 있습니다. 네트워크 내에서 제공하는 서비스를 구매할 수 있고 달러, 엔, 유로와 같은 기존 화폐로 교환할 수도 있습니다. 비트코인을 예로 들면 현재 집필하는 시점에는 2000달러의 비트코인을 보상으로 받습니다. 이더리움에서는 200달러의 이더를 보상으로 받습니다. 다음으로 합의 알고리즘이 어떻게 작동하는지 살펴보겠습니다.

합의

이전에 설명했듯이 합의는 네트워크 참여자들이 트랜잭션 처리 결과를 동의하는 과정을 말합니다. 1장에서 합의에 관해 분산화와 무신뢰성을 강조했습니다. 많은 이가 결정에 참여하며 참여자끼리 신뢰하기 위해 노력할 필요가 없습니다. 합의 과정은 개별 트랜잭션이 아니라 새로 생성되는 블록 단위로 이뤄집니다. 참여자는 새로운 블록이 유효한지 독립적으로 검증하고 검증된 블록은 나머지 네트워크로 전파합니다.

실제로 대부분의 참여자가 블록을 유효한 것으로 인정하고 네트워크 전체에 성공적으로 전파한 경우 채굴자는 해당 블록을 유효한 최신 블록으로 인정하고 이 블록 위에 새로운 블록들이 쌓이게 됩니다. 만약 악의적인 채굴자가 잘못된 블록을 블록체인에 추가하고 피어 노드에게 전파한 경우 피어 노드들은 수신된 블록을 거부하고 잘못된 체인은 즉시 사라지게 됩니다. 전체 노드가 피어 노드에 전파하기 전에 블록을 수정하려고 해도 같은 일이 발생합니다.

합의 알고리즘의 핵심은 참여자 노드가 최신 블록을 검증하는 단계입니다. 하나의 블록에 존재하는 트랜잭션들의 전자서명을 모두 검증하고 참여자 노드는 블록의 해시값이 유효한지 검증합니다. 해시값은 합의된 프로토콜에 따라 채굴자에 의해 생성됩니다. 초기 이더리움은 작업 증명 알고리즘을 기반으로 한 **이더해시**[Ethash] 합의 알고리즘을 사용하고 있습니다. 향후에는 지분 증명 알고리즘을 기반으로 한 **캐스퍼**[Casper] 합의 알고리즘을 사용할 예정입니다. 두 가지 알고리즘 모두 자세히 살펴보겠습니다.

작업 증명

앞서 설명했듯이 블록은 암호화된 해시를 가지고 있습니다. 이 해시값은 블록의 속성 정보, 트랜잭션 데이터 등 블록의 모든 내용을 요약한 값입니다. 여기에는 **논스**[nonce]라는 32비트 길이의 데이터도 포함되어 있습니다. 작업 증명 알고리즘에서 채굴자는 특징 조건에 맞는 해시값인

그림 2-16 작업 증명. 해시에 실패한 블록과 성공한 블록

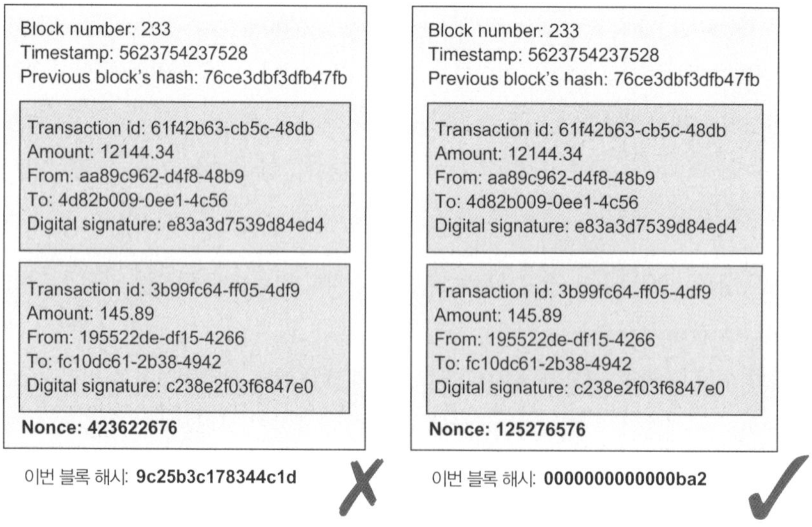

논스값을 찾아야 합니다. 예를 들면 선행되는 0이 많은 값을 찾습니다. [그림 2-16]과 같이 16진수 형식으로 표시될 때 0이 13개 선행되도록 64비트의 부호 없는 정수 해시를 제한하면 유효한 해시 수가 이론상 최대 수인 18,446,744,073,709,551,615에서 4,095로 줄어듭니다.

앞서 본 해시 함수의 속성 때문에 채굴자가 특정 논스를 찾을 수 있는 유일한 방법은 해시의 제약 조건이 충족될 때까지 가능한 한 많은 값을 시도하는 것입니다. 앞 예시는 시도 한 번에 성공 확률이 대략 0.00000000000002퍼센트가 될 것입니다. 조건에 맞는 해시가 발견되면 채굴자는 처리 중인 새 블록을 블록체인에 추가하고 토큰 보상을 청구할 수 있습니다. 알다시피 이렇게 유효한 해시를 찾는 방법은 CPU를 많이 사용하고 에너지를 소비해 경제적으로도 비용이 많이 듭니다. 그럼에도 이렇게 값비싼 알고리즘을 사용하는 이유는 악의적인 참여자가 부적절한 블록을 추가하거나 기존 블록을 조작하여 실제 블록인 것처럼 속이려는 것을 막을 수 있기 때문입니다. 이런 일을 수행하기 위해 필요한 에너지와 비용 때문에 악의적인 행동을 하지 못하게 됩니다. 3.3.4절에서 많은 채굴자가 사용하는 하드웨어를 다루겠습니다.

지분 증명

비트코인에서 사용되는 작업 증명 방식은 채굴자 간 경쟁으로 엄청난 양의 에너지를 소비 혹은 낭비한다고 비난받고 있습니다. 비트코인 네트워크만으로도 2020년에는 불가리아가 소비하는 전력량과 같아질 것이라는 예측도 있습니다.

이런 문제를 해결하기 위해 이더리움 창시자 중 한 명인 비탈리크 부테린이 지분 증명 알고리즘을 대안으로 제안했습니다. 이는 새로운 블록을 검증할 때 검증자^validator 풀의 투표로 정하는 방법입니다. 검증자 풀에서 떠나기 전까지 이더를 예치하면 누구나 풀에 들어갈 수 있습니다. 각 노드들의 투표는 예치된 금액만큼 가중치를 가집니다(풀에 노드가 스테이킹한 양과 같습니다). 이 방법에서 검증자는 송금자가 지불하는 거래 수수료에서 이익을 얻습니다. 만약 검증자가 부정행위를 하면 예치된 이더는 네트워크 내에서 없어지고 소유자는 검증자 풀 가입이 제한됩니다. 이러한 조치는 조작을 예방할 수 있습니다.

지금까지 블록체인 데이터베이스를 구성하는 일반적인 암호학 기술을 살펴보았습니다. 이 분야를 더 알고 싶다면 칼레 로젠바움^Kalle Rosenbaum이 쓴 『Grokking Bitcoin』(Manning, 2019)을 추천합니다. 다음으로 디앱 개발을 단순하게 해주는 최근 기술들을 살펴보겠습니다.

머클 트리와 머클 루트

앞서 살펴본 그림에서는 실제 블록체인을 단순화하여 블록체인 구조를 설명했습니다. 일반적으로 채굴자는 [그림 2-17]과 같이 블록을 **헤더**[header]와 **보디**[body] 두 부분으로 배치합니다. 보디는 블록 안에 있는 모든 트랜잭션을 포함하고 헤더는 블록 번호, 타임스탬프, 직전 블록 해시, 논스 등 블록의 메타데이터를 포함합니다. 그리고 채굴자가 생성한 **트랜잭션의 머클 트리**[transactions Merkle tree]와 **머클 루트**[Merkle root]도 포함하고 있습니다.

그림 2-17 트랜잭션 머클 트리의 블록 번호, 타임스탬프, 직전 블록 해시, 머클 루트와 같은 메타데이터를 포함하는 헤더와 트랜잭션들을 포함하는 본문으로 구성된 블록의 구조

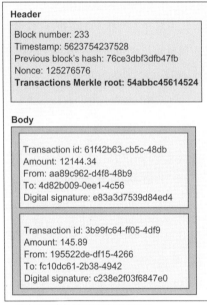

[그림 2-18]의 트랜잭션 머클 트리 구조는 다음과 같습니다.

- 블록의 트랜잭션들은 짝을 지어 제일 하단에 위치합니다.

- 트랜잭션들을 해시한 값은 머클 트리의 잎이 됩니다.

- 각 해시값은 또 짝을 지어 새로운 해시를 생성합니다.

- 오직 두 개의 해시값이 남을 때까지 반복하여 작업합니다. 최종적으로 남은 두 개의 해시값을 해시하면 머클 루트가 됩니다.

따라서 머클 루트는 블록에 포함된 모든 트랜잭션을 하나의 해시로 요약하여 무결성을 보장합니다. 블록 헤더가 머클 루트를 가지면 클라이언트가 네트워크 피어에서 전체 트랜잭션이 아닌 블록 헤더를 검색하여 블록체인을 더 빠르게 동기화할 수 있습니다. 이를 일반적으로 **가벼운 동기화**^{light synchronization}라고 부릅니다.

그림 2-18 머클 트리. 개별 트랜잭션은 제일 하단에 있다. 각각의 트랜잭션을 해시한 값이 나뭇잎이 되고 다음 줄은 나뭇잎들을 해시한 값으로 만들어진다. 가장 상단의 해시는 바로 아래에 해시한 값들을 해시한 것으로 이것을 머클 루트라고 한다.

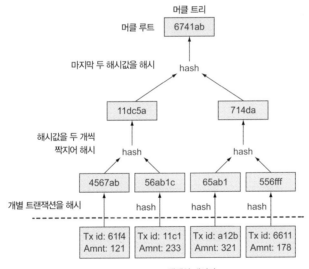

2.2.2 이더리움 기술

다소 어렵기는 하지만 비트코인과 같은 초기 블록체인에서도 스마트 컨트랙트를 구현할 수 있습니다. 그 후에 나온 하이퍼레저^{Hyperledger}, Nxt, 이더리움과 같은 블록체인들은 개발을 좀 더 쉽게 할 수 있도록 설계되었기 때문에 스마트 컨트랙트를 더욱 쉽게 작성하고 실행할 수 있습니다. 이런 이유로 이와 같은 플랫폼을 **스마트 블록체인** 또는 **블록체인 2.0**의 일부로 간주합니다. 이제 이더리움이 가져온 주요 혁신을 살펴보겠습니다. 향상된 블록체인 설계, EVM, 스마트 컨트랙트를 간략하게 소개합니다.

이더리움 블록체인

앞서 블록체인과 블록 메타데이터를 포함한 헤더와 트랜잭션을 담고 있는 보디 구조가 클라이언트를 빠르게 동기화할 수 있는 효율적인 구조라는 것을 배웠습니다. 이더리움은 여기서 한 걸음 더 나아갔습니다. 가장 먼저 **머클 패트리샤 트라이**^{Merkle-Patricia trie}(자세한 내용은 상자글 참고)는 트랜잭션들을 더 작고 효율적인 구조로(여전히 암호학적으로 인증되는) 해시합니다. [그림 2-19]를 보면 블록 헤더(보통 채굴자가 생성)는 트랜잭션 정보의 머클 패트리샤 루트, 부가적인 트랜잭션 정보^{receipt}의 루트, 현재 블록체인 상태 정보^{state}의 루드값을 가지고 있습니다.

그림 2-19 이더리움의 발전된 블록 헤더. 이더리움 블록체인의 블록 헤더는 머클 트라이보다 작고 효율적인 머클 패트리샤 트라이를 포함한다. 트랜잭션 정보, 부가적인 트랜잭션 정보, 블록 현재 상태 정보의 루트값을 포함하고 있다.

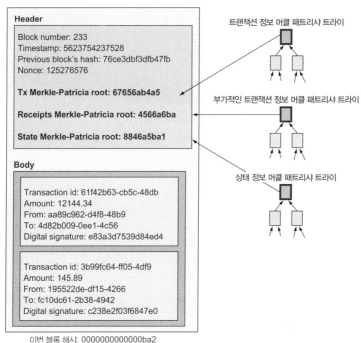

비탈리크 부테린은 자신의 블로그 'Merkling in Ethereum'[1]에서 머클 패트리샤 트라이의 세 가지 속성을 통해 클라이언트가 검증 가능한 방식으로 다음 사항을 효율적으로 확인할 수 있다고 설명합니다.

- 어떤 트랜잭션이 특정한 블록에 포함됐는지

- 한 트랜잭션의 결과가 무엇인지

- 어떤 계정이 존재하는지

- 어떤 계정에 잔액이 얼마나 있는지

---

1 http://mng.bz/QQYe

머클 패트리샤 트라이

트라이[2](또는 접두사 트리prefix tree)는 일반적으로 키가 문자열인 동적 집합을 저장하는 데 사용하는 정렬된 데이터 구조입니다. 트라이의 루트는 빈 문자열이며 다음 그림에서 볼 수 있듯이 노드의 모든 하위 항목에는 해당 노드와 연관된 문자열의 공통 접두사가 있습니다.

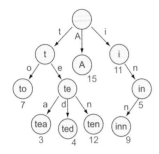

트라이 구조
(출처: Booyabazooka(Superm401 자체 수정, Deco의 PNG 이미지 기반))

머클 패트리샤 트라이는 트라이와 머클 트리를 결합한 데이터 구조입니다. 1968년 D.R. 모리슨이 설계한 패트리샤 알고리즘(알파벳으로 코딩된 정보를 검색하는 실제 알고리즘)으로 노드 키를 저장해 머클 트리(랄프 머클의 이름을 따서 명명)의 효율성을 향상시킵니다. 패트리샤 알고리즘을 더 알고 싶다면 「Lloyd Allison Algorithm Repository」[3]를 참고바랍니다. 이더리움 머클 패드리샤 트라이는 이더리움 위키에 코드 예제와 함께 자세히 설명되어 있습니다.[4]

전체 노드가 새로운 블록을 수신할 때 본문에 포함된 트랜잭션은 다음과 같이 처리합니다.

- 수신한 블록에 포함된 트랜잭션을 정렬하여 새로운 트랜잭션 머클 패트리샤 트라이를 생성합니다.

- 트랜잭션들은 EVM에서 실행됩니다. 이 과정에서 부가 트랜잭션 정보를 생성합니다. 이 정보로 새로운 부가 트랜잭션 머클 패트리샤 트라이를 생성합니다. 또한 각 노드에 하나의 인스턴스만 존재하는 전역 상태 트라이를 변경합니다.

새로 생성한 트랜잭션, 부가 트랜잭션 정보, 변경된 상태 정보 트라이의 루트값이 수신한 블록 헤더 정보와 일치하면 해당 블록을 유효한 블록으로 인정합니다. 그리고 새로운 트라이 또는 변경된 트라이를 전체 노드에 저장합니다. 구글에서 개발한 오픈소스 NoSQL 데이터베이스인 LevelDB를 기반으로 해당 키-값 저장소에 저장됩니다. [그림 2-20]을 참고하세요.

---

2 https://en.wikipedia.org/wiki/Trie
3 http://www.allisons.org/ll/AlgDS/Tree/PATRICIA/
4 https://github.com/ethereum/wiki/wiki/Patricia-Tree

- **트랜잭션 저장소**

  트랜잭션 저장소^{transaction store}에는 블록당 하나의 트랜잭션 트라이를 포함하며 각 트라이는 변경할 수 없습니다. 저장소의 키는 트랜잭션 해시값입니다(keccak 256비트 해시).

- **부가 트랜잭션 정보 저장소**

  부가 트랜잭션 정보 저장소^{receipts store}에는 블록마다 트랜잭션 트라이가 포함되어 있으며 각 트라이는 변경할 수 없습니다. 이 저장소의 키는 트랜잭션 영수증의 해시입니다(keccak 256비트 해시).

- **상태 저장소**

  상태 저장소^{state store}에는 최신 전역 상태를 나타내는 단일 상태 트라이가 포함되며 새 블록이 블록체인에 추가될 때마다 업데이트됩니다. 상태 트라이는 계정 중심이므로 이 저장소의 키는 계정 주소(160바이트)입니다.

이러한 이더리움 블록체인 디자인의 주요 장점은 세 가지 유형의 동기화가 가능하다는 것입니다.

- **전체 동기화**

  클라이언트는 전체 블록체인을 다운로드하고 모든 블록을 로컬에서 검증합니다. 시간이 가장 오래 걸리지만 로컬에 복사된 블록체인이 무결하다는 것을 확신할 수 있습니다.

- **빠른 동기화**

  클라이언트는 전체 블록체인을 다운로드하지만 동기화를 시작하기 전 혹은 새 블록이 생성되기 전에 64개의 블록만을 검증합니다.

- **가벼운 동기화**

  클라이언트는 피어 전체 노드에서 블록체인의 현재 상태 트라이를 받아 로컬에 저장합니다. 피어들로부터 어떠한 과거 블록도 받지 않고 새로 생성되는 블록만 수신하기 때문에 오래 기다리지 않아도 됩니다. 따라서 클라이언트를 빠르게 실행할 수 있습니다.

> **NOTE_** 이 절에서는 이더리움 블록체인의 물리적 형태를 자세히 설명했습니다. 트랜잭션과 상태가 어떻게 유지되는지 이해하는 것이 중요하기 때문입니다. 이후에는 블록을 트랜잭션의 집합 정도로 개념을 단순하게 표현하려 합니다.

그림 2-20 이더리움 노드의 블록 처리 세부 과정. 전체 노드는 새 블록을 받으면 헤더와 본문을 분리한다. 그런 다음 로컬 트랜잭션 트리와 로컬 영수증 트리를 만들고 기존 상태 트리를 업데이트한다. 새로운 트라이와 수정된 트라이는 각각의 저장소에 저장된다.

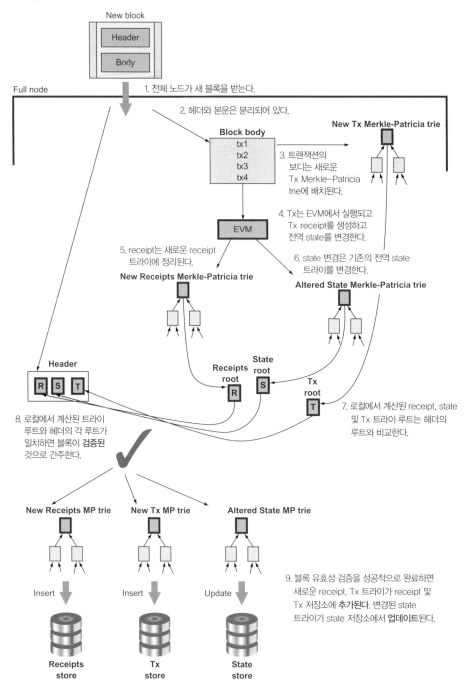

EVM

EVM(이더리움 가상머신)은 자바 JVM 또는 .NET의 CLR과 용도가 비슷합니다. 이더리움 P2P 네트워크의 각 노드에서 실행되며 어떤 복잡한 코드라도 실행할 수 있어 튜링 완전합니다. 블록체인 데이터를 읽거나 쓸 수 있다는 특징이 있습니다. 또 전자서명이 유효하고 블록체인의 현재 상태에 기반한 제약 조건이 만족되는 경우에만 코드를 실행합니다.

스마트 컨트랙트

스마트 컨트랙트 또는 줄여서 컨트랙트는 탈중앙화 앱의 로직을 캡슐화합니다. 앞서 설명한 대로 이더리움 스마트 컨트랙트는 솔리디티나 서펜트^{Serpent}와 같은 고급 언어로 작성되어 EVM 바이트코드로 컴파일됩니다. P2P 네트워크상의 각 노드에 배포되고 EVM에서 실행됩니다.

차세대 블록체인

이더리움은 EVM 덕분에 프로그래밍이 가능합니다. 이전의 블록체인에서 지원한 암호화폐뿐만 아니라 모든 유형의 탈중앙화 앱을 개발할 수 있습니다. 이러한 프로그래밍 가능성 때문에 이더리움은 일반화된 블록체인, 차세대 블록체인으로 분류됩니다. 일부에서는 더 나아가 스마트 블록체인 플랫폼이 차세대 인터넷인 Web 3.0(3.0은 시맨틱 웹 커뮤니티에서 사용)의 기초가 될 것이라고 이야기합니다. Web 3.0의 주요 특징은 사용자에게 더 많은 권한을 부여하는 것입니다.

2.3 이더리움 역사와 거버넌스

이더리움이 어떻게 만들어지고 발전해왔는지 공유하고자 합니다. 3장에서는 이더리움 플랫폼의 여러 구성 요소를 다룰 것입니다.

그 전에 구성 요소가 어떻게 생겨났으며 변경 사항을 제안하고 합의하는 과정이 어땠는지 이해하는 것이 중요합니다. 탈중앙화는 이더리움의 기술 측면만이 아니라 거버넌스에 스며들어 있는 철학에 가깝습니다.

2.3.1 누가 이더리움을 만들었는가

이더리움은 비탈리크 부테린이 창안했습니다. 비탈리크 부테린은 2011년부터 비트코인과 암호화폐를 지지했고 그해에 비트코인 매거진을 공동 창업하기도 했습니다. 블록체인 기술을 일반화하여 어떤 애플리케이션도 개발할 수 있다는 가능성을 확인하고 2013년 11월에 이더리움 백서(https://github.com/ethercum/wiki/wiki/White-Paper)를 작성했습니다. 백서에는 이더리움 프로토콜을 설계와 더불어 스마트 컨트랙트의 기본 구조와 함께 설명하고 있습니다. 개빈 우드Gavin Wood는 비탈리크의 비전을 실현하는 데 참여한 사람 중 한 명입니다. 개빈 우드는 프로토콜을 다듬는 데 기여하고 C++ 클라이언트 리드 개발자를 맡았습니다. 제프리 빌커Jeffrey Wilcke는 Go 클라이언트 리드 개발자를 맡았습니다. 불과 몇 달간의 작업으로 2014년 1월 비탈리크는 비트코인토크[5]에 이더리움 이니셔티브를 발표하고 상당한 반응을 얻었습니다. 불과 몇 달 뒤인 2014년 4월 개빈 우드는 EVM 설계를 이더리움 황서[6]로 내게 됩니다. 플랫폼 개발에 속도를 내기 위해 2014년 7월 이더Ether 크라우드세일을 진행하여 1840만 달러를 모았습니다. 다음과 같은 미션을 달성하기 위해 스위스에서 불과 한 달 먼저 세운 이더리움 재단에서 합법적으로 진행됐습니다.

> …이더리움 플랫폼과 기초 연구, 개발, 교육을 지원하고 촉진합니다. 탈중앙화된 프로토콜과 도구를 전 세계에 제공하여 개발자들이 차세대 탈중앙화 앱(디앱)을 만들 수 있도록 합니다. 더불어 더 많은 사람이 사용하고 더 많은 자유가 보장되며 더 믿을 수 있는 인터넷을 구축합니다. (출처: www.ethereum.org/foundation)

[표 2-1]은 이더리움이 처음 시작된 후부터 2018년 여름에 이르는 시점까지를 요약한 것입니다.

표 2-1 이더리움 타임라인(2011.9.~2018.6.)

[2011.09]	비탈리크 부테린과 미하이 알리지가 비트코인 매거진을 공동 창업
[2013.11]	부테린이 이더리움 백서를 발행하여 이더리움 프로토콜 설계와 스마트 컨트랙트 인프라를 제시
[2013.12]	개빈 우드가 부테린과 만나 설계에 관해 논의 시작
[2014.01]	부테린이 비트코인토크에 이더리움을 공식적으로 발표
[2014.04]	개빈 우드가 EVM 내용을 담은 이더리움 황서를 발행
[2014.06]	스위스에 이더리움 재단 설립

---

5 https://bitcointalk.org/index.php?topic=428589.0
6 https://github.com/ethereum/yellowpaper

[2014.07]	이더리움 토큰 판매를 통해 1840만 달러를 모집
[2014.08]	비탈리크 부테린, 개빈 우드, 제프리 빌커가 비영리 단체인 ETH DEV를 설립. ETH DEV는 이더리움 프로토콜과 인프라 개발, 다양한 개념 증명(PoC) 개발을 진행
[2014.11]	ETH DEV가 첫 이더리움 개발자 컨퍼런스 DEVCON-0를 베를린에서 개최. 처음으로 모든 이더리움 프로젝트 팀이 한자리에 모임
[2015.01]	위스퍼(Whisper) 디앱과 미스트(Mist) 프로토타입을 선보인 암스테르담에 Go 이더리움팀이 논의를 위해 모임
[2015.07]	코드명 프론티어 메인넷 1.0과 이더리움 지갑의 베타버전 출시. 2015년 11월 런던에서 400명이 참석한 가운데 DEVCON-1이 열리고 이더리움 생태계의 각 부분에 관한 토론이 80개 이상 열림
[2016.03]	코드명 Homestead 메인넷 2.0 출시
[2016.07]	DAO 공격 후에 이더리움 포크 발생. 이더리움과 이더리움 클래식으로 분할(상자글 참조)
[2017.10]	코드명 비잔티움 메인넷 3.0 출시
[2018.06]	코드명 캐스퍼 지분 증명 테스트넷 출시

더 자세한 이더리움의 역사는 공식 문서[7]에 설명되어 있습니다. 하지만 이더리움이 만들어진 후의 주요 사건을 직접 경험한 테일러 게링Taylor Gerring (이더리움 코어 개발자)[8]의 글과 비탈리크 부테린[9]의 블로그에서 좀 더 흥미진진한 이야기를 들을 수 있습니다.

DAO 공격과 이더리움, 이더리움 클래식으로 분할

DAO(탈중앙화 자율 조직)는 이더리움 최초의 주류 디앱들 중 하나로 탈중앙화된 벤처캐피탈 펀드였습니다. DAO 토큰 소유자는 모든 투자 결정을 투표해야 합니다. DAO 스마트 컨트랙트 개발이 진행되는 동안 탈중앙화 크라우드펀딩 앱을 통해 투자자에게 토큰을 판매했습니다(크라우드세일은 6장, 7장에서 자세히 설명합니다). 2016년 5월에 시작된 캠페인을 통해 약 150만 달러, 12만 개의 이더(당시 약 11달러)를 모금했습니다.

DAO 컨트랙트의 기능 중 하나는 자격을 갖춘 다수가 결정한 사항(20퍼센트 이상의 투표로 승인된 투자 결정)이 마음에 들지 않을 경우, 그에 동의하지 않는 DAO 토큰 소유자들은 메인 DAO에서 분리하여 자식 DAO를 새로 만들 수 있습니다. 그리고 다른 투자 제안을 시작할 수 있습니다. 커뮤니티 회원 일부가 이 기능이 보안상 위험하다고 지적했고 결국 2016년 6월 해커가 악용하는 일이 벌어졌습니다. 재귀 호출을 통해 350만 이더(당시 약 5000만 달러)를 펀드에서 인출한 것입니다.

---

7   http://mng.bz/XgwM
8   http://mng.bz/y1BE
9   http://mng.bz/MxRm

다행히도 자식 DAO는 생성되면 28일간 자금을 동결한 후 다른 계정으로 이체할 수 없기 때문에 해커는 즉시 인출하지 못했습니다. 덕분에 DAO 개발자와 이더리움 커뮤니티는 문제 해결의 기회를 얻을 수 있었습니다. 처음에는 DAO에서 생성되는 모든 트랜잭션을 블랙리스트로 막는 소프트포크를 시도했지만 결국 해킹당한 계정에서 원래 계정으로 자금을 이체하도록 하는 하드포크를 투표로 선택하게 됩니다. 대다수가 하드포크를 찬성했지만 일부에서는 이 조치가 스마트 컨트랙트는 암묵적인 법이며 블록체인은 불변하다는 이더리움 백서의 원칙을 훼손했다고 주장합니다. 결국 이들은 기존의 블록체인을 유지하기로 결정하고 이더리움 클래식으로 이름을 바꿉니다.

DAO 공격을 기술 부분부터 고급 수준까지 다룬 기사와 블로그 게시물을 많이 찾아볼 수 있습니다. 블록체인 기술에 대해 아직 기초가 충분하지 않지만 사건을 더 알아보고 싶다면 'The DAO, The Hack, The Soft Fork and The Hard Fork'[10]를 추천합니다. 기술 내용을 너무 깊게 다루지 않으면서도 사건을 자세하게 설명하고 있습니다. 보안과 관련된 15장을 읽고 나면 DAO 공격 사태를 이해하는 데 도움이 될 것입니다. 하지만 보안에는 이 책의 범위를 벗어나는 기술이 많아 일부분만 다룹니다. 해킹 사건의 기술적인 부분까지 알고 싶다면 「Analysis of the DAO Exploit」[11]를 추천합니다.

2.3.2 누가 이더리움 개발을 관리하는가

2015년 7월 프론티어가 공개된 후, 이더리움 재단과 이더리움 커뮤니티에서 이더리움 거버넌스가 뜨거운 주제로 떠올랐습니다. 누가 이더리움 개발을 통제하는가, 변경 사항은 어떻게 제안할 것인가, 누가, 어떻게 변경 사항을 승인할 것인가와 같은 핵심 질문들이 공개적으로 논의됐습니다. 결과적으로 이 논의는 초기 개발자와 사용자가 플랫폼을 믿고 사용하는 데 도움이 됐습니다.

블록체인 거버넌스란 플랫폼을 변경하기 위해 참여자들이 반드시 따라야 하는 규칙과 절차를 의미합니다. 그리고 이런 규칙과 절차를 어떻게 정의할 것인지도 포함합니다. 다시 말해서 거버넌스는 누가 변경 사항을 결정하고 결정된 내용을 승인하고 따르게 하는지 정합니다.

---

10 http://mng.bz/a7NY
11 http://mng.bz/gNrn

ETH DEV는 비영리 단체로, 이더리움 개발을 주도하고 이더리움 개선 제안$^{Ethereum\ Improvement}$ ^{Proposal}(EIP)(https://eips.ethereum.org)을 관리합니다.[12] EIP도 파이썬 개선 제안^{Python} $^{Improvement\ Proposal}$(PIP)과 비트코인 개선 제안$^{Bitcoin\ Improvement\ Proposal}$(BIP) 사례와 같은 오픈 소스 프로젝트의 관리 방법을 기반으로 하고 있습니다. 제안서가 올라오면 먼저 연구가 진행되고 **개념 증명**$^{Proofs\ of\ Concept}$(PoC)을 진행합니다.

어떤 제안이 충분한 관심(코어 이더리움 개발자의 관심)을 받게 되면 드래프트 상태가 됩니다. 개발자 포럼이나 공식 온라인 포럼을 통해 더 넓은 커뮤니티에서 제안된 내용을 논의합니다. 비공식 합의가 이루어지면 수락 또는 거부 상태로 진행됩니다. 수락된 제안은 다음 버전에 포함될 수 있도록 일정이 세워지고 플랫폼에 적용하기 위해 더 많은 노력을 하게 됩니다. 물론 모든 참여자가 제안이나 구현 내용에 동의하지 않을 수 있습니다. 따라서 대부분의 참여자가 제안 내용을 적용하면 제안 내용이 수락된 것으로 인정받습니다.

어떤 제안은 종종 커뮤니티에서 뜨거운 논의가 이루어집니다. 이때는 결정이 명확하게 이루어지지 않고 공식 투표로 결정됩니다. 투표는 블록체인상에서 진행되며 두 가지 모델이 있습니다.

- **약한 온체인 투표(비공식 거버넌스**$^{informal\ governance}$**)**
  이더리움 재단이나 ETH DEV와 같은 커뮤니티 리더가 투표 방법을 공지합니다. 참여자는 스마트 컨트랙트를 통해 자신이 가지고 있는 이더만큼 투표할 수 있습니다(**토큰 투표**^{coinvoting}). 투표 결과가 긍정적이라면 제안 내용이 개발됩니다. 투표 결과가 윤리적으로 구속력이 있지만 개발자, 채굴자와 같은 주요 참여자가 비난을 감수하며 투표 결과를 받아들이지 않거나 개발하지 않을 수도 있습니다.

- **강한 온체인 투표(온체인 거버넌스**$^{on-chain\ governance}$**)**
  일반적으로 특정 개발자 그룹이 제안 내용을 모두 구현한 뒤 투표가 진행됩니다. 온체인 투표에서 승인되면 스마트 컨트랙트가 개발 내용을 실제 네트워크 적용합니다. 이 모델은 순수주의자가 좋아하며 기술 분석은 마지막 단계까지 정치적인 영향을 받지 않아야 한다고 주장합니다.

강한 온체인 투표는 다양한 블록체인 플랫폼에 도입되어 트렌드가 됐습니다. 그러나 비트코인, Zcash, 이더리움 같은 기존 플랫폼은 약한 온체인 투표 원칙을 따르고 있습니다. 비탈리크 부테린은 블로그 'Notes on Blockchain Governance'에서 약한 온체인 투표를 공개적으로 지지했습니다.

---

12 https://github.com/ethereum/EIPs

알다시피 이더리움 거버넌스는 상대적으로 비공식적이고 중앙화되어 있습니다. 코어 개발자에게 좀 더 결정권이 있는 것처럼 보입니다. 모든 결정이 공식적인 투표를 통해서 이루어지면 플랫폼의 발전 속도가 너무 느리다는 주장도 있습니다. 이더리움 거버넌스에 관심이 있다면 주석의 글[13]을 읽어보세요.

2.4 요약

- 이더리움 노드는 이더리움 클라이언트와 블록체인 복사본으로 구성됩니다.

- 이더리움 클라이언트 구성은 다음과 같습니다.

    - 이더리움 가상머신(EVM): 스마트 컨트랙트 바이트코드를 실행하는 가상머신
    - 메모리 풀: 네트워크로 전파하기 전에 수신한 트랜잭션을 저장하는 장소
    - JSON-RPC API: 다른 노드나 외부 사용자가 클라이언트에 접근할 수 있는 인터페이스
    - 클라이언트 프로세스: 거래를 처리하는 곳

- 이더리움 스마트 컨트랙트는 솔리디티로 작성되고 EVM 바이트코드로 컴파일됩니다.

- 이더리움 스마트 컨트랙트는 컨트랙트 배포 트랜잭션을 통해 P2P 네트워크로 배포됩니다. 로컬 이더리움 노드로 전송되고 다시 네트워크로 전파됩니다.

- 블록체인은 일련의 블록입니다. 각각 시퀀스 번호, 타임스탬프, 개별적으로 디지털 서명된 트랜잭션 목록을 포함하며 각 블록에는 이전 블록의 해시값과 현재 블록의 해시값을 결정하는 논스를 포함하고 있습니다.

- 이전 블록체인과 차별화되는 이더리움이 가져온 주요 혁신은 EVM과 스마트 컨트랙트입니다.

- 이더리움은 비공식 거버넌스 모델을 따릅니다. 제안은 이더리움 개선 제안 EIP 프로세스를 거칩니다. 핵심 이더리움 개발자가 제안을 분석하고 종종 PoC를 통해 시도되며 승인 또는 거부가 결정됩니다.

- 때때로 EIP 내용으로 열띤 토론이 이어지다가 참가자들의 제안으로 공식 온체인 투표로 결정하기도 합니다. 투표 결과가 승인으로 결정되더라도 참여자의 대다수가 제안을 채택한 경우에만 제안이 실질적으로 승인된 것으로 인정받습니다.

----

13 Ethereum Is Throwing Out the Crypto Governance Playbook, http://mng.bz/edwZ
Experimental Voting Effort Aims to Break Ethereum Governance Gridlock, http://mng.bz/pgQ0
A user's perspective and introduction to blockchain governance, http://mng.bz/O2VO

CHAPTER 3

이더리움 플랫폼

이 장의 주요 내용

- 이더리움 지갑으로 이더리움 플랫폼 접근하기
- 이더리움 스마트 컨트랙트 특징 이해하기
- Go 이더리움 클라이언트 활용하기
- 이더리움 계정을 이해하고 관리하기

2장에서 디앱 그리고 이더리움의 기본 개념과 기술을 소개했습니다. 3장에서는 이더리움을 더 자세히 학습하며 이더리움 플랫폼에서 디앱을 효과적으로 개발하는 데 필요한 배경지식을 얻을 수 있습니다. 가장 먼저 암호화폐인 이더를 주고받을 수 있는 이더리움 지갑을 살펴보고 이더리움의 핵심 기술인 스마트 컨트랙트를 다룹니다.

이더리움 클라이언트의 하나인 Go 이더리움과 이더리움 계정을 알아본 후에는 운영체제의 셸 shell, Go 이더리움 콘솔, HTTP 등 다양한 방법으로 이더리움 네트워크에 접근해보겠습니다. 이 단계까지 마치면 책의 나머지 과정을 학습하는 데 필요한 자신감을 충분히 얻을 것입니다. 많은 내용을 담은 만큼 많이 배울 수 있기를 바랍니다.

3.1 이더리움 지갑으로 이더리움 플랫폼에 접속하기

이더리움 네트워크는 두 가지 주요 그래픽 UI를 제공합니다.

- **미스트**: 이더리움 디앱을 위한 브라우저
- **이더리움 지갑**: 특정 버전의 미스트를 기반으로 하는 지갑 디앱

미스트 지갑은 뒤에서 자세히 알아보고 이번 장에서는 이더리움 지갑을 살펴보겠습니다. 이더리움 지갑을 사용하는 주요 목적은 이더를 보관하거나 보내고 받기 위함입니다. 비트코인 지갑과 비슷합니다. 이더리움 지갑으로 이더를 전송하는 것은 이더리움 플랫폼을 경험할 수 있는 가장 간단한 방법입니다. 이더리움 지갑은 스마트 컨트랙트를 새로 배포하거나 이더리움 밍에 존재하는 스마트 컨트랙트들에 접근할 수 있는 유용한 도구이기도 합니다.

3.1.1 이더리움 지갑 시작하기

다음 주소로 들어가면 미스트와 이더리움 지갑의 다양한 버전을 다운받을 수 있습니다 (https://github.com/ethereum/mist/releases). 사용하는 운영체제에 맞는 이더리움 지갑 버전을 고르고 압축 파일을 선택하여 다운로드합니다. 예를 들면 윈도우 64비트 사용자는 Ethereum-Wallet-win64-0-11-1.zip을 선택하고 다운로드합니다. 완료되면 압축을 풀고 Ethereum Wallet.exe를 실행합니다. 처음 실행하면 메인 네트워크와 연결되어 있는데 이 장에서는 테스트 네트워크인 Ropsten과 연결하여 사용합니다. [그림 3-1]처럼 상단 메뉴에서 Develop → Network → Ropsten의 순서로 선택할 수 있습니다. 또는 [Alt]+[Ctrl]+[2] 단축키로 선택할 수 있습니다.

그림 3-1 상단 메뉴 바에서 Develop → Network → Ropsten의 순서로 선택하거나 [Alt]+[Ctrl]+[2] 단축키를 사용하여 Ropsten 테스트 네트워크로 변경한다.

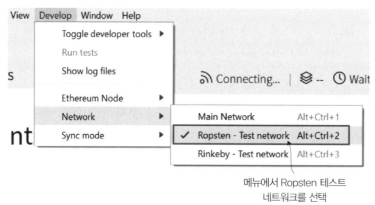

Ropsten 네트워크를 선택하면 이더리움 지갑이 Ropsten 네트워크와 동기화를 시작합니다. 기본적으로 Light(가벼운 동기화) 모드로 진행됩니다. Light 모드는 2장에서 살펴봤듯이 피어 전체 노드의 상태 트리만 가져와서 동기화합니다. 그렇기 때문에 시간이 오래 걸리지 않아 이더리움 지갑을 빠르게 실행할 수 있습니다. 그러나 이더를 전송하거나 스마트 컨트랙트를 배포하는 등의 쓰기 작업을 수행하려는 경우는 블록 전체를 동기화해야 합니다. 전체 블록을 동기화하는 방식은 Fast(빠른 동기화)와 Full(전체 동기화) 중에서 선택할 수 있습니다(두 가지 동기화 모드가 작동하는 원리가 기억나지 않는다면 2장에서 다시 확인). Ropsten 전체 블록 체인을 동기화하는 데 소요되는 시간을 대략적으로 예상하면 다음과 같습니다.

- **Fast**: 디스크 공간을 약 1GB 사용하고 2~4시간이 소요됩니다.
- **Full**: 디스크 공간을 대략 100GB 사용하며 하루 또는 이틀까지 걸릴 수 있습니다.

동기화가 완료되면 [그림 3-2]와 같이 연결된 네트워크의 이름, 마지막으로 생성된 블록 번호, 마지막 블록이 생성된 후 경과된 시간 등 동기화된 세부 정보를 화면 상단에서 확인할 수 있습니다.

그림 3-2 연결된 네트워크 이름, 마지막으로 생성된 블록 번호 등 동기화 정보를 화면 상단에서 확인할 수 있다.

네트워크 이름   최신 블록

> **WARNING_** 3장과 4장에서 다루는 작업을 수행하려면 Fast 또는 Full 동기화를 선택해야 합니다. 그렇지 않으면 이더를 전송하거나 스마트 컨트랙트를 배포할 수 없습니다. 블록체인 전체가 동기화되어 있어야 트랜 잭션을 실행하거나 생성할 수 있기 때문입니다. 동기화를 진행하는 데 이더리움 지갑이 멈추거나 아무런 반응이 없는 경우는 이더리움 지갑이 동기화할 다른 노드를 찾지 못했기 때문입니다. 이때는 이더리움 지갑을 종료하고 geth 클라이언트를 통해 Ropsten 네트워크를 동기화하면 됩니다. 이 작업을 수행하려면 geth를 설명하는 3.3절과 8.1절을 참고 바랍니다.

이제 이더리움 계정을 만들 준비가 됐습니다. [그림 3-3]처럼 [WALLETS] 탭을 클릭하고 Account Overview(계정 개요) 화면에서 + 기호가 있는 [ADD ACCOUNT] 버튼을 클릭합니다.

그림 3-3 Accounts Overview 화면. [ADD ACCOUNT]를 클릭하여 새로운 계정을 생성할 수 있다.

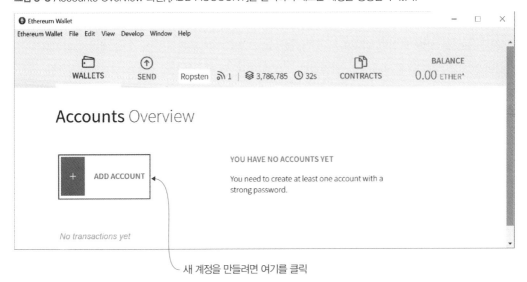

새 계정을 만들려면 여기를 클릭

버튼을 클릭하면 강력한 암호를 묻는 작은 대화 상자가 나타납니다(OK 버튼이 나타날 때까지 오른쪽 하단을 드래그하여 창을 늘이세요). 암호를 두 번 입력하면 키 파일(자세한 내용은 나중에 설명)과 비밀번호를 백업하라는 메시지가 표시됩니다.

> **WARNING_** 이더리움 계정의 비밀번호는 신중하게 관리해야 합니다. 비밀번호를 잊어버리면 일반적인 사이트와 달리 '비밀번호를 잊어버렸습니다.' 버튼이 존재하지 않기 때문입니다. 비밀번호를 잊어버렸다는 것은 곧 이더리움 계정에 저장된 이더를 잃는 것을 의미합니다. Ropsten과 같은 테스트 네트워크에서는 이더가 가치를 가지지 않기 때문에 큰 문제가 아닐 수 있지만 실제 메인 네트워크에서는 항상 강력한 암호를 생성하고 안전한 곳에 보관하는 습관이 필요합니다.

> **NOTE_** 맥OS나 리눅스용 이더리움 지갑을 사용하는 경우는 사용법이 조금 다를 수 있습니다. 실제로 보는 화면과 첨부된 그림, 설명이 정확히 일치하지 않을 수 있고 기본 네트워크 설정도 차이가 있을 수 있습니다. 하지만 조금만 찾아보면 어렵지 않게 설명한 부분을 따라할 수 있습니다.

새로운 계정이 생성되면 Accounts Overview 화면에서 새로 생성된 계정(ACCOUNT 1)을 확인할 수 있습니다. 16진수로 구성된 주소와 0이더의 잔액을 확인할 수 있습니다. 계정은 나중에 좀 더 자세히 설명하겠습니다. 지금은 같은 방법으로 계정을 하나 더 생성해봅시다. [그림 3-4]와 같이 화면에서 두 개의 계정을 확인할 수 있습니다. 이제 생성된 계정으로 이더리움 지갑의 몇 가지 기본 기능을 알아보겠습니다.

그림 3-4 Accounts Overview 화면에서 계정 정보를 확인할 수 있다.

3.1.2 이더리움 지갑의 일반 기능

이더리움 계정에 잔액이 없으면 아무것도 할 수 없습니다. 앞으로 배울 내용이지만 네트워크상에서 거래를 일으키기 위해서는 이더로 수수료를 지불해야 합니다. 테스트 네트워크에서는 이더를 구매할 수 없으므로 어떻게든 생성해야 합니다. 이더를 생성하는 방법은 채굴입니다.

채굴

채굴이란 새롭게 생성된 거래들을 하나의 블록에 담아 블록체인에 저장하는 과정입니다. 이더리움 네트워크에서 많은 참여자들이 채굴 노드를 운영하고 있습니다. 채굴자들은 이더를 보상받기 위해 자신들의 컴퓨팅 파워를 이더리움 네트워크에 제공합니다. 실제 메인 네트워크에서 채굴하기 위해서는 고성능 GPU 칩셋 등 특별한 하드웨어가 필요합니다. 하지만 테스트 네트워크에서는 일반적인 CPU로도 간단하게 채굴할 수 있습니다. Wallet 메뉴로 가서 Develop → Start Mining(테스트넷에서만 가능) 순서로 실행하면 됩니다.

> **NOTE_** Develop → Start Mining 메뉴 옵션은 Fast 또는 Full 모드로 동기화가 완료되면 확인할 수 있습니다.

버튼을 클릭하면 컴퓨터 CPU가 채굴을 시작하고 몇 분 후면 충분한 이더가 계정에 들어오게 됩니다. 그러나 시간이 너무 오래 걸리거나 채굴이 잘 안 될 때는 faucet이란 곳에서 이더를 받을 수도 있습니다. 다음 주소를 웹 브라우저에 적으면 생성한 테스트넷 계정으로 이더를 무료로 받을 수 있습니다(http://faucet.ropsten.be:3001/donate/⟨받을 계정 주소⟩). 예를 들어 브라우저에 http://faucet.ropsten.be:3001/donate/0x8713Cb74c7DB911f2056C8DD2bA50367eeEa11D0을 입력합니다. [그림 3-5]처럼 일마 뒤 입력한 계정으로 1이더가 들어온 것을 확인할 수 있습니다. Ropsten 이더스캔 웹 페이지(https://ropsten.etherscan.io/) 검색창에 받을 계정 주소를 입력하면 facet에서 이더를 보낸 거래내역도 확인할 수 있습니다. faucet.ropsten.be 사이트가 제대로 작동하지 않는다면 https://faucet.kyber.network/ 또는 구글에서 ropsten faucet을 검색하여 다른 사이트를 통해서도 테스트 이더를 받을 수 있습니다.

그림 3-5 Faucet 기능으로 테스트 이더 받기

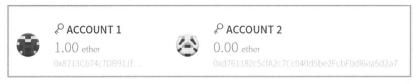

이더 전송

계정 간에 이더를 전송할 수 있습니다. 먼저 Send 화면으로 이동합니다. 보내는 계정(ACCOUNT 1)과 받을 계정(ACCOUNT 2의 주소 복사)을 선택합니다. 보내고 싶은 만큼 이더 수량을 선택합니다. 0.5이더라고 해봅시다. 마지막으로 전송 수수료를 결정한 후 [SEND TRANSACTION] 버튼을 클릭합니다. 전송 수수료는 뒤에서 좀 더 자세히 알아보도록 할 테니 아직 걱정하지 않아도 됩니다.

[그림 3-6]과 같이 암호를 입력하라는 메시지가 표시됩니다. 보내는 계정(ACCOUNT 1)의 거래내역에 디지털 서명을 하고 계정 소유자가 본인이 보내고 있음을 증명하기 위해 비밀번호를 입력합니다. 그리고 [SEND TRANSACTION]을 클릭합니다. 이제 첫 번째 이더 트랜잭션이 완료됐습니다.

그림 3-6 계정 간 이더를 이동시키기 위한 비밀번호 입력 화면. 이더를 전송할 때 보내는 계정의 암호를 입력해야 한다. 이더리움 지갑을 사용하여 거래내역에 디지털 서명을 하면 이더를 보내는 계정 소유자를 증명할 수 있다.

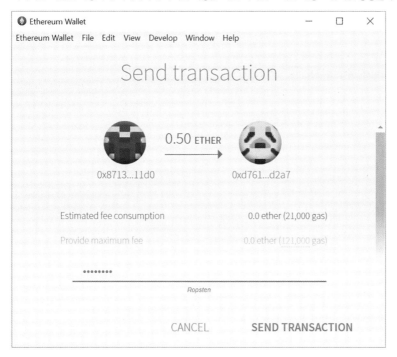

거래 상태를 확인하려면 Accounts Overview 화면으로 돌아가서 화면 가장 아래의 최근 거래내역을 클릭합니다. 그러면 [그림 3-7]처럼 세부 정보를 확인할 수 있습니다.

그림 3-7 Accounts Overview 화면의 Transactions Panel에 위치한 요약된 거래내역

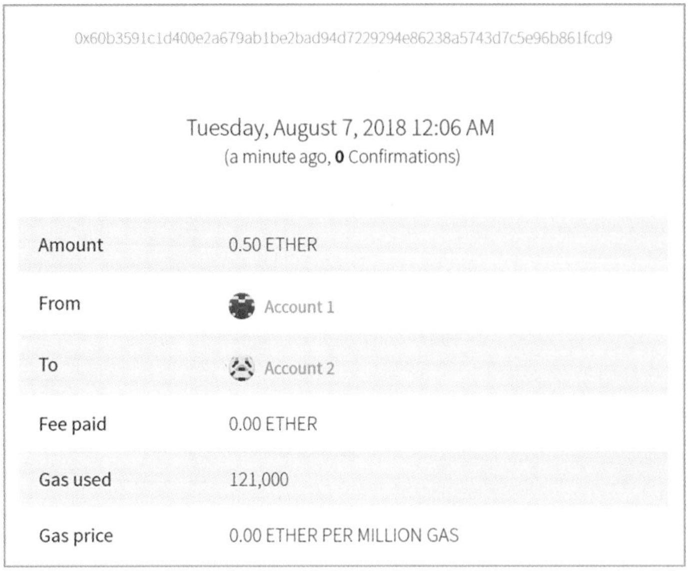

0x60b3591c1d400e2a679ab1be2bad94d7229294e86238a5743d7c5e96b861fcd9	
Tuesday, August 7, 2018 12:06 AM	
(a minute ago, **0** Confirmations)	
Amount	0.50 ETHER
From	Account 1
To	Account 2
Fee paid	0.00 ETHER
Gas used	121,000
Gas price	0.00 ETHER PER MILLION GAS

이더스캔에서 Ropsten 네트워크에 거래가 어떻게 반영되는지 확인할 수 있습니다. 이더스캔은 실시간으로 이더리움 블록체인이 확장되는 모습을 확인할 수 있는 웹사이트입니다. 테스트 네트워크에 접속할 수 있는 주소는 https://ropsten.etherscan.io/입니다. 이곳에서 블록이 생성된 상태와 상세한 거래내역 정보를 확인할 수 있습니다.

이제 이더리움 플랫폼에 익숙해졌으니 가장 큰 혁신 중 하나인 스마트 컨트랙트를 알아보겠습니다. 스마트 컨트랙트가 어떻게 작동하는지 파악하고 나면 이전 장에서 만들기 시작한 암호화 페인 SimpleCoin을 조금 더 발전시킬 수 있습니다.

3.2 디앱의 핵심 기능: 스마트 컨트랙트

1장에서 다루었듯이 이더리움 스마트 컨트랙트 또는 줄여서 컨트랙트는 비즈니스 규칙과 상태 정보를 포함하는 소프트웨어 기능입니다. 솔리디티와 같은 고급 언어로 작성되면 EVM 바이트 코드로 컴파일된 후 이더리움 네트워크에 배포되며 그때 생성되는 특정 계정에 저장됩니다.

[그림 3-8]을 보면 컨트랙트는 사용자 계정(또는 다른 컨트랙트)으로부터 트랜잭션 메시지를

수신하고 이더리움 가상머신(EVM)에서 해당 로직을 실행합니다. 다른 컨트랙트에 메시지 보내기, 블록체인 상태 변수를 읽기나 쓰기(특히 머클 패트리샤 트라이 상태 변수)와 같은 로직이 포함될 수 있습니다. 메시지를 보낸 계정은 이더로 수수료를 지불합니다. 요청된 작업을 처리하기 위해서 소모된 연산 및 네트워크 자원을 제공한 채굴자에게 이 수수료가 지불됩니다. 소모된 연산 및 자원은 **가스**gas로 계산됩니다(3.2.3절 참고). 일반적으로 트랜잭션을 실행할때 일정량의 가스가 소모됩니다.

그림 3-8 이더리움 컨트랙트는 사용자 계정에서 트랜잭션 메시지를 받는다. 이더리움 가상머신(EVM)에서 로직이 실행된다. 채굴에 성공한 채굴자는 채굴에 사용한 계산 및 네트워크 리소스의 비용을 가스 단위로 계산하여 사용자 계정을 이더 단위로 청구한다.

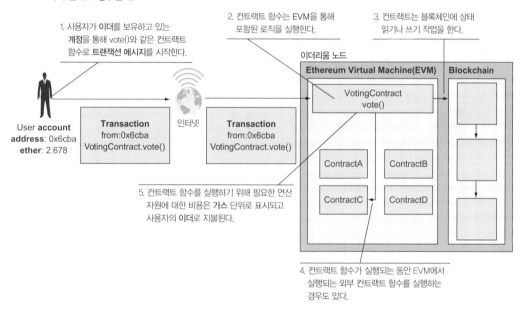

스마트 컨트랙트를 더 잘 이해하기 위해 다른 사용자나 컨트랙트에 의해 어떻게 스마트 컨트랙트가 인스턴스되고 실행되는지 다음 개념들과 함께 자세히 알아보겠습니다.

- 계정
- 이더와 가스
- 트랜잭션 메시지
- EVM

먼저 다양한 유형의 계정을 알아보겠습니다.

3.2.1 계정

이미 계정의 개념을 몇 차례 다뤘습니다. 계정에는 두 가지 유형이 있습니다.

- **외부 소유 계정**^{Externally Owned Account}**(EOA) 또는 외부 계정**^{external account}

  비공식적으로 사용자 계정^{user account}으로도 부릅니다. 공개키를 사용해 공개적으로 식별할 수 있지만 개인키를 알고 있을 때만 작동할 수 있습니다. 이더를 구입하면 외부 소유 계정에 저장됩니다. EOA에 있는 스마트 컨트랙트에서 트랜잭션이 시작됩니다.

- **컨트랙트 계정**^{contract account}

  스마트 컨트랙트가 실제로 실행되는 계정입니다. 계정 주소는 배포할 때 생성되고 이 주소로 블록체인상에서 컨트랙트를 확인할 수 있습니다.

EOA와 컨트랙트 계정 모두 키값 저장소와 이더 잔액 형태로 데이터를 저장하고 있습니다. [표 3-1]은 외부 소유 계정과 컨트랙트 계정의 주요 속성을 비교합니다.

표 3-1 EOA와 컨트랙트 계정 비교

속성	EOA	컨트랙트 계정
이더 잔액이 있는가	예	예
트랜잭션 메시지를 실행할 수 있는가	예	아니요
메시지를 부를 수 있는가	아니요	예
프로그램 코드가 있는가	아니요	예

3.2.2 이더

이더는 몇 번 언급됐지만 이번에 좀 더 자세히 알아보겠습니다. 이더는 이더리움 블록체인을 기반으로 한 암호화폐입니다. 이더의 주 목적은 플랫폼을 통해 거래되는 서비스 및 상품에 금전적 가치를 부여하는 것입니다.

이더는 거래 수수료를 지불할 때도 사용합니다. 3.2.3절에서 언급했듯이 거래 수수료는 하나의 트랜잭션을 실행하기 위해 소비되는 연산 자원을 가스라는 단위로 계산합니다. 그러나 실제 수수료는 이더로 정산됩니다(가스를 이더로 변환). 채굴자는 새 블록을 블록체인에 추가할 때 사용하는 연산 능력을 보상 받기 위해 거래 수수료를 받습니다.

[표 3-2]에서 이더의 최소 단위인 Wei의 배수로 표현되는 다양한 이더 단위를 확인할 수 있습니다.

표 3-2 Wei로 환산된 이더의 단위와가치

단위	Wei 가치	Wei
Wei	1 Wei	1
Kwei (Babbage)	1e3 Wei	1,000
Mwei (Lovelace)	1e6 Wei	1,000,000
Gwei (Shannon)	1e9 Wei	1,000,000,000
Microether (Szabo)	1e12 Wei	1,000,000,000,000
Milliether (Finney)	1e15 Wei	1,000,000,000,000,000
Ether	1e18 Wei	1,000,000,000,000,000,000

[그림 3-9]는 이더의 4단계 수명주기를 설명하고 있습니다.

1 이더 발행

2 이더 전송

3 이더 보관

4 이더 교환

이더 발행

암호화폐가 익숙하지 않다면 이더가 어떻게 만들어지고 교환되는지 궁금할 것입니다. 이더는 채굴 프로세스를 통해 생성되며 채굴자들은 1.1.2절에서 설명한 바와 같이 새로운 블록체인 블록에 트랜잭션을 모으고 추가하기 위해 경쟁합니다. 채굴에 성공하면 채굴자는 일정량의 이더로 보상을 받습니다. 이더리움 블록체인에 블록이 15초마다 추가되므로 그에 따라 통화량이 증가합니다.

이더 전송

이더가 발행되면 채굴자의 외부 계정에 할당됩니다. 채굴자는 이더리움 지갑이나 프로그래밍을 통해(4장에서 다룸) 이더를 다른 외부 계정이나 스마트 컨트랙트 계정으로 전송할 수 있습니다.

그림 3-9 이더 수명주기. 이더는 채굴 노드가 발행하며 채굴자 계정으로 들어온다. 그런 다음 EOA(사용자 계정)로 전송된다. 여기서부터 이더는 다양한 지갑에 저장될 수 있다. 암호화폐 거래소를 통해 달러, 유로, 엔, 파운드 및 기타 실제 통화로 전환될 수 있다.

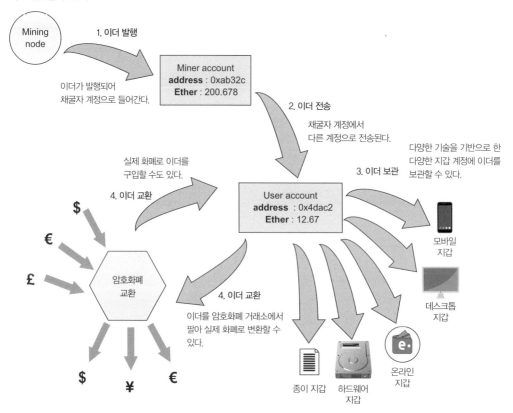

이더 교환

이더는 가치가 있기 때문에 보통 무료로 전송되지 않습니다. 스마트 컨트랙트를 통해 거래되는 상품 및 서비스에 대가로 교환되는 경우도 있고 달러, 유로, 파운드, 엔 등과 같은 기존 통화와 교환되는 경우도 있습니다. 개인 간 합의된 금액으로 이더를 구입할 수 있지만 암호화폐 거래소를 통해 거래하는 것이 더 효과적입니다. 거래소 유형은 두 가지입니다. 크라켄[Kraken], 코인베이스[Coinbase], 코인스퀘어[Coinsquare]와 같은 중앙화된 거래소와 EtherEx와 같은 탈중앙화된 거래소가 있습니다. 일반적으로 각 거래소는 특정 통화에 편중되어 있습니다.

이더 보관

누군가가 채굴, 스마트 컨트랙트 거래 또는 암호화폐 거래소에서 이더를 구입하면 하나의 계정에 입금됩니다. 계정의 편의성과 보안 문제를 트레이드 오프$^{Trade-off}$를 고려해 서로 다른 장단점을 가진 방법으로 관리할 수 있습니다. 가장 편리한 방법은 이더를 쉽게 전송할 수 있는 데스크톱 또는 온라인 지갑입니다. 가장 안전한 방법은 콜드 월릿이나 종이로 보관하는 방법입니다. 개인키를 오프라인으로 생성하고 문자 그대로 종이로 보관하는 것을 의미합니다. 또 다른 형태인 하드웨어 지갑은 보안 수준이 높고 오프라인 상태이며 사실상 종이 지갑과 보관 형태가 비슷합니다. 소유자는 USB와 같은 작은 전자 장치에 개인키를 저장합니다.

표 3-3 특성에 따른 지갑 유형

지갑 유형	편의성	보안	예
데스크톱 지갑	높음	높음	Ethereum wallet, Exodus
모바일 지갑	높음	낮음	Jaxx
온라인 지갑	높음	중간	MyEtherWallet, Coinbase, Kraken
하드웨어 지갑	중간	매우 높음	Trezor, Ledger Nano, KeepKey
종이 지갑	낮음	매우 높음	EthAddress

거래 수수료는 이더로 청구되지만 가스로 계산된다고 설명했습니다. 그럼 가스가 무엇인지 가스가 거래 비용과 어떻게 관련되어 있는지 살펴보겠습니다.

3.2.3 가스

가스는 이더리움 플랫폼에 부과되는 트랜잭션 수수료를 측정하는 단위입니다. 트랜잭션 하나를 완료하는 데 사용되는 가스의 양은 트랜잭션을 실행하는 동안 EVM이 소비하는 연산 자원의 양에 따라 달라집니다. 특히 트랜잭션이 처리되는 동안 사용되는 EVM 명령어에 따라 달라집니다. [표 3-4]는 EVM 명령어에 따른 가스 비용을 나타냅니다.

표 3-4 EVM 명령어에 따른 가스 비용

실행	EVM 명령어	가스 비용
더하기, 빼기	ADD, SUB	3
곱하기, 나누기	MUL, DIV	5
비교하기	LT, GT, SLT, SGT	3
메모리에서 단어 불러오기	MLOAD	3
메모리에 단어 저장하기	MSTORE	3
스토리지에서 불러오기	SLOAD	200
스토리지에 저장하기	SSTORE	>5000
컨트랙트 생성하기	CREATE	32000

가스 또는 간접적 연산 작업에 따라 거래 수수료를 부과하면 네트워크 사용을 막는 악의적인 사용자의 서비스 거부(DoS) 공격을 막을 수 있습니다. DoS 공격을 하려면 무한 루프와 같이 대량의 트랜잭션을 실행하여 엄청난 양의 연산을 수행해야 합니다. 따라서 공격을 위해서는 가스가 많이 소모되고 많은 이더를 수수료로 지불해야 합니다. 서비스를 중단시키기 위해 이렇게 많은 비용을 지불하려는 사람은 거의 없을 것입니다.

스마트 컨트랙트 개발을 지원하는 대부분 IDE는 트랜잭션을 완료하기 위해 필요한 가스양 정보를 제공합니다. 예를 들면 Output 패널의 [Detail] 버튼을 누르면 1장 마지막 절에서 본 SimpleCoin의 transfer 함수를 실행하기 위해 필요한 예상 가스양을 [그림 3-10]처럼 확인할 수 있습니다.

그림 3-10 SimpleCoin의 transfer 함수를 실행하기 위한 트랜잭션 비용

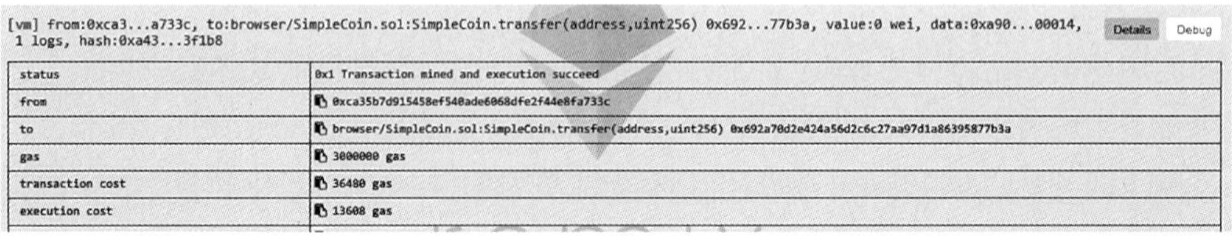

```
[vm] from:0xca3...a733c, to:browser/SimpleCoin.sol:SimpleCoin.transfer(address,uint256) 0x692...77b3a, value:0 wei, data:0xa90...00014,    Details  Debug
1 logs, hash:0xa43...3f1b8
```

status	0x1 Transaction mined and execution succeed
from	0xca35b7d915458ef540ade6068dfe2f44e8fa733c
to	browser/SimpleCoin.sol:SimpleCoin.transfer(address,uint256) 0x692a70d2e424a56d2c6c27aa97d1a86395877b3a
gas	3000000 gas
transaction cost	36480 gas
execution cost	13608 gas

트랜잭션 수수료는 다음 공식에 따라 계산됩니다.

트랜잭션 수수료(이더) = 사용된 가스양 × 가스 단위당 가격(이더)

- 트랜잭션을 처리하면 실행되는 코드의 연산 비용에 따라 EVM은 소비되는 가스양을 계산합니다.

- 트랜잭션을 보내는 사람은 가스양을 결정합니다. 가스양이 높을수록 채굴자는 해당 트랜잭션을 자신의 블록에 포함시키려고 합니다. 채굴자는 높은 수수료를 지불한 트랜잭션을 먼저 처리합니다. 따라서 트랜잭션을 빠르게 처리하기 위해서는 상대적으로 높은 가스양을 설정해야 합니다.

- 보내는 사람은 트랜잭션이 소비할수 있는 한도, 즉 최대 가스양을 설정합니다. 트랜잭션이 의도치 않게 실행되어 과도한 비용이 청구되는 것을 막습니다. 예를 들면 무한 루프를 발생하는 버그가 있는 경우 트랜잭션을 완료하기 위한 예상 가스양은 최대 한도에 도달할 것입니다.

트랜잭션이 실행되는 동안 EVM은 가스를 소비합니다. 트랜잭션이 종료되는 경우는 두 가지입니다.

1 **트랜잭션이 성공적으로 완료된 경우** 남은 가스는 보내는 사람에게 환불됩니다.

2 **트랜잭션이 완료되기 전에 가스를 모두 소모한 경우** EVM은 가스 부족 에러를 발생시키고 트랜잭션은 롤백됩니다.

거래 수수료는 누구에게 주는지 궁금할 것 같습니다. 트랜잭션을 처리한 채굴자는 두 가지 처리 결과 중 하나만 해당해도 수수료를 받습니다. 첫 번째, 새로운 블록에 트랜잭션을 포함하고 블록체인에 성공적으로 블록을 추가한 경우 채굴자는 수수료를 얻습니다. 두 번째, EVM이 예외 처리를 발생하더라도 채굴자는 가스 비용을 청구하고 관련된 트랜잭션 비용을 받습니다. 요약하면 채굴에 성공한 채굴자는 새로 발행되는 이더를 보상으로 받고 트랜잭션 송신자에게 받는 수수료도 보상으로 받습니다. 초기 이더리움 플랫폼에서는 채굴자는 대부분 새로 발행된 이더로 수익을 냈습니다.

3.2.4 콜과 트랜잭션

계정은 두 가지 유형의 메시지(콜, 트랜잭션)를 통해 서로 상호작용합니다.

콜

블록체인에 저장되지 않고 다음과 같은 특성을 가진 메세지를 통해 콜을 보냅니다.

- 블록체인 상태를 변경하지 않는 읽기 전용 작업만 수행할 수 있습니다.

- 가스를 소비하지 않아 비용이 들지 않습니다.

- 동기적으로 처리됩니다.

- 반환값을 즉시 돌려줍니다.
- 이더를 다른 컨트랙트 계정으로 옮길 수 없습니다.

일반적으로 콜은 매핑을 포함하여 컨트랙트 멤버 변수를 직접 호출하거나 컨트랙트의 상태를 변경하지 않는 상수 함수constant function를 호출합니다. 예를 들면 1장 마지막에서 만들기 시작한 간단한 암호화폐인 SimpleCoin의 잔액을 확인할 때 콜을 사용했습니다.

트랜잭션

1장에서 디앱의 흐름 관점에서 설명한 트랜잭션은 채굴 과정에서 직렬화되고 블록체인에 저장되는 메시지를 통해 전송됩니다. 트랜잭션은 다음 필드를 포함합니다.

- **Sender address**: 송신자 주소
- **Recipient address**: 수신자 주소
- **Value**: 전송할 이더 수량(Wei 단위로 표시). 메시지가 이더 전송에 사용되는 경우(선택 사항)
- **Data**: 입력값. 메시지가 함수 호출에 사용되는 경우(선택 사항)
- **StartGa**: 메시지를 실행하기 위해 소모되는 최대 가스양. 최대 가스양을 초과하는 경우 EVM은 예외 처리를 발생시키고 메시지 상태를 롤백
- **Digital signature**: 거래 송신자 신원 증명
- **GasPrice**: 트랜잭션을 처리하기 위해 필요한 가스 비용(이더 단위로 표시)

SimpleCoin을 전송하기 위해 트랜잭션을 실행했습니다. 트랜잭션 실행에는 다음과 같은 특징이 있습니다.

- 블록체인 상태를 변경하는 쓰기 작업을 할 수 있습니다.
- 가스를 소모하고 이더로 비용을 지불해야 합니다.
- 비동기적으로 처리됩니다. 채굴 과정에서 실행되며 새로운 블록에 포함된 뒤 네트워크에 전파됩니다.
- 트랜잭션 ID를 반환하고 다른 값은 반환하지 않습니다.
- 이더를 컨트랙트 계정으로 전송할 수 있습니다(이더 전송은 트랜잭션의 일부가 됩니다).

이더리움 네트워크를 구성하는 노드의 EVM에서 컨트랙트가 실행된다는 것을 알았습니다. EVM이 어떻게 작동하는지 빠르게 살펴보겠습니다.

3.2.5 EVM

EVM(이더리움 가상머신)은 스택 기반의 추상 컴퓨팅 머신으로 자바 가상머신(JVM), 닷넷의 공용 언어 런타임^{Common Language Runtime}(CLR)과 비슷하게 기능합니다. 컴퓨터가 이더리움 앱을 실행할 수 있게 하며 두 개의 메모리 영역으로 구성됩니다.

- **휘발성 메모리 또는 메모리**

  메모리는 단어-주소 바이트 배열입니다. 메시지를 호출할 때마다 컨트랙트에 할당됩니다. 읽기 작업은 256비트 단어에 접근하고 쓰기 작업은 8비트 또는 256비트 크기로 수행합니다.

- **스토리지**

  스토리지는 키와 값의 크기가 모두 256비트인 키-값 저장소입니다. 스토리지는 각 계정에 할당되며 블록체인에 저장됩니다. 컨트랙트 계정은 자기 자신의 스토리지에만 접근할 수 있습니다.

EVM 옵코드^{opcode}(연산부호)는 불^{boolean}, 비트 연산, 산술 비교와 점프(조건부와 무조건부) 연산을 포함합니다. 다음은 컨트랙트를 생성하고 호출하는 주요 옵코드입니다.

- CREATE

  새로운 컨트랙트 인스턴스를 생성합니다.

- CALL

  컨트랙트는 자기 자신이나 다른 컨트랙트를 호출할 때 사용합니다.

- DELEGATECALL

  이 연산자를 사용하면 호출 계약에서 외부 계약으로 메시지를 보내지만 호출자의 컨텍스트에서 관련 코드를 실행할 수 있습니다. 이 연산자는 여러 계약에서 액세스할 수 있는 공유 코드 라이브러리를 만드는 데 특히 유용합니다.

EVM은 샌드박스처럼 되어 있습니다. 컨트랙트는 네트워크나 파일 시스템 리소스에 접근할 수 없고 다른 컨트랙트만 접근할 수 있습니다. 이 책에서는 EVM을 더 자세히 다루지 않겠습니다. 개빈 우드의 이더리움 황서(http://gavwood.com/paper.pdf)는 EVM 설계를 이해하는 데 가장 좋은 참고 자료입니다.

지금까지 스마트 컨트랙트의 개념을 모두 살펴봤습니다. 이제는 한 걸음 더 나아가서 Go 이더리움 클라이언트와 같은 적절한 클라이언트를 통해 이더리움 네트워크에 접속해보겠습니다.

3.3 geth로 이더리움 네트워크에 접속

클라이언트를 설치하기 전에 1장에서 소개한 이더리움 네트워크를 조금 더 자세히 설명하여 클라이언트 이해의 폭을 넓히겠습니다.

이더리움 네트워크는 피어 투 피어Peer-to-Peer(P2P) 네트워크입니다. 네트워크를 조정하는 중앙 마스터 또는 서버 노드가 존재하지 않습니다. 따라서 모든 노드는 서로에게 클라이언트가 됩니다. 이더리움 황서에 따르면 와이어라는 정의된 프로토콜에 기반하여 정확히 동일한 방식으로 노드 간에 통신하고 작동하도록 설계됐습니다. 모든 노드는 채굴이 활성화되면 블록체인에 새로운 블록을 추가할 수 있어야 합니다. 그리고 블록에 네트워크 전체로 전파되는 동안 트랜잭션을 검증할 수도 있어야 합니다.

구현된 관점에서 보면 네트워크는 크게 두 가지 노드 형태로 구성됩니다.

- **채굴 노드**

  최신 트랜잭션을 처리하여 블록체인에 저장합니다. 합의 알고리즘을 성공적으로 수행하면 거래 수수료와 채굴 보상(이더)을 받습니다. 그리고 블록체인에 추가한 블록을 네트워크의 다른 피어에게 전파합니다. 채굴 노드는 새로운 블록을 생성하므로 (기술적으로는 여전히 소비자 역할이지만) 생산자 역할을 합니다.

- **전체 노드**

  주로 인접한 피어가 보낸 블록의 유효성을 검증하고 나머지 네트워크로 블록을 다시 전파합니다. 소비자 역할을 합니다.

채굴 노드는 상대적으로 많이 보상받기 위해 트랜잭션 처리, 블록 생성, 작업 증명에 최적화된 클라이언트를 실행합니다. ethminer는 C++로 작성되고 NVIDIA의 CUDA와 같은 GPU 라이브러리를 사용하여 GPU에서 실행되어 뛰어난 채굴 성능을 보여줍니다.

반면에 전체 노드는 높은 성능이 필요하지 않아 다양한 프로그래밍 언어로 표준 클라이언트가 구현되어 있습니다. [표 3-5]는 이더 노드(https://ethernodes.org/network/1)에 보고된 현재 사용되는 주요 클라이언트를 인지도 순으로 정리한 것입니다.

표 3-5 프로그래밍 언어별로 구현된 이더리움 클라이언트

클라이언트	프로그래밍 언어
Go Ethereum(geth)	Go
Parity	Rust
Cpp-ethereum(eth)	C++
Ethereum(J)	Java
Pyethapp	Python
ethereumjs-lib	JavaScript
ruby-ethereum	Ruby
ethereumH	Haskell

각 클라이언트는 콘솔과 함께 제공되며 일부는 그래픽 브라우저 또는 지갑도 제공합니다. 이 책에서는 이더리움 네트워크에서 70퍼센트 이상의 노드가 사용하고 있는 가장 인기 있는 클라이언트 Go 이더리움(geth)을 사용합니다.

3.3.1 geth 시작하기

Go 이더리움 웹사이트(https://ethereum.github.io/go-ethereum/downloads/) 다운로드 페이지에는 안드로이드, iOS, 리눅스, 맥OS 및 윈도우와 같은 주요 운영체제에 대응하는 설치 파일이 있습니다. 지원되는 운영체제에 따라 다양한 설치 파일을 사용하면 됩니다. 예를 들어 윈도우는 32비트 또는 64비트 버전을 고른 뒤에 실행(Archive 옵션)이나 전체 설치 (Installer 옵션) 중에 선택할 수 있습니다. 책에서는 64비트 Geth & Tools 1.8.13 버전을 실행했습니다.

설치하거나 관련 파일 압축을 풀면 geth를 실행할 수 있습니다. 이더리움 지갑이 열려 있으면 동일한 포트 번호를 사용게 되므로 geth를 시작하기 전에 지갑을 닫아야 합니다. 매개변수 없이 geth를 실행하면 [그림 3-11]처럼 메인넷이라 부르는 퍼블릭 네트워크에서 전체 모드로 동기화를 시작합니다.

그림 3-11 실행하면 메인넷과 동기화하는 geth

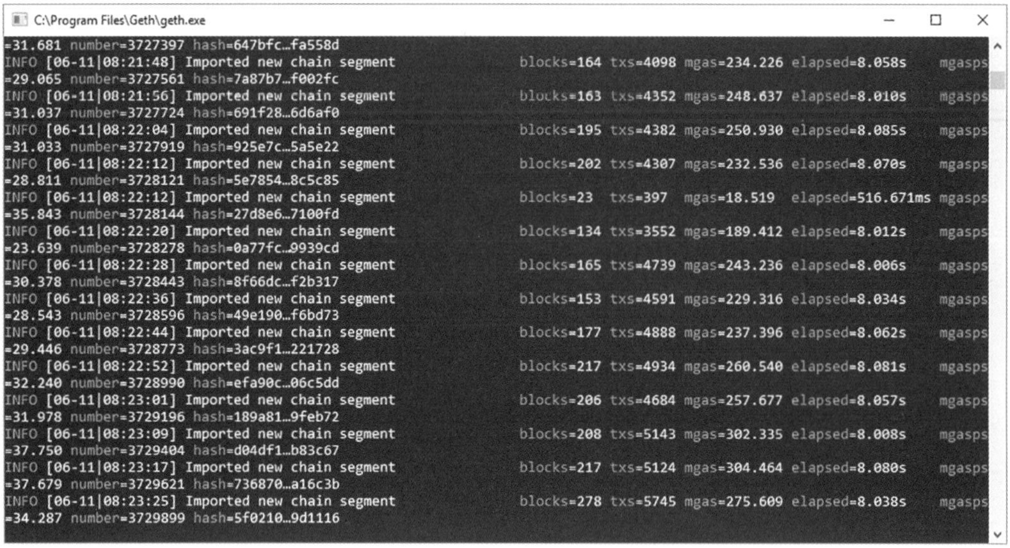

geth가 블록체인 전체를 동기화(하드웨어 및 인터넷 연결에 따라 몇 시간에서 며칠이 걸릴 수 있음)하면 콘솔창에 뜨는 내용들이 느려지고 실시간으로 새 블록이 블록체인에 추가되는 것을 보여줍니다.

> **NOTE_** 지갑을 사용하는 경우 Light 또는 Fast 모드로 geth를 동기화할 수 있습니다. `C:\program files\geth>geth --syncmode "light"`를 예로 들 수 있습니다. 빠른 실행(몇 분 안에)을 원한다면 전체 블록체인을 로컬로 다운받지 않아도 됩니다.

두 가지 방법으로 geth와 상호작용할 수 있습니다.

- 사용자 친화적인 geth 대화형 자바스크립트 콘솔
- HTTP를 통한 저수준 JSON-RPC 호출

두 가지 방법을 모두 알아보겠습니다. 좀 더 간단한 툴인 자바스크립트 콘솔로 먼저 시작하겠습니다.

3.3.2 geth 대화형 콘솔 시작하기

geth는 자바스크립트 문법을 사용할 수 있는 대화형 콘솔을 제공합니다. 이더리움 클라이언트를 활용할 수 있는 공식적인 고급 언어 라이브러리인 Web3의 자바스크립트 구현인 Web3.js를 내장하고 있습니다. 일반적인 프로그래밍 언어 IDE에서 지원하는 REPL[read-eval-print loop] 콘솔과 비슷합니다. Web3은 다음 장에서 좀 더 폭넓게 다루겠습니다. 지금은 Web3이 무엇인지 빠르게 알아보겠습니다.

먼저 대화형 콘솔을 열겠습니다. 시작하는 방법은 두 가지입니다.

- geth 클라이언트가 동일한 컴퓨터에서 실행되고 있지 않으면 console 명령으로 geth 실행 파일을 실행합니다.

```
C:\program files\geth> geth console
```

- geth 클라이언트가 이미 시스템에서 실행 중이면 attach 명령을 사용하여 실행중인 geth 프로세스에 연결합니다.

```
C:\program files\geth> geth attach ipc:\\.\pipe\geth.ipc
```

실행 중인 geth 프로세스가 있으므로 두 번째 방법을 선택합니다.

> **NOTE_** 이더리움 노드 중 60퍼센트 이상이 윈도우에서 실행되고 있기 때문에 이 책은 윈도우 환경을 가정하고 있습니다. 따라서 윈도우 명령 프롬프트 형식으로 셸 명령을 표시합니다. 또한 콘솔에서 명령을 성공적으로 실행한 후에 정상적인 결과 전후로 정의되지 않은 내용들이 표시될 수 있는데 무시해도 좋습니다.

버전 정보 표시

가장 먼저 콘솔을 통해 버전 정보를 확인할 수 있습니다. web3이라는 Web3 객체는 콘솔을 열 때 내부적으로 인스턴스화되기 때문에 다음과 같이 입력하여 버전 정보를 확인합니다.

```
> web3.version
```

입력하면 다음 내용이 화면에 보입니다.

```
{
  api: "0.20.1",
  ethereum: "0x3f",
  network: "1",
  node: "Geth/v1.8.13-stable-225171a4/windows-amd64/go1.10.3",
  ...
```

버전 속성은 여러 하위 속성이 포함된 객체입니다. 버전 객체의 하위 속성 중 특정 속성만을 확인할 수 있습니다.

```
> web3.version.api
```

입력하면 다음 내용이 화면에 보입니다.

```
"0.20.1"
```

콘솔에서 자바스크립트 문법을 사용할 수 있습니다. Web3 속성 및 하위 속성값을 변수에 할당한 다음 콘솔 객체를 사용해 표시할 수 있습니다.

```
> var apiVersion = web3.version.api
> var nodeVersion = web3.version.node
> console.log('Api version: ' + apiVersion)
> console.log('Node version: ' + nodeVersion)
```

연결 상태 확인

web3.net 객체에서 클라이언트 연결 정보를 얻을 수 있습니다. web3 네임스페이스는 암시적으로 참조되므로 생략할 수 있습니다.

```
> net
```

입력하면 다음 내용이 화면에 보입니다.

```
{
  listening: true,
  peerCount: 2,
  version: "3",
  getListening: function(callback),
  getPeerCount: function(callback),
  getVersion: function(callback)
}
```

버전 객체처럼 net 객체의 개별 속성에 직접 액세스할 수 있습니다.

```
> console.log('this geth instance is listening for network connections : ' +
    web3.net.listening)
> console.log('number of peers connected to this geth instance: ' +
    web3.net.peerCount)
```

노드에 대한 자세한 정보는 web3.admin 객체를 사용하여 호출할 수 있습니다.

```
> admin.nodeInfo
```

입력하면 다음 내용이 화면에 보입니다.

```
{
  enode: "enode://90946319e42ef4d4670c1d7...,
  id: "90946319e42ef4d467...,
  ip: "::",
  listenAddr: "[::]:30303",
  name: "Geth/v1.8.13-stable-225171a4/windows-amd64/go1.10.3",
  ...
```

피어 속성은 연결된 피어에 대해 자세한 정보를 제공합니다.

```
> admin.peers
```

입력하면 다음 내용이 화면에 보입니다.

```
[{
    caps: ["eth/62", "eth/63"],
    id: "0b64924d478abaf6900ffe...,
    name: "Geth/v1.6.1-stable-021c3c28/linux-amd64/go1.8.1",
    network: {
      localAddress: "192.168.1.108:53557",
      remoteAddress: "136.144.129.222:30303"
    },
 ...
```

블록체인에 접속하기

web3.eth 객체는 클라이언트와 블록체인의 실시간 정보를 가져옵니다. 현재 실행 중인 geth 프로세스의 콘솔을 보겠습니다. 새 블록이 어떻게 실시간으로 블록체인에 추가되는지 보일 것입니다. 가장 최근에 추가된 블록 번호를 기록한 다음 자바스크립트 콘솔로 다시 전환합니다. eth.blockNumber 속성을 통해 가장 최신 블록 번호를 확인할 수 있습니다.

```
> var latestBlockNum = eth.blockNumber
> console.log('Latest block #: ' + latestBlockNumber)
```

그런 다음 해당 블록의 요약된 정보를 확인합니다.

```
> eth.getBlock(latestBlockNum)
```

입력하면 다음 내용이 화면에 보입니다.

```
{
  difficulty: 64344784,
  extraData: "0xd7830106078467657...,
  gasLimit: 4723091,
  gasUsed: 262264,
  hash: "0x8196edb66315b460f0bd4b9bdfa884...,
  nonce: "0x2ac78a350ec95787",
  number: 1732206,
 ...
```

트랜잭션 수준까지 드릴 다운^{drill down}할 수도 있습니다. 다음과 같이 최신 블록에 저장된 첫 번째 트랜잭션을 가져올 수 있습니다.

```
> eth.getTransactionFromBlock(latestBlockNum, 0)
```

입력하면 다음 내용이 화면에 보입니다.

```
{
    blockHash: "0x8196edb66315b460f0bd4b9bdfa88...,
    blockNumber: 1732206,
    from: "0x392fd4954de442bb6c4d57f1923b4708642d3408",
    gas: 210000,
    gasPrice: 120000000000,
    hash: "0x4eb5ae8d7b7919f92d1dd02fcc407d6...",
    ...
```

전체 eth 객체의 내용도 살펴보기 바랍니다.

```
> eth
```

이더 단위 변환

Web3 API는 이더를 Wei로, Wei를 이더로 변환할 수 있는 유용한 기능을 제공합니다. Wei 금액을 특정 단위으로 변환할 수 있습니다.

```
> var amountInWei = 12000000
> var amountInSzabo = web3.fromWei(amountInWei, 'szabo')
> console.log(amountInWei + ' Wei is equivalent to ' + amountInSzabo + 'szabo')
12000000 Wei is equivalent to 0.000012 szabo
```

또는 다른 단위를 Wei로 변환할 수 있습니다.

```
> var amountInEther = 12
> var amountInWei = web3.toWei(amountInEther, 'Ether')
> console.log(amountInEther + ' Ether is equivalent to ' + amountInWei + 'Wei')
12 Ether is equivalent to 12000000000000000000 Wei
```

3.3.3 JSON-RPC 사용하기

지금까지 자바스크립트 콘솔의 기본을 배웠고 이번에는 JSON-RPC 호출을 통해 geth를 활용해보겠습니다. geth는 원격 절차 호출[Remote Procedure Call] (RPC) 인터페이스를 제공합니다. 노드의 기능을 사용할 수 있고 Web3 API가 제공하는 것보다 훨씬 정교한 수준으로 블록체인 데이터에 접근할 수 있습니다. 실제로 Web3은 [그림 3-12]와 같이 이더리움 플랫폼에서 가장 낮은 수준의 API인 RPC 계층 위에 구축됩니다.

그림 3-12 Web3.js와 JSON-RPC 비교

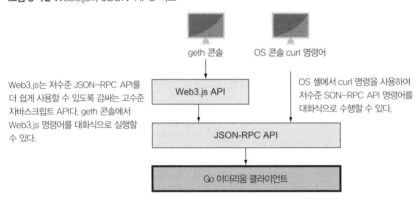

RPC 인터페이스는 JSON-RPC 2.0 표준에 따라 설계되어 JSON 형식으로 데이터를 보내고 받습니다. JSON-RPC를 다룬 다음 상자글에서 자세한 정보를 확인할 수 있습니다. JSON-RPC를 통해 geth와 직접 통신하려면 다음 두 가지를 실행해야 합니다.

1 표준 운영체제 명령 셸 또는 geth 콘솔에서 실행 중인 geth의 인스턴스를 중지합니다.

2 --rpc 및 --rpcapi 옵션을 사용하여 RPC 모드에서 geth를 시작합니다.

```
C:\program files\geth>geth --rpc --rpcapi "eth,net,web3,personal"
```

RPC 모드에서 geth를 실행하면 HTTP 요청을 허용하는 HTTP 서버를 통해 액세스할 수 있습니다.

```
http://localhost:8545
```

JSON-RPC

JSON-RPC는 JSON을 데이터 형식으로 사용하는 가벼운 원격 프로시저 호출입니다.

전송 계층이 프로토콜의 일부가 아니기 때문에 일반적으로 HTTP, 소켓, 메시징과 같은 방법으로 서버에 요청 객체를 보내 RPC를 호출합니다.

요청 객체에는 다음과 같은 멤버가 있어야 합니다.

- Jsonrpc: 프로토콜 버전을 설정합니다. 현재는 2.0입니다.
- Method: 호출할 원격 프로시저의 이름입니다.
- Params: 프로시저 매개변수가 있는 배열입니다.
- Id: 일반적으로 문자열 또는 정수로 된 호출 ID입니다. null이 아니어야 합니다.

서버는 호출을 처리한 후 다음 멤버를 포함하는 응답 객체를 반환합니다.

- Jsonrpc: 프로토콜 버전을 설정합니다. 현재 2.0입니다.
- Result: 응답이 성공하면 나타납니다. 오류가 발생하면 포함되지 않습니다.
- Error: 오류가 발생하면 나타납니다. 응답이 성공하면 포함되지 않습니다.
- Id: 요청에 지정된 것과 동일합니다.

cURL 콘솔 명령어를 사용하여 geth의 HTTP 서버로 JSON-RPC를 호출합니다. Web3 API와 JSON-RPC API의 차이를 쉽게 이해할 수 있도록 대화창 콘솔을 통해 Web3에서 수행한 것과 동일한 작업을 cURL로 실행해보겠습니다.

> **NOTE_** cURL은 윈도우(7 또는 10)와 리눅스를 포함한 대부분의 운영체제에서 사용할 수 있습니다. 또는 인터넷에서 오픈 소스 버전의 cURL을 다운로드하거나 Postman과 같은 GUI 도구를 통해 HTTP 요청을 수행할 수 있습니다.

버전 정보 표시

geth 클라이언트에 대한 버전 정보를 다음과 같이 확인할 수 있습니다.

```
C:\>curl -H "Content-Type: application/json" -X POST --data
{\"jsonrpc\":\"2.0\",\"method\":\"web3_clientVersion\",\"params\":[],\"id\":23}
http://localhost:8545

{"jsonrpc":"2.0","id":23,"result":"Geth/v1.6.5-stable-cf87713d/windows-
amd64/go1.8.3"}
```

(윈도우는 다음 상자글에 설명된 대로 JSON 큰따옴표를 예외 문자 처리해야 합니다.) 결과는
web3.version.node에서 얻은 결과와 동일합니다.

윈도우에서 cURL JSON 예외 문자 처리

cURL 작업은 윈도우 특정 버전에서 JSON의 POST 데이터 부분에 포함된 큰따옴표(")를 "with
\"로 예외 문자 처리를 해야 합니다. 예를 들어 윈도우 명령 셸에서는 다음과 같이 요청을 수행
합니다.

```
C : \> curl -H "Content-Type : application / json"-X POST --data
{\"jsonrpc\":\"2.0 ",\"method ": \"web3_clientVersion \ ", \"params \ ": [],
\"id \ ": 23} http : // localhost : 8545
```

그리고 리눅스에서는 다음과 같이 요청을 수행합니다.

```
$ curl -H "Content-Type : application / json"-X POST --data
'{ ""jsonrpc ":"2.0 ","method ":"web3_clientVersion ","params ": [],"id ":
23}' http : // localhost : 8545
```

클라이언트 연결 확인

호출 몇 번으로 연결 정보를 가져올 수 있습니다. 예를 들어 클라이언트가 네트워크 연결을 수
신하는지 확인하려면 다음 요청을 반드시 실행해야 합니다.

```
C:\>curl -H "Content-Type: application/json" -X POST --data
{\"jsonrpc\":\"2.0\",\"method\":\"net_listening\",\"params\":[],\"id\":23}
http://localhost:8545
```

결과는 다음과 같습니다.

```
{"jsonrpc":"2.0","id":23,"result":true}
```

결과는 web3.net.listening과 동일합니다.

클라이언트에 연결된 피어 수를 얻으려면 다음 호출을 실행해야 합니다.

```
C:\>curl -H "Content-Type: application/json" -X POST --data
{\"jsonrpc\":\"2.0\",\"method\":\"net_peerCount\",\"params\":[],\"id\":23}
http://localhost:8545
```

결과는 다음과 같습니다.

```
{"jsonrpc":"2.0","id":23,"result":"0x6"}
```

결과는 다음 상자글의 설명처럼 16진수 형식으로 인코딩된 숫자로 반환됩니다. web3.net.
peerCount와 같은 결과입니다.

JSON-RPC 숫자 처리

이더리움의 JSON-RPC 인터페이스는 공식 JSON-RPC 2.0과 달리 숫자를 처리합니다.
JSON-RPC를 통해 전송되고 반환되는 숫자는 16진수 형식으로 인코딩됩니다. 그렇게 하면 클
라이언트는 개발된 프로그래밍 언어가 지원하는 숫자 유형에 관계없이 파싱과 처리 과정을 통해
아무리 큰 숫자여도 정확하게 처리할 수 있습니다.

16진수 인코딩은 다음과 같이 0x 접두사와 앞에 0이 없는 유효한 숫자를 하나 이상 포함해야 합
니다.

```
0x4d2      ◁─── 10진수로 표시하면 1234
```

다음은 숫자를 16진수 형식으로 인코딩한 예제입니다.

10진수 형식	16진수 형식
0	0x0
9	0x9
1234	0x4d2

잘못 인코딩한 예제입니다.

잘못된 16진수 인코딩	이유
0x	0x 접두사 뒤에 숫자가 지정되지 않았습니다.
42d	0x 접두사가 지정되지 않았습니다.
0x042d	선행 0 자리는 허용되지 않습니다.

블록체인에 접근하기

다음과 같은 코드로 최신 블록 번호를 얻을 수 있습니다.

```
C:\>curl -H "Content-Type: application/json" -X POST --data
{\"jsonrpc\":\"2.0\",\"method\":\"eth_blockNumber\",\"params\":[],\"id\":23}
http://localhost:8545
```

결과는 다음과 같습니다.

```
{"jsonrpc":"2.0","id":23,"result":"0x1a705d"}
```

최신 블록 번호를 얻으면 블록 번호를 호출하여 확인할 수 있습니다(params에 블록 번호를 result의 번호로 대체).

```
C:\>curl -H "Content-Type: application/json" -X POST --data
{\"jsonrpc\":\"2.0\",\"method\":\"eth_getBlockByNumber\",\"params\":[\"0x1a705d\",
true],\"id\":23} http://localhost:8545
```

결과는 다음과 같습니다.

```
{"jsonrpc":"2.0","id":23,"result":{"difficulty":"0x3e37031","extraData":"0xd6
    83010700846765746885676...","gasLimit":"0x47e7c4","gasUsed":"0x323db6","
    hash":"0x0d6ae4b07a731834f5ca0d18859...",...
"miner":"0x22d1d502356c1c2d...","nonce":"0x3b886846920d3c81","number":"0x1a70
    5d","parentHash":"0x90fbbacbf8945fb8d4..."
...
```

대화형 콘솔을 사용하여 Web3과 같은 방식으로 검색한 블록의 첫 번째 트랜잭션을 확인할 수 있습니다(results에 있는 블록 번호를 다시 params에 넣음).

```
C:\>curl -H "Content-Type: application/json" -X POST --data
{\"jsonrpc\":\"2.0\",\"method\":\"eth_getTransactionByBlockNumberAndIndex\",\
"params\":[\"0x1a705d\",\"0x0\"],\"id\":23} http://localhost:8545
```

결과는 다음과 같습니다.

```
{"jsonrpc":"2.0","id":23,"result":{"blockHash":"0x0d6ae4b07a731834f5ca0d1885.
..","blockNumber":"0x1a705d","from":"0xcaf4a30e5fef5c0a...","gas":"0x47b760",
"gasPrice":"0x1bf08eb000","hash":"0x9acf62392d266086ec8..."
...
```

이는 Web3의 eth.getTransactionFromBlock 호출값과 비슷합니다.

이 책에서는 주로 Web3.js를 통해 geth를 활용할 예정이지만 JSON-RPC로 동일한 작업을 하는 것도 종종 소개할 것입니다. JSON-RPC API를 더 자세히 알고 싶다면 다음 링크를 참고하세요. https://github.com/ethereum/wiki/wiki/JSON-RPC

3.3.4 geth로 채굴하기

클라이언트로 채굴하는 내용을 다루지 않고는 이더리움 클라이언트 섹션을 완성했다고 할 수 없습니다. 이 장을 시작하며 테스트 계정에 이더를 추가하기 위해 이더리움 지갑으로 채굴 작업을 했습니다.

지갑으로 수행되는 작업은 내부 일을 확인할 수가 없었습니다. 예를 들어 채굴된 이더가 왜 account1로 들어갔는지 궁금하지 않았나요? 이유는 채굴 작업과 연계된 이더베이스[etherbase]

의 기본값이 eth.accounts[0]으로 설정되어 있었기 때문입니다. 하지만 geth를 다시 시작하고 geth 콘솔을 attach 모드로 실행한 뒤 내장되어 있는 miner 객체를 활용하여 이더베이스를 eth.accounts[1]로 설정할 수도 있습니다.

```
C:\program files\geth> geth attach ipc:\\.\pipe\geth.ipc

> miner.setEtherbase(eth.accounts[1])
```

이더베이스 계정이 eth.accounts[0]이든 eth.accounts[1]로 다시 설정되었든 다음과 같이 채굴 작업을 시작할 수 있습니다.

```
> miner.start()
```

채굴을 시작하고 컴퓨터 CPU 사용이 100퍼센트 근처에 도달하면 채굴 작업을 중단합니다.

```
> miner.stop()
```

드물지만 재설정을 안 했는데도 채굴한 이더가 eth.accounts[1]이나 eth.accounts[0]으로 입금되기도 합니다. geth 대화창으로 miner.start()를 사용하여 채굴을 시작하면 다음과 같은 결괏값을 확인할 수 있습니다.

```
INFO [09-29|18:08:23] Imported new chain segment              blocks=1
     txs=20 mgas=4.401    elapsed=25.066ms  mgasps=175.592  number=1732751
     hash=fa5a62...050eb5
INFO [09-29|18:08:25] Updated mining threads                  threads=0
INFO [09-29|18:08:25] Transaction pool price threshold updated
     price=18000000000
INFO [09-29|18:08:25] Starting mining operation
INFO [09-29|18:08:25] Commit new mining work                  number=1732752
     txs=5    uncles=0 elapsed=7.017ms
INFO [09-29|18:08:27] Generating DAG in progress              epoch=57
     percentage=0 elapsed=922.455ms
INFO [09-29|18:08:28] Generating DAG in progress              epoch=57
     percentage=1 elapsed=1.846s
INFO [09-29|18:08:29] Generating DAG in progress              epoch=57
     percentage=2 elapsed=2.772s
```

```
INFO [09-29|18:08:30] Generating DAG in progress              epoch=57
    percentage=3 elapsed=3.753s
INFO [09-29|18:08:31] Imported new chain segment              blocks=1
    txs=0   mgas=0.000   elapsed=6.016ms   mgasps=0.000   number=1732752
    hash=c98db8...2d044c
INFO [09-29|18:08:31] Commit new mining work                  number=1732753
    txs=6   uncles=0   elapsed=22.058ms
INFO [09-29|18:08:31] Generating DAG in progress              epoch=57
    percentage=4 elapsed=4.724s
INFO [09-29|18:08:31] Imported new chain segment              blocks=1
    txs=5   mgas=3.693   elapsed=21.056ms   mgasps=175.370   number=1732752
    hash=f4432f...8bae81
```

DAG가 무엇인지, 왜 그렇게 오랜 시간이 걸리는지 궁금할 것입니다. DAG는 방향성 비순환 그래프Directed Acyclic Graph의 약자입니다. 이는 이더리움 플랫폼에서 채굴을 수행하는 작업 증명(PoW) 알고리즘인 **이더해시**의 기본 데이터 구조입니다. DAG는 상대적으로 많은 양의 메모리가 필요하므로 이더해시는 메모리 집약적인 PoW 알고리즘입니다. 따라서 비트코인 네트워크에서 사용되는 CPU 집약적인 PoW 알고리즘에 최적화된 주문형 반도체Application Specific Integrated Circuit(ASIC) 하드웨어를 사용하는 것은 비효율적입니다. 이더해시 알고리즘은 GPU 칩셋(자세한 내용은 다음 페이지 상자글 참조)과 같은 범용 하드웨어를 사용하여 채굴하는 것이 효율적입니다.

채굴은 이 책의 범위를 벗어난 주제입니다. 이더해시를 더 자세히 알고 싶다면 http://mng.bz/WaOw에서 공식 문서를 참고하기 바랍니다.

지금까지 채굴을 직접 경험해봤습니다. 운좋게 새로운 블록을 블록체인에 포함시키고 이더베이스 계정으로 보상을 받았지만 채굴을 멈추고 노드를 닫게 되면 어떻게 되는지 궁금할 수 있습니다. 내가 네트워크에서 사라져도 내가 생성하고 블록체인에 포함시킨 블록이 여전히 유효한지, 블록에 포함된 트랜잭션들도 여전히 유효한지, 이더베이스 계정에 있는 이더를 다른 계정으로 전송할 수 있는지.

질문의 답은 '그렇다'입니다. 활성화된 전체 노드가 지속적으로 블록체인 유효성을 확인하는 과정을 떠올려 봅시다. 전체 노드는 블록 해시값과 블록을 생성한 채굴자의 공개키가 암호학적으로 일관성이 있는지만 신경 씁니다. 채굴도 동일하게 트랜잭션 해시값과 생성된 계정의 공개키가 일관성이 있는지 확인합니다. 따라서 새로운 블록을 생성한 노드가 활성화 상태인지 아닌지는 블록이나 트랜잭션과 관계가 없습니다.

데스크톱 이더리움 지갑 계정에서 다른 계정으로 이더를 전송하는 것도 컴퓨터가 켜져 있는지와 관계가 없습니다.

GPU 채굴

테스트넷에서 지금까지 한 것처럼 CPU 채굴로 실제 네트워크에서도 이더를 채굴하여 부자가 되길 꿈꾸나요? 꿈을 깨고 싶진 않지만 차라리 복권에 당첨되어 부자가 되는 꿈을 꾸는 것이 낫습니다. 1장에서 본 것처럼 PoW 알고리즘은 블록 정보와 논스값을 조합하여 특정 조건의 해시(선행 제로 개수가 몇 개인지)를 구하면 채굴에 성공합니다. PoW 알고리즘은 특정 해시값을 구하기 위해 논스값으로 수백만 번 계산해야 합니다. 결과적으로 채굴에 성공하기 위해서는 다른 채굴자보다 같은 시간에 더 많은 해시값을 생성할 수 있어야 합니다.

최고의 CPU 칩셋을 사용하면 초당 최대 1MH/s(메가 해시)를 생성할 수 있습니다. 1MH/s는 100만 해시를 의미합니다. 우수한 GPU 칩셋을 사용하면 표준 CPU 해싱 기능의 약 30배가 되는 최대 30MH/s를 생성할 수 있습니다. 또한 다양한 GPU 채굴기를 함께 모아서 공유 채굴자 풀은 리소스와 보상을 초당 최대 30TH/s(조 해시)를 생성할 수 있습니다. 이는 CPU의 최대 3000만 배를 의미합니다. 마지막으로, 이더리움은 약 40개의 채굴 풀이 30GH/s(기가 해시)에시 30TH/s 범위의 해시 비율을 가지고 있음을 고려해야 합니다.

이제 CPU만으로는 이더를 채굴하기 어려운 이유를 알았습니다. 이런 엄청난 현실에 실망할 수도 있습니다. 그리고 채굴 과정에서 채굴 풀이 미치는 막대한 영향 때문에 탈중앙화 면에서 이더리움의 신뢰성에 의문을 가질 수도 있습니다. 많은 이더리움 참여자는 채굴 풀이 서로 경쟁하는 동안은 탈중앙화가 보장된다고 생각합니다. 이전에 소개한 새로운 합의 알고리즘, 지분 증명 방식이 이더리움 네트워크에 집중된 파워를 완전히 바꿀수 있다는 것도 고려해야 합니다. 다음은 하드웨어별 해시 비율을 정리한 것입니다.

하드웨어	해시 비율
단일 CPU	1 MH/s
단일 GPU	30 MH/s
GPU 장치(GPU 10개)	300 MH/s
채굴 풀	30,000,000 MH/s

3.3.5 기타 클라이언트

geth가 가장 많이 사용되는 클라이언트지만 다른 클라이언트도 장점이 있습니다.

- **Parity**

  러스트[Rust]로 작성된 Parity는 두 번째로 많이 사용되는 이더리움 클라이언트이며 가장 빠르며 가볍고 안전한 클라이언트입니다. 콘솔과 내장형 지갑이 함께 제공됩니다.

- **cpp-ethereum**

  C++로 작성되고 **eth**로 부릅니다. cpp-ethereum은 세 번째로 많이 사용되며 빠르고 프로그래밍 이식성이 뛰어납니다. 채굴 특화 클라이언트 **Ethminer**는 cpp-ethereum을 포크하여 만들었습니다.

- **pyethapp**

  파이썬으로 작성되고 pyethereum과 pydevp2p로 구성됩니다. pyethereum은 EVM, 블록체인, 채굴 기능을 제공하고 pydevp2p는 P2P 네트워크 및 노드 검색 메커니즘을 지원합니다. 파이썬 개발자는 클라이언트의 확장성을 높게 평가합니다.

지금까지 이더리움 플랫폼의 다양한 구성 요소와 도구를 배웠습니다. 이 장을 마치기 전에 이더리움을 효과적으로 작업하기 위해 익숙해져야 하는 핵심 개념인 계정을 더 살펴보겠습니다.

3.4 geth 계정 관리

이 장을 시작하면서 스마트 컨트랙트와 함께 계정을 간략하게 설명했습니다. 이더리움 지갑 UI를 통해 계정을 만들고 이더도 전송해봤습니다. geth 콘솔을 활용한 프로그래밍을 통해 계정을 생성하고 활용하면서 계정을 더 깊이 알아보겠습니다.

3.4.1 이더리움 계정

이더리움 플랫폼은 두 가지 유형의 계정을 지원합니다.

- **외부 소유 계정(EOA)**: 채굴자나 자율 개체와 같은 유저가 사용하는 계정입니다.
- **컨트랙트 계정**: 스마트 컨트랙트가 사용하는 계정입니다.

이 장의 나머지 부분에서는 EOA만을 계정으로 부르고 다룹니다. 대부분의 블록체인 시스템처럼 이더리움의 보안은 공개키 암호화를 기반으로 합니다. 하나의 계정은 한 쌍의 개인키, 공개키로 식별됩니다. 계정 주소는 공개키의 마지막 20바이트로 표시됩니다. 계정의 개인/공개키 쌍은 텍스트 키파일^{keyfile}에 저장됩니다. 공개키는 일반 텍스트로 보이지만 개인키는 계정을 생성할 때 만든 비밀번호로 암호화되어 있습니다. 계정의 키 파일은 이더리움 노드 데이터 경로인 keystore 폴더에 있습니다.

- **윈도우**

  C:\Users\username\%appdata%\Roaming\Ethereum\keystore

- **리눅스**

  ~/.ethereum/keystore

- **맥**

  ~/Library/Ethereum/keystore

> **TIP**_ 정기적으로 키 저장소 폴더를 백업하고 계정을 생성할 때 사용한 비밀번호 사본을 안전한 장소에 보관하는 것이 좋습니다. 눈치 채지 못했더라도 계속 이 점을 강조하고 있습니다. 블록체인 세계에서 키와 암호가 얼마나 중요한지 알려주고 싶습니다.

계정 휴대성

Robsten과 같은 테스트넷에서 생성한 계정은 메인넷에서 사용할 수 없습니다. 반대도 마찬가지입니다. 각 네트워크에서 사용되는 키 저장소가 다르고 이더리움 내에서도 별도의 폴더에 존재합니다.

- 메인넷 키 저장소: ~/.ethereum/keystore
- Rinkeby 테스트넷 키 저장소: ~/.ethereum/rinkeby/keystore
- Ropsten 테스트넷 키 저장소: ~/.ethereum/testnet/keystore

네 가지 방법으로 계정을 생성하고 활용할 수 있습니다.

- 이더리움 지갑
- geth 명령어

- geth 콘솔로 Web3 활용

- JSON-RPC 호출

이더리움 지갑으로 계정을 관리하는 방법을 살펴봤습니다. 다음 절에서는 geth 명령, geth 콘솔, JSON-RPC API로 계정을 관리하는 방법도 짧게 알아보겠습니다.

3.4.2 geth 명령어로 계정 관리

운영체제 콘솔창을 활용하여 geth 실행 파일의 디렉터리(또는 geth가 PATH 전역 변수에 있는 경우 임의의 디렉터리)에서 geth 명령어로 쉽게 계정을 관리할 수 있습니다.

새로운 계정 생성

수동 또는 일반 텍스트 파일을 사용하여 새로운 계정을 만들 수 있습니다.

1 수동 생성

   a. 새로운 계정을 생성합니다.

```
C:\program files\geth>geth account new
```

   b. 비밀번호를 두 번 입력하면 생성한 계정의 주소를 확인할 수 있습니다.

```
Your new account is locked with a password. Please give a password.
   Do not forget this password.
Passphrase:
Repeat passphrase:
Address: {47e3d3948f46144afa7df2c1aa67f6b1b1e35cf1}
```

> **TIP_** 강력한 비밀번호를 고르거나 생성하는 습관을 가져야 합니다. 또 같은 소리를 하고 있군요, 알고 있습니다. 하지만 매우 중요하니 믿어주세요.

2 텍스트 파일로 생성

   a. 비밀번호를 수동으로 입력하지 않으려면 텍스트 파일에 일반 텍스트로 비밀번호를 저장합니다.

b. 다음과 같이 geth 계정 명령어를 실행합니다.

```
C:\program files\geth>geth --password passworddirectory/passwordfile
    account new
```

TIP_ 알다시피 테스트 환경에서는 비밀번호를 일반 텍스트 파일에 입력하는 것을 어느 정도 허용할 수 있습니다. 하지만 비밀번호 파일에 접근하는 것이 엄격하게 제한되어야 하는 실제 환경에서는 이러한 방식으로 계정을 생성하면 위험할 수 있습니다.

계정 목록

계정을 만든 후에는 다음 명령을 실행하여 실제로 계정이 노드에 있는지 확인할 수 있습니다.

```
C:\program files\geth>geth account list
```

geth 계정 명령어와 geth 콘솔을 통해 생성한 계정을 확인할 수 있습니다.

```
Account #0: {edde06bc0e45645e2f105972bdefc220ed37ae10}
    keystore://C:\Users\rober\AppData\Roaming\Ethereum\keystore\UTC--2017-
    06-24T08-49-46.377533700Z--edde06bc0e45645e2f105972bdefc220ed37ae10
Account #1: {4e6c30154768b6bc3da693b1b28c6bd14302b578}
    keystore://C:\Users\rober\AppData\Roaming\Ethereum\keystore\UTC--2017-
    06-24T13-26-18.696630000Z--4e6c30154768b6bc3da693b1b28c6bd14302b578
Account #2: {70e36be8ab8f6cf66c0c953cf9c63ab63f3fef02}
    keystore://C:\Users\rober\AppData\Roaming\Ethereum\keystore\UTC--2017-
    06-24T18-21-36.890638200Z--70e36be8ab8f6cf66c0c953cf9c63ab63f3fef02
Account #3: {c99048e9b98d3fcf8b5f0d5644794b562f9a2ea4}
    keystore://C:\Users\rober\AppData\Roaming\Ethereum\keystore\UTC--2017-
    06-24T18-21-47.794428600Z--c99048e9b98d3fcf8b5f0d5644794b562f9a2ea4
...
```

계정 업데이트

geth로 새로운 계정을 생성하고 키 저장소 폴더에 키 파일을 저장했는데 다음 geth 버전에서 키 파일 형식이 바뀌었다면 계정을 업데이트해야 합니다. 또는 비밀번호를 변경할 때도 계정을 업데이트해야 합니다.

다음 geth 명령어로 이전에 생성한 계정 47e3d3948f46144afa7df2c1aa67f6b1b1e35cf1 을 업데이트할 수 있습니다(계정은 바꿔서 사용).

```
C:\program files\geth>geth account update
        47e3d3948f46144afa7df2c1aa67f6b1b1e35cf1
```

기존 비밀번호를 입력하여 잠금을 해제하면 새로운 비밀번호를 두 번 입력합니다. 그러면 새 계정 주소를 확인할 수 있습니다.

```
Unlocking account 47e3d3948f46144afa7df2c1aa67f6b1b1e35cf1 | Attempt 1/3
Passphrase:
INFO [09-30|08:36:25] Unlocked account
        address=0x47e3d3948f46144afa7df2c1aa67f6b1b1e35cf1
Please give a new password. Do not forget this password.
Passphrase:
Repeat passphrase:
```

geth 계정 업데이트 명령어는 geth 계정 생성 명령어와 동일한 --password 옵션을 제공합니다. 그러나 geth 계정 업데이트 명령어는 새로운 키 파일 형식으로 변환하기 위해 사용할 수도 있습니다.

3.4.3 geth 콘솔에서 Web3으로 계정 관리

위에서 소개한 계정 관리 작업 중 몇 가지를 대화형 콘솔로 수행해보겠습니다.

새로운 계정 생성

대화형 geth 콘솔로 돌아갑시다. web3.personal 객체를 사용하여 계정을 만들 수 있습니다.

```
> personal.newAccount()
```

명령어를 입력한 뒤 암호를 두 번 입력하면 계정 주소가 표시됩니다.

```
Passphrase:
Repeat passphrase:
"0x70ff99d4bc8054b2e09269bcbfdddf8e1ae7d155"
```

계정 목록

web3.eth 객체의 account 속성을 조회하면 대화형 콘솔로 계정 목록을 확인할 수 있습니다. geth account list 명령으로 얻은 것과 동일한 결과 집합을 얻을 수 있습니다.

```
> eth.accounts
```

다음 결과를 확인할 수 있습니다.

```
["0xedde06bc0e45645e2f105972bdefc220ed37ae10",
    "0x4e6c30154768b6bc3da693b1b28c6bd14302b578",
    "0x70e36be8ab8f6cf66c0c953cf9c63ab63f3fef02",
    "0xc99048e9b98d3fcf8b5f0d5644794b562f9a2ea4",
    ...
```

eth.accounts 배열에서 특정 계정을 직접 참조할 수도 있습니다.

```
> eth.accounts[0]
```

결과는 다음과 같습니다.

```
"0xedde06bc0e45645e2f105972bdefc220ed37ae10"
```

계정 이더 잔액 확인

다음과 같이 계정에 저장된 이더 잔액을 Wei 단위로 확인할 수 있습니다.

```
> var balanceInWei = eth.getBalance(
  "0x407d73d8a49eeb85d32cf465507dd71d507100c1")
```

그런 다음 이더 단위로 변환할 수 있습니다.

```
> var balanceInEther = web3.fromWei(balanceInWei, "Ether")
```

계정 간 이더 전송

0.0025이더를 accounts[1]에서 accounts[2]로 전송할 수 있습니다. 먼저 앞에서 다룬 것처럼 계좌의 현재 잔액을 확인합니다.

```
> var balanceAcc1 = eth.getBalance(eth.accounts[1]);
> var balanceAcc2 = eth.getBalance(eth.accounts[2]);
> console.log('Balance account 1: ' + balanceAcc1 + '; Balance account 2: ' +
    balanceAcc2);
Balance account 1: 1938331059000000000; Balance account 2:
    1000741600000000000
```

accounts[1]과 같이 계정에서 이더를 전송하려면 잠금을 해제해야 합니다.

```
> personal.unlockAccount(eth.accounts[1]);
```

계정 비밀번호를 입력하라는 메시지가 표시됩니다.

```
Unlock account 0x4e6c30154768b6bc3da693b1b28c6bd14302b578
Passphrase:
true
```

그런 다음 web3.eth.sendTransaction 함수를 사용하여 계정 간에 이더를 전송할 수 있습니다. 이 함수는 다음과 같이 Wei 단위로 입금 받습니다.

```
> var sender = eth.accounts[1];
> var recipient = eth.accounts[2];
> var amount = web3.toWei(0.0025, "Ether");
> eth.sendTransaction({from:sender, to:recipient, value: amount});
"0xf1c342c668bcd1d59f3e95cfaf08acc6d7cda8adae02da05ceb76c8c3c137eef"
```

반환값은 전송된 트랜잭션의 해시입니다.

몇 분 후 잔액을 다시 확인합니다.

```
> console.log('Balance account 1: ' + eth.getBalance(eth.accounts[1]) + ';
    Balance account 2: ' + eth.getBalance(eth.accounts[2]));
Balance account 1: 19333110590000000000; Balance account 2:
    10032416000000000000
```

잔액이 업데이트되지 않았다면 그 이유는 트랜잭션이 아직 채굴되지 않았기 때문입니다.

3.4.4 JSON-RPC로 계정 관리

JSON-RPC로 계정을 관리하는 간단한 예를 알아보겠습니다. 새로운 운영체제 셸을 열고 다음 JSON-RPC로 계정을 조회할 수 있습니다.

```
C:\>curl -H "Content-Type: application/json" -X POST --data
{\"jsonrpc\":\"2.0\",\"method\":\"eth_accounts\",\"params\":[],\"id\":23}
http://localhost:8545
```

입력하면 다음과 같이 확인할 수 있습니다.

```
{"jsonrpc":"2.0","id":23,"result":["0xedde06bc0e45645e2f105972bdefc220ed37ae1
0","0x4e6c30154768b6bc3da693b1b28c6bd14302b578","0x70e36be8ab8f6cf66c0c953cf9
c63ab63f3fef02","0xc99048e9b98d3fcf8b5f0d5644794b562f9a2ea4",...
```

3.5 심플코인 컨트랙트 다시 보기

이 장에서는 상당히 많은 내용을 다뤘습니다. 여기까지 잘 따라왔다면 축하합니다. 이더리움 지갑과 Go 이더리움 클라이언트를 다루며 이더리움 소개를 마쳤습니다. 그리고 geth 명령어, geth 대화형 콘솔을 통한 Web3 명령어 그리고 직접 JSON-RPC를 통한 요청 등 여러 가지 방법으로 플랫폼을 활용하기 시작했습니다.

상당히 빠듯한 여정이었기에 이젠 슬슬 다시 코딩을 해보고 싶을 것 같군요. 1장 마지막에서 소개했던 기본 암호화폐인 SimpleCoin의 코드를 다시 살펴보고 개선하겠습니다.

다음 예제처럼 이전 장에서 본 SimpleCoin 코드를 리믹스(http://remix.ethereum.org)에 다시 입력합니다. 1장처럼 지금 상태에선 경고를 무시합니다. 다음 장에서 코드를 개선하면 사라질 것입니다.

예제 3-1 1장에서 작성한 SimpleCoin 컨트랙트

```solidity
pragma solidity ^0.4.0;

contract SimpleCoin {

  mapping (address => uint256) public coinBalance;

  constructor() public {
    coinBalance[0x14723A09ACff6D2A60DcdF7aA4AFf308FDDC160C] = 10000;
  }

  function transfer(address _to, uint256 _amount) public {
    coinBalance[msg.sender] -= _amount;
    coinBalance[_to] += _amount;
  }
}
```

앞의 코드는 초보 수준입니다. 아직 솔리디티 언어를 모르더라도 생성자에서 하드 코딩된 값과 전달 함수에서 입력 유효성 검사가 부족하다는 것을 알 수 있습니다. 이는 여러 가지 방법으로 개선 가능합니다. 먼저 생성자에 매개변수를 추가하여 초기 발행되는 토큰이 테스트 계정의 주소로 전송되지 않고 계약 소유자의 계정 주소로 할당되도록 합니다. 그런 다음 전송 함수에 잘못된 전송을 막기 위한 몇 가지 점검 로직을 추가합니다. 마지막으로 토큰을 전송할 때 이벤트를 발생시켜 스마트 컨트랙트의 클라이언트에 알려주거나 이에 반응하도록 설정할 수 있습니다.

3.5.1 SimpleCoin 컨트랙트 개선하기

생성자와 전송 함수 둘 다 개선하겠습니다. 먼저 생성자부터 수정하겠습니다.

생성자에 매개변수 추가

다음처럼 생성자 코드를 변경합니다.

```
constructor(uint256 _initialSupply) public {
    coinBalance[msg.sender] = _initialSupply;
}
```

msg.sender는 메시지 발신자(또는 함수 호출자)의 주솟값을 갖고 있는 특수 속성입니다. 생성자 측면에서 메시지 발신자는 컨트랙트를 인스턴스화하는 계정입니다. 즉 메시지 발신자는 컨트랙트의 소유자입니다. 결과적으로 생성자가 호출되면 _initialSupply 매개변수에 설정된 토큰이 컨트랙트 소유자에게 전송됩니다.

전송 함수를 견고하게 만들기

전송 함수를 다음과 같이 변경합니다.

예제 3-2 입력값 확인 로직을 추가하여 더욱 견고한 전송 함수 만들기

```
function transfer(address _to, uint256 _amount) {
    require(coinBalance[msg.sender] >= _amount);      ◁── 보내는 계정에 전송하려는 금액
    require(coinBalance[_to] + _amount >=                 이상으로 잔액이 있는지 확인합니다.
        coinBalance[_to]);
    coinBalance[msg.sender] -= _amount;               ◁── 전송 작업으로 받는 계정 잔액이 산술 오버플로가
    coinBalance[_to] += _amount;                         발생하지 않는지 확인합니다(보내는 계정에서 받은
}                                                        금액으로 잔액이 uint256보다 커지면 발생할 수
                                                         있습니다).
```

특별 함수 require는 조건이 충족되지 않으면 예외를 발생시킵니다. throw 키워드를 사용하여 직접 예외를 발생시킬 수도 있지만 이런 방법은 잘 사용되지 않는 예전 문법입니다. 다음 문법으로 예를 들겠습니다.

```
require(coinBalance[msg.sender] > _amount);
```

이 문법을 예전에는 다음처럼 쓰기도 했습니다.

```
if (coinBalance[msg.sender] < _amount) throw;
```

이벤트 발생시키기

컨트랙트는 어떤 함수로도 발생시킬 수 있는 이벤트를 선언할 수 있습니다. 컨트랙트 상태를 모니터링하는 클라이언트가 이벤트를 처리합니다. 예를 들어 SimpleCoin 토큰이 전송되면 발생하는 이벤트를 다음과 같이 선언할 수 있습니다.

```
event Transfer(address indexed from, address indexed to, uint256 value);
```

전송 함수 마지막에 이벤트를 호출합니다.

```
function transfer(address _to, uint256 _amount) {
    ...

    emit Transfer(msg.sender, _to, _amount);
}
```

3.5.2 개선된 코드 사용하기

개선된 SimpleCoin 컨트랙트는 이제 다음과 같습니다.

예제 3-3 생성자 매개변수 추가, 입력값 점검, 이벤트 로직이 추가된 SimpleCoin

```
pragma solidity ^0.4.0;

contract SimpleCoin {
    mapping (address => uint256) public coinBalance;
```

```
    event Transfer(address indexed from, address indexed to, uint256 value);

    constructor(uint256 _initialSupply) public {
        coinBalance[msg.sender] = _initialSupply;
    }

    function transfer(address _to, uint256 _amount) public {
        require(coinBalance[msg.sender] > _amount);
        require(coinBalance[_to] + _amount >= coinBalance[_to] );
        coinBalance[msg.sender] -= _amount;
        coinBalance[_to] += _amount;
        emit Transfer(msg.sender, _to, _amount);
    }
}
```

수정된 생성자 테스트

리믹스를 열고 [예제 3–3]의 코드를 편집기에 복사합니다. 그런 다음 Transaction Origin 드롭다운 목록에서 테스트 계정 주소를 선택합니다(예: 0x4b0897b0513fdc7c541b6d9d7e929c4e5364d2db). 이 계정이 생성자를 실행하고 결과적으로는 컨트랙트 소유자가 됩니다.

오른쪽 패널에서 [Run] 탭을 클릭합니다. 이제 [Deploy] 버튼 옆에 SimpleCoin 토큰의 초기 공급량(예: 10,000)을 입력한 다음 [Deploy] 버튼을 클릭합니다. 이전 장에서 본 [그림 3–13]처럼 [coinBalance]와 [transfer] 버튼이 화면 하단에 나타납니다.

그림 3-13 이제 배포 작업을 할 때 생성자의 입력 변수를 받는다. [Deploy]를 클릭하여 계약을 인스턴스하면 [coin Balance]와 [transfer] 버튼이 나타난다.

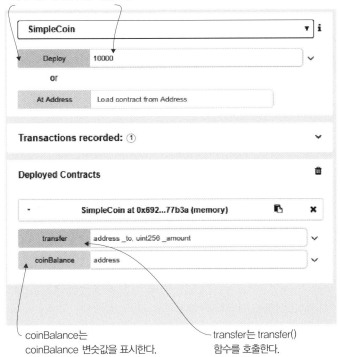

coinBalance 매핑에서 컨트랙트 소유자의 주소 잔액을 확인할 수 있습니다. 예상한 바와 같이 10,000을 확인할 수 있습니다. 표 [3-6]에 계정별 잔액을 정리했습니다.

표 3-6 SimpleCoin 계정별 잔액

계정 주소	계정 잔액
0xca35b7d915458ef540ade6068dfe2f44e8fa733c	0
0x14723a09acff6d2a60dcdf7aa4aff308fddc160c	0
0x4b0897b0513fdc7c541b6d9d7e929c4e5364d2db	10,000
0x583031d1113ad414f02576bd6afabfb302140225	0
0xdd870fa1b7c4700f2bd7f44238821c26f7392148	0

수정된 전송 함수 테스트

토큰이 없는 계정에서 SimpleCoin 토큰을 이체해보겠습니다. Transaction Origin 드롭다운 목록에서 0x583031d1113ad414f02576bd6afabfb302140225를 선택하고 transfer 입력 상자에 쉼표로 구분하여 다음 값을 입력합니다.

```
"0xdd870fa1b7c4700f2bd7f44238821c26f7392148", 150
```

[transfer]를 클릭하면 위에서 추가한 require 구문이 다음과 같은 오류 메시지를 보여줍니다.

```
transact to browser/SimpleCoin.sol:SimpleCoin.transfer errored: VM error:
    invalid opcode.
The constructor should be payable if you send value.
The execution might have thrown.
Debug the transaction to get more information.
```

이번엔 컨트랙트 소유자의 계정에서 방금 시도한 동일한 수신자에게 150개의 토큰을 전송합니다. Transaction Origin 드롭다운 목록에서 0x4b0897b로 시작하는 계정을 선택하고 쉼표로 구분하여 transfer 입력 상자에 다음 값을 입력합니다.

```
"0xdd870fa1b7c4700f2bd7f44238821c26f7392148", 150
```

[그림 3-14]와 같이 왼쪽의 결과 화면에서 전송 성공을 확인할 수 있습니다.

그림 3-14 전송 성공 결과 화면

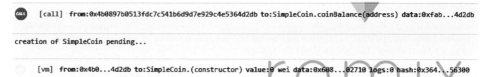

Debug 옆 화살표를 클릭하면 logs 속성에서 함수 호출이 끝날 때 Transfer 이벤트가 발생했는지 확인할 수 있습니다.

```
[
  {
    "event": "Transfer",
    "args": [
      "00000000000000000000000004b0897b0513fdc7c541b6d9d7e929c4e5364d2db",
      "000000000000000000000000dd870fa1b7c4700f2bd7f44238821c26f7392148",
      "150"
    ]
  }
]
```

다시 모든 계정의 잔액을 확인해보면 [표 3-7]과 같습니다.

표 3-7 SimpleCoin 계정 잔액

계정 주소	계정 잔액
0xca35b7d915458ef540ade6068dfe2f44e8fa733c	0
0x14723a09acff6d2a60dcdf7aa4aff308fddc160c	0
0x4b0897b0513fdc7c541b6d9d7e929c4e5364d2db	9,850
0x583031d1113ad414f02576bd6afabfb302140225	0
0xdd870fa1b7c4700f2bd7f44238821c26f7392148	150

축하합니다! 이 장의 연습 내용을 모두 완료했습니다. 난이도 높은 코드 개선 작업은 아니었지만 진행하면서 컨트랙트와 친해지는 데 도움이 됐을 것입니다.

3.5.3 이더리움 네트워크에서 코인 전송은 어떻게 실행되는가

코인을 전송하는 솔리디티 코드는 이해했지만 코인 전송이 리믹스 자바스크립트 EVM 에뮬레이터가 아닌 실제 이더리움 네트워크에서 어떻게 실행되는지 궁금한가요? 또 SimpleCoin 토큰을 이체하는 경우 블록체인에는 어떤 영향을 주는지 알고 있나요? [그림 3-15]를 보면 이런 질문에 답을 얻을 수 있습니다. 트랜잭션 관점에서 본 1장의 [그림 1-8]을 SimpleCoin에 맞게 조정했습니다.

이 책에서 다룰 모든 디앱에서 유사한 트랜잭션 수명주기 다이어그램을 계속 보게 됩니다. 툭치면 이더리움 트랜잭션의 수명주기를 읊을 수 있을 때까지 책 전반에 걸쳐 학습하겠습니다.

그림 3-15 SimpleCoin 전송 트랜잭션의 수명주기. SimpleCoin 지갑은 이더리움 네트워크의 로컬 노드에서 SimpleCoin 스마트 컨트랙트의 transfer() 함수를 호출하여 전송 트랜잭션을 생성한다. 채굴 노드가 새로운 블록을 블록체인에 포함할 때까지 네트워크 전체에서 검증되고 전파된다. 새로운 블록이 네트워크 전체에 전파되면 마지막으로 로컬 노드로 돌아간다.

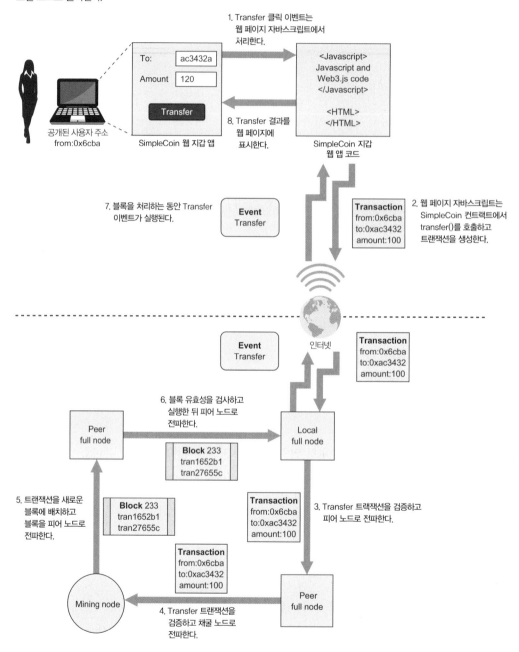

3.6 요약

- 이더리움 지갑은 GUI입니다. 직관적인 이더리움 플랫폼으로 계정을 생성하거나 이더를 전송할 수 있습니다.

- 가장 많이 쓰이는 이더리움 클라이언트는 geth라고도 하는 Go 이더리움입니다. 대화형 콘솔을 통해 이더리움 클라이언트의 고급 언어 인터페이스인 Web3.js를 사용할 수 있습니다.

- 다양한 방법으로 geth를 활용할 수 있습니다.

  - 운영체제 명령 셸에서 geth 명령어 실행

  - geth 대화형 콘솔에서 Web3.js 명령어 실행

  - cURL 또는 Postman과 같은 UI 도구를 사용해 HTTP JSON-RPC 명령어 실행

- 이더리움 스마트 컨트랙트(줄여서 컨트랙트)는 솔리디티와 같은 고급 언어로 작성됩니다. EVM 바이트코드로 컴파일되어 이더리움 네트워크에 배포되고 블록체인에 저장됩니다.

- 호출, 트랜잭션, 이벤트를 사용해 컨트랙트와 통신할 수 있습니다. 트랜잭션은 연산과 네트워크 자원을 소비하는데 소비량은 가스로 계산되고 이더리움 암호화폐인 이더로 정산됩니다.

CHAPTER 4

스마트 컨트랙트 배포하기

> **이 장의 주요 내용**
>
> - 이더리움 네트워크에 컨트랙트 배포하기
> - 네트워크상에 컨트랙트 활용하기
> - 노드 없이 컨트랙트 배포하기, 메타마스크 활용하기

앞서 기본 암호화폐인 SimpleCoin을 구축하기 시작했습니다. 리믹스 IDE로 개발하고 자바스크립트 기반 EVM 에뮬레이터로 최소한의 기능을 테스트했습니다. 이런 경험은 스마트 컨트랙트가 무엇이고 어떻게 생성되고 활용하는지 개념적으로 이해하는 데 도움이 됐습니다. 하지만 여전히 SimpleCoin은 IDE에서만 실행되는 것처럼 보입니다. 이제 이더리움 플랫폼과 친숙해졌고 '현실적인 환경에서 작동하는 SimpleCoin을 보면 좋지 않을까?'라고 생각할 수 있습니다. 이번 장에서는 바로 이 내용을 다룹니다.

SimpleCoin 컨트랙트를 이더리움 네트워크에 배포하고 몇 가지 방법으로 컨트랙트를 활용합니다. 먼저 이더리움 지갑으로 로컬 블록체인 사본을 가져옵니다. 그리고 이더리움 클라이언트나 지갑을 사용하지 않고 이더리움 네트워크에 접속할 수 있는 외부 툴인 메타마스크^{MetaMask}를 살펴보겠습니다.

4.1 네트워크에 컨트랙트 배포하기

중앙화된 앱을 서버에 배포하는 것은 익숙할 것입니다. 웹 애플리케이션을 개발한 경험이 있다

면 처음에는 모든 레이어를 로컬 컴퓨터에서 개발했을 것입니다. 그리고 사용자나 테스터가 테스트할 수 있을 정도로 앱이 개발되면 하나 또는 하나 이상의 서버로 구성된 사용자 수용 테스트(UAT) 환경에 배포했을 것입니다. 일반적으로 웹 애플리케이션을 배포할 때는 다음을 포함합니다.

- 정적 및 동적 웹 페이지를 호스팅하는 하나의 웹 서버

- 웹 페이지에서 사용하는 서비스를 호스팅하는 하나 이상의 애플리케이션 서버

- 서비스에서 사용하는 데이터를 저장하는 하나 이상의 데이터베이스 서버

탈중앙화 앱을 배포하는 것은 매우 다릅니다. SimpleCoin처럼 하나의 스마트 컨트랙트만 가지고 있는 간단한 탈중앙화 앱도 이더리움 네트워크 전체로 배포됩니다. 2.1.3절에서 소개했던 개발 관점을 다시 생각해보면 EVM 바이트코드를 payload에 담고 있는 특별한 트랜잭션을 통해 스마트 컨트랙트가 배포됩니다. 로컬 노드를 통해 배포 트랜잭션을 보내고 노드는 채굴 노드에 도달할 때까지 이더리움 네트워크에 전파합니다. 채굴 노드가 EVM 바이트코드를 포함하는 배포 트랜잭션을 새 블록에 추가하는 데 성공하고 또 블록이 블록체인에 추가되면 스마트 컨트랙트는 배포됩니다. [그림 4-1]처럼 이더리움 네트워크 전체에 복제됩니다.

네트워크에 컨트랙트를 배포하는 옵션은 두 가지입니다.

- 이더리움 지갑으로 수동 배포
- geth의 대화형 콘솔에서 터미널 명령을 통해 배포

이 장에서는 SimlpeCoin 컨트랙트를 수동으로 배포합니다. 배포 방법을 시각적이고 직관적으로 빠르게 배우게 될 것입니다.

이더리움 지갑으로 컨트랙트를 배포하는 데 익숙해지면 다음 단계인 명령어를 기반으로 배포 준비를 할 수 있습니다. 처음에는 조금 어렵게 느껴질 수 있지만 geth 콘솔을 활용하는 것은 연습이 필요합니다. 이는 플랫폼을 더 잘 이해할 수 있도록 도와줍니다. 다음 장에서 이 내용을 살펴보고 지금은 배운 내용을 짧게 정리하겠습니다.

- **컨트랙트 배포 원리**

  이더리움 지갑을 통해 수동으로 배포하거나 geth 콘솔에서 명령을 사용하여 컨트랙트를 배포할 수 있습니다 (곧 다룰 것입니다).

- **배포 중 발생하는 상황**

배포 트랜잭션이 실행되면 컨트랙트의 바이트코드는 블록체인에 저장됩니다.

그럼 이더리움 네트워크는 정확히 무엇일까요? 다음 절에서 질문에 답하겠습니다.

그림 4-1 솔리디티와 같은 고급 언어로 작성된 컨트랙트는 EVM 바이트코드로 컴파일되고 배포 트랜잭션을 통해 네트워크에 배포된다. 배포 트랜잭션은 컨트랙트 EVM 바이트코드를 포함하고 네트워크에 있는 로컬 전체 노드는 바이트코드를 실행한다. 배포 트랜잭션은 네트워크 전체에 전파되고 채굴 노드는 네트워크 전체에 복제되는 새 블록에 포함된다. 다른 트랜잭션과 비슷하지만 이더나 데이터가 아닌 EVM 바이트코드를 블록체인에 저장한다.

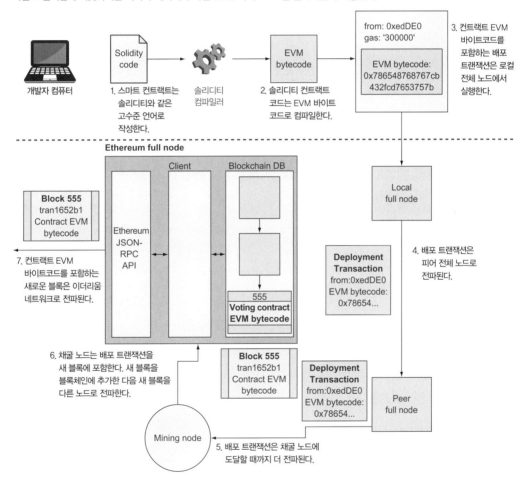

4.1.1 이더리움 퍼블릭 네트워크

이전 장에서 이더리움을 연결했을 때 두 개의 다른 네트워크에 연결된 것을 눈치챘는지 모르겠습니다.

- 이더리움 지갑에서 퍼블릭 테스트 네트워크인 **Ropsten**에 연결했습니다.
- geth에서 퍼블릭 운영 네트워크인 **메인넷**에 연결했습니다.

Ropsten은 퍼블릭 테스트넷입니다. 메인넷에서 사용되는 PoW(작업 증명) 채굴을 지원합니다. 책 내용을 잘 따라했다면 이더리움 지갑은 이미 Ropsten 네트워크와 연결되어 있고 CPU 채굴을 통해 가짜 이더를 계정에 보유하고 있을 것입니다.

이전 장에서 실행한 geth 클라이언트는 운영 네트워크인 메인넷과 연결되어 있습니다. 메인넷에서 계정 간 이더를 전송하는 것은 실제 일어난 일입니다. 운영 중인 디앱의 트랜잭션을 수행할 때만 메인넷을 사용하고 개발 중에는 피해야 합니다.

Kovan이라는 또 다른 퍼블릭 테스트넷을 사용할 수 있습니다. PoA(권위 증명)라는 새로운 알고리즘으로 채굴을 지원합니다. 지금까지는 Parity 클라이언트에서만 구현되어 있고 이는 책에서 다루는 범위를 벗어납니다.

다음 절에서는 지갑을 통해 SimpleCoin 컨트랙트를 Ropsten에 배포합니다. 따라서 아직 환경 설정할 필요가 없습니다.

4.1.2 이더리움 지갑으로 SimpleCoin 배포하기

이더리움 지갑을 시작합니다. 동기화 모드가 Fast 또는 Full인지 확인하고 완전히 동기화될 때까지 기다립니다. 오른쪽 상단에 [CONTRACTS]를 클릭하여 컨트랙트 화면을 엽니다. 두 가지 주요 옵션이 표시됩니다.

- **Deploy New Contract**
  솔리디티 코드를 제공하여 새 컨트랙트를 배포할 수 있습니다.

- **Watch Contract**
  이미 배포된 컨트랙트를 참조하거나 활용할 수 있습니다.

[Deploy New Contract]를 클릭합니다. Deploy New Contract 화면이 열리면 어떤 계정을 컨트랙트 소유자로 사용할지 결정합니다. Account 1을 선택합니다. 화면 하단의 [Solidity Contract Source Code] 탭을 클릭하고 3장 마지막에 작성한 예제와 같이 SimpleCoin 코드를 붙여 넣습니다. 지갑으로 컴파일할 수 있게 생성자와 함수를 **public**으로 선언합니다. 5장에서 public과 같은 접근 제한자를 설명하겠습니다.

예제 4-1 SimpleCoin 최신 버전(3장 참고)

```
pragma solidity ^0.4.0;

contract SimpleCoin {
    mapping (address => uint256) public coinBalance;

    event Transfer(address indexed from, address indexed to, uint256 value);

    constructor(uint256 _initialSupply) public {
        coinBalance[msg.sender] = _initialSupply;
    }

    function transfer(address _to, uint256 _amount) public {
        require(coinBalance[msg.sender] > _amount);
        require(coinBalance[_to] + _amount >= coinBalance[_to] );
        coinBalance[msg.sender] -= _amount;
        coinBalance[_to] += _amount;
        emit Transfer(msg.sender, _to, _amount);
    }
}
```

코드를 붙여 넣으면 지갑에서 코드를 EVM 바이트코드로 컴파일하고 오른쪽에 드롭다운 목록이 나타납니다. 목록에서 Simple Coin을 선택하고 생성자 매개변수로 10000을 입력합니다. 마지막으로 [그림 4-2]와 같이 화면 하단의 [DEPLOY]를 클릭합니다.

그림 4-2 컨트랙트 솔리디티 코드를 입력하면 지갑이 EVM 바이트코드로 컴파일한다. 컨트랙트 매개변수를 입력하고 [DEPLOY]를 클릭한다. 새 창에서 생성된 배치 트랜잭션을 확인할 수 있다.

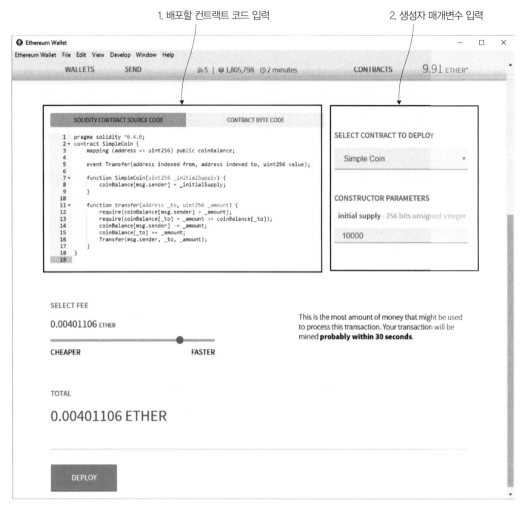

[그림 4-3]과 같이 새로운 대화 상자가 나타납니다. 비밀번호를 입력하고 배포 트랜잭션을 보내라는 메시지가 표시됩니다. 기억하세요! 트랜잭션을 보내려면 계좌에 이더가 있어야 합니다. 배포 트랜잭션을 보내고 나면 지갑 기본 화면의 최신 트랜잭션 섹션에서 상태를 확인할 수 있습니다. 배포 트랜잭션이 다른 트랜잭션과 동일하게 처리되는 것을 볼 수 있습니다.

그림 4-3 컨트랙트를 배포할 계정의 암호를 입력하라는 대화 상자가 나타난다. 암호를 입력하고 [SEND TRANSACTION]을 클릭하면 배포 트랜잭션이 생성되어 네트워크로 전송된다.

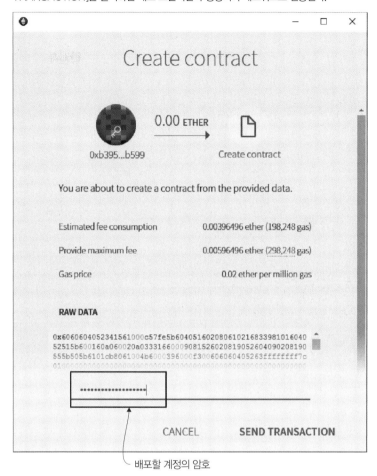

배포할 계정의 암호

[그림 4-4]처럼 LATEST TRANSACTIONS(최신 트랜잭션) 패널에서 컨트랙트가 네트워크에서 필요한 모든 확정을 얻으면 CONTRACTS 화면으로 돌아갑니다. [그림 4-5]처럼 이더 잔액이 0인 Simple Coin을 확인할 수 있습니다.

그림 4-4 네트워크로 컨트랙트 트랜잭션을 보내면 계약 화면의 LATEST TRANSACTIONS 패널에서 네트워크 확인 진행 상황을 모니터링할 수 있다.

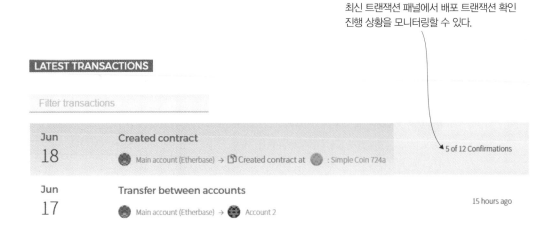

최신 트랜잭션 패널에서 배포 트랜잭션 확인 진행 상황을 모니터링할 수 있다.

그림 4-5 컨트랙트가 12개의 확정을 얻으면 배포 트랜잭션은 블록체인에 영구 저장되고 배포된 컨트랙트를 Contracts 패널에서 확인할 수 있다.

Contracts

DEPLOY NEW
CONTRACT

To watch and interact with a contract already deployed on the blockchain, you need

▯ : SIMPLE COIN 724A
0.00 ether
0x724A0e1c468aDd5BD03980553352b2F7e1AA058E

컨트랙트가 모두 확정되면 배포된 컨트랙트가
Contracts 스크린에 나타난다.

축하합니다! 이더리움 네트워크에 첫 번째 컨트랙트를 배포했습니다. 이제 리믹스에서 해본 것과 마찬가지로 컨트랙트를 활용할 수 있습니다. 먼저 계정 간에 SimpleCoin 토큰을 전송하고 예상 잔액을 확인하겠습니다.

4.2 컨트랙트 활용하기

SimpleCoin 토큰을 전송하기 전에 지갑의 기본 화면으로 돌아가서 계정을 두 개 추가합니다(계정 암호를 기록해두세요). 추가한 계정은 컨트랙트를 테스트할 때 편리합니다. 지갑에 있는 모든 계정 주소를 임시 텍스트 파일로 복사하고 [표 4-1]처럼 정리합니다.

표 4-1 이더리움 지갑 계정 주소

계정 이름	계정 주소
Main account	0xedDE06bC0e45645e2f105972BDefC220ED37Ae10
Account 2	0x4e6C30154768b6bc3Da693b1B28C6bd14302b578
Account 3	0x70e36bE8AB8f6Cf66C0C953cF9c63aB63f3FeF02
Account 4	0xc99048E9B98D3FcF8b5f0D5644794B562f9A2ea4

이제 Contracts 화면으로 돌아가서 SimpleCoin을 클릭합니다. 화면 상단 컨트랙트 이름 바로 아래에 블록체인에 있는 컨트랙트 계정 주소가 표시됩니다. SimpleCoin 컨트랙트와 관련된 영역은 논리적으로 컨트랙트 읽기(왼쪽)와 컨트랙트 쓰기(오른쪽) 두 부분으로 나눕니다. 이

배열은 읽기 전용 기능(파란색) 및 쓰기 기능(빨간색)에 대해 리믹스에서 본 색상 구분과 비슷합니다.

4.2.1 코인 잔액 확인하기

먼저 각 계정의 주소를 Coin balance 입력창에 입력하고 모든 계정의 코인 잔액을 확인합니다. 예상 잔액은 [표 4-2]에 정리했습니다.

표 4-2 계정별 예상 잔액

계정 주소	계정 잔액
0xedDE06bC0e45645e2f105972BDefC220ED37Ae10	10,000
0x4e6C30154768b6bc3Da693b1B28C6bd14302b578	0
0x70e36bE8AB8f6Cf66C0C953cF9c63aB63f3FeF02	0
0xc99048E9B98D3FcF8b5f0D5644794B562f9A2ea4	0

잘못된 주소로 잔액을 확인하려고 하면 어떻게 될까요? 예를 들어 주 계좌의 마지막 숫자(0xedDE06bC로 시작)를 8로 바꾸고 동전 잔액을 확인합니다. 지갑은 체크섬을 유효하지 않다고 판단하고 해당 주소를 입력할 수 없도록 합니다. 계정과 상관없더라도 유효한 이더리움 주소라면 어떤 주소든 입력해서 잔액을 확인할 수 있습니다(https://etherscan.io/에서 아무 주소나 가져와 시도해볼 수 있습니다).

4.2.2 코인 전송하기

이제 코인을 전송할 수 있습니다. 먼저 주 계정에서 Account 3으로 150개의 SimpleCoin을 전송합니다. 이전 장에서 리믹스로 수행한 것과 같습니다. WRITE TO CONTRACT 패널에 있는 함수 선택 리스트에서 Transfer를 선택합니다. [그림 4-6]과 같이 코인 전송에 필요한 모든 입력 필드가 나타납니다.

Execute From 목록에서 Main Account를 선택하고 to 필드에 Account 3의 주소와 amount 필드에 150을 입력합니다. [EXECUTE](실행)를 클릭하면 트랜잭션에 디지털 서명을 하기 위해서 Main Account의 비밀번호를 입력하라는 메시지가 표시됩니다.

그림 4-6 SimpleCoin 잔액 확인은 읽기 전용 작업으로, 주소만 입력하면 된다. 코인 전송은 쓰기 작업이다. 여기에서 볼 수 있듯이 전송할 코인 수, 송금 계정 및 입금 주소를 입력해야 한다.

Latest Events(최신 이벤트) 창에서 Watch Contract Events box를 선택하면 전송한 트랜잭션의 세부 정보를 확인할 수 있습니다. 이 시점에서 모든 주소의 잔액을 다시 확인합니다. 예상 잔액은 [표 4-3]에 정리했습니다.

표 4-3 업데이트된 계정별 예산 잔액

계정 주소	계정 잔액
0xedDE06bC0e45645e2f105972BDefC220ED37Ae10	9,850
0x4e6C30154768b6bc3Da693b1B28C6bd14302b578	0
0x70e36bE8AB8f6Cf66C0C953cF9c63aB63f3FeF02	150
0xc99048E9B98D3FcF8b5f0D5644794B562f9A2ea4	0

이제 Account 3에서 Account 2로 50개의 코인을 옮기고 Latest Events 패널에 트랜잭션이 표시되면 잔액을 다시 확인합니다. Execute From 드롭다운 목록에 나열된 계정은 기본 계정

과 Account 2뿐이란 것을 알 수 있습니다. 이더리움 지갑에서 이더가 없는 계정은 트랜잭션을 실행할 수 없기 때문입니다.

2장에서 봤듯이 실행 계정은 트랜잭션을 실행하기 위해서 가스로 계산된 거래 수수료를 이더로 지불해야 합니다. Account 3과 Account 4를 사용하려면 주 계정에서 약간의 이더를 보내줘야 합니다. 이전 장에서 Account 2를 설정할 때처럼 Send 화면에서 이더를 진송힐 수 있습니다. Latest Transactions 패널에서 이더 전송 트랜잭션을 모니터하고 완료될 때까지 기다립니다. 이제 모든 계정이 이더를 가지게 되면 트랜잭션을 수행할 준비가 된 것입니다.

SimpleCoin 컨트랙트 화면으로 돌아가서 transfer 함수를 다시 선택합니다. Execute From 드롭다운 목록에 모든 계정이 표시되므로 Account 3을 선택할 수 있습니다. to 필드에 Account 2의 주소를 입력하고 amount 필드에 50을 입력합니다. [EXECUTE]를 클릭하면 발신 계정인 Account 3의 비밀번호를 묻는 메시지가 표시됩니다. 거래가 확정되면 잔액을 다시 확인합니다. 새로운 예상 잔액은 [표 4-4]에 정리했습니다.

표 4-4 두 번째 전송 후 업데이트된 계정 잔액

계정 주소	계정 잔액
0xedDE06bC0e45645e2f105972BDefC220ED37Ae10	9,850
0x4e6C30154768b6bc3Da693b1B28C6bd14302b578	50
0x70e36bE8AB8f6Cf66C0C953cF9c63aB63f3FeF02	100
0xc99048E9B98D3FcF8b5f0D5644794B562f9A2ea4	0

오류 나는 코인 전송해보기

기억하겠지만 SimpleCoin 전송 함수에 발신자와 수신자 주소의 잔액을 조정하기 전에 몇 가지 검사를 하도록 했습니다. 조건에 맞지 않으면 계정에서 오류를 발생시켜 코인을 이체하지 못하게 합니다. 지갑을 통해 어떻게 되는지 알 수 있습니다. 예를 들어 Account 4에서 Account 3으로 200개의 코인을 전송합니다. 예상대로 [그림 4-7]처럼 트랜잭션이 실패했다는 오류 메시지가 나타납니다.

트랜잭션을 보내기도 전에 오류 메시지가 나타나는 것에 놀랄 수 있습니다. 이는 지갑이 노드와 마찬가지로 트랜잭션을 전송하기 전에 로컬에서 검증하기 때문입니다. 오류가 발생하면 지갑은 트랜잭션을 네트워크로 전파하지 않고 즉시 오류 메시지를 보여줍니다. 퍼블릭 테스트넷에서 SimpleCoin을 완벽하게 직접 테스트해봤습니다.

이 장에서는 지금까지 이더리움 전체 노드를 사용하지 않고 퍼블릭 네트워크에 스마트 컨트랙트를 배포하는 방법을 다뤘습니다. 내부적으로는 여전히 완전하게 동기화된 블록체인 사본과 연결되어 있는 이더리움 지갑을 통해서 작업을 수행했습니다. 동기화된 로컬 블록체인 사본이 없어도 같은 작업을 할 수 있는지 궁금할 것입니다. 가능합니다. 다음 절에서 다루지만 메타마스크라는 크롬 플러그인을 통해 공개적으로 접근 가능한 노드를 사용할 수 있습니다.

그림 4-7 SimpleCoin.transfer()와 같은 쓰기 작업으로 트랜잭션을 실행하고 유효성 검사에 실패하면 네트워크로 전송되지 않는다.

검증이 실패하고 에러 메시지가 나타난다.

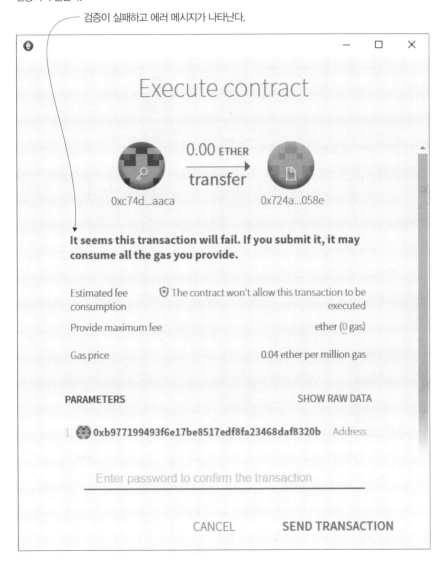

4.3 메타마스크를 통해 노드 없이 배포하기

메타마스크는 [그림 4-8]과 같이 외부 이더리움 노드에 연결하는 크롬 확장 프로그램입니다.
이더리움 소프트웨어를 설치하거나 관리하지 않고도 퍼블릭 네트워크에 컨트랙트를 배포하고
활용할 수 있습니다. 크롬 브라우저를 사용하지 않는다면 대안으로 브레이브^Brave 브라우저를
다운로드하고 메타마스크를 확장 프로그램으로 설치할 수 있습니다. 스마트 컨트랙트를 지속
적으로 개발하지 않거나 개발을 재개할 때마다 지갑 또는 Go 이더리움 클라이언트를 업데이
트하고 블록체인을 다시 동기화해야 하는 불편함을 원하지 않을 때 특히 유용합니다.

그림 4-8 이더리움 지갑 또는 Go 이더리움 클라이언트 콘솔은 로컬 노드를 통해 이더리움에 연결한다. 메타마스크는
원격 노드를 통해 이더리움에 연결한다.

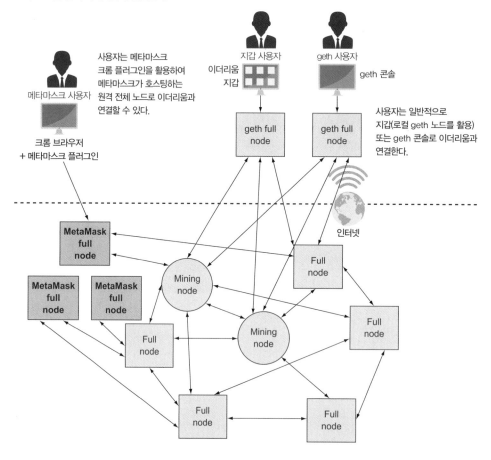

다음 절에서는 메타마스크를 설치합니다. 로컬 geth 클라이언트와 이더리움 지갑을 쓰지 않고 메타마스크를 통해 SimpleCoin을 Ropsten에 다시 배포하고 컨트랙트를 활용하겠습니다.

4.3.1 메타마스크 설치

다음 URL에서 메타마스크 크롬 확장 프로그램을 설치할 수 있습니다(http://mng.bz/ 8JzB). 확장 프로그램이 설치되면 브라우저 주소 표시줄 옆에 메타마스크 아이콘이 나타납니다.

메타마스크 아이콘을 클릭하여 메타마스크 지갑을 설정합니다. 개인 정보 보호 고지 및 이용 약관(귀하의 책임)을 수락하면 [그림 4-9]와 같이 새로운 비밀번호를 입력하게 됩니다.

그림 4-9 메타마스크 지갑 비밀번호 생성

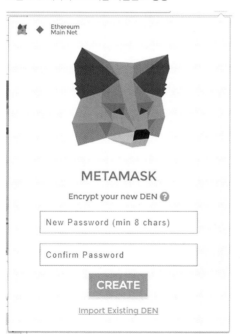

안전하고 새로운 비밀번호를 입력하고 생성을 클릭합니다. 시스템에서 생성된 복구 암호 문구 12단어를 복사하여 안전하게 저장해둡니다. 복구 문구를 한 번 더 확인하면 지갑이 생성됩니다. 왼쪽 상단의 메타마스크 아이콘 옆에 연결된 네트워크 이름이 표시됩니다. 처음에는 [그림 4-10]과 같이 이더리움 메인넷에 연결되어 있습니다.

그림 4-10 메타마스크는 처음에 이더리움 메인넷과 연결되어 있다.

테스트넷에 SimpleCoin을 배포하려면 [그림 4-11]처럼 [Main Ethereum Network]를 클릭하고 드롭다운 목록에서 [Ropsten Test Network]를 선택하여 현재 네트워크를 변경합니다.

그림 4-11 메타마스크로 다양한 이더리움 네트워크에 연결할 수 있다.

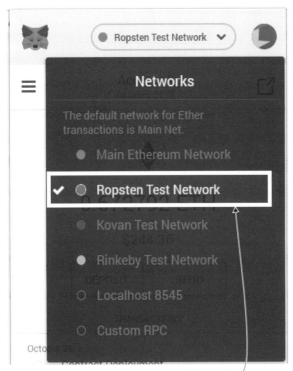

기본 계정은 Ropsten 이더리움 지갑에 있는 계정과 관련이 없습니다. 기본 테스트 계정에는 이더가 없으므로 다양한 작업을 할 수 없습니다. 이더를 가지고 있는 Ropsten 계정을 불러오려면 오른쪽 상단의 메뉴 아이콘을 클릭한 다음 불러오기를 선택합니다. 대화 상자에 유형 선택 드롭다운 목록이 표시됩니다. [그림 4-12]와 같이 JSON 파일을 선택합니다.

기존 Ropsten 계정의 개인키가 포함된 JSON 파일이 있어야 합니다. Ropsten 계정의 키 쌍은 테스트넷 키 저장소에 보관되며 운영체제별로 [표 4-5]에 표시된 위치에서 찾을 수 있습니다.

그림 4-12 JSON 파일에서 계정을 불러오기 위한 대화 상자

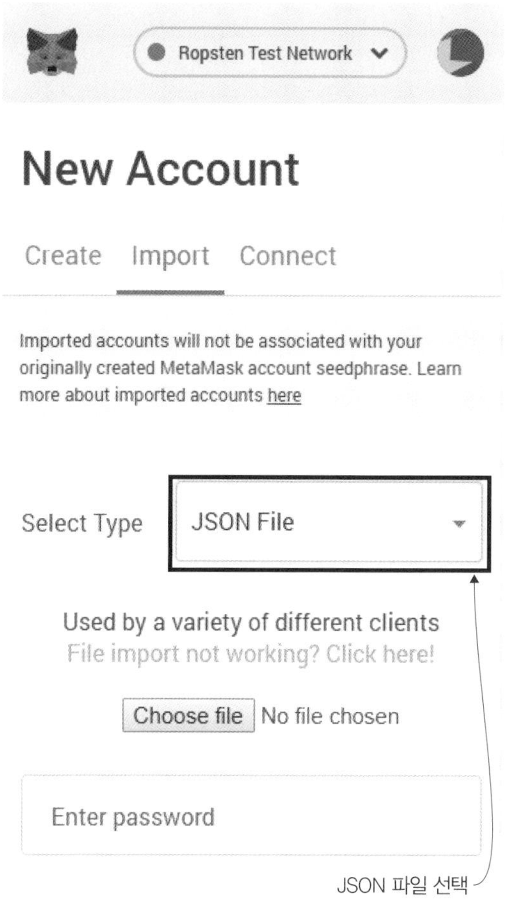

표 4-5 테스트넷 키 저장소 위치

시스템	키 저장소 위치
윈도우	C:\Users\username\%appdata%\Roaming\Ethereum\testnet\keystore
리눅스	~/.ethereum/testnet/keystore
맥	~/Library/Ethereum/testnet/keystore

테스트넷 키 저장소 폴더에는 타임스탬프와 참조하는 계정 주소를 포함하는 파일명으로 된 파일 목록이 존재합니다.

- UTC--2017-06-24T08-49-46.377533700Z--
  edde06bc0e45645e2f105972bdefc220ed37ae10

- UTC--2017-06-24T13-26-18.696630000Z--4e6c30154768b6bc3-
  da693b1b28c6bd14302b578

- UTC--2017-06-24T18-21-36.890638200Z--
  70e36be8ab8f6cf66c0c953cf9c63ab63f3fef02

- UTC--2017-06-24T18-21-47.794428600Z--c99048e9b98d3f-
  cf8b5f0d5644794b562f9a2ea4

파일 확장자는 없지만 JSON 파일입니다. 예를 들어, 목록의 두 번째 파일은 계정 4e6c30154768b6bc3da693b1b28c6bd14302b578을 나타냅니다. 윈도우에서 메모장과 같은 텍스트 편집기로 파일을 열면 다음과 같은 JSON 내용이 표시됩니다.

{"address":"4e6c30154768b6bc3da693b1b28c6bd14302b578","crypto":{"cipher":"aes
-128-ctr","ciphertext":"bc7569458b99dcbbdcb0cf46402eeb83875baa6302d27e887a6d4
e2d6e31771f","cipherparams":{"iv":"f0838a98d39d532e8d96e9f7cc799712"},"kdf":"
scrypt","kdfparams":{"dklen":32,"n":262144,"p":1,"r":8,"salt":"fb2dbd4f24553c
585025417b691ef11784cf6ae90aa412b73e4965ba3d4f2772"},"mac":"36ba647b1d2ff7a3d
8ca6b32731593caee920dcc19d14e91915cb98a7a244c2c"},"id":"32bb1449-60f5-4cd0-
a4d2-4608fa9fc1c3","version":3}

메타마스크 계정 불러오기에서 [Choose File]을 클릭하고 테스트넷 키 저장소로 이동한 다음 가져올 계정 파일을 선택합니다. 계정을 만들 때 생성한 비밀번호를 입력한 다음 [Import]를 클릭합니다. 몇 초 후 [그림 4-13]과 같이 불러온 계정에 포함된 이더와 세부 정보가 표시됩니다. 기존에 테스트했던 Ropsten 계정을 가져 오면 이제 SimpleCoin 배포를 진행할 수 있습니다.

그림 4-13 키 저장소에서 계정을 불러오면 모든 세부 정보가 메타마스크에 나타난다.

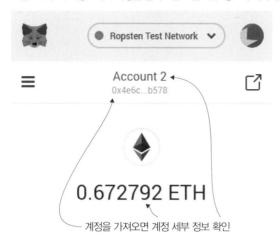

계정을 가져오면 계정 세부 정보 확인

4.3.2 메타마스크로 SimpleCoin 배포하기

SimpleCoin을 배포하려면 먼저 리믹스를 열고 지갑에 입력한 것과 같은 최신 버전의 SimpleCoin을 입력합니다(예제 4-1 참조). [그림 4-14]와 같이 오른쪽 패널의 [Run] 탭에 있는 Environment 드롭다운 목록에서 Injected Web3 옵션을 선택합니다.

그림 4-14 Environment 드롭다운 목록에서 Injected Web3을 선택한다. 로컬 자바스크립트 가상머신 에뮬레이터 대신 외부 메타마스크 노드를 사용하도록 리믹스를 구성하는 방법이다.

메타마스크를 활용하여 리믹스를
실행하기 위해 이것을 선택

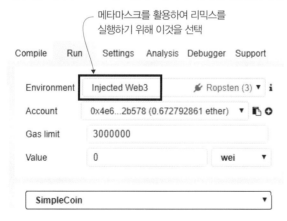

리믹스는 메타마스크를 감지하고 로컬 자바스크립트 EVM 에뮬레이터 대신 메타마스크 노드 중 하나를 사용합니다. 계정 드롭다운 목록에 계정이 표시되지 않을 경우 리믹스 웹 페이지를

새로 고치면 메타마스크에서 현재 선택된 계정이 선택됩니다.

빨간색 [Deploy] 버튼을 클릭하면 SimpleCoin을 배포할 수 있습니다. 주소가 0x4e6c30154로 시작하는 Account 2만 사용할 수 있고 계정 드롭다운 목록에도 이미 선택되어 있습니다. 이 계정이 컨트랙트를 배포하게 됩니다.

[Deploy]를 클릭하면 배포 트랜잭션의 실행 계정, 트랜잭션 비용에 대한 정보를 요약해서 보여줍니다. 또한 [그림 4-15]처럼 계속 진행할지 묻습니다.

그림 4-15 리믹스를 외부 메타마스크 노드와 연결하고 SimpleCoin과 같은 컨트랙트를 배포하기 시작하면 메타마스크에서 배포 트랜잭션 확인 대화 상자가 나타난다. 대화 상자에는 배포 트랜잭션을 실행하는 계정 및 트랜잭션 비용에 대한 정보가 표시된다. 사용자는 컨트랙트를 배포할지 최종 결정한다.

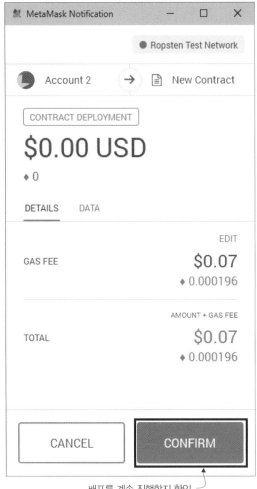

배포를 계속 진행할지 확인

[CONFIRM]을 클릭하면 트랜잭션 상태를 메타마스크 지갑 하단에서 확인할 수 있습니다. [그림 4-16]과 같이 상태가 Submitted에서 Confirmed로 바뀝니다.

트랜잭션 상태가 Submitted에서 Confirmed로 바뀌고 트랜잭션 번호를 클릭하면 트랜잭션의 세부 정보를 [그림 4-17]처럼 이더스캔 웹사이트에서 확인할 수 있습니다. 보다시피 이더스캔에서는 컨트랙트의 목적지 주소(0x0c9189e4d6로 시작)도 확인할 수 있습니다.

그림 4-16 배포 트랜잭션의 상태를 메타마스크 지갑의 하단 영역에서 모니터링할 수 있다. Submitted에서 Confirmed로 바뀐다.

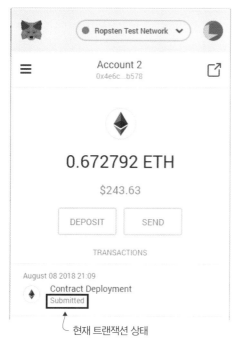

그림 4-17 메타마스크 지갑에서 Submitted 또는 Confirmed 상태를 클릭하면 이더스캔 웹사이트에서 트랜잭션 세부 사항을 확인할 수 있다.

리믹스로 돌아가면 [Deploy] 버튼 아래에 배포 주소를 포함하여 몇 가지 배포 세부 정보를 확인할 수 있습니다. 이 주소는 이더스캔 페이지에서 본 것과 같습니다. [그림 4-18]과 같이 주소 복사 링크를 클릭하여 주소를 복사할 수 있습니다.

그림 4-18 리믹스에서 배포 트랜잭션이 완료되면 컨트랙트 주소가 [Deploy] 버튼 아래 표시된다.

메타마스크를 사용하여 Ropsten에 SimpleCoin을 다시 배포해봤습니다. 이제 메타마스크로 컨트랙트를 어떻게 활용하는지 알아보겠습니다.

4.3.3 메타마스크로 SimpleCoin 활용하기

SimpleCoin을 배포하면 [그림 4-18]처럼 리믹스에 [coinBalance], [transfer] 버튼이 나타납니다. 이 버튼은 1장에서 자바스크립트 VM으로 처음 컨트랙트를 만들 때와 같은 버튼입니다. 다만 이번에는 실제 운영 네트워크에서 인스턴스화된 컨트랙트를 활용합니다.

먼저 컨트랙트를 배포했던 Account 2의 토큰 잔액을 확인합니다. "0x4e6c30154768b6bc3da693b1b28c6bd14302b578"을 입력하고(언제나 주소는 큰따옴표로 묶어야 합니다.) [coinBalance]를 클릭합니다. 예상대로 바로 10,000을 확인할 수 있습니다. 이더리움 지갑에서 잔액을 확인하는 것처럼 읽기 전용으로 트랜잭션을 생성하지 않습니다. 따라서 승인 작업을 따로 하지 않아도 됩니다.

이제 Account 2에서 Account 3으로 토큰을 250개를 전송합니다. transfer 텍스트 상자에 다음 값을 입력합니다.

```
"0x70e36bE8AB8f6Cf66C0C953cF9c63aB63f3FeF02", 250
```

[transfer]를 클릭합니다. 쓰기 작업이므로 [그림 4-19]와 같이 메타마스크 트랜잭션 확인 대화 상자가 나타납니다. Account 2를 통해 승인할 수 있습니다. [CONFIRM]을 클릭하고 트랜잭션 상태를 확인합니다.

트랜잭션 번호 아이콘을 클릭하면 이더스캔에서 트랜잭션 상세 정보를 확인할 수 있습니다. 이제 리믹스로 돌아가서 트랜잭션 상세 정보를 확인해보겠습니다.

그림 4-19 SimpleCoin 토큰 전송과 같은 컨트랙트 상태 쓰기 작업은 발신 계정에 권한이 있어야 한다. 따라서 메타마스크 트랜잭션 확인 대화 상자가 표시되고 사용자 최종 승인을 얻는다.

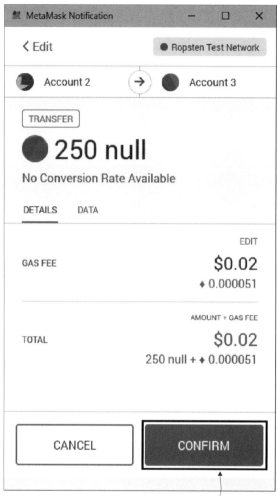

이 버튼으로 트랜잭션 확정

이더스캔과 리믹스를 통해서도 Account 2에서 Account 3으로 250개의 SimpleCoin 토큰이 성공적으로 전송된 것을 확인할 수 있지만 coinBalance를 활용해 [표 4-6]과 같이 계정의 잔액을 확인할 수 있습니다.

표 4-6 토큰 250개 전송 후 계정 잔고

계정 주소	계정 잔액
0x4e6C30154768b6bc3Da693b1B28C6bd14302b578	9,750
0x70e36bE8AB8f6Cf66C0C953cF9c63aB63f3FeF02	250

설명은 여기서 마치지만 이더리움 지갑으로 했던 것처럼 토큰 전송이 불가능한 조건도 수행하고 오류 메시지를 확인해보세요. 그러면 메타마스크에서 컨트랙트가 제대로 작동하는지 확인할 수 있습니다.

4.4 요약

- 이더리움 지갑을 사용하여 이더리움 네트워크에 컨트랙트를 배포하고 활용할 수 있습니다.
- 이더리움 지갑은 로컬 geth 인스턴스를 통해 이더리움과 연결됩니다.
- 메타마스크를 사용하여 이더리움 네트워크에 컨트랙트를 배포하고 활용할 수 있습니다.

Part II

스마트 컨트랙트

2부에서는 스마트 컨트랙트를 설명합니다. 이 혁신적인 기술로 이더리움은 암호화폐만 지원하는 단일 목적 블록체인에서 탈중앙화 앱을 개발하는 데 사용할 수 있는 다목적 블록체인이 됐습니다.

5장에서는 이더리움 가상머신에서 스마트 컨트랙트를 작성하는 데 가장 널리 사용되는 언어인 솔리디티를 소개합니다. 6장에서는 샘플 크라우드세일을 사례로 들어 일반적인 스마트 컨트랙트 구조를 설명합니다. 이와 함께 생성자, 상태 변수, 함수, 이벤트도 알아봅니다. 6장 끝에서는 상속으로 컨트랙트 기능을 일반화하는 방법을 배웁니다. 7장에서는 추상 컨트랙트와 인터페이스와 같은 고급 객체 지향 기능에 중점을 두고 하나씩 소개합니다. 이로써 처음에 만들었던 크라우드세일 애플리케이션을 개선하고 확장하여 더욱 관리하기 쉽게 만듭니다. 라이브러리도 설명합니다. 라이브러리는 컨트랙트를 관리하기 쉽게 하는 방법을 제공합니다. 8장에서는 공개 테스트넷에 스마트 컨트랙트를 배포합니다. 이더리움 통신 라이브러리인 Web3, Go 이더리움 콘솔, Node.js, 웹 사용자 인터페이스를 활용하여 스마트 컨트랙트와 상호작용하는 방법을 설명합니다. 또한 프라이빗 네트워크나 가나슈와 같은 모의 네트워크 클라이언트에서 같은 작업을 수행하는 방법도 설명합니다.

CHAPTER 5

솔리디티로 스마트 컨트랙트 프로그래밍하기

이 장의 주요 내용

- EVM 언어 이해하기
- 컨트랙트 구조 이해하기
- 솔리디티 핵심 문법 배우기

SimpleCoin을 직접 개발하며 예제를 통해 솔리디티의 기본을 배웠습니다. 이제는 솔리디티가 컨트랙트를 작성할 수 있는 고급 EVM 언어라는 것을 압니다. 또 스마트 컨트랙트(간단히 컨트랙트)는 다른 언어의 클래스와 비슷하며 상태 변수, 생성자, 함수, 이벤트를 포함하고 있다는 것도 압니다. 5장에서는 솔리디티의 주요 구성을 더 체계적으로 배움으로써 솔리디티를 조금씩 깊이 이해할 수 있게 될 것입니다.

5장은 6장에서 살펴볼 복잡한 컨트랙트와 다중 컨트랙트 디앱을 솔리디티로 구현하는 방법을 배우는 데 기초가 됩니다. 이 장을 끝내고 나면 SimpleCoin의 기능을 개선하고 확장할 수 있을 것입니다.

5.1 EVM 컨트랙트 언어

솔리디티를 알아보기 전에 잠시 다른 EVM 언어를 간략하게 살펴보겠습니다. 컨트랙트를 작성하기 위한 EVM 고급 언어에는 솔리디티만 있는 것은 아닙니다. 물론 솔리디티는 이더리움 공식 문서에서 권장하고 업그레이드와 유지보수가 잘되고 있어 이더리움 개발자 사이에서 가장 인기 있는 언어입니다. 하지만 LLL, 서펜트 및 바이퍼Viper와 같은 다른 언어도 있습니다. 각 언어의 특징을 살펴보고 언제 솔리디티를 대신하여 사용하면 좋은지 알아보겠습니다.

5.1.1 LLL

LLL은 Lovely Little Language의 머리글자를 나타냅니다. EVM 옵코드, for, if 등과 같이 간단한 제어 구조에 가까운 저수준 기능을 제공하는 Lisp와 유사한 언어Lisp Like Language입니다 (이 역시 LLL). 이 기능을 사용하면 EVM 어셈블리를 직접 작성하지 않고도 저수준 계약 코드를 작성할 수 있습니다. Lisp 코드를 본 적이 있거나 클로저Clojure에 익숙하다면 다음 LLL 예제에 사용된 고유한 접두사 표기법과 괄호 문법을 알아볼 수 있습니다.

```
                    LLL 컴파일러가 이 줄 아래의 식을
                    순서대로 처리하도록 명령              value 변수를 메모리 주소
    (seq                                              0x00에 선언
      (def 'value 0x00)                        dummy 함수를 메모리 주소
      (def 'dummy 0xbc23ecab)                  0xbc23ecab에 선언
      (returnlll
        (function dummy              LLL 컴파일러에서 매크로를
                                     정의하여 아래 코드를 반환
dummy
함수 정의
          (seq
            (mstore value(calldataload 0))
            (return value 32)))))                함수를 호출하여 받은 데이터에서 메모리 주소가
                                                  0인 값을 value 변수에 저장
                    value 변수에서
                    32바이트 반환
```

이는 다음 솔리디티 코드와 대략 동일합니다.

```
contract Dummy {
    function dummy(bytes32 _value) returns (bytes32) {
        return _value;
    }
}
```

WARNING_ 엄밀히 말하면 두 코드는 완전히 동일하지 않습니다. 무엇보다도 LLL 코드에는 함수 서명을 확인하거나 이더 전송을 막는 기능이 없습니다.

스택 기반 Lisp 언어와 EVM의 작동 방식이 유사하여 다른 언어보다 더 빨리 만들 수 있었기에 이더리움 코어팀은 EVM을 지원하는 첫 번째 언어로 LLL을 제공했습니다. LLL을 사용하면 더 작은 바이트코드로 작성하여 실행 비용이 저렴하다는 장점이 있습니다.

이더리움 플랫폼이 처음 출시된 후 고급 언어는 컨트랙트 개발자를 위해 좀 더 단순한 문법을 지원하는 데 초점을 맞추기 시작합니다. 서펜트가 이런 특성을 가진 첫 번째 언어입니다.

5.1.2 서펜트와 바이퍼

서펜트는 파이썬 스타일 언어로 출시된 후 몇 달간 인기를 끌었습니다. 미니멀리즘 철학과 간단한 문법으로 저수준 언어를 효율적으로 사용할 수 있어 찬사를 받았습니다.

파이썬에 익숙한 독자는 서펜트에서 몇 가지 제한 사항을 발견할 것입니다.

- 리스트 내포(기존 시퀀스 및 리스트에서 새로운 리스트를 생성하는 멋진 문법)와 복잡한 데이터 구조를 지원하지 않습니다.
- 퍼스트 클래스 함수를 지원하지 않아 기능적 프로그래밍 스타일로 개발하는 데 제한이 있습니다.

서펜트로 SimpleCoin을 구현하면 다음과 같습니다.

```
def init():
    self.storage[msg.sender] = 10000

def balance_query(address):
    return(self.storage[address])

def transfer(to, amount):
    if self.storage[msg.sender] >= amount:
        self.storage[msg.sender] -= amount
        self.storage[to] += amount
```

파이썬을 모르더라도 이 코드를 이해할 수 있어야 합니다. 잘 모를 수도 있는 유일한 변수는 self.storage일 것입니다. 컨트랙트 상태를 포함하는 딕셔너리로 솔리디티의 모든 상태 변수를 가지고 있습니다.

유지보수에 솔리디티를 더 자주 사용하면서 서펜트의 인기는 줄었습니다. 바이퍼라는 새롭고 실험적인 파이썬 스타일 언어를 현재 연구 중이며 깃허브에 공개되어 있으니 사용할 수 있습니다. 목표는 서펜트보다 더 확장된 타입 세트를 제공하고 산술 연산 및 배열의 오버플로 검사를 용이하게 하는 것입니다. 몇 가지 제한 사항이 있지만 퍼스트 클래스 함수를 지원하여 더 많은 함수를 작성할 수 있습니다. 바이퍼는 솔리디티를 컴파일할 때보다 더 작고 안전한 바이트코드를 얻을 수 있습니다.

지금까지 EVM 언어를 알아보았습니다. 다시 솔리디티로 돌아갑시다. 리믹스를 열고 다시 여정을 시작하겠습니다.

5.2 고급 컨트랙트 구조

솔리디티의 다양한 면을 살펴보기 전에 컨트랙트의 고급 구조를 설명하여 각 언어 기능의 목적을 이해할 수 있도록 하겠습니다. 또한 다시 참조할 수 있는 컨텍스트도 제공합니다.

5.2.1 컨트랙트 선언

다음 예제와 같이 SimpleCoin과 유사한 토큰인 AuthorizedToken의 컨트랙트 정의는 컨트랙트에 나타날 수 있는 모든 선언을 요약합니다. 다음 코드를 완전히 이해하지 못하더라도 걱정 마십시오. 이 예제의 요점은 모든 컨트랙트 구성이 어떻게 보이는지 의견을 제시하는 것입니다.

예제 5-1 고급 컨트랙트 구조

```
pragma solidity ^0.4.24;
contract AuthorizedToken {

    enum UserType {TokenHolder, Admin, Owner}      ◁──┘ 열거형 정의
```

```solidity
struct AccountInfo {          ◁─┐  구조체 정의
  address account;
  string firstName;
  string lastName;
  UserType userType;
}

mapping (address => uint256)
  public tokenBalance;        ◁─┐
mapping (address => AccountInfo)
  public registeredAccount;   ◁─   상태 변수 정의
mapping (address => bool)
  public frozenAccount;       ◁─

address public owner;         ◁─┘

uint256 public constant maxTranferLimit = 15000;

event Transfer(address indexed from,
  address indexed to, uint256 value);  ◁─┐
event FrozenAccount(address target,         이벤트 정의
  bool frozen);               ◁─┘

modifier onlyOwner {          ◁─┐  함수 제어자 정의
  require(msg.sender == owner);
  _;
}

constructor(uint256 _initialSupply) public {  ◁─┐  생성자 정의
  owner = msg.sender;

  mintToken(owner, _initialSupply);
}

function transfer(address _to, uint256 _amount)
  public { //#G
  require(checkLimit(_amount));
  //…
  emit Transfer(msg.sender, _to, _amount);
}

function registerAccount(address account,
  string firstName,
  string lastName, bool isAdmin) public onlyOwner {
```

```
        //...
    }

함수 정의    function checkLimit(uint256 _amount) private
            returns (bool) {
            if (_amount < maxTranferLimit)
                return true;
            return false;
        }

        function validateAccount(address _account)
            internal
            returns (bool) {
            if (frozenAccount[_account] && tokenBalance[_account] > 0)
                return true;
            return false;
        }

        function mintToken(address _recipient,
            uint256 _mintedAmount)
함수          onlyOwner public {
제어자를        tokenBalance[_recipient] += _mintedAmount;
활용하여        emit Transfer(owner, _recipient, _mintedAmount);
함수 정의    }

        function freezeAccount(address target,
            bool freeze)
            onlyOwner public {
            frozenAccount[target] = freeze;
            emit FrozenAccount(target, freeze);
        }
    }
```

다음은 선언할 수 있는 항목입니다.

- 상태 변수

- 이벤트

- 열거형

- 구조체

- 함수

- 함수 제어자

고급 컨트랙트 구조를 요약하여 살펴본 후 각 언어의 기능을 자세히 살펴보겠습니다.

상태 변수

상태 변수$^{\text{state variable}}$는 컨트랙트 상태를 저장합니다. 프로그래밍 언어에서 지원하는 모든 유형으로 선언할 수 있습니다. 매핑과 같은 일부 유형은 상태 변수에만 사용할 수 있습니다. 명시적, 암시적 접근 수준도 상태 변수를 선언에 포함합니다.

이벤트

이벤트^{event}는 컨트랙트 멤버로 EVM 트랜잭션 로그와 상호작용합니다. 이벤트가 발생하면 이 이벤트를 참조하는 클라이언트에 전달되고 관련된 콜백 함수를 호출합니다. 이벤트를 선언하는 방법은 자바스크립트보다 자바 또는 C# 이벤트 선언과 더 유사합니다.

열거형

열거형^{enum}은 지정된 허용값 집합으로 사용자 정의 유형입니다. 열거형을 선언하는 방법은 자바 및 C#과 유사합니다.

구조체

구조체$^{\text{struct type}}$는 일반적으로 각각 다른 유형의 변수를 묶는 사용자 정의 유형입니다. 구조체 선언은 C와 비슷합니다.

함수

함수^{function}는 컨트랙트의 로직을 요약하고 제어자로 변경할 수 있습니다. 상태 변수에 접근할 수 있으며 컨트랙트에 선언된 이벤트를 발생시킬 수 있습니다.

함수 제어자

함수 제어자$^{\text{function modifier}}$를 사용하여 함수의 동작을 제어할 수 있습니다. 보통 함수를 선언할 때 특정 값으로 입력을 제한하기 위해 사용합니다. 하나의 컨트랙트에서도 몇몇 함수를 사용하기 위해 많은 제어자를 선언할 수 있습니다.

5.3 솔리디티의 주요 요소

솔리디티를 둘러보면서 대부분의 문법과 구조를 알아보겠습니다. 솔리디티에 대한 튼튼한 기초를 마련할 수 있을 것입니다.

- 자료형

- 글로벌 네임스페이스

- 상태 변수

- 함수

- 함수 제어자

- 변수 선언, 초기화, 할당

- 이벤트

- 조건문

대부분의 정적 유형 언어와 마찬가지로 솔리디티에서는 각 변수의 유형을 명시적으로 선언하거나 적어도 컴파일러에서 유형을 명확하게 알 수 있도록 해야 합니다. 이런 자료형^{data type}에는 값과 참조 유형이 있습니다.

5.3.1 값형

값형^{value type} 변수는 EVM 스택에 저장되며 값을 보유할 단일 메모리 공간을 할당합니다. 값형 변수가 다른 변수에 지정되거나 매개변수로 함수에 전달되면 해당 값이 변수의 새로운 인스턴스에 복사됩니다. 따라서 할당된 변숫값을 변경해도 원래 변숫값에는 영향을 미치지 않습니다. 값 형식에는 대부분 기본형, 열거형, 함수가 포함됩니다.

불형

bool로 선언된 변수는 true 또는 false입니다. 예를 들면 다음과 같습니다.

```
bool isComplete = false;
```

정수형

정수형$^{integer\ type}$ 변수를 int(부호 있음) 또는 uint(부호 없음)로 선언할 수 있습니다. 8비트에서 256비트까지 8의 배수로 정확한 크기를 지정할 수도 있습니다. 예를 들어 int32는 부호 있는 32비트 정수를 의미하고 uint128은 부호 없는 128비트 정수를 의미합니다. 크기를 지정하지 않으면 256비트로 설정됩니다. 다음 상자글은 서로 다른 정수 유형의 변수 사이에 할당이 어떻게 작동하는지 설명합니다.

암시적 및 명시적 정수형 변환

서로 다른 정수 유형으로 선언된 변수 사이에는 의미 있는 형 변환만 가능합니다. 일반적으로 할당받는 변수의 유형이 덜 제한적이거나 더 커야합니다. 이런 경우에 암시적 변환이 일어납니다. 리믹스에서 다음 컨트랙트를 입력해보면 유효하거나 유효하지 않은 형 변환을 확인할 수 있습니다. 유효한 경우 암시적으로 형 변환이 일어납니다.

```
contract IntConversions {
    int256 bigNumber = 150000000000;
    int32 mediumNegativeNumber = -450000;
    uint16 smallPositiveNumber = 15678;

    int16 newSmallNumber = bigNumber;
    uint64 newMediumPositiveNumber =
        mediumNegativeNumber;
    uint32 public newMediumNumber =
        smallPositiveNumber;
    int256 public newBigNumber =
        mediumNegativeNumber;
}
```

newSmallNumber가 너무 작아 bigNumber를 포함할 수 없으므로 컴파일 오류

uint64는 양수만 저장할 수 있으므로 컴파일러 오류

smallPositiveNumber는 암시적으로 uint16에서 uint32로 변환됩니다. newMediumNumber = 15,678

mediumNegativeNumber는 암시적으로 int32에서 int256으로 변환됩니다. newBigNumber = −450,000

이 코드를 컴파일하면 다음과 같은 오류가 발생합니다. 오류를 일으키는 두 줄을 제거하고 다시 컴파일합니다.

```
TypeError: type int256 isn't implicitly convertible to expected type int16
```

그런 다음 [Deploy]를 클릭하여 계약을 인스턴스화합니다. 마지막으로 각 변수 이름으로 된 버튼을 클릭하여 newMediumNumber 및 newBigNumber의 값을 가져옵니다. 암시적 변환이 허용되지 않는 경우에도 명시적인 변환을 수행할 수 있습니다. 사용자는 이때 전환이 유효한지 확인해야 합니다. 실제 변환 사례를 보려면 IntConversions 컨트랙트에 다음 두 줄을 추가합니다.

```
int16 public newSmallNumber =
int16(bigNumber);
uint64 public newMediumPositiveNumber =
uint64(mediumNegativeNumber);
```

명시적 변환 및 할당은 성공했지만
newSmallNumber = 23,552입니다.

명시적 변환 및 할당은 성공했지만
newMediumPositiveNumber =
18,446,744,073,709,101,616입니다.

[Create]를 클릭하여 컨트랙트를 다시 인스턴스화하고 변수 이름으로 된 각 버튼을 클릭하여 newSmallNumber 및 newMediumPositiveNumber의 값을 가져옵니다. 명시적인 정수 변환은 직관적이지 않습니다. 변환하는 정수 타입 크기가 원본 정수 타입보다 작은 경우 오버플로를 일으키지 않습니다. 원본값을 변환하는 정수 타입 크기에 맞춰서 넣습니다.

정수 유형 사이의 암시적, 명시적 변환은 정수가 아닌 다른 유형에도 적용됩니다.

고정 바이트 배열

1에서 32 사이의 크기(예: bytes8 또는 bytes12)로 고정 크기의 바이트 배열static byte array을 선언할 수 있습니다. byte 자체는 단일 바이트 배열이며 bytes1과 같습니다.

> **WARNING_** 크기를 지정하지 않으면 bytes는 동적 크기의 바이트 배열을 선언합니다. 이는 참조 유형입니다.

주소

주소address 객체는 0x로 시작하고 최대 40자리의 16진수로 구성되는 문자열로 선언합니다. 주소 객체는 20바이트를 사용합니다.

```
address ownerAddress = 0x10abb5EfEcdC09581f8b7cb95791FE2936790b4E;
```

balance 속성을 조회하면 주소의 이더 잔액을 Wei(가장 작은 이더 명칭) 단위로 확인할 수 있습니다. 다음 예제 컨트랙트를 리믹스에 입력하고 getOwnerBalance() 함수를 실행하여 확인할 수 있습니다.

```
contract AddressExamples {
    address ownerAddress = 0x10abb5EfEcdC09581f8b7cb95791FE2936790b4E;

    function getOwnerBalance() public returns (uint) {
        uint balance = ownerAddress.balance;
        return balance;
    }
}
```

반환값은 리믹스 화면 왼쪽 하단에 위치한 출력 패널에서 확인할 수 있습니다. 호출한 함수 옆에 있는 [Details] 버튼을 클릭하면 값이 표시됩니다. 이더를 전송하기 위한 주소 유형으로 다양한 함수를 제공합니다. [표 5-1]에서 함수와 각 기능을 설명하겠습니다.

표 5-1 주소 유형에서 사용할 수 있는 함수

함수	기능
transfer()	Wei 단위로 이더를 전송합니다. 수신하는 곳에서 트랜잭션이 실패하면 발신자에게 예외가 발생합니다. 사용된 가스는 환불되지 않지만 지불 내용은 자동으로 환불됩니다. 따라서 오류 처리 코드가 필요하지 않습니다. transfer()는 최대 2300개의 가스를 소비할 수 있습니다.
send()	Wei 단위로 이더를 전송합니다. 수신하는 곳에서 트랜잭션이 실패하면 발신자에게 false 값이 반환되지만 지불 내용은 환불되지 않습니다. 따라서 반드시 정확하게 사용해야 하고 추가 지침에 따라 환불해야 합니다. send()는 최대 2300개의 가스를 소비할 수 있습니다.

call()　　　　주소의 컨트랙트에서 함수를 호출하려면(목표 계정이 컨트랙트인 것으로 가정) 다음 방법
　　　　　　　으로 이를 지정하여 함수 호출과 함께 이더 금액을 보낼 수 있습니다. call.value(10)
　　　　　　　("contractName", "functionName"); call()은 전체 가스 예산을 발신자에서 호출된 함
　　　　　　　수로 전송합니다. call()이 실패하면 false를 반환하므로 send()와 비슷한 방식으로 실패를 처리
　　　　　　　해야 합니다.

> **WARNING_**　　보안 문제 때문에 send() 및 call()은 더 이상 사용되지 않습니다. 향후 버전의 솔리디티에
> 서는 사용할 수 없습니다.

다음은 transfer()를 사용한 이더 전송의 예시입니다.

```
destinationAddress.transfer(10);        ⟵    destinationAddress로 10Wei를 보냅니다.
```

send() 함수로 이더를 전송하는 경우 이더를 잃지 않으려면 오류를 처리해야 합니다.

```
if (!destinationAddress.send(10))          send()가 실패하면 false로 반환하고 후속 작업을 해야 합니다.
    revert();                              여기서는 지불 상태를 되돌리는 작업이 필요합니다.
```

전송 실패를 확인하고 지불내역을 되돌리는 또 다른 방법은 입력 조건이 false일 때 상태를 되
돌리는 require() 전역 함수를 사용하는 것입니다.

```
require(destinationAddress.send(10));   ⟵   전송이 실패하고 false를 반환하면 지불 상태를 되돌립니다.
```

다음과 같이 call()을 사용하여 외부 컨트랙트external contract 함수를 호출할 수 있습니다.

```
destinationContractAddress.call("contractName",
    "functionName");         ⟵   외부 컨트랙트 함수 호출
```

외부 호출을 하면서 이더를 보낼 수 있습니다.

```
destinationContractAddress.call.value(10)(          value() 함수로 Wei로 표시된 이더 수량만큼
    "contractName", "functionName");                이더를 외부 call()로 전송합니다.
```

send( )와 같이 상태(이더 지불내역 포함)를 되돌리려면 외부 함수 호출 오류를 처리해야 합니다.

```
if (!destinationContractAddress.call.value(10)("contractName"
    , "functionName"))
revert();          ←── 상태를 되돌립니다. 결과적으로
                        지불 상태를 되돌립니다.
```

보안을 설명하는 15장에서 transfer( ), send( ), call( )을 올바르게 호출하는 방법과 오류를 안전하게 처리하는 방법에 관해 자세히 설명합니다.

열거형

열거형enum은 명명된 값으로 구성되는 집합으로 사용자 지정 데이터 형식입니다. 예를 들면 다음과 같습니다.

```
enum InvestmentLevel {High, Medium, Low}
```

다음과 같이 열거형 변수를 정의할 수 있습니다.

```
InvestmentLevel level = InvestmentLevel.Medium;
```

각 열거형 항목의 정숫값은 열거형을 정의할 때 위치에 따라 암시적으로 결정됩니다. 앞선 예제에서 High 값은 0이고 Low 값은 2입니다. 다음과 같이 열거형 변수를 명시적인 int 변수로 변환하여 열거형 변수의 정숫값을 검색할 수 있습니다.

```
InvestmentLevel level = InvestmentLevel.Medium;
...
int16 levelValue = int16(level);
```

암시적 변환은 허용되지 않습니다.

```
int16 levelValue = level;    ←── 컴파일되지 않음
```

5.3.2 참조형

참조형 변수reference type는 참조(첫 번째 항목의 위치)하여 접근할 수 있습니다. 다음 두 데이터 영역 중 하나에 저장할 수 있으며 경우에 따라 선언할 때 명시적으로 지정할 수 있습니다.

- **메모리**

  값은 영구히 유지되지 않으며 메모리에만 저장됩니다.

- **스토리지**

  값은 상태 변수와 같이 블록체인에 영구히 유지됩니다.

명시적으로 지정할 수 없지만 세 번째 유형의 데이터 영역이 있습니다.

- **콜데이터**

  외부 함수의 함수 매개변숫값을 저장하기 위한 영역입니다. 이 영역에 저장된 객체는 메모리에 저장된 객체처럼 동작합니다.

다음 예제는 각기 다른 데이터 영역에서 선언된 다양한 참조 유형 변수를 보여줍니다.

예제 5-2 데이터 영역을 암시적 또는 명시적으로 선언한 참조 유형

```
pragma solidity ^0.4.0;
contract ReferenceTypesSample {          StorageArray 데이터는 암시적으로
    uint[] storageArray;                 스토리지에 저장

                                         fArray 데이터는 암시적으로 메모리에 저장
    function f(uint[] fArray) {}
    function g(uint[] storage gArray) internal {}     gArray 데이터는 명시적으로
    function h(uint[] memory hArray) internal {}      스토리지에 저장
}                                   데이터는 명시적으로
                                    메모리에 저장
```

데이터 영역을 설명하고 있는 코드 예제를 보기 전에 먼저 [표 5-2]를 살펴봅시다. [표 5-2]는 변수의 데이터 영역을 요약한 것입니다. 변수가 로컬, 상태 변수, 내부 및 외부로 선언되는 경우에 따른 함수 매개변수의 데이터 영역 기본값을 확인할 수 있습니다.

표 5-2 변수 및 함수 매개변수의 데이터 영역 기본값

유형	데이터 위치	초깃값
로컬 변수	메모리 또는 스토리지	스토리지
상태 변수	스토리지	해당 없음
내부 함수 매개변수	메모리 또는 스토리지	메모리
외부 함수 매개변수	콜데이터	해당 없음

참조형 변수를 다른 변수에 할당하거나 함수 매개변수로 전달할 때 복제하거나 참조할지는 할당하는 데이터, 할당되는 데이터의 영역에 따라 다릅니다. 다양한 경우에 어떻게 작동하는지 이해하려면 소스 코드를 보는 방법이 가장 좋습니다. 다음 코드는 [예제 5-2]에서 정의한 ReferenceTypesSample 컨트랙트를 사용했습니다.

첫 번째는 상태 변수(데이터 영역은 스토리지)를 로컬 변수에 할당하는 경우입니다.

```
function f(uint[] fArray) {
    uint[] localArray = storageArray;        ◀─┤ localArray는 스토리지에 암시적으로 정의되며
}                                                storageArray를 직접 가리킵니다.
```

localArray를 수정하면 storageArray도 같이 수정됩니다. 다음 예제는 메모리에 정의된 함수 매개변수를 로컬 변수에 할당하는 경우입니다.

```
                                          ┌ fArray는 메모리에 암시적으로 정의됩니다.
function f(uint[] fArray) {      ◀─┘
    uint[] localArray = fArray;   ◀─┐ localArray는 메모리에 정의되고 fArray를
}                                    직접 가리킵니다.
```

localArray를 수정하면 fArray도 따라서 수정됩니다. 다음 예제는 메모리에 정의된 함수 매개변수를 스토리지 변수에 지정하는 경우입니다.

```
                                          ┌ fArray는 메모리에 암시적으로 정의됩니다.
function f(uint[] fArray) {      ◀─┘
    storageArray= fArray;         ◀─┐ storageArray는 fArray의 전체 사본을
}                                    저장합니다.
```

스토리지에 정의된 함수 매개변수에 상태 변수를 전달하면 함수 매개변수는 상태 변수를 직접 참조합니다.

```
function f(uint[] fArray) {          fArray는 메모리에
    g(storageArray);                 암시적으로 정의됩니다.      호출하는 동안 gArray는
}                                                              storageArray를 직접 가리킵니다.
function g(uint[] storage gArray) internal {}      gArray는 스토리지에 명시적으로 정의됩니다.
```

gArray를 수정하면 storageArray도 수정됩니다. 상태 변수를 메모리에 정의된 함수 매개변수에 전달하면 함수 매개변수는 상태 변수의 로컬 복사본을 생성합니다.

```
function f(uint[] fArray) {          fArray는 메모리에
    h(storageArray);                 암시적으로 정의됩니다.      호출 중에 hArray는 storageArray의
}                                                              복사본에 할당됩니다.
function h(uint[] memory hArray) internal {}      hArray는 메모리에 명시적으로 정의됩니다.
```

참조형 변수의 유형은 네 가지입니다.

- 배열
- 문자열
- 구조체
- 매핑

배열array은 정적(고정 크기) 또는 동적일 수 있으며 다소 다른 방식으로 선언하거나 초기화합니다.

정적 배열

선언할 때 정적 배열static array의 크기를 지정해야 합니다. 다음 코드는 5개의 int32형으로 구성된 정적 배열을 선언하고 할당합니다.

```
function f(){
    int32[5] memory fixedSlots;
    fixedSlots[0] = 5;
    //...
}
```

다음과 같이 정적 배열에 인라인으로 할당할 수도 있습니다.

```
function f(){
    int32[5] memory fixedSlots = [int32(5), 9, 1, 3, 4];
}
```

> **NOTE_** 인라인 배열은 메모리 데이터 영역이 자동으로 정의됩니다. 항목 가운데 가장 큰 항목을 가능한 한 가장 작은 유형으로 정의합니다. 인라인 정적 배열 예제에서 첫 번째 항목을 int32로 선언하지 않습니다. int32[5] memory fixedSlots = [5, 9, 1, 3, 4]의 경우 인라인 배열은 암시적으로 int4[] memory로 선언되고 fixedSlots 변수에 할당하지 못하게 됩니다. 따라서 컴파일 오류가 발생합니다.

동적 배열

다음 코드처럼 동적 배열dynamic array을 선언할 때는 크기를 지정할 필요가 없습니다.

```
function f(){
    int32[] unlimitedSlots;
}
```

그런 다음 push 멤버 함수를 호출하여 동적 배열에 항목을 추가할 수 있습니다.

```
unlimitedSlots.push(6);
unlimitedSlots.push(4);
```

동적 배열의 크기를 조정할 때는 데이터 영역이 메모리인지 스토리지인지에 따라 다른 방식으로 조정해야 합니다. 데이터 영역이 스토리지면 다음과 같이 길이를 재설정할 수 있습니다.

```
function f(){
    int32[] unlimitedSlots;
    //…
    unlimitedSlots.length = 5;
}
```

← 암시적으로 선언하면
  스토리지 데이터 영역을 사용

← 길이를 재설정하여 크기 조정

동적 배열의 데이터 영역이 메모리면 다음 코드처럼 새로운 배열로 크기를 조정해야 합니다.

```
function f(){
  int32[] memory unlimitedSlots;
  //…
  unlimitedSlots = new int32[](5);
}
```

← 명시적으로 데이터 영역을
  메모리로 선언

← 새로 생성하여 크기 조정

> **NOTE_** 앞에서 본 것처럼 bytes는 무제한 바이트 배열이며 참조형입니다. byte[]와 동일하지만 공간을 최적화하기 때문에 사용하는 것이 좋습니다. Length와 push( )를 지원합니다.

배열이 퍼블릭 상태 변수면 배열 위치 인덱스를 사용하여 getter를 사용할 수 있습니다.

문자열

문자열(string)은 실제로 bytes와 동일하지만 길이와 push( ) 멤버는 없습니다. 문자열 리터럴로 초기화할 수 있습니다.

```
string name = "Roberto";
```

구조체

구조체(struct)는 일반적으로 서로 다른 유형의 항목을 포함하는 집합 유형으로 사용자 정의 형식입니다. 다음 목록은 상태 변수를 참조하는 다양한 구조체를 선언하는 컨트랙트입니다. 구조체에서 열거형을 사용하는 방법도 확인할 수 있습니다.

예제 5-3 다양한 구조체를 포함하는 컨트랙트

```
contract Voting {

    enum UserType {Voter, Admin, Owner}

    enum MajorityType {SimpleMajority, AbsoluteMajority, SuperMajority
    , unanimity}

    struct UserInfo {
        address account;
        string name;
        string surname;
        UserType uType;
    }

    struct Candidate {
        address account;
        string description;
    }

    struct VotingSession {
        uint sessionId;
        string description;
        MajorityType majorityType;
        uint8 majorityPercent;
        Candidate[] candidates;
        mapping (address => uint) votes;
    }

    uint numVotingSessions;
    mapping (uint => VotingSession) votingSessions;

    //...
}
```

다음과 같이 구조체를 초기화할 수 있습니다.

```
function addCandidate(uint votingSessionId,
address candidateAddress,
string candidateDescription) {
    Candidate memory candidate =
```

```
        Candidate({account:candidateAddress,
    description:candidateDescription});

        votingSessions[votingSessionId].candidates.push(candidate);
    }
```

매핑

매핑(mapping)은 스토리지 데이터 영역에서만 사용할 수 있는 특수한 참조형입니다. 상태 변수 또는 스토리지 참조형으로만 선언할 수 있습니다. 또 솔리디티에서 사용되는 해시 테이블로 키에 대응하는 값을 저장합니다. 해시 테이블은 유형 확인이 철저하므로 선언할 때 키와 값의 유형을 반드시 선언해야 합니다.

```
    mapping(address => int) public coinBalance;
```

일반적으로 기본 유형, 배열, 구조체 또는 매핑을 포함한 모든 유형의 값을 선언할 수 있습니다.

다른 언어에서 해시 테이블이 구현된 것과 달리 매핑에는 containsKey() 함수가 없습니다. 누락된 키값을 얻으려고 하면 기본값이 반환됩니다. 예를 들어 coinBalance 매핑은 매핑에 존재하지 않는 주소의 잔액을 얻으려고 하면 0을 반환합니다.

```
    int missingAddressBalance =
    coinBalance[0x6C15291028D082...];    ⮐ missingAddressBalance == 0;
```

이것으로 자료형을 모두 둘러봤습니다. 값형과 참조형 변수를 선언하고 인스턴스화하는 방법을 살펴봤습니다. 특정 변수들은 암시적으로 선언되고 컨트랙트에서 언제든지 접근할 수 있습니다. 이런 변수를 글로벌 네임스페이스라고 부르며 다음 절에서 살펴보겠습니다.

5.3.3 글로벌 네임스페이스

글로벌 네임스페이스global namespace는 암시적으로 선언된 변수와 함수의 집합입니다. 컨트랙트 코드에서 직접 참조하여 사용할 수 있습니다.

암시적으로 선언된 변수

글로벌 네임스페이스는 다음 다섯 가지 변수를 제공합니다.

- block은 최신 블록체인 블록의 정보를 가지고 있습니다.

- msg는 수신 메시지 데이터를 제공합니다.

- tx는 트랜잭션 데이터를 제공합니다.

- This는 현재 컨트랙트를 참조하고 있습니다. 이를 사용하여 외부 함수로 정의된 것처럼 내부 함수를 호출하여 메시지 호출을 블록체인에 저장할 수 있습니다(내부 및 외부 함수란 함수의 접근 수준을 말하며 뒤에서 자세히 설명하겠습니다). 자체적으로 사용하는 경우 현재 컨트랙트 주소로 암시적으로 변환되어 사용됩니다.

- now는 유닉스 에폭^{Unix epoch}로 표현되며 최신 블록을 생성한 때와 관련된 시간입니다.

[표 5-3]은 전역 변수에서 제공하는 함수와 속성을 정리한 것입니다.

표 5-3 주요 글로벌 변수 멤버

글로벌 변수	유형	멤버	반환 유형	설명
block	함수	blockhash(uint blocknumber)	bytes32	주어진 블록의 해시(이더리움 황서에서 정의된 것처럼 설계 및 성능의 단순성을 위해 마지막 256개 블록만 사용 가능)
	속성	coinbase	address	블록의 채굴자 주소
	속성	gaslimit	uint	블록의 가스 한도
	속성	number	uint	블록 번호
	속성	timestamp	uint	블록 타임스탬프
msg	속성	data	bytes	전체 콜데이터 본문
	속성	sender	address	현재 호출을 수행하고 있는 메시지 발신자
	속성	gas	uint	남은 가스양
	속성	value	uint	메시지와 함께 보낸 이더 금액(Wei 단위)
tx	속성	gasprice	uint	트랜잭션 가스 비용
	속성	origin	address	트랜잭션 발신자(전체 통화 체인을 시작한 사람)
now	속성	N/A	uint	변수 이름 때문에 현재 시간(아마도 유닉스 에폭)을 반환할 것이라 생각할 수 있지만 now는 최신 블록이 생성된 시간이며 실제로는 block.timestamp를 나타냅니다.

암시적으로 선언된 함수

글로벌 네임스페이스에서 사용할 수 있는 다음 두 함수는 예외를 발생시키고 관련 조건이 충족되지 않으면 계약 상태를 되돌립니다. 두 함수는 똑같은 방식으로 작동하지만 의도는 조금 다릅니다.

- require(bool condition)

  함수 입력값을 검증합니다. SimpleCoin.transfer()의 입력값을 검증할 때 사용한 적이 있습니다.

- assert(bool condition)

  컨트랙트 상태 또는 함수 상태를 검증합니다.

revert()를 호출하여 실행을 종료하고 컨트랙트 상태를 명시적으로 되돌릴 수도 있습니다.

이를테면 컨트랙트에서 해커가 활발하게 공격할 수 있는 보안 취약점을 발견하여 블록체인에서 이 컨트랙트 인스턴스를 제거하고 싶다고 가정하겠습니다. 이 경우 selfdestruct(이더 수신자 주소)를 호출할 수 있습니다. 이 함수는 현재 인스턴스를 블록체인에서 제거하고 계정에 있는 이더를 지정된 수신자 주소로 옮깁니다.

블록체인에서 컨트랙트를 제거한다는 것은 어떤 뜻일까요? 이는 컨트랙트를 블록체인의 현재 상태에서 제거하여 접근할 수 없도록 한다는 것입니다. 그러나 이러한 흔적은 블록체인에 남습니다. selfdestruct(수신자 주소) 트랜잭션이 채굴되어 관련 블록이 네트워크 전체에 전파되면 컨트랙트가 완전히 삭제된 것으로 봅니다.

> **WARNING_** 수신자 주소는 selfdestruct() 호출에서 오는 이더를 거부할 수 없습니다. 컨트랙트를 삭제하고 수신자 주소로 입금하는 것은 단일한 원자성 작업[1]입니다. 이는 악용되어 정교한 공격을 수행할 수도 있습니다.

글로벌 네임스페이스는 sha256()(SHA-2 제품군)과 keccak256()(SHA-3 계열)같이 다양한 암호화 해시 함수도 제공합니다.

---

1 옮긴이_ 데이터베이스에서 데이터를 안전하게 수행하기 위해 트랜잭션과 관련된 작업들은 일부분만 수행되지 않도록 한다. 모든 작업이 수행되거나 실패한 경우 모든 작업이 수행되지 않게 한다.

5.3.4 상태 변수

상태 변수가 컨트랙트 상태를 저장한다는 것은 이미 알고 있지만 선언할 때 지정할 수 있는 접근 수준은 아직 다루지 않았습니다. 접근 수준을 [표 5-4]에 요약했습니다.

표 5-4 상태 변수의 접근 수준

접근 수준	설명
public	컴파일러는 각 퍼블릭 상태 변수에 getter 함수를 자동으로 생성합니다. 컨트랙트 내에서 직접 퍼블릭 상태 변수를 사용할 수 있고 외부 컨트랙트 또는 클라이언트 코드에서도 getter 함수로 변수에 접근할 수 있습니다.
internal	컨트랙트 및 상속받은 컨트랙트는 인터널 상태 변수를 사용할 수 있습니다. internal은 상태 변수 접근 수준의 기본값입니다.
private	상속된 컨트랙트가 아닌 동일한 컨트랙트 멤버만 프라이빗 상태 변수에 접근할 수 있습니다.

다음 예제에서 StateVariablesAccessibility 컨트랙트는 접근성 수준을 포함하여 상태 변수를 선언합니다.

예제 5-4 다양한 접근성 수준으로 선언한 상태 변수 예제

상속된 컨트랙트가 아닌 컨트랙트 내부에서만 frozenAccounts에 접근할 수 있습니다.

isContractLocked는 암시적으로 internal로 정의되고 컨트랙트 및 상속된 컨트랙트에서 접근할 수 있습니다.

```
pragma solidity ^0.4.0;
contract StateVariablesAccessibility {
    mapping (address => bool)
    private frozenAccounts;
    uint isContractLocked;
    mapping (address => bool) public tokenBalance;

    ...
}
```

tokenBalance는 외부에서 접근할 수 있고 솔리디티 컴파일러가 자동으로 getter 함수를 생성합니다.

상수 상태 변수

상태 변수를 상수로 선언할 수 있습니다. 이 경우 일반적으로 스토리지 또는 블록체인에서 가져올 수 없는 값을 설정합니다. 다른 상태 변수 또는 블록 전역 변수의 속성값은 사용할 수 없습니다. 다음 코드는 상수 상태 변수의 예입니다.

```
pragma solidity ^0.4.0;
contract ConstantStateVariables {
    uint constant maxTokenSupply = 10000000;
    string constant contractVersion ="2.1.5678";
    bytes32 constant contractHash =
        keccak256(contractVersion, maxTokenSupply);
    ...
}
```

값 유형 또는 문자열 상태 변수를 상수로 선언할 수 있습니다.

상태를 저장할 수 없는 수학 및 암호화 내장 함수의 결과를 상수 상태 변수에 할당할 수 있습니다.

5.3.5 함수

다양한 방법으로 입력과 출력 매개변수를 지정할 수 있습니다.

입력 매개변수 선언

솔리디티에서는 다른 정적 유형 언어처럼 입력 매개변수를 선언합니다. 다음 예제와 같이 매개변수에 형식을 지정하여 선언합니다.

```
function process1(int _x, int _y, int _z, bool _flag) {
...
}
```

만약 구현한 매개변수 중 일부를 사용하지 않는다면 다음 예제의 두 번째, 세 번째 매개변수와 같이 변수명을 쓰지 않고(익명으로) 남겨둘 수 있습니다.

```
function process2(int _x, int, int, bool _flag) {
    if (_flag)
        stateVariable = _x;
}
```

6장에서 추상 컨트랙트에 있는 추상 함수를 배우며 구현 클래스에서 재정의할 때 익명 매개변수를 사용하는 목적을 더 알아보겠습니다(일부 재정의된 함수는 기본 추상 컨트랙트의 추상 함수에 정의된 모든 매개변수를 사용하지 않을 수 있습니다).

출력 매개변수 선언

솔리디티에서 함수는 일반적으로 여러 출력 매개변수를 튜플^{tuple} 데이터 구조로 반환할 수 있습니다. returns 키워드 뒤에 출력 매개변수를 지정하고 다음과 같이 입력 매개변수처럼 선언합니다.

```
function calculate1(int _x, int _y, int _z, bool _flag)
    returns (int _alpha, int _beta, int _gamma) {
    _alpha = _x + _y;
    _beta = _y + _z;
    if (_flag)
        _gamma = _alpha / _beta;
    else
        _gamma = _z;
}
```

여기서 _alpha, _beta, _gamma는 출력 매개변수로 선언합니다.

호출자에게 결과 튜플을 반환하는 return문이 필요하지 않습니다.

코드 예제를 보면 대부분의 언어와 달리, 함수가 완료되기 전에 모든 출력 매개변수를 올바르게 지정하게끔 로직을 작성하면 return문을 사용하지 않아도 됩니다. 출력 매개변수는 함수가 실행될 때 기본값(여기서는 0)으로 초기화된 로컬 변수로 생각할 수 있습니다. 그러나 로직에서 필요할 때는 다음과 같이 return을 사용하여 함수에서 출력값을 반환할 수 있습니다.

```
function calculate2(int _x, int _y, int _z, bool _flag)
    returns (int, int, int) {
    int _alpha = _x + _y;
    int _beta = _y + _z;
    if (_flag)
```

출력값은 튜플 유형으로만 선언할 수 있습니다.

함수 본문에서 _alpha와 _beta를 정의하고 할당합니다.

```
        return (_alpha, _beta, _alpha / _beta);

      return (_alpha, _beta, _z);
  }
```

출력 튜플값은 명시적으로
return문을 사용하여 호출자에게
반환할 수 있습니다.

함수 접근 수준

[표 5–5]에 정리된 것처럼 상태 변수와 같이 다른 접근 수준으로 함수를 선언할 수 있습니다.

표 5-5 함수 접근 수준

접근 수준	설명
external	외부(external) 함수는 컨트랙트 인터페이스에 나타납니다. 외부 컨트랙트 또는 클라이언트 코드에서만 호출할 수 있지만 컨트랙트 내부에서는 호출할 수 없습니다.
public	퍼블릭 함수는 컨트랙트 인터페이스에 나타납니다. 컨트랙트 내부, 외부 컨트랙트, 클라이언트 코드에서 호출할 수 있습니다. 퍼블릭은 함수 접근성 수준의 기본값입니다.
internal	내부(internal) 함수는 컨트랙트 인터페이스가 아닙니다. 컨트랙트 멤버와 상속된 컨트랙트에서만 사용할 수 있습니다.
private	프라이빗 함수는 선언된 컨트랙트 멤버만 호출할 수 있습니다. 상속받은 컨트랙트에서는 호출할 수 없습니다.

다음 컨트랙트는 접근 제한자로 선언한 함수를 보여줍니다.

```
contract SimpleCoin {
    function transfer(address _to, uint256 _amount)
        public {}

    function checkLimit(uint256 _amount) private
        returns (bool) {}

    function validateAccount(address avcount) internal
        returns (bool) {}

    function freezeAccount(address target, bool freeze)
        external {}
}
```

내부, 외부에서 접근할 수 있는
퍼블릭 함수

이 컨트랙트 내에서만 접근할 수
있는 프라이빗 함수

이 컨트랙트와 상속된 컨트랙트에서
접근할 수 있는 프라이빗 함수

외부 함수만 접근 가능

내부에서 함수 작동하기

내부 또는 외부에서 함수를 작동할 수 있습니다. 예를 들면 함수는 다음과 같이 동일한 컨트랙트 내부에서 직접 다른 함수를 작동할 수 있습니다.

```
contract TaxCalculator {
    function calculateAlpha(int _x, int _y, int _z)
        public returns (int _alpha) {
        _alpha = _x + calculateGamma(_y, _z);  ◁─── 이 함수를 작동하여 함수 내부에서
    }                                                 다른 함수를 작동합니다. _y와 _z는
                                                      메모리 참조를 통해 직접 접근합니다.
    function calculateGamma(int _y, int _z)
        internal returns (int _gamma) {  ◁─── 이 코드는 내부 함수이며 컨트랙트
        _gamma = _y *3 +7*_z;                 외부에서 접근할 수 없습니다.
    }
}
```

이렇게 함수를 작동하도록 하는 것을 호출[call]이라고 합니다. 호출하면 함수 본문은 메모리를 참조하여 매개변수에 직접 접근합니다.

외부에서 함수 작동하기

함수는 다음과 같이 컨트랙트를 참조하여 외부 컨트랙트 함수를 작동할 수 있습니다.

```
contract GammaCalculator {          ◁─── GammaCalculator는
    function calculateGamma(int _y, int _z)    TaxCalculator2에서
        external returns (int _gamma) {        보면 외부 컨트랙트입니다.
        _gamma = _y *3 +7*_z;
    }
}

contract TaxCalculator2 {

    GammaCalculator gammaCalculator;

    function TaxCalculator(address _gammaCalculatorAddress) {
        gammaCalculator = GammaCalculator(_
            gammaCalculatorAddress);     ◁─── gammaCalculator는 주소
    }                                          _gammaCalculatorAddress에
                                               배포된 인스턴스입니다.
```

```
function calculateAlpha(int _x, int _y, int _z)
    public returns (int _alpha) {
    _alpha = _x + gammaCalculator.calculateGamma(
        _y, _z);                         이 코드는 외부 함수를 호출하고
    }                                     '트랜잭션 메시지'를 블록체인에
}                                         저장합니다.
```

이때 [그림 5–1]과 같이 트랜잭션 메시지로 매개변수를 GammaCalculator로 전송하고 블록체인에 저장합니다.

그림 5-1 외부 함수 호출을 설명하는 시퀀스 다이어그램. TaxCalculator2 컨트랙트에 있는 calculateAlpha() 함수는 GammaCalculator 컨트랙트에 있는 외부 함수 calculateGamma()를 호출한다. 외부 함수를 호출하면 블록체인에 저장된 트랜잭션으로 함수 매개변수를 외부 컨트랙트에 전송한다.

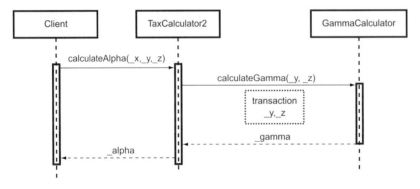

다음과 같이 퍼블릭 함수를 호출할 때 외부 호출로 나타나도록 강제하여 트랜잭션 메시지로 실행할 수 있습니다. 다음 코드처럼 현재 컨트랙트를 참조하여 앞에서 한 것과 같이 수행할 수 있습니다.

```
contract TaxCalculator3 {
    function calculateAlpha(int _x, int _y, int _z)
        public returns (int _alpha) {              this로 calculateGamma를
        _alpha = _x + this.calculateGamma(_y, _z);  호출하면 외부 컨트랙트 호출처럼
    }                                               동작하고 트랜잭션 메시지가
                                                    생성되어 블록체인에 저장됩니다.
    function calculateGamma(int _y, int _z)
        public returns (int _gamma) {              this로 calculateGamma를 호출하려면
        _gamma = _y *3 +7*_z;                       public으로 선언해야 합니다.
    }
}
```

함수 호출 시 매개변수 순서 변경

함수를 호출할 때 다음 예제처럼 이름을 지정해주면 매개변수를 임의 순서로 전달할 수 있습니다.

```
contract TaxCalculator4 {
    function calculateAlpha(int _x, int _y, int _z)
        public returns (int _alpha) {
        _alpha = _x + this.calculateGamma(
            {_z:_z, _y:_y});
    }

    function calculateGamma(int _y, int _z)
        public returns (int _gamma) {
        _gamma = _y *3 +7*_z;
    }
}
```

calculateGamma 매개변수를
임의 순서로 전달할 수 있습니다. 이 경우
매개변수 이름도 지정해야 합니다.

뷰와 순수 함수

[표 5-6]처럼 상태를 변경하는 동작이 없는 함수를 view로 선언할 수 있습니다. 그러나 컴파일러는 상태를 수정하는 작업이 있는지 확인하지 않습니다. 따라서 view 키워드는 주로 문서화하기 위한 목적으로 사용합니다.

표 5-6 상태를 변경하는 동작

상태 변경 동작
상태 변수에 쓰기
이벤트 발생
컨트랙트 생성 또는 파기
이더 전송(send( ) 또는 transfer( ) 사용)
view 또는 pure로 선언하지 않은 함수 호출
저수준 호출(예: call( )) 또는 특정 인라인 어셈블리 옵코드 사용

NOTE_ 이전 버전 솔리디티에서 view 키워드는 constant였습니다. 개발자들은 constant를 오해할 수 있다고 주장했습니다. 다른 언어에서는 함수가 일정한 결과만 반환할 때 사용하지만 솔리디티에서는 분명하지 않기 때문입니다. view 대신 constant를 계속 사용할 수 있으나 view를 권장합니다.

view 함수처럼 상태를 수정하거나 [표 5-7]처럼 상태를 읽지 않을 때 함수를 pure로 선언할 수 있습니다. view 함수와 마찬가지로 컴파일러는 pure 함수가 상태를 수정하거나 읽는지 확인하지 않으므로 현재 pure 키워드 역시 문서화 용도로만 사용합니다.

표 5-7 상태를 읽는 동작

상태 읽기 동작
상태 변수 읽기
계정 잔액 접근(this.balance 또는 address.balance 사용)
block, tx와 대부분의 msg 멤버에 접근
pure로 선언하지 않은 함수 호출
특정 인라인 어셈블리 옵코드 사용

[예제 5-1] 코드에서 view 또는 pure로 선언할 수 있는 함수를 굵게 강조해서 표시했습니다(예제 5-5).

예제 5-5 view 또는 pure로 선언할 수 있는 함수

```
pragma solidity ^0.4.24;
contract AuthorizedToken {

    //...

    mapping (address => uint256) public tokenBalance;
    mapping (address => bool) public frozenAccount;

    address public owner;
    uint256 public constant maxTranferLimit = 50000;

    //...

    function transfer(address _to, uint256 _amount) public {
        require(checkLimit(_amount));
        //...
        tokenBalance[msg.sender] -= _amount;
        tokenBalance[_to] += _amount;
        Transfer(msg.sender, _to, _amount);
    }
```

상태 변수를 변경하지 않으므로 이 함수를 view로 선언할 수 있습니다.

상태 변수 tokenBalance를 변경하므로 transfer()를 view 또는 pure로 선언할 수 없습니다.

```
//...

function checkLimit(uint256 _amount) private pure
    returns (bool) {
    if (_amount < maxTranferLimit)
        return true;
    return false;
}
```

> 상태를 읽거나 변경하지 않으므로 pure로 선언할 수 있습니다.

```
function validateAccount(address _account) internal view
    returns (bool) {
    if (frozenAccount[_account]
        && tokenBalance[_account] > 0)
        return true;
    return false;
}

//...

function freezeAccount(address target, bool freeze)
    onlyOwner public {
    frozenAccount[target] = freeze;
    FrozenAccount(target, freeze);
}
}
```

> 상태 변수 frozenAccount를 변경하므로 freezeAccount()를 view 또는 pure로 선언할 수 없습니다.

지불 가능한 함수

함수에서 이더를 받을 수 있도록 하려면 payable로 선언합니다. 예제는 다음과 같습니다.

```
contract StockPriceOracle {
    uint quoteFee = 500;
    mapping (string => uint) private stockPrices;

    //...

    function getStockPrice(string _stockTicker)
        payable returns (uint _stockPrice) {
        if (msg.value == quoteFee)
        {
            //...
```

> getStockPrice()를 호출하기 위해 호출자가 반드시 보내야 하는 비용(Wei)

> 함수를 실행하기 위한 수수료를 보냈는지 송금된 이더 금액(Wei)을 확인합니다.

```
                _stockPrice = stockPrices[_stockTicker];
        }
        else
            revert();          ◁─┤ 송금된 수수료가 정확하지 않으면
    }                               거래를 되돌리고 발신자에게
}                                   청구하지 않습니다.
```

다음 예제는 getStockPrice() 함수를 호출할 때 입력값과 함께 이더를 전송하는 방법입니다.

```
address stockPriceOracleAddress = 0x10abb5EfEcdC09581f8b7cb95791FE2936790b4E;
uint256 quoteFee = 500;
string memory stockTicker = "MSFT";

if (!stockPriceOracleAddress.call.value(quoteFee)
    (bytes4(sha3("getStockPrice()")),          call()을 사용하여 외부 함수를
     _stockTicker))               ◁───────────┤ 호출하는 동안 이더를 보냅니다.
        revert();    ◁─┤ call()이 실패하면 false를 반환하고 revert()
                        함수가 실행되어 상태는 되돌아갑니다.
```

폴백 함수

입력이나 출력 매개변수를 갖지 않고 명명되지 않은(또는 익명의) payable 함수를 컨트랙트
에 한 번 선언할 수 있습니다. 이 함수는 클라이언트 호출이 컨트랙트 내부의 함수와 맞지 않거
나 send(), transfer(), call()을 통해 이더만 함수로 보냈을 때 **폴백**[fallback] 함수가 됩니다.

send() 또는 transfer()로 폴백 함수를 호출하면 폴백 함수로 전송되는 가스 예산을 최소화
할 수 있습니다. 이런 경우 구현할 때 스토리지 쓰기, 이더 전송, 복잡하거나 긴 로직이 있는 내
부 외부 함수 호출처럼 비용이 많이 드는 작업은 피해야 합니다. 최소화되지 않은 폴백 함수를
send() 또는 transfer()에서 호출하면 가스가 부족해 실패할 수 있습니다. 뒤에서 보안을 다
루며 살펴보겠지만 이더를 분실하거나 도난당할 위험이 있으므로 주의해야 합니다.

다음 코드는 최소화하여 폴백 함수를 구현한 예제입니다. 유입되는 send() 및 transfer() 호
출이 이더 전송을 성공적으로 완료할 수 있도록 합니다.

```
contract A1 {
    function () payable {}
}
```

이더를 받을 필요가 없는 컨트랙트라면 이더를 받지 못하도록 폴백 기능을 구현할 수도 있습니다.

```
contract A2 {
    function () payable {
        revert();
    }
}
```

WARNING_ 보안 관련 장에서 볼 수 있지만 악의적인 참여자가 폴백 함수를 이용하여 다양한 방법으로 컨트랙트를 공격할 수 있습니다. 폴백 함수를 사용하려면 올바르게 구현하는 방법을 배워야 합니다.

getter 함수

앞에서 언급했듯이 컴파일러는 컨트랙트에서 선언된 퍼블릭 상태 변수의 getter 함수를 자동으로 생성합니다. getter 함수는 드러난 상태 변수의 이름을 가져옵니다. 예를 들어 다음과 같은 일반적인 컨트랙트가 있다면

```
contract SimpleCoin {
    mapping (address => uint256) public coinBalance;
    //...
}
```

다음과 같이 컨트랙트 잔액을 조회할 수 있습니다.

```
uint256 myBalance = simpleCoinInstance.coinBalance(myAccountAddress);
```

getter 함수는 암시적으로 public과 view로 선언됩니다. 다음 코드처럼 컨트랙트 내부에서 this를 사용하여 getter 함수를 호출할 수 있습니다.

```
contract SimpleCoin {
    mapping (address => uint256) public coinBalance;
    //...
```

```
function isAccountUsed(address _account)
    internal view returns (bool) {
    if (this.coinBalance[_account] > 0)
        return true;
    return false;
}
}
```

getter를 사용해 검증합니다.
this.coinBalance[_account]처럼
직접 매핑에 접근하여 수행할 수 있습니다.
소괄호를 대괄호로 바꿔주면 됩니다.

다음 절에서 함수 제어자를 사용해 함수 동작을 제어하는 방법을 알아보겠습니다.

5.3.6 함수 제어자

함수 제어자는 함수를 실행하는 동안 사전, 사후 처리를 수행하여 함수의 동작을 제어합니다. 사전 처리 제어자의 예로 [예제 5-6]의 코드를 보면 onlyOwner가 있습니다. 호출자가 컨트랙트 소유자(컨트랙트를 생성한 계정)인 경우에만 함수를 호출할 수 있도록 작동하는 제어자의 전형입니다. isActive는 입력된 사용자 계정이 동결돼 있지 않은지 확인하는 매개변수화된 제어자입니다.

예제 5-6 함수 제어자를 포함한 컨트랙트 예시

```
contract FunctionModifiers {
    address owner;
    address[] users;
    mapping (address => bool) frozenUser;

    function FunctionModifiers () {
        owner = msg.sender;
    }

    modifier onlyOwner {
        require(msg.sender == owner);
        _;
    }

    modifier isActive(address _account) {
        require(!frozenUser[_account]);
        _;
    }
```

인스턴스 시 컨트랙트
소유자 주소를 설정합니다.

제어자 정의

```
function addUser (address _userAddress)
    onlyOwner public {                      ┌─ 이와 같은 방식으로 제어자를
    users.push(_userAddress);               │  함수에 적용합니다.
}

function refund(address addr)
    onlyOwner isActive(addr) public {       ◄─────── 함수는 여러 제어자를 가질 수 있습니다.
    //...
    }
}
```

로직을 수정하지 않고 함수에 동작을 추가하는 점에서 제어자를 클래식 **데코레이터** 디자인 패턴으로 볼 수 있습니다. 데코레이터는 제어자를 체인화하여 함수에 여러 제어자를 붙일 수 있습니다. 다음 refund() 함수는 호출자가 컨트랙트 소유자이고 계정이 동결되지 않은 경우에만 실행할 수 있습니다.

```
function refund(address addr) onlyOwner isActive(addr) public {
    //...
}
```

WARNING_ 제어자는 함수를 정의할 때 선언한 순서의 반대로 호출됩니다. 예시에서는 isActive를 먼저 수행하고 onlyOwner를 호출합니다.

5.3.7 변수 선언과 초기화 및 할당

앞서 호출 코드에서 입력, 출력 함수의 매개변수를 각각 설정하고 처리하는 방법을 설명했습니다. 또한 튜플 결과에서 여러 변수를 할당하는 방법과 같은 비교적 복잡한 사례도 설명했습니다. 이번 절에서는 로컬 함수의 변수를 선언하고 초기화하고 할당하는 방법을 자세히 살펴봅니다. 다루는 내용 가운데 일부는 상태 변수에도 적용할 수 있습니다.

암시적 초기화

개발자가 변수를 명시적으로 초기화해야 하는 대부분의 정적 유형 프로그래밍 언어와는 달리

솔리디티에서는 변수를 선언할 때 [표 5-8]에서 보는 바와 같이 비트가 모두 암시적인 0으로 설정되어 기본값으로 초기화됩니다.

표 5-8 솔리디티 자료형의 기본값

유형	초깃값	예시
int와 uint(모든 크기)	0	int32 a; //0
bool	false	bool flag; //false
bytes1~bytes32	모든 바이트는 0으로 초기화	bytes4 byteArray; // 0x00000000
정적 배열	모든 요소는 빈 값으로 초기화	bool [3] flags; // [false, false, false]
bytes	빈 바이트 배열	[]
동적 배열	빈 배열	int [] values; // []
string	빈 문자열	""
struct	각 항목 초깃값으로 초기화	

NOTE_ [표 5-8]처럼 초기화된 변수는 0과 유사한 값으로 설정됩니다. 솔리디티에는 null 값이 없습니다.

삭제

다음 코드와 같이 delete를 호출하여 변숫값을 [표 5-8]에 있는 기본값으로 다시 초기화할 수 있습니다.

```
contract DeleteExample {
    function deleteExample() returns (int32[5]) {
        int32[5] memory fixedSlots = [int32(5), 9, 1, 3, 4];
        //...
        delete fixedSlots;          ← 암시적으로 fixedSlots를
        return fixedSlots;            [int32 (0), 0, 0, 0, 0]으로 다시 초기화
    }
}
```

리믹스에서 코드를 실행할 수 있습니다. 왼쪽 하단의 출력 패널에서 fixedSlots의 최종값을 확인합니다.

암시적인 자료형 선언

다음 코드와 같이 명시적 초기화로 자료형 유추가 가능할 때는 변수 유형을 var같이 암시적으로 선언할 수 있습니다.

```
contract TaxCalculator {
    function calculateAlpha(int _x)
        public returns (int _alpha) {
        var _gammaParams = [int(5), 9];          ← _gammaParams를 int32[2]와 같이
                                                    암시적으로 선언합니다.
        var _gamma = calculateGamma(_gammaParams[0],
          _gammaParams[1]);
        _alpha = _x + _gamma;         ← _gamma를 int와 같이
                                        암시적으로 선언합니다.
    }

    function calculateGamma(int _y, int _z)
        private returns (int _gamma) {
            _gamma = _y *3;
    }
}
```

> **NOTE_** var를 사용한 암시적 변수 선언은 솔리디티가 동적 타이핑을 지원한다는 의미는 아닙니다. 컴파일할 때 자료형을 명시적이 아니라 암시적으로 선언할 수 있다고 이해하면 됩니다.

함수에서 반환된 튜플을 **비구조화**하여 여러 변수로 다시 할당할 때 여러 변수를 암시적으로 선언할 수 있습니다. 다음은 calculate() 함수의 예제입니다.

```
contract Calculator {
    function calculate(uint _x)
        public returns (uint _a, uint _b,      세 항목을 포함하는
          bool _ok) {                    ←     튜플을 반환합니다.
        //...
        _a = _x * 2;
        _b = _x** 3;
                                         함수 본문 내에서
                                         튜플 항목을 설정합니다.
        _ok == (_a * _b) < 10000;
    }
}
```

다음과 같이 세 가지 변수로 튜플 결과를 비구조화할 수 있습니다.

```
var (_alpha, _beta, _success) =          calculate()에 의해 반환된
    calculatorInstance.calculate(5);     튜플을 3개의 변수에 지정
```

NOTE_ 비구조화는 튜플을 개별 구성 요소로 분해하여 별도의 변수에 각각 할당하는 것을 의미합니다.

튜플 할당

암시적 또는 명시적으로 선언된 여러 변수에 튜플을 할당할 때 튜플의 항목 수와 왼쪽에서 할당받는 변수의 수가 같아야 합니다. 다음 코드는 앞에서 정의한 calculate( ) 함수를 예시로 들어 올바른 할당과 그렇지 않은 할당을 보여줍니다.

```
var (_alpha, _beta, ) =                  _ok 플래그를 무시하지만 성공합니다.
    calculatorInstance.calculate(5);
var (_alpha, _beta, _gamma, _ok) =       항목이 3개인 튜플에 4개의 변수를
    calculatorInstance.calculate(5);     할당해 발생한 오류로 실패합니다.
```

튜플에서 struct의 다양한 속성을 설정할 수도 있습니다. 다음은 struct의 예입니다.

```
struct Factors {
    uint alpha;
    uint beta;
}
```

다음과 같이 속성을 설정할 수 있습니다.

```
var factors = Factors({alpha:0, beta:0});
(factors.alpha, factors.beta, ) =        튜플 결과를 Factors 구조체 객체의 속성으로
    calculatorInstance.calculate(5);     바꿉니다(이전 예제처럼 calculate()가 반환하는
                                         _ok 플래그는 무시합니다).
```

5.3.8 이벤트

이벤트를 활용하면 어떤 일이 발생했을 때 컨트랙트에서 다른 컨트랙트 또는 디앱 UI와 같은 컨트랙트 클라이언트에 알려줄 수 있습니다. SimpleCoin에서 가져온 다음 코드를 보면 C# 및 자바에서와 같이 이벤트를 선언하고 emit 키워드로 활용할 수 있습니다.

```solidity
pragma solidity ^0.4.16;
contract SimpleCoin {
    mapping (address => uint256) public coinBalance;
    //...
    event Transfer(address indexed from,           전송 이벤트를
        address indexed to, uint256 value);        정의합니다.
    //...

    function transfer(address _to, uint256 _amount) public {
        //...
        coinBalance[msg.sender] -= _amount;
        coinBalance[_to] += _amount;                emit으로 Transfer 이벤트를
        emit Transfer(msg.sender, _to, _amount);    활용합니다.
    }
    //...
}
```

이더리움에서 이벤트는 실시간 알림 목적뿐만 아니라 장기적으로 로깅하는 목적도 있습니다. 이벤트는 블록체인의 트랜잭션 로그에 기록되며 나중에 분석하기 위해 검색할 수 있습니다. 빠른 검색을 위해 이벤트를 선언할 때 정의한 키로 색인화됩니다. 키는 복합 유형일 수 있고 최대 3개의 입력 매개변수를 포함할 수 있습니다. 이전에 정의한 Transfer를 참고하면 코드는 다음과 같습니다.

```solidity
event Transfer(address indexed from, address indexed to, uint256 value);
```

클라이언트 자바스크립트 코드에서 솔리디티 이벤트를 듣고 반응하는 방법을 6장, 블록체인에 이벤트를 기록하는 방법과 이벤트에 응답하고 검색하는 방법을 13장에서 다룹니다.

5.3.9 조건문

솔리디티는 C 유형 언어나 자바 유형 언어에서 제공하는 모든 클래식 조건문을 지원합니다.

- if … else
- while
- do … while
- for

루프는 continue 및 break 문을 모두 지원합니다.

솔리디티 둘러보기 첫 부분을 완료했습니다. 이 장에서 소개한 자세한 문법은 https://solidity.readthedocs.io/en/develop/의 공식 설명서를 참고하길 권합니다. 다음 절에서는 이 장에서 배운 내용을 적용하여 SimpleCoin을 개선할 것입니다. 솔리디티 둘러보기가 6장에서 계속 진행되며 객체 지향 방식으로 코드를 작성하고 다른 고급 기능을 알아보겠습니다.

> **WARNING_** 트랜잭션이 EVM 내에서 순차적으로 실행되기 때문에 컨트랙트에서 동시성 문제가 발생하지 않을 것이라 생각할 수 있지만 그렇지 않습니다. 컨트랙트는 외부 컨트랙트에 있는 함수를 호출할 수 있습니다. 이는 보안 관련 내용을 다루는 14장에서 알아볼 것입니다. 외부 컨트랙트가 호출자를 다시 호출하는 경우에 특히 동시성 문제가 발생할 수 있습니다.

5.4 SimpleCoin 개선하고 리팩터링하기

이번 절에서는 다음과 같이 SimpleCoin의 기능을 확장합니다.

- 계정 소유자가 다른 계정에서 내 계정의 코인을 이체해 가려고 할 때 승인하도록 할 수 있습니다.
- 코인을 발행하거나 계정을 동결하는 특정 작업은 컨트랙트 소유자만 할 수 있도록 제한합니다.

변경 작업을 시작하기 전에 리믹스를 열고 다음 예제처럼 4장의 최신 버전 SimpleCoin 코드를 편집기에 입력합니다.

예제 5-7 4장의 SimpleCoin 최신 버전

```solidity
pragma solidity ^0.4.0;

contract SimpleCoin {
  mapping (address => uint256) public coinBalance;

  event Transfer(address indexed from, address indexed to, uint256 value);

  constructor(uint256 _initialSupply) public {
    coinBalance[msg.sender] = _initialSupply;
  }

  function transfer(address _to, uint256 _amount) public {
    require(coinBalance[msg.sender] > _amount);
    require(coinBalance[_to] + _amount >= coinBalance[_to] );
    coinBalance[msg.sender] -= _amount;
    coinBalance[_to] += _amount;
    emit Transfer(msg.sender, _to, _amount);
  }
}
```

이제 계정 소유자는 다른 계정에서 이체해 가도록 승인할 수 있습니다. 즉, 계정 A에 10,000개의 코인이 있는 경우 계정 소유자는 계정 B가 특정 금액(예: 이체 건 총합 200개까지)을 다른 계정으로 이체할 수 있도록 권한을 부여할 수 있습니다.

5.4.1 이체 허용량 기능 구현하기

중첩 매핑으로 토큰 허용량을 모델링할 수 있습니다.

```solidity
mapping (address => mapping (address => uint256)) public allowance;
```

한 계정에서 여러 계정에 지정된 수의 토큰만큼 관리할 수 있도록 허용합니다. 예를 들면 다음과 같습니다.

```solidity
allowance[address1][address2] = 200;
allowance[address1][address3] = 150;
```

address2는 address1의 잔액 중 200코인을 관리할 수 있습니다.

address3은 address1의 잔액 중 150코인을 관리할 수 있습니다.

다음 함수를 호출하여 허용된 금액만큼 이체를 승인할 수 있습니다.

```
function authorize(address _authorizedAccount, uint256 _allowance)
    public returns (bool success) {
    allowance[msg.sender][_authorizedAccount] =
        _allowance;                          ┌─ authorizedAccount는 _allowance와
    return true;                             │  동일한 수의 코인을 관리할 수 있습니다.
}
```

승인받은 계정은 다음과 같은 함수로 사용하지 않은 수량만큼의 코인을 다른 계정으로 이체할 수 있습니다.

```
function transferFrom(address _from, address _to, uint256 _amount)
    public returns (bool success) {
    require(_to != 0x0);                           ┌─ 명시적으로 주소가 지정되지 않은
    require(coinBalance[_from] > _amount);         │  경우 주소 기본값인 0x0 주소로
 오버플로  require(coinBalance[_to] +                  │  전송하는 것을 방지
  확인  └─ _amount >= coinBalance[_to] );
    require(_amount <=                             보내는 계정에 충분한
 남은 허용값 └─ allowance[_from][msg.sender]);        코인이 있는지 확인
  확인
    coinBalance[_from] -= _amount;                 ◀── 보내는 계정 잔액 감소
    coinBalance[_to] += _amount;                   ◀── 받는 계정 잔액 증가
    allowance[_from][msg.sender] -= _amount;       ◀── 허용값 감소

    emit Transfer(_from, _to, _amount);            ◀─┐
                                     전송 이벤트 발생
    return true;
}
```

토큰 허용량 구현은 비교적 간단했습니다. 이제 SimpleCoin 기능 일부를 컨트랙트 소유자만 사용할 수 있도록 제한하는 방법을 살펴보겠습니다.

5.4.2 컨트랙트 소유자만 사용할 수 있도록 기능 제한

컨트랙트 소유자는 컨트랙트를 배포한 계정입니다. SimpleCoin에서 이미 컨트랙트 소유자와 관련된 로직을 작성했습니다. 암시적으로 구현되어 있지만 생성자는 컨트랙트 소유자에게 최초로 발행한 토큰을 할당합니다.

```
constructor(uint256 _initialSupply) {
    coinBalance[msg.sender] = _initialSupply;
}
```

컨트랙트 소유자를 주소 공개 소유자로 선언하여 코드 의도를 더 명확하게 만들 수 있습니다. 그런 다음 생성자를 다음과 같이 변경할 수 있습니다

```
constructor(uint256 _initialSupply) public {
    owner = msg.sender;              ◁──  컨트랙트를 배포한 계정 주소로
    coinBalance[owner] = _initialSupply;     컨트랙트 소유자를 초기화합니다.
}                                   ◁──  최초로 발행된 토큰을 컨트랙트 소유자에게
                                         보내도록 명시적으로 지정합니다.
```

코인 발행

소유자 변수를 초기화한 후 컨트랙트 소유자만 호출할 수 있도록 하여 함수 실행을 제한할 수 있습니다. 예를 들어 일반 함수로 최초 발행된 토큰을 보내도록 생성자 코드를 새로 구현할 수 있습니다.

```
function mint(address _recipient, uint256 _mintedAmount) public {
    require(msg.sender == owner);        ◁──  컨트랙트 소유자만 함수를
    coinBalance[_recipient] += _mintedAmount;    호출하도록 제한합니다.
    emit Transfer(owner, _recipient,
        _mintedAmount);                 수신자에게 발행된
}                                       토큰을 할당합니다.
```

그런 다음 생성자를 다음과 같이 변경할 수 있습니다.

```
constructor(uint256 _initialSupply) public {
    owner = msg.sender;             이제 mint() 함수로
    mint(owner, _initialSupply);    ◁──  최초 토큰이 발행됩니다.
}
```

컨트랙트를 생성할 때만 아니라 소유자가 원할 때 mint( ) 함수를 사용하여 토큰을 발행할 수 있습니다. mint( )의 첫 번째 행에서 소유자를 확인하여 소유자만 코인을 발행할 수 있도록 합니다.

계정 동결하기

컨트랙트 소유자의 권한을 더욱 확장하고 계정을 동결할 수 있는 독점권을 부여할 수 있습니다. 다음 매핑을 사용하여 동결된 계정 집합을 모델링할 수 있습니다.

```
mapping (address => bool) public frozenAccount;
```

이상적인 데이터 구조는 아마도 파이썬 집합 자료형(또는 C# 집합 또는 자바의 해시 집합)일 것입니다.

동결된 주소(앞의 매핑키)를 저장하고 관련 값(예를 들어, 이전 매핑의 불 플래그)을 저장하지 않고도 효율적으로 확인할 수 있기 때문입니다. 그러나 주소를 불형에 매핑하는 것은 주소 집합에 가까운 근사치로 볼 수 있습니다.

계정을 동결할 때 발행하는 이벤트를 선언할 수도 있습니다.

```
event FrozenAccount(address target, bool frozen);
```

그런 다음 소유자는 다음 함수로 계정을 동결합니다.

```
function freezeAccount(address target, bool freeze) public{
    require(msg.sender == owner);                     ◁── 컨트랙트 소유자만 함수를
                                                          호출할 수 있도록 제한합니다.
    frozenAccount[target] = freeze;                   ◁──
                                                      동결 계정 집합에 동결할
                                                      계정을 추가합니다
    emit FrozenAccount(target, freeze);              ◁──
}                           이벤트 계정을 발생시킵니다.
```

msg.sender에서 소유자만 함수를 호출하도록 확인하는 것은 mint( ) 함수와 같다는 것을 알 수 있습니다. 이 로직을 재사용할 수 있도록 캡슐화하는 것이 좋지 않을까요? 잠시만요, 이것은 정확히 함수 제어자의 역할이네요!

onlyOwner 함수 제어자 생성하기

[예제 5-6]에서 설명한 onlyOwner 제어자를 기억하는 독자라면 이 절을 시작하면서 바로 사용하지는 않았는지 궁금했을 것입니다. 함수 제어자가 유용하다는 점을 어려운 방법으로 설명해 봤습니다. 이제 메시지 발신자 주소가 소유자 주소인지 확인하는 중복된 로직을 onlyOwner 제어자로 리팩터링합니다.

```
modifier onlyOwner {
    if (msg.sender != owner) revert();        컨트랙트 소유자가 아닌 메시지 발신자는
    _;                                        수정된 함수를 호출할 수 없습니다.
}
```

다음과 같이 mint( ) 및 freezeAccount( )를 단순하게 바꿀 수 있습니다.

```
function mint(address _recipient, uint256 _mintedAmount)
    onlyOwner public {
    coinBalance[_recipient] += _mintedAmount;
    emit Transfer(owner, _recipient, _mintedAmount);       msg.sender에서 한 검사를
}                                                          onlyOwner 함수 제어자로
                                                           대체합니다.
function freezeAccount(address target, bool freeze)
    onlyOwner public {
    frozenAccount[target] = freeze;
    emit FrozenAccount(target, freeze);
}
```

다음 예제는 이체 허용량 설정, 코인 발행 제한, 계정 동결 기능을 포함하는 발전된 SimpleCoin 컨트랙트입니다.

예제 5-8 확장된 기능을 추가하여 리팩터링한 SimpleCoin

```solidity
pragma solidity ^0.4.24;
contract SimpleCoin {
  mapping (address => uint256) public coinBalance;
  mapping (address => mapping (address => uint256)) public allowance;
  mapping (address => bool) public frozenAccount;
  address public owner;

  event Transfer(address indexed from, address indexed to, uint256 value);
  event FrozenAccount(address target, bool frozen);

  modifier onlyOwner {
    if (msg.sender != owner) revert();
    _;
  }

  constructor(uint256 _initialSupply) public {
    owner = msg.sender;
    mint(owner, _initialSupply);
  }

  function transfer(address _to, uint256 _amount) public {
    require(_to != 0x0);
    require(coinBalance[msg.sender] > _amount);
    require(coinBalance[_to] + _amount >= coinBalance[_to] );
    coinBalance[msg.sender] -= _amount;
    coinBalance[_to] += _amount;

    emit Transfer(msg.sender, _to, _amount);
  }

  function authorize(address _authorizedAccount, uint256 _allowance)
    public returns (bool success) {
    allowance[msg.sender][_authorizedAccount] = _allowance;
    return true;
  }

  function transferFrom(address _from, address _to, uint256 _amount)
    public returns (bool success) {
```

```
    require(_to != 0x0);
    require(coinBalance[_from] > _amount);
    require(coinBalance[_to] + _amount >= coinBalance[_to] );
    require(_amount <= allowance[_from][msg.sender]);

    coinBalance[_from] -= _amount;
    coinBalance[_to] += _amount;
    allowance[_from][msg.sender] -= _amount;
    emit Transfer(_from, _to, _amount);
    return true;
}

function mint(address _recipient, uint256 _mintedAmount)
    onlyOwner public {

    coinBalance[_recipient] += _mintedAmount;
    emit Transfer(owner, _recipient, _mintedAmount);
}

function freezeAccount(address target, bool freeze)
    onlyOwner public {

    frozenAccount[target] = freeze;
    emit FrozenAccount(target, freeze);
}
}
```

제안된 개선 사항을 구현했으며 그 과정에서 함수 제어자가 작동하는 것을 보았습니다. 다음 장에서는 솔리디티의 고급 객체 지향 기능에 중점을 두고 SimpleCoin의 코드를 더욱 개선할 것입니다.

5.5 요약

- 다양한 EVM 언어가 개발되었지만 솔리디티가 가장 많이 사용됩니다.

- 솔리디티 스마트 컨트랙트의 구조는 객체 지향 클래스의 구조와 유사합니다.

- 솔리디티의 주요 유형 그룹은 두 가지입니다. 값 유형은 열거형, 기본 유형(정수형, 불형, 주소), 함수를 포함하고 참조 유형은 배열, 문자열, 구조체, 매핑을 포함합니다.

- 참조 유형 객체는 모든 메모리 또는 스토리지에 저장할 수 있습니다.

- 상태 변수는 메모리에 저장하지 않고 항상 스토리지에 저장합니다.

- 함수는 객체 지향 메서드와 같습니다. 여러 매개변수를 사용할 수 있으며 단일 결과 또는 여러 결과를 튜플로 반환할 수 있습니다.

- 할당되지 않은 변수는 자료형에 따라 기본값으로 설정됩니다.

- 함수에서 반환된 튜플을 별도의 변수로 구조화할 수 있습니다.

- 특정 접근성 수준(프라이빗, 내부, 퍼블릭, 외부)으로 상태 변수와 함수를 모두 정의할 수 있습니다. 외부는 함수에만 적용됩니다.

복잡한 스마트 컨트랙트 작성하기

> **이 장의 주요 내용**
> - 크라우드세일 디앱을 구축하며 복잡한 컨트랙트 구성 방법 배우기
> - 단일, 다중 상속으로 크라우드세일 디앱 확장하기

이전 장에서는 솔리디티 기초를 다지는 것을 목적으로 솔리디티에서 제공하는 기본 구문에 중점을 두었습니다. 6장, 7장에서는 고급 객체 지향$^{object-oriented}$(OO) 기능을 소개합니다. 6장에서는 상속을 7장에서는 추상 컨트랙트와 인터페이스를 소개합니다. 이러한 고급 객체 지향 기능을 사용하면 코드 중복을 줄이고 컨트랙트를 더 쉽게 조합할 수 있습니다.

실제 디앱에서 사용하는 컨트랙트는 지금까지 SimpleCoin으로 본 단일 컨트랙트 디앱보다 일반적으로 더 복잡합니다. 실제 디앱에서는 서로 상호작용하는 많은 컨트랙트를 포함하며 컨트랙트는 복잡한 상속 구조를 상속받은 것들로 구성됩니다. 이 장에서는 기본적인 크라우드세일 관리 디앱인 SimpleCrowdsale을 구축합니다. 크라우드세일은 디앱을 개발하려는 조직에서 발행한 토큰을 투자자가 구매하는 방식으로 자금을 조달하는 과정입니다. 이 샘플 애플리케이션을 개발하면서 실제 디앱 스마트 컨트랙트 계층이 얼마나 복잡한지와 상속, 추상 클래스, 인터페이스를 활용한 디앱을 어떻게 적절히 설계하는지 알 수 있습니다.

상속과 다형성을 가능한 한 활용하기 쉽게 설명하겠습니다. 객체 지향 프로그래밍을 오랜만에 접하는 독자들도 쉽게 따라할 수 있습니다. 간단한 컨트랙트로 만든 애플리케이션을 작성하고 이 장에서 설명하는 모든 기능을 조금씩 소개하면서 애플리케이션을 계속 확장해나가겠습니다.

6.1 크라우드세일 컨트랙트 SimpleCrowdsale 소개

크라우드펀딩이라는 용어를 들어봤을 것입니다. 이는 비교적 많은 사람이 비교적 적은 기부 금액으로 프로젝트 자금을 지원하거나 조달하는 방법입니다. Kickstarter.com, Indiegogo.com, Microventures.com에서 새롭고 멋진 디자인 제품에 이미 펀딩한 사람도 있을 것입니다. 펀딩한 금액과 프로젝트의 성공 여부에 따라서 초기 버전 제품을 직접 받거나 공식 판매 가격에서 큰 폭으로 할인받을 수 있습니다. 이러한 유형을 보상 기반 크라우드펀딩이라고합니다.

최근 크라우드세일crowdsale이라는 새로운 크라우드펀딩 제도가 등장했습니다. 주된 목적은 스타트업 자금 지원입니다. 할인된 제품이나 서비스를 제공받는 대신 일반적으로 SimpleCoin과 비슷한 통화적 가치를 지닌 토큰으로 스타트업 지분을 받게 됩니다. 토큰의 가치는 주최자가 판매를 시작하기 전에 미리 정하거나 판매 기간 동안 토큰 공급량이나 실제 수요와 같은 시장 요인에 따라 가치를 결정할 수 있습니다. 토큰 또는 코인 크라우드세일을 **초기 코인 제공**Initial Coin Offering(ICO)이라 부릅니다. 전통적으로 주식 시장에 회사의 주식을 상장하는 기업 공개Initial Public Offering(IPO)와 유사한 용어입니다.

이 절에서는 탈중앙화 크라우드세일 관리 애플리케이션인 SimpleCrowdsale을 구현합니다. 개발하면서 다수의 컨트랙트와 라이브러리를 기반으로 디앱을 설계하는 방법을 익힐 수 있습니다. [그림 6-1]에서 설명하고 있는 크라우드세일의 핵심 작업 흐름처럼 다음 목록에서 크라우드세일 컨트랙트에서 제공하는 최소한의 기능을 설명하겠습니다.

- 자금 조달 단계에서 크라우드세일 참여자가 제공하는 자금을 관리합니다. 일반적으로는 암호화폐 형태로 자금이 조달됩니다. 그리고 받은 암호화폐를 토큰으로 변환하여 각 투자자에게 할당합니다.

- 최소 투자 금액 또는 시간 제한과 같은 크라우드세일 목표가 충족되면 토큰을 투자자에게 릴리스합니다. 디앱을 개발하는 조직은 이더를 보유하면서 프로젝트 비용으로 사용합니다. 주최자, 개발팀 또는 토큰 판매 관련 당사자에게 토큰 보너스를 줄 수 있습니다. 토큰 릴리스란 토큰을 활성화하여 토큰을 사용할 수 있도록 한다는 말입니다. 투자자는 초기 투자 대비 수익이 생길 경우 토큰을 얻는 즉시 실제 현금으로 **토큰을 교환**할 수 있습니다. 이런 과정은 기업 공개 과정과 비슷합니다. 발행한 주식을 투자자에게 투자금만큼 교환해주고 기업은 투자금을 기업 활동에 사용합니다. 나중에 투자자는 2차 시장에서 주식을 거래할 수 있습니다. 회사 성공에 따라 주식의 가치는 오르거나 떨어질 수 있습니다.

- 크라우드세일이 실패하면(예: 목표 투자금액을 달성하지 못한 경우) 컨트랙트는 투자금을 투자자에게 환불합니다.

그림 6-1 크라우드세일 핵심 작업 흐름

1) 투자자는 암호화폐로 지불하고 크라우드세일 토큰을 예약한다. 2) 크라우드세일이 최소 자금 목표를 달성하면 토큰이 투자자에게 공개된다. 주최자, 개발팀 또는 토큰 판매와 관련된 다른 당사자에게 토큰 보너스가 부여될 수 있다. 그리고 프로젝트 조직은 받은 이더를 계속 유지하면서 프로젝트 비용으로 사용한다. 3) 크라우드세일이 실패하면 투자자는 환불받을 수 있다.

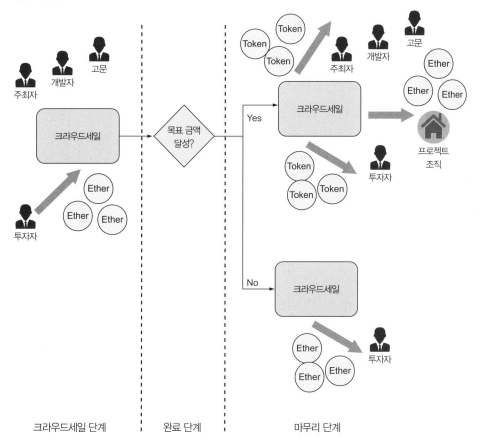

크라우드세일에 필요한 요구 사항을 위해 솔리디티 컨트랙트에서 제공해야 하는 기능을 [예제 6-1]에 정리했습니다(아직 리믹스에 코드를 입력하지 마세요). 5.4.2절에서 SimpleCoin을 설명하면서 소개한 함수 제어자 onlyOwner처럼 컨트랙트 소유자만 finalize() 함수를 실행할 수 있습니다.

```
contract SimpleCrowdsale {
    function invest(address _beneficiary)
        public payable {}
    function finalize() onlyOwner public {}
    function refund() public {}
}
```

투자자는 크라우드세일 토큰을 예약할 수 있습니다. msg.value 속성으로 전송되기 때문에 투자되는 이더 금액을 지정하는 매개변수는 필요하지 않습니다.

컨트랙트 소유자인 크라우드세일 조직자는 세일이 성공적으로 완료되면 투자자에게 토큰을 공개하거나 개발팀에 보너스를 줄 수 있습니다.

완료하지 못하면 투자자는 환불받을 수 있습니다.

필요한 기능의 기본적인 부분을 먼저 개발하겠습니다. 이는 이후에 설명할 고급 객체 지향 기능의 시작점이 됩니다. 6.1.9절까지는 리믹스에 코드를 입력하지 않아도 됩니다. 단계적으로 개념을 설명하기 위해 코드를 리팩터링할 것입니다. 그런 다음 [예제 6-5]에 있는 완전히 실행 가능한 모든 내용을 다시 살펴보겠습니다. 그러나 책 내용을 따라 하면서 진행하고 싶다면 그렇게 해도 좋습니다.

6.1.1 상태 변수

크라우드세일 컨트랙트는 일부 설정 사항을 유지해야 합니다. 투자금을 받을 수 있는 자금 조달 기간, 판매되는 토큰 가격, 최소 조달 금액, 투자를 허용하는 계정 주소를 관리해야 합니다. 또한 투자자들이 보낸 기부금 기록을 계속 유지해야 합니다. 이런 데이터는 전체 컨트랙트 내에서 사용할 수 있어야 하며 다음과 같은 상태 변수로 선언해야 합니다.

```
uint256 public startTime;
uint256 public endTime;
uint256 public weiTokenPrice;
uint256 public weiInvestmentObjective;

mapping (address => uint256)
    public investmentAmountOf;
uint256 public investmentReceived;
uint256 public investmentRefunded;

bool public isFinalized;
bool public isRefundingAllowed;
```

크라우드세일 자금 조달 시작 시간 (UNIX epoch)

크라우드세일 자금 조달 종료 시간 (UNIX epoch)

판매되는 토큰의 가격

크라우드세일 성공 여부를 결정하는 최소 모집 금액

투자자에게 받은 이더 금액

투자자에게 받은 이더 총계

투자자에게 환불된 이더 총계

컨트랙트가 완료됐는지 나타내는 플래그

환불 가능 여부를 나타내는 플래그

```
address public owner;          크라우드세일 컨트랙트 소유자의 계정
SimpleCoin public crowdsaleToken;          판매되는 토큰 컨트랙트
                                           (5장에서 남겨둔 SimpleCoin 사용)
```

6.1.2 생성자

컨트랙트 생성자는 위에서 설명한 모든 입력 설정 사항을 가져와 검증하고 판매할 토큰의 컨트랙트를 인스턴스화해야 합니다. 쉽게 진행하기 위해서 익숙한 SimpleCoin을 사용하겠습니다. 그러니 다음 코드를 보며 놀라서는 안됩니다.

```
constructor(uint256 _startTime, uint256 _endTime,
    uint256 _weiTokenPrice, uint256 _etherInvestmentObjective) public
{
    require(_startTime >= now);                      입력 설정 검증
    require(_endTime >= _startTime);
    require(_weiTokenPrice != 0);
    require(_etherInvestmentObjective != 0);

    startTime = _startTime;                          입력 설정을
    endTime = _endTime;                              상태 변수로
    weiTokenPrice = _weiTokenPrice;                  설정
    weiInvestmentObjective =
    _etherInvestmentObjective * 1000000000000000000;

    crowdsaleToken = new SimpleCoin(0);              크라우드세일에서 판매할 토큰의
    isFinalized = false;                             컨트랙트를 인스턴스화
    isRefundingAllowed = false;
    owner = msg.sender;                              SimpleCoin에서 본 대로
}                                                    컨트랙트 소유자 설정
```

6.1.3 invest() 구현하기

컨트랙트에서 가장 중요한 함수로 투자자에게 이더를 받아 크라우드세일 토큰으로 전환합니다. 그리고 크라우드세일이 성공적으로 완료될 때까지 소유자에게 토큰을 릴리스하지 않습니다. 다음 코드에서 볼 수 있듯이 invest() 함수를 payable로 선언하고 유효성 검사 로직과 토

큰 변환 로직을 3개의 인터널 함수에 배치합니다. 또한 함수에서 발생하는 몇 가지 이벤트를 선언합니다.

```
event LogInvestment(address indexed investor, uint256 value);
event LogTokenAssignment(address indexed investor, uint256 numTokens);

function invest() public payable {                          ← 이더를 받기 위해 payable로
    require(isValidInvestment(msg.value));                     invest() 함수 선언
                                                            ← 투자 유효성 확인
    address investor = msg.sender;
    uint256 investment = msg.value;

    investmentAmountOf[investor] += investment;             ← 각 투자자의
    investmentReceived += investment;                          투자내역과
                                                              총 모집 금액
투자 이벤트
기록    ⟶   assignTokens(investor, investment);            ← 이더를 크라우드세일
            emit LogInvestment(investor, investment);         토큰으로 전환
}

function isValidInvestment(uint256 _investment)
투자내역  ⟶   internal view returns (bool) {
검증          bool nonZeroInvestment = _investment != 0;    ← 의미 있는 투자인지 확인
            bool withinCrowdsalePeriod =
                now >= startTime && now <= endTime;         ← 크라우드세일 기간에
                                                              들어온 금액인지 확인
    return nonZeroInvestment && withinCrowdsalePeriod;
}

function assignTokens(address _beneficiary,
    uint256 _investment) internal {

    uint256 _numberOfTokens =
        calculateNumberOfTokens(_investment);               ← 투자 금액에 해당하는
                                                              토큰 수 계산
    crowdsaleToken.mint(_beneficiary,
        _numberOfTokens);               ← 투자자 계정에 토큰 발행
}

function calculateNumberOfTokens(uint256 _investment)
    internal returns (uint256) {
    return _investment / weiTokenPrice;    ← 토큰 수 계산
}
```

6.1.4 finalize() 구현하기

finalize() 함수는 크라우드세일을 마감하는 기능입니다. 크라우드세일이 최소 투자 목표를 달성한 경우 컨트랙트는 토큰을 투자자에게 릴리스하여 사용할 수 있도록 합니다. 또한 모집된 총 투자금에 따라 토큰 보너스를 개발팀에 할당하고 릴리스할 수 있습니다. 반면 크라우드세일이 실패하면 환불 상태가 되고 투자자는 투자금을 자신의 계좌로 환불받을 수 있습니다.

투자자에게 릴리스하기 전에는 토큰은 사용할 수 없는 상태로 잠겨 있어야 합니다. 토큰 소유자가 토큰을 다른 계정으로 이전하는 작업을 수행할 수 없어야 합니다. 크라우드세일이 성공하면 컨트랙트는 초기에 잠긴 토큰만 해제합니다.

알다시피 SimpleCoin에서는 어떠한 방식으로도 작업을(컨트랙트 소유자만 실행할 수 있는 minting() 제외) 제한하고 있지 않습니다. 그리고 컨트랙트 소유자만 특정 기능을 수행하도록 하는 기능도 없습니다. 아직 SimpleCoin은 크라우드세일에 사용하기에 적합하지 않습니다. SimpleCoin을 수정하여 ReleasableSimpleCoin을 생성해야 합니다. 다음 예제처럼 토큰을 릴리스하지 않은 경우 transfer() 및 transferFrom()과 같은 함수를 사용할 수 없도록 합니다.

예제 6-2 ReleasableSimpleCoin 컨트랙트 그리고 제한된 transfer()와 transferFrom()

```
contract ReleasableSimpleCoin {
    bool public released = false;          ← 토큰 릴리스 여부를 결정하는 플래그

    ...          ← 이전과 동일한 SimpleCoin 코드로 간결하게 하기 위해 생략했습니다
                   (만약 상속을 생각했다면 조금만 기다려주세요).

    function release() onlyOwner {          ← 코인을 릴리스하는 새로운 함수
        released = true;                       (컨트랙트 소유자만 호출할 수 있습니다.)
    }

    function transfer(address _to, uint256 _amount) public {
        require(_to != 0x0);
        require(coinBalance[msg.sender] > _amount);
        require(coinBalance[_to] + _amount >= coinBalance[_to] );

        if (released ) {          ← 이제 토큰이 릴리스된 경우에만 전송 함수를 실행할 수 있습니다.
            coinBalance[msg.sender] -= _amount;
            coinBalance[_to] += _amount;
            emit Transfer(msg.sender, _to, _amount);
```

```
            return true;
        }
        revert();              ◁──┤ 토큰이 릴리스되지 않은 경우
    }                               │ 상태를 되돌립니다.

    function transferFrom(address _from, address _to, uint256 _amount)
        public returns (bool success) {
        require(_to != 0x0);
        require(coinBalance[_from] > _amount);
        require(coinBalance[_to] + _amount >= coinBalance[_to] );
        require(_amount <= allowance[_from][msg.sender]);

        if (released ) {
            coinBalance[_from] -= _amount;
            coinBalance[_to] += _amount;
            allowance[_from][msg.sender] -= _amount;
            emit Transfer(_from, _to, _amount);

            return true;
        }
        revert();              ◁──┐
    }                             │ 토큰이 릴리스
                                  │ 되지 않은 경우
                                  │ 상태를 되돌립니다.
    ...                        ◁──┘

}
```

6.1.5 잠시 둘러보기: 상속

[예제 6-2]에서 ReleasableSimpleCoin은 잘 작동하지만 한 가지 문제가 있습니다. SimpleCoin 코드의 대부분을 복사하여 중복된 코드를 유지보수해야 하는 불편함이 있습니다. SimpleCoin을 수정하면 ReleasableSimpleCoin도 같이 수정해야 합니다. 이러한 작업은 시간도 많이 걸리고 오류도 발생하기 쉽습니다. 이를 피하려면 SimpleCoin을 단일 상속받아 파생 ReleasableSimpleCoin을 만들고 다음 예제처럼 isReleased 함수 제어자를 도입하면 됩니다.

예제 6-3 SimpleCoin을 상속한 ReleasableSimpleCoin

```solidity
pragma solidity ^0.4.18;
import "./Listing5_8_SimpleCoin.sol";
contract ReleasableSimpleCoin is SimpleCoin {
    bool public released = false;

    modifier isReleased() {
        if(!released) {
            revert();
        }

        _;
    }

    constructor(uint256 _initialSupply)
        SimpleCoin(_initialSupply) public {}

    function release() onlyOwner public {
        released = true;
    }

    function transfer(address _to, uint256 _amount)
        isReleased public {
        super.transfer(_to, _amount);
    }

    function transferFrom(address _from, address _to, uint256 _amount)
        isReleased public returns (bool) {
        super.transferFrom(_from, _to, _amount);
    }
}
```

SimpleCoin이 정의된 파일을 참조하라는 지시문
(이 책 원서 웹사이트에서 예제 5-8 다운로드 가능)

ReleasableSimpleCoin을
SimpleCoin에서 상속

토큰 릴리스 여부를
결정하는 플래그

릴리스 플래그를
확인하는 함수 제어자

기본 생성자를 호출하여 SimpleCoin에서
initialSupply 상태 변수를 초기화

토큰을 릴리스하는 새로운 함수
(컨트랙트 소유자만 호출)

원래 구현을 재정의.
isReleased 함수
제어자로 토큰이
릴리스된 경우에만
호출할 수 있습니다.

super로 원래 구현한 SimpleCoin을 호출합니다. 원래
SimpleCoin은 이제 isReleased 함수 제어자로 제한됩니다.

ReleasableSimpleCoin 컨트랙트는 솔리디티에서 단일 상속의 구체적인 예를 보여줍니다. 상속과 관련된 주요 솔리디티 키워드를 살펴보겠습니다.

- is 키워드로 새로운 컨트랙트를 다른 컨트랙트에서 상속받습니다.

```solidity
contract ReleasableSimpleCoin is SimpleCoin
```

- 상속받은 컨트랙트 생성자는 다음과 같이 기본 생성자에 필요한 모든 매개변수를 제공해야 합니다.

```
function ReleasableSimpleCoin(uint256 _initialSupply)
    SimpleCoin(_initialSupply) {}
```

- 상속받은 컨트랙트는 상위 컨트랙트의 모든 퍼블릭 함수, 인터널 함수를 상속받습니다. 하위 컨트랙트에서 함수를 다시 구현하여 함수를 재정의[override]할 수 있습니다.

```
function transfer(address _to, uint256 _amount) isReleased public { ...
```

- 재정의된 함수는 다음과 같이 super 키워드를 사용하여 기본 컨트랙트에서 원래 구현한 것을 호출할 수 있습니다.

```
super.transfer(_to, _amount);
```

객체 지향 용어가 완전히 익숙하지 않다면 [표 6-1]을 참고해보세요.

표 6-1 상속 관련 용어

정의	설명
컨트랙트 상속	컨트랙트를 상속하면 부모 컨트랙트에서 퍼블릭 또는 인터널 상태 변수, 함수를 가져옵니다.
상속받은 컨트랙트	상속받은 컨트랙트, 하위 컨트랙트 또는 자식 컨트랙트
기본 컨트랙트	부모 컨트랙트
재정의 함수	자식 컨트랙트에서 다시 구현된 함수. 자식 컨트랙트는 재정의된 함수를 부모 함수 대신 사용할 수 있습니다.

[그림 6-2]의 컨트랙트 다이어그램에서 ReleasableSimpleCoin과 SimpleCoin의 상속 관계를 확인할 수 있습니다. UML 클래스 다이어그램에서 사용한 것과 같은 방법으로 그렸습니다. UML 클래스 다이어그램을 직관적으로 이해할 수 있지만 익숙하지 않다면 다음 상자글 'UML 클래스 다이어그램'을 참고하세요.

그림 6-2 토큰 컨트랙트 계층을 설명하는 컨트랙트 다이어그램. SimpleCoin은 기본 컨트랙트이며 Releasable SimpleCoin은 기본 컨트랙트를 상속받았다.

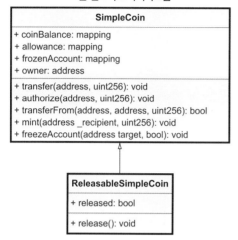

토큰 컨트랙트 다이어그램

UML 클래스 다이어그램

통합 모델링 언어^{Unified Modeling Language}(UML)는 소프트웨어 시스템 설계를 시각적으로 표현하는 방법을 표준화하는 것이 목표입니다. 1990년대에 그래디 부치^{Grady Booch}, 이바르 야콥슨^{Ivar Jacobson}, 제임스 럼보^{James Rumbaugh}가 Rational Software에서 개발했습니다. UML은 2005년에 ISO 표준이 됐습니다. UML은 다음 범주를 포함하여 광범위한 다이어그램을 다룹니다.

- **동작 다이어그램**

  시스템 작동 방식(시스템 구성 요소가 구성 요소들 또는 외부 에이전트와 상호작용하는 방법)을 설명합니다.

- **구조 다이어그램**

  시스템 계층 구조(배포할 패키지, 패키지 내의 구성 요소, 구성 요소 내의 객체 지향 클래스)를 설명합니다.

이 책에서는 컨트랙트 다이어그램만 소개합니다. 컨트랙트와 클래스가 비슷한 점을 고려하여 가장 낮은 수준의 구조 다이어그램 UML 클래스 다이어그램만 다루겠습니다.

컨트랙트 다이어그램은 컨트랙트 내용(상태 변수 및 함수)과 컨트랙트 간의 두 가지 주요 관계를 설명합니다.

- **일반화**

  컨트랙트는 더 일반적인 컨트랙트(기초 컨트랙트 또는 부모 컨트랙트) 또는 나중에 배울 인터페이스를 상속할 수 있습니다.

- **종속성**

  상태 변수 중 하나는 다른 컨트랙트 인스턴스입니다.

다음 샘플 컨트랙트 다이어그램에 있는 모든 문자와 기호에 주석을 달았습니다. 앞으로 나오는 컨트랙트 다이어그램을 이해하기 어렵다면 이 그림을 다시 확인하면 됩니다. 다음 절에서 소개할 새로운 기호를 설명하겠습니다.

UML 클래스 다이어그램 기호 및 규칙을 따르는 컨트랙트 다이어그램

UML 다이어그램에 대한 자세한 내용은 UML 퀵 레퍼런스 카드(http://tnerual.eriogerg.free.fr/umlqrc.pdf) 또는 편리한 UML 치트시트[Cheatsheet](http://mng.bz/ jO5p)를 참고하세요. UML에 관한 최고의 책은 그레디 부치 등이 쓴 『The Unified Modeling Language User Guide』입니다.

6.1.6 finalize() 구현하기(2)

크라우드세일에 적합한 토큰을 구현했으므로 상태 변수절로 돌아가서 crowdsaleToken의 정의를 수정합니다.

```
ReleasableSimpleCoin public crowdsaleToken;
```

크라우드세일 생성자에서 토큰을 인스턴스하는 부분을 다음과 같이 수정합니다.

```
crowdsaleToken = new ReleasableSimpleCoin(0);
```

이제 `finalize()` 함수를 구현할 수 있습니다.

```
function finalize() onlyOwner public {              ← 크라우드세일 컨트랙트 소유자만
    if (isFinalized) revert();                        finalize()를 호출할 수 있습니다.

    bool isCrowdsaleComplete = now > endTime;
    bool investmentObjectiveMet =                   ← 크라우드세일 성공 여부를
        investmentReceived >= weiInvestmentObjective;   결정하는 조건

    if (isCrowdsaleComplete)
    {
        if (investmentObjectiveMet)                 ← 크라우드세일 토큰을 릴리스하여
            crowdsaleToken.release();                  투자자가 사용할 수 있도록 합니다.
        else
            isRefundingAllowed = true;              ← 최소 펀딩 금액을 달성하지 못하면
                                                       투자자에게 환불합니다.
        isFinalized = true;
    }
}
```

이미 종료된 컨트랙트에서 finalize() 호출할 수 없습니다. → `if (isFinalized) revert();`

앞에서 언급했듯이 onlyOwner는 5장 마지막에서 SimpleCoin을 소개한 것과 같은 함수 제어자로 일부 함수는 컨트랙트 소유자만 실행할 수 있습니다.

```
modifier onlyOwner {
    if (msg.sender != owner) revert();
    _;
}
```

6.1.7 refund() 구현하기

첫 번째 크라우드세일 컨트랙트를 완료하기 위해 마지막으로 refund( ) 함수를 구현합니다. 크
라우드세일이 실패하면 투자자들이 호출합니다.

```
event Refund(address investor, uint256 value);

function refund() public {
    if (!isRefundingAllowed) revert();          ← 크라우드세일이 종료되는 시점에서
                                                    환불이 허용될 때만 실행

    address investor = msg.sender;
    uint256 investment = investmentAmountOf[investor];    ← 투자자가 의미 있는 금액을
    if (investment == 0) revert();                           투자한 경우 환불
    investmentAmountOf[investor] = 0;      ← 모든 환불내역 기록
    investmentRefunded += investment;
    emit Refund(msg.sender, investment);

    if (!investor.send(investment)) revert();    ← 투자자에게 이더를 환불하고
}                                                   발생할 수 있는 오류 처리
```

> **NOTE_** 투자자에게 환불할 때 `transfer( )`가 아닌 `send( )`를 사용합니다. 이 책을 쓰는 시점에서
> `transfer( )`를 리믹스에서 사용하면 약간의 문제가 발생하기 때문입니다. 원하지 않은 에러 메시지를 발생
> 시킬 수 있고 학습하는 데 도움이 되지 않는다고 판단했습니다. 그러나 실제 개발 환경에서는 `transfer( )`
> 사용을 권장합니다.

6.1.8 상속으로 중복된 코드 제거하기

앞서 언급했듯이 SimpleCoin과 SimpleCrowdsale은 같은 함수 제어자 onlyOwner를 사용하
여 일부 동작은 컨트랙트 소유자만 실행할 수 있도록 제한합니다. 두 컨트랙트에서 일관되게
onlyOwner를 사용할 수 있는 장점이 있습니다. 하지만 두 컨트랙트 모두에 소유자 상태 변수
를 선언하고 onlyOwner 함수 제어자를 구현해야 합니다. 함수 제어자를 어딘가에 배치하여 코
드를 복사하지 않고 SimpleCoin과 SimpleCrowdsale에 둘 수 있다면 좋지 않을까요? 다행히
다음 예제에 표시된 것처럼 소유 상태 변수와 onlyOwner 함수 제어자를 Ownable이라는 별도
컨트랙트로 캡슐화할 수 있습니다.

예제 6-4 SimpleCrowdsale 및 SimpleCoin에서 추출한 Ownable 컨트랙트

```solidity
pragma solidity ^0.4.18;
contract Ownable {                        컨트랙트 소유자의 주소를
    address public owner;                 상태 변수로 선언

    constructor() public {                생성자에서
        owner = msg.sender;               컨트랙트 소유자 할당
    }

    modifier onlyOwner() {
        require(msg.sender == owner);      함수 제어자를 사용하여 함수
        _;                                 호출자가 소유자인지 확인
    }
}
```

이제 [그림 6-3]의 컨트랙트 다이어그램과 같이 다음 코드에 표시된 대로 소유자 상태 변수와
onlyOwner() 함수 제어자를 SimpleCoin 및 SimpleCrowdsale에서 제거하고 Ownable에서 상
속받을 수 있습니다.

```solidity
SimpleCoin is Ownable {
...
}

SimpleCrowdsale is Ownable {
...
}
```

그림 6-3 소유권 기능을 Ownable 컨트랙트로 옮긴 후에도 SimpleCoin과 SimpleCrowdsale는 Ownable에서 상
속받아 onlyOwner 수정자를 계속 사용할 수 있다.

Ownable을 상속받는 SimpleCoin 및 SimpleCrowdsale 파생 컨트랙트

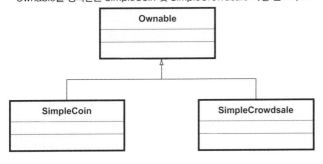

Ownable을 상속받아서 리팩터링한 SimpleCoin 컨트랙트는 부록 A에서 확인할 수 있습니다. 축하합니다! 첫 번째 크라우드세일 컨트랙트를 구현했습니다. [그림 6-4]에서 컨트랙트 다이어그램과 [예제 6-5]에서 첫 번째 컨트랙트를 확인할 수 있습니다.

그림 6-4 Ownable 컨트랙트와 토큰 컨트랙트를 포함한 크라우드세일 컨트랙트 다이어그램. SimpleCrowdsale과 SimpleCoin은 모두 Ownable을 상속받는다. SimpleCrowdsale에는 ReleasableSimpleCoin 상태 변수가 있으므로 ReleasableSimpleCoin에 의존한다(속이 빈 화살표는 '상속'을 의미하고 채워진 화살표는 '의존'을 의미한다).

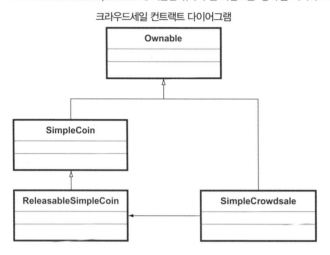

크라우드세일 컨트랙트 다이어그램

> **NOTE_** [그림 6-4]의 SimpleCrowdsale과 ReleasableSimpleCoin 사이의 화살표는 의존관계를 표시하는 UML 기호입니다. SimpleCrowdsale 컨트랙트에 ReleasableSimpleCoin 유형의 상태 변수가 있으므로 ReleasableSimpleCoin과 의존관계를 나타내는 화살표를 표시합니다.

예제 6-5 크라우드세일 컨트랙트 초기 구현

```solidity
pragma solidity ^0.4.24;

import "./Listing6_3_ReleasableSimpleCoin.sol";
import "./Listing6_4_Ownable.sol";

contract SimpleCrowdsale is Ownable {
    uint256 public startTime;
    uint256 public endTime;
    uint256 public weiTokenPrice;
    uint256 public weiInvestmentObjective;
```

다른 파일이나 다른 리믹스 코드 탭에서 솔리디티 코드 가져오기

```solidity
mapping (address => uint256) public investmentAmountOf;
uint256 public investmentReceived;
uint256 public investmentRefunded;

bool public isFinalized;
bool public isRefundingAllowed;

ReleasableSimpleCoin public crowdsaleToken;

constructor(uint256 _startTime, uint256 _endTime,
  uint256 _weiTokenPrice,
  uint256 _weiInvestmentObjective)
  payable public
{
    require(_startTime >= now);
    require(_endTime >= _startTime);
    require(_weiTokenPrice != 0);
    require(_weiInvestmentObjective != 0);

    startTime = _startTime;
    endTime = _endTime;
    weiTokenPrice = _weiTokenPrice;
    weiInvestmentObjective = _weiInvestmentObjective;

    crowdsaleToken = new ReleasableSimpleCoin(0);
    isFinalized = false;
}

event LogInvestment(address indexed investor, uint256 value);
event LogTokenAssignment(address indexed investor, uint256 numTokens);
event Refund(address investor, uint256 value);

function invest() public payable {
    require(isValidInvestment(msg.value));

    address investor = msg.sender;
    uint256 investment = msg.value;

    investmentAmountOf[investor] += investment;
    investmentReceived += investment;

    assignTokens(investor, investment);
    emit LogInvestment(investor, investment);
}
```

```
function isValidInvestment(uint256 _investment)
    internal view returns (bool) {
    bool nonZeroInvestment = _investment != 0;
    bool withinCrowdsalePeriod = now >= startTime && now <= endTime;

    return nonZeroInvestment && withinCrowdsalePeriod;
}

function assignTokens(address _beneficiary,
    uint256 _investment) internal {

    uint256 _numberOfTokens = calculateNumberOfTokens(_investment);

    crowdsaleToken.mint(_beneficiary, _numberOfTokens);
}

function calculateNumberOfTokens(uint256 _investment)
    internal returns (uint256) {
    return _investment / weiTokenPrice;
}

function finalize() onlyOwner public {
    if (isFinalized) revert();

    bool isCrowdsaleComplete = now > endTime;
    bool investmentObjectiveMet =
investmentReceived >= weiInvestmentObjective;

    if (isCrowdsaleComplete)
    {
        if (investmentObjectiveMet)
            crowdsaleToken.release();
        else
            isRefundingAllowed = true;

        isFinalized = true;
    }
}

function refund() public {
    if (!isRefundingAllowed) revert();

    address investor = msg.sender;
    uint256 investment = investmentAmountOf[investor];
```

```
            if (investment == 0) revert();
            investmentAmountOf[investor] = 0;
            investmentRefunded += investment;
            emit Refund(msg.sender, investment);

            if (!investor.send(investment)) revert();
        }
    }
```

6.1.9 SimpleCrowdsale 실행하기

이제 막 SimpleCrowdsale을 구현하기 시작했지만 지금까지 구축한 내용을 확인하려면 [예제
6-5](Listing 6_5_SimpleCrowdsale.sol)를 새로운 리믹스 코드 탭에 복사합니다. import
구문에 정의된 코드들이 정확한 이름의 탭으로 구성되었는지 확인합니다.

- Listing 5_8_SimpleCoin.sol(Listing 6_3_ReleasableSimpleCoin.sol을 위해 필요)
- Listing 6_3_ReleasableSimpleCoin.sol
- Listing 6_4_Ownable.sol

(이 코드 파일은 원서 웹사이트에서 다운로드할 수 있습니다.)

기간 확인 로직을 일시적으로 비활성화

SimpleCrowdsale을 인스턴스화하기 전에 리믹스 컴파일러 탭에서 0.4.24 버전을 선택하는
것이 좋습니다. 책에서 사용하고 있는 솔리디티 버전이기 때문입니다. 또한 리믹스를 좀 더
쉽게 다루기 위해 startDate 및 endDate 검사를 일시적으로 비활성화하는 것이 좋습니다.
isValidInvestment()에서 다음과 같이 수정합니다.

```
bool withinCrowdsalePeriod = now >= startTime && now <= endTime;
```

이 로직을 다음과 같이 변경합니다.

```
bool withinCrowdsalePeriod = true;
```

finalize( ) 함수에서 다음과 같이 수정합니다.

```
bool isCrowdsaleComplete = now > endTime;
```

이 로직을 다음과 같이 변경합니다.

```
bool isCrowdsaleComplete = true;
```

컨트랙트 인스턴스화

이제 [Deploy] 버튼 옆에 있는 텍스트 상자에서 SimpleCrowdsale 생성자 매개변수를 입력할 수 있습니다. 예를 들어, 다음과 같이 토큰 가격을 2,000,000,000,000,000 Wei로 설정하고 자금 목표를 15,000이더로 설정합니다.

```
2003526559, 2003526600, 2000000000000000, 15000
```

기간 로직을 비활성화했기 때문에 2003526559와 2003526600으로 설정된 시작, 종료 날짜는 무시됩니다.

이제 컨트랙트 선택 목록에서 SimpleCrowdsale을 선택하고 [Deploy]를 클릭합니다. SimpleCrowdsale이 나타나지 않으면 [Compile] 탭을 클릭한 다음 컴파일합니다. 화면 상단의 계정 선택 목록에서 현재 선택된 계정을 기록해둡니다. 이 계정은 SimpleCrowdsale 및 ReleasableSimpleCoin 컨트랙트의 소유자 계정입니다. SimpleCrowdsale가 활성화되면 상태 변수와 함수에 해당하는 여러 버튼이 화면 하단에 나타납니다.

크라우드세일 투자하기

다음과 같이 invest( ) 함수를 호출하여 투자자 활동을 시뮬레이션할 수 있습니다.

1 [Deploy] 버튼을 클릭하면 하단 섹션에 배포된 컨트랙트 선택 목록이 보입니다. SimpleCrowdsale을 선택합니다.

2 선택 목록에서 계정을 선택합니다(아마도 0x147로 시작하는 계정).

3 화면 상단의 값 입력 상자에 금액을 입력하고 단위(예: 100 Ether)를 지정합니다. 그런 다음 화면 하단의 [invest] 버튼을 클릭합니다(그림 6-5).

4 investmentReceived를 클릭하여 받은 총 투자 금액을 확인합니다.

계정과 투자 금액을 다르게 하여 위 세 단계를 반복합니다.

그림 6-5 ReleasableSimpleCoin의 주소 입력창에 SimpleCrowdsale의 crowdsaleToken 상태 변수 주소를 입력한다.

주소 텍스트 상자에 crowdsaleToken 주소를 입력

투자자에게 토큰이 할당되었는지 확인

투자자는 투자한 이더 금액에 해당하는 토큰을 받았지만 아직 크라우드세일이 완료되지 않아 토큰을 사용할 수 없습니다. 각 투자자에게 토큰이 잘 분배되었는지 확인하려면 SimpleCrowdsale을 참조하고 있는 ReleasableSimpleCoin 컨트랙트 인스턴스를 활성화합니다.

먼저 [crowdsaleToken]을 클릭하여 주소를 가져옵니다. 이 주소를 복사하여 [그림 6-5]와 같이(그러나 주소는 다름) [At Address] 버튼 옆 텍스트 상자에 붙여 넣습니다.

[At Address]를 클릭하면 [그림 6-6]과 같이 보일 것입니다. SimpleCoin에서 상속된 ReleasableSimpleCoin의 기능을 보여주는 새로운 패널이 화면 하단에 나타납니다. 패널을 확장하려면 ReleasableSimpleCoin을 클릭해야 합니다.

그림 6-6 ReleasableSimpleCoin 상태 변수와 함수

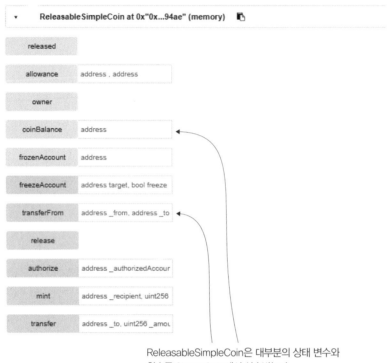

ReleasableSimpleCoin은 대부분의 상태 변수와
함수를 SimpleCoin에서 상속받는다.

이제 다음 방법으로 각 투자자에게 분배된 토큰 수를 확인할 수 있습니다.

1 확인하고 싶은 투자자 주소를 계정 선택 리스트에서 선택합니다. 옆에 있는 복사 아이콘을 클릭하여 복사한 후 [coinBalance] 버튼 옆에 붙여 넣습니다(큰따옴표로 묶어야 합니다).

2 [coinBalance]를 클릭하면 토큰 옆에 예상 토큰 수가 표시됩니다.

계정 선택 리스트에 있는 모든 주소를 반복하여 같은 방법으로 확인합니다. 저는 [표 6-2]처럼 토큰이 분배됐습니다.

표 6-2 각 투자자에게 할당된 토큰 수

투자자 계정	토큰 수량
0xca35b7d915458ef540ade6068dfe2f44e8fa733c	10,100,000
0x14723a09acff6d2a60dcdf7aa4aff308fddc160c	150,000
0x4b0897b0513fdc7c541b6d9d7e929c4e5364d2db	653,500
0x583031d1113ad414f02576bd6afabfb302140225	284,000
0xdd870fa1b7c4700f2bd7f44238821c26f7392148	56,000

토큰이 아직 잠겨 있는지 확인

앞서 설명했듯이 크라우드세일 동안 투자자에게 분배된 토큰은 성공적으로 완료될 때까지 사용할 수 없습니다. 투자자가 다른 계정으로 토큰을 이체할 수 없습니다. 이를 확인하기 위해서 토큰 일부를 한 계정에서 다른 계정으로 전송해보겠습니다.

계정 선택 리스트에서 계정을 선택하고 주소를 복사한 다음 큰따옴표로 묶어 전송 텍스트 상자에 붙여 넣습니다. 이 계정은 토큰을 받는 주소입니다. 그런 다음 계정 선택 리스트에서 다른 계정을 선택합니다. 이 계정은 토큰을 보내는 주소입니다.

전송 버튼을 클릭합니다. 보낸 계정과 받는 계정의 토큰 수를 다시 확인합니다. 잔액이 변경되지 않은 것을 확인할 수 있습니다. transfer() 함수에서 가져온 코드를 확인해보면 release 값이 여전히 false(크라우드세일이 아직 완료되지 않음)이므로 토큰 전송은 일어나지 않고 에러도 발생하지 않습니다.

```
function transfer(address _to, uint256 _amount) public {
    ...
                               릴리스값이 여전히 false이므로
    if (released) {        ◁───  토큰이 전송되지 않습니다.
        coinBalance[msg.sender] -= _amount;
        coinBalance[_to] += _amount;
        emit Transfer(msg.sender, _to, _amount);
    }
}
```

성공한 크라우드세일 완료하기

성공한 크라우드세일을 테스트하기 위해서는 모집한 금액과 목표 금액(이 예제에서는 15,000 Ether, 15,000,000,000,000,000,000,000 Wei)이 같아야 합니다. InvestmentReceived 버튼 옆에 표시된 금액은 Wei로 표시됩니다. 대규모 이더를 몇 번 투자하면 목표 금액을 빠르게 달성할 수 있습니다. 모집된 투자 금액이 목표 금액보다 높으면 SimpleCrowdsale 킨드랙트 소유자 계정(SimpleCrowdsale을 인스턴스화하는 데 사용한 계정)을 선택하고 완료를 클릭합니다.

isFinalized를 클릭하여 크라우드세일이 완료되었는지 확인합니다. 값은 true여야 합니다. [release]를 클릭하여 ReleasableSimpleCoin이 릴리스되었는지 확인합니다. 다시 true 값을 확인할 수 있어야 합니다.

이제 이전처럼 토큰을 전송할 수 있습니다. 이제부터는 릴리스 상탯값이 참이기 때문에 전송 로직을 실행할 수 있습니다. 보내는 계정과 받는 계정의 토큰 수가 변했는지 확인하여 이를 검증할 수 있습니다. 저는 0x1472로 시작하는 계정에서 0x4b089로 시작하는 계정으로 3개의 토큰을 전송했습니다. [표 6-3]에서 변경된 잔액을 확인할 수 있습니다.

표 6-3 토큰 이체 후 변경된 ReleasableSimpleCoin 토큰 잔고

투자자 계정	토큰 수량
0xca35b7d915458ef540ade6068dfe2f44e8fa733c	10,100,000
0x14723a09acff6d2a60dcdf7aa4aff308fddc160c	149,997
0x4b0897b0513fdc7c541b6d9d7e929c4e5364d2db	653,503
0x583031d1113ad414f02576bd6afabfb302140225	284,000
0xdd870fa1b7c4700f2bd7f44238821c26f7392148	56,000

실패한 크라우드세일 종료하기

크라우드세일 실패 시나리오도 테스트할 수 있습니다. 이전에 했던 맨 처음부터 여러 계정에서 invest() 함수로 크라우드세일에 이더를 투자하는 모든 단계를 다시 시작하길 권합니다. 그러나 이번에는 목표 금액까지 도달하지 않도록 합니다. 이제 버튼을 눌러 finalize() 함수를 호출하면 fundingObjectiveMet 값은 false입니다. 그 결과 finalize()에서 추출한 코드에서 isRefundingAllowed가 활성화된 것을 볼 수 있습니다.

```
if (isCrowdsaleComplete)
{
    if (investmentObjectiveMet)
        crowdsaleToken.release();
    else
        isRefundingAllowed = true;

    isFinalized = true;
}
```

isRefundingAllowed를 다시 확인할 수 있습니다. 이 값이 true면 refund( ) 함수를 성공적으로 호출할 수 있습니다. 그러나 먼저 이전에 본 것처럼 토큰이 릴리스되지 않으면 한 계정에서 다른 계정으로 토큰을 이전할 수 없는지 연습 삼아 테스트해봅시다.

환불받기

크라우드펀딩이 성공하지 못하면 투자자는 환불받을 수 있습니다. 계정 선택 리스트에서 계정을 선택하고 계정의 이더 잔액(주소 옆에 표시됨)을 확인한 뒤 [Refund]를 클릭합니다. 크라우드세일 컨트랙트에서 투자자에게 이더가 전송되어 계정 주소 옆에 표시된 이더 잔액이 증가한 것을 확인할 수 있습니다.

다음 절에서는 ReleasableSimpleCoin 컨트랙트에서 사용한 다중 상속 및 추상 클래스와 같은 솔리디티 객체 지향 기능을 활용하여 크라우드세일 컨트랙트 기능을 확장해보겠습니다.

6.2 상속으로 기능 확장하기

지금 구현된 크라우드세일은 투자자들이 구매하는 토큰 가격이 크라우드세일 시작부터 종료까지 고정된 것을 가정합니다. 초기 투자자에게 인센티브와 보상을 주기 위해 **트랑슈**tranche 기반으로 토큰 가격을 설정할 수 있습니다.

6.2.1 상속을 활용하여 새로운 토큰 가격 컨트랙트 구현하기

총 투자 금액의 일부를 트랑슈라고 합니다. [그림 6-7]과 같이 트랑슈별로 다른 토큰 가격을 적용하여 초기 투자자는 상대적으로 낮은 가격으로 투자를 유치할 수 있습니다. 판매가 진행됨에 따라 한 트랑슈에서 다른 트랑슈로 옮겨갈수록 토큰 가격은 상승하고 최소 자금 목표를 달성한 후에는 일정하게 유지됩니다.

그림 6-7 트랑슈 기반 토큰 가격. 최소 자금 조달 목표까지 모집 금액을 각각 다른 토큰 가격을 가진 여러 트랑슈로 나눈다. 한 트랑슈에서 모금이 완료되면 다음 트랑슈로 이동하고 토큰 가격은 상승한다.

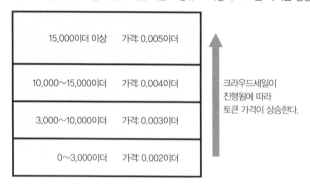

[그림 6-7]의 예에서 최소 자금 조달 목표는 15,000이더로 설정하고 [표 6-4]처럼 4개의 트랑슈를 생성하기로 결정합니다.

표 6-4 트랑슈 기반 가격 책정. 자금 조달 단계별로 다른 가격을 설정한 예시

총 모집 금액(이더)	토큰 가격(이더)
15,000 이상	0.005
10,000~15,000	0.004
3,000~10,000	0.003
0~3,000	0.002

트랑슈 기반 토큰 가격 로직

트랑슈 기반 가격 책정의 원리를 이해했으므로 솔리디티에서 구현하는 방법을 살펴보겠습니다. [예제 6-5]를 다시 살펴보면 토큰 가격에 직접 접근하는 유일한 함수는 다음과 같습니다.

```
function calculateNumberOfTokens(uint256 _investment)
    internal returns (uint256) {
    return _investment / weiTokenPrice;          크라우드세일 기간에 수정하지 않았기 때문에
}                                                weiTokenPrice는 고정된 값입니다.
```

weiTokenPrice 값은 크라우드세일 컨트랙트 내에서 수정되지 않으므로 크라우드세일 동안 고
정된 것으로 생각할 수 있습니다. 조금 고민해볼 부분입니다. [표 6-4]에 있는 트랑슈에 따라
토큰 가격이 설정되도록 calculateNumberOfTokens()를 구현할 수 있을까요? 구현하기 전에
고려해야 할 사항이 몇 가지 있습니다.

- 다음과 같은 구조체 유형으로 트랑슈를 구성할 수 있습니다.

```
struct Tranche {
    uint256 weiHighLimit;          트랑슈 계층의 상한 모집 금액
    uint256 weiTokenPrice;         트랑슈 계층의 토큰 가격
}
```

- 다음과 같은 매핑으로 정의한 상태 변수에 전체 트랑슈 구조를 저장할 수 있습니다

```
mapping(uint256 => Tranche) public trancheStructure;
```

다음과 같이 컨트랙트 생성자 상태 변수를 초기화합니다.

```
trancheStructure[0] = Tranche(3000 ether, 0.002 ether);
trancheStructure[1] = Tranche(10000 ether, 0.003 ether);
trancheStructure[2] = Tranche(15000 ether, 0.004 ether);
trancheStructure[3] = Tranche(1000000000 ether, 0.005 ether);
```

트랑슈 한도와 토큰 가격은 이더로 정의합니다.

- 현재 활성화된 트랑슈 정보를 상태 변수로 관리합니다.

```
uint256 currentTrancheLevel;
```

- 생성자에서 위 상태 변수를 다음과 같이 초기화합니다.

```
currentTrancheLevel = 0;
```

- calculateNumberOfTokens() 함수에서 currentTrancheLevel과 weiTokenPrice를 수정할 수 있습니다.

트랑슈 기반으로 토큰 가격을 정하는 로직을 구현해보길 바랍니다. 다 끝났나요? 수정한 calculateNumberOfTokens()를 다음 예제와 비교해보겠습니다.

예제 6-6 트랑슈 기반 토큰 가격을 반영한 calculateNumberOfTokens()

```
function calculateNumberOfTokens(uint256 investment)
    internal returns (uint256) {
    updateCurrentTrancheAndPrice();          ← calculateNumberOfTokens()에서
    return investment / weiTokenPrice;          유일하게 변경하는 함수
}

function updateCurrentTrancheAndPrice()      ← 현재 트랑슈와
    internal {                                  토큰 가격 업데이트
    uint256 i = currentTrancheLevel;

    while(trancheStructure[i].weiHighLimit
      < investmentReceived)                  ← investmentReceived 값이
        ++i;                                    트랑슈 한도 안에 있는지 확인

    currentTrancheLevel = i;

    weiTokenPrice =
      trancheStructure[currentTrancheLevel]
        .weiTokenPrice;                      ← 현재 트랑슈 기반 토큰 가격으로
}                                               weiTokenPrice를 수정
```

[예제 6-6]처럼 트랑슈 기반으로 토큰 가격을 계산하려면 함수 하나만 추가하면 됩니다. 나머지 코드는 변경하지 않습니다. 수정한 calculateNumberOfTokens()와 새로운 updateCurrentTrancheAndPrice() 함수를 어디에 배치해야 할지 궁금할 것입니다. 답은 간단합니다. TranchePricingCrowdsale이라는 새로운 크라우드세일 컨트랙트입니다. 왜냐하면 다른 크라우드세일에서는 토큰 가격을 일정하게 유지하고 싶을 수도 있기 때문입니다. 다음으로 SimpleCrowdsale의 코드를 복사하여 TranchePricingCrowdsale에 붙여 넣고 [예제 6-6]의 수정 사항을 적용해야 할지 궁금할 것입니다. 답은 '아니요'입니다. SimpleCoin을 기반으로 ReleasableSimpleCoin을 만들 때 설명했듯이 다음 코드와 같이 TranchePricingCrowdsale은 SimpleCrowdsale을 상속받습니다.

예제 6-7 SimpleCrowdsale을 상속받는 TranchePricingCrowdsale

```solidity
pragma solidity ^0.4.24;

import "./Listing6_5_SimpleCrowdsale.sol";

contract TranchePricingCrowdsale
    is SimpleCrowdsale {                        ◁─ TranchePricingCrowdsale은
                                                    SimpleCrowdsale을 상속합니다.

    struct Tranche {
      uint256 weiHighLimit;
      uint256 weiTokenPrice;
    }
                                          트랑슈 구조의 구성
    mapping(uint256 => Tranche)
        public trancheStructure;       ◁─
    uint256 public currentTrancheLevel;   ◁─  지금까지 받은 투자 금액으로
                                              계산된 현재의 트랑슈 레벨

    constructor(uint256 _startTime, uint256 _endTime,
        uint256 _etherInvestmentObjective)
        SimpleCrowdsale(_startTime, _endTime,
        1, _etherInvestmentObjective)      ◁─  컨트랙트를 초기화하기 위해
    payable public                             기본 컨트랙트에서 생성자 호출
    {
        trancheStructure[0] = Tranche(3000 ether,
            0.002 ether);
        trancheStructure[1] = Tranche(10000 ether,
            0.003 ether);
        trancheStructure[2] = Tranche(15000 ether,
            0.004 ether);
        trancheStructure[3] = Tranche(1000000000 ether,
            0.005 ether);

        currentTrancheLevel = 0;
    }

    function calculateNumberOfTokens(
        uint256 investment)               ◁─  SimpleCrowdsale에 있는
        internal returns (uint256) {          calculateNumberOfTokens() 구현을
        updateCurrentTrancheAndPrice();       재정의합니다.
        return investment / weiTokenPrice;
    }
                                          현재 트랑슈 기반으로 토큰 가격을
    function updateCurrentTrancheAndPrice()  ◁─  업데이트하는 새로운 함수
```

트랑슈 구조 초기화
(간단하게 하기 위해
하드 코딩했지만
생성자 매개변수로
설정할 수 있습니다.)

```
        internal {
        uint256 i = currentTrancheLevel;

        while(trancheStructure[i].weiHighLimit < investmentReceived)
          ++i;

        currentTrancheLevel = i;

        weiTokenPrice = trancheStructure[currentTrancheLevel].weiTokenPrice;
    }
}
```

SimpleCrowdsale에서 TranchePricingCrowdsale을 상속하여 단일 상속의 또 다른 예를 확인할 수 있었습니다. TranchePricingCrowdsale에서 볼 수 있는 솔리디티 상속 기능을 간단히 요약하겠습니다. 이는 ReleasableSimpleCoin에서 이미 봤던 반복된 기능입니다. 상속 개념을 통합하는 데 도움이 되길 바랍니다.

- TranchePricingCrowdsale은 SimpleCrowdsale을 다음 키워드로 상속받습니다.

```
contract TranchePricingCrowdsale is SimpleCrowdsale
```

- 트랑슈별로 기능을 처리하기 위해 trancheStructure와 currentTrancheLevel 상태 변수를 상속된 컨트랙트에 추가했습니다.

- TranchePricingCrowdsale의 생성자는 트랑슈와 관련 상태를 설정하고 기본 SimpleCrowdsale 생성자에게 필요한 매개변수를 제공합니다.

```
TranchePricingCrowdsale(uint256 _startTime, uint256 _endTime,
        uint256 _weiTokenPrice, uint256 _etherInvestmentObjective)
        SimpleCrowdsale(_startTime, _endTime,
          _weiTokenPrice, _etherInvestmentObjective)
    payable public
    {
        trancheStructure[0] = Tranche(3000 ether, 0.002 ether);
        ...
```

- TranchePricingCrowdsale에 있는 calculateNumberOfTokens() 함수를 새롭게 구현해 재정의했습니다. 다른 언어와 달리 솔리디티는 함수를 재정의하는 데 특별한 키워드가 필요하지 않습니다.

[그림 6-8]의 컨트랙트 다이어그램에서 TranchePricingCrowdsale과 SimpleCrowdsale의 상속 관계를 확인할 수 있습니다. [예제 6-7]에서 TranchePricingCrowdsale의 코드를 리믹 스의 새 코드 탭으로 복사하고 컨트랙트를 인스턴스화합니다. 그러면 트랑슈 한도에 도달했을 때 토큰 가격이 어떻게 상승하는지 확인할 수 있습니다. 단일 상속이란 단어를 몇 차례 소개한 것을 봤을 것입니다. 솔리디티도 다중 상속을 지원하기 때문입니다. 다음 절에서 살펴보겠습 니다.

6.2.2 다중 상속으로 함수 작성

솔리디티는 아직 개발 초기 단계에 있는 언어입니다. 문법이 지속적으로 개선되고 있어 권장 사항이 자주 변경됩니다. 솔리디티를 가장 오래 경험한 개발자일지라도 기존 프로그래밍 언어 의 기초 개발자와 비슷할 것입니다. 따라서 지속적으로 최근 기술과 권장 사항을 파악해야 합 니다. 특히 보안과 관련된 부분은 더욱 중요합니다.

그림 6-8 SimpleCrowdsale을 상속받는 TranchePricingCrowdsale이 추가된 크라우드세일 컨트랙트 계층 구조 를 보여주는 컨트랙트 다이어그램

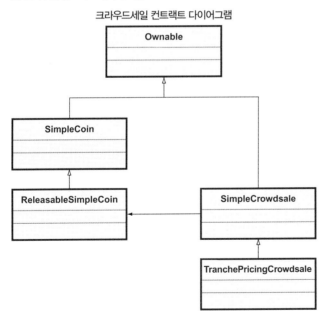

현실적으로 컨트랙트가 이더리움 메인 네트워크에 한 번 배포된 후에는 정기적으로 수정되지 않습니다. 그러나 보안상 결함이 발견될 수 있습니다. 개발자가 최근 권장하는 안전한 문법을 알지 못했거나 커뮤니티에서 노드 클라이언트 또는 프로그래밍 언어 수준에서 결함을 누군가가 발견할 수 있습니다.

일이 잘못될 가능성이 현실이 되어 이더가 손실되거나 도난당할 위험을 무시할 수 없는 상황을 고려하여 다양한 형태의 패닉 버튼을 컨트랙트에 포함하는 것이 일반적입니다. 컨트랙트 소유자가 컨트랙트를 다시 활성화할 때까지 컨트랙트 상태와 함수 기능을 일시 중지 또는 중단하는 것부터, 컨트랙트에 저장된 이더를 안전한 계정으로 옮기고 컨트랙트를 영구적으로 사용할 수 없게 만드는 자기 파괴 함수 형태까지 다양하게 구현됩니다.

토큰 컨트랙트에 일시 중지 기능 구현

다음 예제는 SimpleCoin에도 기능을 추가하지 않고 ReleasableSimpleCoin에 일시 중지 기능을 추가하는 방법을 보여줍니다.

예제 6-8 ReleasableSimpleCoin에 일시 중지 기능 추가

```
pragma solidity ^0.4.24;
import "./Listing5_8_SimpleCoin.sol";
contract ReleasableSimpleCoin is SimpleCoin {
...          ⟵── 이전과 같은 코드

    bool public paused = false;        ⟵┐ 일시 중지 상태를
                                         │ 저장하는 플래그
    modifier whenNotPaused() {
        require(!paused);
        _;
    }

    modifier whenPaused() {
        require(paused);
        _;
    }

    function pause() onlyOwner
        whenNotPaused public {         ⟵┐ 일시 중지 상태를
        paused = true;                   │ 저장하는 함수 제어자
```

```
        }

        function unpause()
            onlyOwner whenPaused public {    ◁ ──────────┐
            paused = false;
        }

        ...      ◁─── 이전과 같은 코드

        function transfer(address _to, uint256 _amount)
    ┌─▷     isReleased whenNotPaused public {
    │           super.transfer(_to, _amount);
    │       }
    │
    │       function transferFrom(address _from, address _to, uint256 _amount)
    │           isReleased whenNotPaused
    │           public returns (bool) {
    │               super.transferFrom(_from, _to, _amount);
    └─▷     }
        }
```

토큰 컨트랙트가 일시 중지되지 않은 경우에만 전송할 수 있도록 합니다.

일시 중지 기능 추출하기

ReleasableSimpleCoin에 일시 중지 기능을 구현하면 SimpleCrowdsale과 동일한 작업을 수행할 수 있습니다. 이 작업을 위해 일시 중지 기능 코드를 복사하여 작성한 SimpleCrowdsale에 넣으려고 할 수 있습니다. 그러나 코드를 복사하지 않고 ReleasableSimpleCoin과 SimpleCrowdsale에 일시 중지 기능을 추가할 수 있는 현명한 방법이 있습니다. Releasable SimpleCoin에서 일시 중지 기능을 별도의 컨트랙트(예: Pausable이라고 함)로 추출한 다음 Pausable을 ReleasableSimpleCoin과 SimpleCrowdsale에 모두 상속하는 것입니다.

ReleasableSimpleCoin에서 추출된 새로운 Pausable 컨트랙트를 다음 예제에서 볼 수 있습니다.

예제 6-9 ReleasableSimpleCoin에서 추출한 Pausable 컨트랙트

```
pragma solidity ^0.4.24;
import "./Listing6_4_Ownable.sol";
contract Pausable is Ownable {                정지 상탯값을
    bool public paused = false;         ◁──  저장하는 상태 변수
```

```
modifier whenNotPaused() {
    require(!paused);
    _;
}

modifier whenPaused() {
    require(paused);
    _;
}
```

정지 상탯값에 따라 함수를
실행할 수 있도록 하는 함수 제어자

```
function pause() onlyOwner
    whenNotPaused public {
    paused = true;
}

function unpause() onlyOwner
    whenPaused public {
    paused = false;
}
```

일시 중지 상탯값을 변경하는 함수

```
}
```

다중 상속을 활용한 기초 컨트랙트 작성

이제 Pausable 컨트랙트를 ReleasableSimpleCoin에 상속하여 ReleasableSimpleCoin에
일시 중지 기능을 다시 적용할 수 있습니다. 기억하겠지만 이미 SimpleCoin에서 Releasable
SimpleCoin을 상속받습니다. 이것이 문제가 될까요? 대답은 '아니요'입니다. 솔리디티는 다중
상속을 지원하므로 다음과 같이 여러 컨트랙트에서 컨트랙트를 상속할 수 있습니다.

```
contract ReleasableSimpleCoin
    is SimpleCoin, Pausable {
    ...
}
```

ReleasableSimpleCoin은
SimpleCoin 및 Pausable을
상속합니다.

다중 상속은 간단한 컨트랙트를 여러 개 상속하여 더욱 복잡한 컨트랙트를 생성할 수 있기 때
문에 코드를 구성하기 편리하게 만들 수 있습니다. 반면 순환 참조 문제를 피하기 위해서는 상
호 종속성을 최소화하여 컨트랙트를 작성해야 합니다.

[그림 6-9]에서 ReleasableSimpleCoin에 존재하는 다중 상속 관계를 확인할 수 있습니다.

크라우드세일 컨트랙트에 일시 중지 기능 구현

일시 중지 가능한 기능을 독립된 컨트랙트로 추출한 후에는 다른 컨트랙트에 쉽게 적용할 수 있습니다. 예를 들면 다음과 같습니다.

```
contract SimpleCrowdsale is Pausable {
...
}
```

그림 6-9 ReleasableSimpleCoin은 SimpleCoin과 Pausable을 상속받고 결국에는 Ownable도 상속받는다.

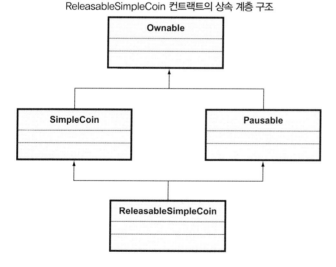

SimpleCrowdsale이 Pausable을 상속받으면 TranchePricingCrowdsale 또한 일시 중지할 수 있습니다. [그림 6-10]에서 수정된 크라우드세일 컨트랙트 구조를 볼 수 있습니다.

그림 6-10 Pausable 컨트랙트를 포함하는 수정된 크라우드세일 컨트랙트 구조

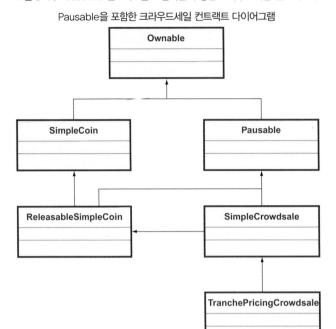

Pausable을 포함한 크라우드세일 컨트랙트 다이어그램

파기할 수 있는 컨트랙트 만들기

Pausable 기능이 익숙하지 않거나 긴급할 때는 컨트랙트에 저장된 이더를 안전한 주소로 즉시 전송합니다. 그다음 악의적인 공격자가 더 이상 조작할 수 없도록 컨트랙트를 파기하고 싶다면 다음 예제처럼 Destructible 컨트랙트로 기능을 캡슐화할 수 있습니다.

예제 6-10 Destructible 컨트랙트

```solidity
pragma solidity ^0.4.24;
import "./Listing6_4_Ownable.sol";
contract Destructible is Ownable {

    constructor() payable public { }

    function destroyAndSend(address _recipient) onlyOwner public {
        selfdestruct(_recipient);          5.1.3절에서 설명한 암시적으로 선언된 함수
    }                                      selfdestruct()를 사용하여 이더를 지정된 안전한
}                                          계정으로 전송한 후 컨트랙트를 파기합니다.
```

이제 [그림 6–11]과 다음 코드처럼 Destructible을 상속받아 ReleasableSimpleCoin 및 SimpleCrowdsale 컨트랙트를 파기할 수 있도록 합니다.

```
contract ReleasableSimpleCoin is SimpleCoin,
    Pausable, Destructible {
    ...
}

contract SimpleCrowdsale is Pausable,
    Destructible {
    ...
}
```

ReleasableSimpleCoin과
SimpleCrowdsale은
Destructible을 상속

지금까지 단일 및 다중 상속을 활용하여 중복된 코드 복제를 줄이고 컨트랙트에 기능을 추가할 수 있도록 구현하는 방법을 배웠습니다. 다음 장에서는 추상 클래스와 인터페이스로 컨트랙트 코드 기반를 유지보수하는 방법을 설명합니다.

그림 6-11 ReleasableSimpleCoin 및 SimpleCrowdsale도 이제 파기할 수 있다.

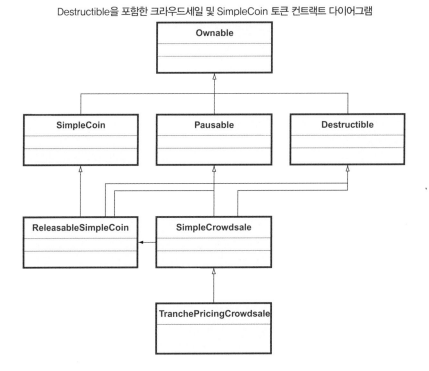

Destructible을 포함한 크라우드세일 및 SimpleCoin 토큰 컨트랙트 다이어그램

6.3 요약

- 실제 이더리움 디앱 컨트랙트는 일반적으로 서로 상호작용하는 많은 컨트랙트로 구성됩니다.

- 크라우드세일 관리 애플리케이션은 다중 컨트랙트 디앱 예시입니다.

- 상속을 사용하여 코드 중복을 피하고 컨트랙트 기능을 확장할 수 있습니다.

- 다중 상속을 통해 간단한 컨트랙트 여러 개로 복잡한 컨트랙트를 작성할 수 있습니다.

CHAPTER 7

추상 컨트랙트와 인터페이스

이 장의 주요 내용

- 컨트랙트를 추상화하여 일반화하기
- 인터페이스로 컨트랙트 기능 확장하기
- 솔리디티 객체 지향 기능 요약
- 라이브러리를 사용하여 유틸리티 코드 유지보수성 높이기

이전 장에서 소개한 SimpleCrowdsale은 토큰 컨트랙트(ReleasableSimpleCoin)와 상호작용하는 크라우드세일 관리 컨트랙트(SimpleCrowdsale)로 구성된 다중 컨트랙트 디앱의 예입니다.

새롭고 더욱 복잡한 가격 책정 전략을 추가하여 SimpleCrowdsale의 기능을 확장하기 시작했으며 이를 위해 컨트랙트 상속을 활용했습니다. 추가적으로 다른 컨트랙트에 일시 중지 및 파기하는 기능을 구현하고 이를 다중 상속하여 SimpleCrowdsale 기능을 더욱 확장했습니다.

7장에서는 추상 계약 및 인터페이스와 같은 다른 객체 지향 기능을 사용하여 SimpleCrowdsale의 기능을 계속 확장합니다. 코드 중복을 피하면서 컨트랙트를 일반화하는 데 추상 컨트랙트가 어떻게 도움이 되는지 알아보겠습니다. 인터페이스는 유연하게 컨트랙트 디자인을 할 수 있도록 합니다. 특정 컨트랙트 기능을 다양하게 구현한 것 중 하나를 선택하여 플러그인하는 방법도 설명하겠습니다.

대부분의 언어와 마찬가지로 자주 사용하는 기능을 묶고 정리하여 공유 라이브러리로 구성하여 솔리디티에서도 코드를 재사용할 수 있습니다. 솔리디티 라이브러리를 설명하고 어떻게 라이브러리에서 함수를 호출하는지 설명하겠습니다.

이 장과 이전 장에서 배운 몇 가지 객체 지향 기술을 사용하여 SimpleCoin을 추가로 개선하고 이 장을 마칠 것입니다. 특히 SimpleCoin이 이더리움 ERC20 토큰 표준을 따르도록 리팩터링하는 방법을 소개합니다.

7.1 추상 컨트랙트 만들기

현재 크라우드세일 컨트랙트는 다양한 가격 전략을 처리할 수 있습니다. 부모 컨트랙트에서 사용할 수 없는 트랑슈 기반 토큰 가격 기능을 제공하기 위해 SimpleCrowdsale을 상속받아 TranchedSimpleCrowdsale을 구현합니다.

7.1.1 상속을 활용하여 모집 한도 구현하기

한 고객이 당신의 크라우드세일 컨트랙트에 관심이 있다고 상상해봅시다. 그러나 크라우드세일이 최대 금액에 도달하면 더 이상 투자를 받을 수 없는 새로운 기능을 원한다고도 가정합니다. 이를 구현하는 빠른 방법은 다음 예제에 표시된 대로 SimpleCrowdsale에서 CappedCrowdsale이라는 새로운 파생 컨트랙트를 생성하는 것입니다.

예제 7-1 CappedCrowdsale 첫 번째 구현

```
pragma solidity ^0.4.24;
import "./Listing6_5_SimpleCrowdsale.0.5.sol";

contract CappedCrowdsale is SimpleCrowdsale {        ← 자금 조달 한도를
    uint256 fundingCap;                                 설정하기 위한 상태 변수

    constructor(uint256 _startTime, uint256 _endTime,
        uint256 _weiTokenPrice, uint256 _etherInvestmentObjective,
        uint256 _fundingCap)
        SimpleCrowdsale(_startTime, _endTime,          ← 기초 생성자로
        _weiTokenPrice, _etherInvestmentObjective)       나머지 상태 변수 설정
        payable public
    {
        require(_fundingCap > 0);
        fundingCap = _fundingCap;
```

```
    }

    function isValidInvestment(uint256 _investment)        ◁── isValidInvestment()
        internal view returns (bool) {                          재정의
        bool nonZeroInvestment = _investment != 0;         ◁─┐
        bool withinCrowdsalePeriod =                         │ SimpleCrowdsale.isValidInvestment()에서
            now >= startTime && now <= endTime;            ◁─┘ 유효성 검사 복사

        bool isInvestmentBelowCap = investmentReceived +   ◁─┐ 한도를 초과하지
            _investment < fundingCap;                        │ 않았는지 확인
        return nonZeroInvestment && withinCrowdsalePeriod  ◁─┘
            && isInvestmentBelowCap;
    }
}
```

현재 구현상의 문제

현재 구현은 처음에는 단순하고 만족스러울 수 있지만 자세히 살펴보면 몇 가지 문제가 있습니다.

- isValidInvestment( )의 구현은 SimpleCrowdsale.isValidInvestment( ) 일부를 복사하여 코드 중복이 발생합니다.
- CappedCrowdsale의 현재 구현은 SimpleCrowdsale의 기본적인 토큰 가격 책정 코드를 상속받습니다. TranchePricingCrowdsale은 SimpleCrowdsale의 자식 컨트랙트이기 때문에 트랑슈 기반 토큰 가격 정책 기능을 사용할 수 없습니다.

템플릿으로 중복 제거

이러한 문제를 하나씩 해결해봅시다. 먼저 SimpleCrowdsale.isValid Investment()를 다음과 같이 다시 구현하여 isValidInvestment() 내에서 부분적으로 코드가 중복되는 것을 피할 수 있습니다.

```
contract SimpleCrowdsale is Ownable {
    ...
    function isValidInvestment(uint256 _investment)        ◁─┐ 투자 금액 유효성
        internal view returns (bool) {                       │ 사전 확인
        bool nonZeroInvestment = _investment != 0;         ◁─┘
```

```
        bool withinCrowdsalePeriod = now >= startTime
            && now <= endTime;


    return nonZeroInvestment && withinCrowdsalePeriod
        && isFullInvestmentWithinLimit(
        _investment);                    ◁── 지금까지 모집한 금액에 대한
    }                                         전반적인 유효성 확인


function isFullInvestmentWithinLimit(uint256 _investment)
    internal view returns (bool) {
    return true;                    ◁── 기본적인 구현은 전혀 유효성 검사를 수행하지 않습니다.
    }                                     나중에 다루겠지만 상속된 클래스에서 재정의된 구현을
    ...                                   유효성 검사합니다.
}
```

이렇게 변경하면 CappedCrowdsale은 더 이상 isValidInvestment()는 재정의할 필요가 없고 다음 예제처럼 isFullInvestmentWithinLimit()만 재정의하면 됩니다.

예제 7-2 CappedCrowdsale 리팩터링

```
pragma solidity ^0.4.18;                             ┌─ isFullInvestmentWithinLimit를
import "./Listing7_A_SimpleCrowdsale_forCapped.sol"; ◁─ 구현한 수정된 SimpleCrowdsale
                                                     └─ 버전을 참조합니다.
contract CappedCrowdsale is SimpleCrowdsale {
    uint256 fundingCap;
    function CappedCrowdsale(uint256 _startTime, uint256 _endTime,
    uint256 _weiTokenPrice, uint256 _etherInvestmentObjective,
    uint256 _fundingCap) SimpleCrowdsale(_startTime, _endTime,
    _weiTokenPrice, _etherInvestmentObjective)
    payable public
    {
        require(_fundingCap > 0);
        fundingCap = _fundingCap;
    }


    function isFullInvestmentWithinLimit(uint256 _investment)
        internal view returns (bool) {
        bool check = investmentReceived + _investment
            < fundingCap;            ◁── 재정의된 isValidInvestment() 함수에서
        return check;                     이전에 수행되었던 점검입니다.
    }
}
```

isValidInvestment() 함수는 이제 템플릿 메서드가 됐습니다. 이 함수는 하위 레벨 함수에서 사용할 로직을 상위 레벨에 정의하여 사용할 수 있는 상위 레벨 함수입니다. 예를 들어 isFullInvestmentWithinLimit()와 같은 파생 컨트랙트에서 상속받아 재정의하여 특정한 로직을 구현할 수 있습니다.

> **NOTE_** 템플릿 메서드는 고전적인 디자인 패턴으로 소위 Gang of Four book이라 불리는 이 분야 4인방의 책 『GoF의 디자인 패턴』(프로텍미디어, 2015)[1]에 소개됐습니다.

현재 자금 모집 한도 전략 구현의 한계

앞에서 이야기했듯 한도를 확인하는 현재 기능은 그대로 사용할 수 없습니다. 트랜슈 기반 토큰 가격으로 크라우드세일 자금을 조달하려면 다음 목록처럼 CappedTranchePricingCrowdsale 컨트랙트를 구현해야 합니다.

예제 7-3 자금 모집 한도 전략과 트랑슈 기반 가격

```solidity
pragma solidity ^0.4.24;
import "./Listing7_B_TranchePricingCrowdsale_forCapped.sol";

contract CappedTranchePricingCrowdsale is TranchePricingCrowdsale {
    uint256 fundingCap;                          ◁——— CappedCrowdsale에
                                                        선언한 것과 동일한 상태 변수
    constructor(uint256 _startTime, uint256 _endTime,
        uint256 _etherInvestmentObjective,
        uint256 _fundingCap)
        TranchePricingCrowdsale(_startTime, _endTime,
        _etherInvestmentObjective)
        payable public
    {
        require(_fundingCap > 0);
        fundingCap = _fundingCap;
    }

    function isFullInvestmentWithinLimit(uint256 _investment)
        internal view returns (bool) {
        bool check = investmentReceived + _investment
```

---

[1] 『Design Patterns: Elements of Reusable Object-Oriented Software』(Addison-Wesley, 1994)

```
            < fundingCap;            CappedCrowdsale용으로
      return check;                  작성된 동일한 구현
    }
  }
```

보다시피 CappedCrowdsale에서 코드를 완전히 복사했습니다. 하지만 유지보수 관점에서 좋은 방법은 아닙니다.

중복 외에도 현재 크라우드세일 컨트랙트 계층 구조는 또 다른 문제가 있습니다. [그림 7-1]에서 볼 수 있듯이 계층 구조는 비대칭입니다. 모든 컨트랙트명에 토큰 가격 전략이나 모집 한도가 있는지 나타나지 않습니다. 예를 들어 이름에 토큰 가격 전략이 나타나지 않은 CappedCrowdsale은 고정된 토큰 가격을 사용하는 SimpleCrowdsale을 상속합니다. 이 컨트랙트의 정확한 이름은 CappedFixedPricingCrowdsale이 돼야 합니다. 마찬가지로 TranchePricingCrowdsale도 모집 한도 여부가 나타나 있지 않습니다. 이 컨트랙트는 모집 한도가 없는 SimpleCrowdsale을 상속받습니다. 이 컨트랙트의 정확한 이름은 UncappedTranchePricingCrowdsale이어야 합니다.

그림 7-1 UML 컨트랙트 다이어그램. 크라우드세일 컨트랙트 구조가 비대칭이며 일부 컨트랙트 이름에 토큰 가격, 모집 한도 방법을 명시하지 않아 모호하다. 간략한 설명을 위해 소유권, 일시 중지와 파기 컨트랙트는 여기서 생략했다.

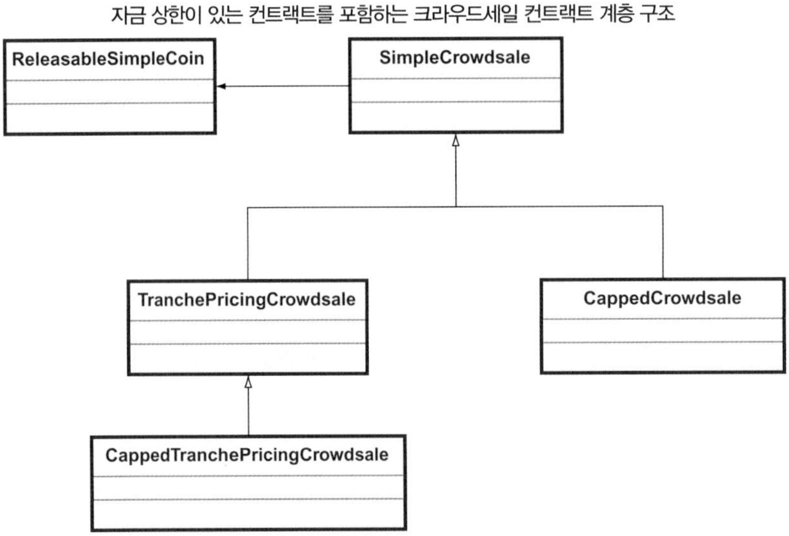

자금 상한이 있는 컨트랙트를 포함하는 크라우드세일 컨트랙트 계층 구조

7.1.2 추상 컨트랙트로 자금 모집 한도 기능 일반화

이제 추상 클래스의 개념을 기반으로 CappedCrowdsale 및 CappedTranchePricingCrowdsale
을 구현하는 방법을 소개합니다. 또한 [그림 7-1]에서 보았던 크라우드세일 컨트랙트 계층 구
조를 대칭적이고 더욱 명확하게 추상 클래스로 만드는 방법을 설명합니다. 여기에는 먼저 모집
한도 제한 기능을 완전히 별도의 컨트랙트로 캡슐화하는 과정을 포함합니다.

```
contract FundingLimitStrategy{
    function isFullInvestmentWithinLimit(uint256 _investment,
        uint256 _fullInvestmentReceived)
        public view returns (bool);          ← 이 단계에서는 아직 구현되지 않았지만
}                                              모집 금액 한도를 점검하는 함수입니다.
```

이 컨트랙트는 모든 모집 금액 한도 여부에 대한 기초 컨트랙트라 생각할 수 있습니다. 여기에
서 가능한 두 가지 모집 금액 전략은 다음과 같습니다.

- **CappedFundingStrategy**

  CappedTranchePricingCrowdsale 컨트랙트 앞부분에서 볼 수 있듯이 fundingCap 한도만큼 자금이 제
  한되는 크라우드세일

- **UnlimitedFundingStrategy**

  무제한으로 모집하는 크라우드세일

FundingLimitStrategy를 상속받아 다음과 같이 모집 금액을 제한하는 크라우드세일을 구현
할 수 있습니다.

```
contract CappedFundingStrategy is FundingLimitStrategy {
    uint256 fundingCap;                      ← 자금 모집 한도

    constructor(uint256 _fundingCap) public {
        require(_fundingCap > 0);
        fundingCap = _fundingCap;
    }

    function isFullInvestmentWithinLimit(
        uint256 _investment,
        uint256 _fullInvestmentReceived)
        public view returns (bool) {         ← CappedTranchePricingCrowdsale에서
                                               본 것과 동일한 구현입니다.
```

```
        bool check = _fullInvestmentReceived + _investment < fundingCap;
        return check;
    }
}
```

무세한 자금 모집을 구현하려면 다음과 같이 구현합니다.

```
contract UnlimitedFundingStrategy is FundingLimitStrategy {
    function isFullInvestmentWithinLimit(
        uint256 _investment,
        uint256 _fullInvestmentReceived)
        public view returns (bool) {
        return true;        ←┄┄  무제한 자금 모집이므로
    }                            자금 한도를 확인하지 않습니다.
}
```

FundingLimitStrategy를 상속받아 다른 자금 모집 전략을 구현할 수 있습니다. 예를 들어 크
라우드세일 동안 변경될 수 있는 다양한 요소에 따라 모집 전략을 재조정하도록 자금 한도를
동적으로 구현할 수 있습니다. FundingLimitStrategy는 isFullInvestmentWithinLimit()
함수를 선언했지만 구현하지 않았기 때문에 추상 컨트랙트로 볼 수 있습니다. 반면 Capped
FundingStrategy 및 UnlimitedFundingStrategy는 모든 기능이 구현되었기 때문에 구현 컨
트랙트로 볼 수 있습니다.

> **DEFINITION_** 컨트랙트에 선언되었지만 구현되지 않은 함수가 하나 이상 포함되면 **추상** 컨트랙트로 봅니
> 다. 추상 컨트랙트는 다른 컨트랙트의 기초 클래스로 사용되지만 인스턴스화할 수는 없습니다. 기능이 모두
> 구현된 컨트랙트는 **구현** 컨트랙트로 봅니다.

[그림 7-2]의 UML 컨트랙트 다이어그램은 자금 모집 전략 컨트랙트의 상속 계층 구조를 보여
줍니다.

그림 7-2 하나의 추상 컨트랙트와 두 개의 구현 컨트랙트를 포함한 자금 모집 전략 컨트랙트 계층 구조

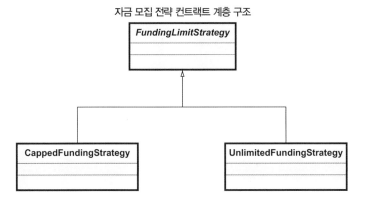

자금 모집 전략 컨트랙트 계층 구조

> **NOTE_** [그림 7–2]의 **FundingLimitStrategy** 이름이 이탤릭체로 표시되어 있습니다. 추상 클래스를 나타내는 UML 명명 규칙입니다.

7.1.3 추상 컨트랙트로 토큰 가격 전략 개선

크라우드세일 컨트랙트 계층 구조를 정리하고 [그림 7–3]과 같이 각 컨트랙트에서 사용되는 토큰 가격 전략을 더욱 명확하게 하기 위해 자금 모집 한도 컨트랙트에서 사용한 방법을 적용할 수 있습니다.

다음은 SimpleCrowdsale에서 몇 가지 수정된 부분입니다.

```
contract SimpleCrowdsale {
    function calculateNumberOfTokens(uint256 investment)
        internal returns (uint256) ;
}
```
← 이 함수가 추상화되어 SimpleCrowdsale은 추상 컨트랙트가 됩니다.

그림 7-3 크라우드세일 컨트랙트 계층 구조를 대칭적이고 보다 명확하게 만든다. 고정된 토큰 가격 함수를 새로운 FixedPricingCrowdsale 컨트랙트로 분리하여 SimpleCrowdsale을 추상화했다.

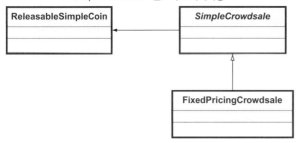

SimpleCrowdsale에 있던 고정된 토큰 가격 함수를 새로운 FixedPricingCrowdsale 컨트랙트로 생성합니다.

```
contract FixedPricingCrowdsale is SimpleCrowdsale {

    constructor(uint256 _startTime, uint256 _endTime,
        uint256 _weiTokenPrice, uint256 _etherInvestmentObjective,
        uint256 _fundingCap)
        SimpleCrowdsale(_startTime, _endTime,
        _weiTokenPrice, _etherInvestmentObjective)
        payable public {
    }

    function calculateNumberOfTokens(uint256 investment)
        internal returns (uint256) {
        return investment / weiTokenPrice;        SimpleCrowdsale에 있던 공식이
    }                                             이제 여기로 옮겨졌습니다.
}
```

한편 TranchePricingCrowdsale은 이전 구현에서 아직 수정되지 않았습니다.

7.1.4 제한된 크라우드세일을 중복 없이 다시 구현하기

먼저 FundingLimitStrategy 컨트랙트 계층 구조에서 크라우드세일 모집 한도 전략을 캡슐화하고 크라우드세일 컨트랙트 계층 구조를 약간 리팩터링합니다. CappedCrowdsale 및 Capped

TranchePricingCrowdsale을 다시 구현하여 중복을 제거할 수 있습니다.

첫째, SimpleCrowdsale에 자금 모집 한도 전략을 상태 변수 fundingLimitStrategy로 추가
합니다. createFundingLimitStrategy()라는 새로운 함수로 생성자에서 특정 자금 모집 전
략을 인스턴스화할 수 있습니다. 여기서는 추상적으로 선언하고 상속된 컨트랙트에서 구현해
야 합니다. 그럼 isValidInvestment에서 fundingLimitStrategy() 함수를 사용할 수 있습
니다.

```
contract SimpleCrowdsale is Ownable {
    //...

    FundingLimitStrategy internal          자금 모집 한도 전략을
        fundingLimitStrategy;              저장하는 상태 변수

    //...
    constructor(...) public {
        ...                                특정 자금 한도 전략은 추상화된
        fundingLimitStrategy =             createFundingLimitStrategy()를
            createFundingLimitStrategy();  통해 인스턴스화됩니다.
    }

    //...

    function createFundingLimitStrategy()      특정 FundingLimitStrategy를
        internal returns (FundingLimitStrategy);  인스턴스화합니다. 추상 함수로 상속된
                                                  컨트랙트에서 구현해야 합니다.
    function isValidInvestment(uint256 _investment)
        internal view returns (bool) {
        bool nonZeroInvestment = _investment != 0;
        bool withinCrowdsalePeriod = now >= startTime && now <= endTime;

        return nonZeroInvestment && withinCrowdsalePeriod
            && fundingLimitStrategy.
              isFullInvestmentWithinLimit(
                _investment,
                investmentReceived);      자금 한도 점검은 해당
    }                                      FundingLimitStrategy
    //...                                  컨트랙트로 수행합니다.
}
```

이제 [그림 7-4]의 수정된 크라우드세일 컨트랙트 계층 구조에서 볼 수 있듯이 토큰 가격 전략과 자금 모집 전략을 서로 다른 방식으로 결합하여 네 가지 구체적인 크라우드세일 컨트랙트를 구현할 수 있습니다.

- UnlimitedFixedPricingCrowdsale

  UnlimitedFundingStrategy 인스턴스로 FixedPricingCrowdsale을 상속

- CappedFixedPricingCrowdsale

  CappedFundingStrategy 인스턴스로 FixedPricingCrowdsale을 상속

- UnlimitedTranchePricingCrowdsale

  UnlimitedFundingStrategy 인스턴스로 TranchePricingCrowdsale을 상속

- CappedTranchePricingCrowdsale

  CappedFundingStrategy 인스턴스로 TranchePricingCrowdsale을 상속

> **NOTE_** FixedPricingCrowdsale 및 TranchePricingCrowdsale 컨트랙트는 createFunding LimitStrategy()를 구현하지 않기 때문에 추상 컨트랙트입니다.

[예제 7-4]의 컨트랙트 네 가지는 간결하게 구현됩니다. 컨트랙트는 토큰 가격 전략 (FixedPricingCrowdsale 또는 TranchePricingCrowdsale)을 사용하여 추상 크라우드세일 컨트랙트를 상속받아 자금 한도 전략을 반환받고 createFundingLimitStrategy()를 구현합니다. 그러면 모든 작업이 상속받은 추상 컨트랙트에서 진행됩니다.

그림 7-4 재구성된 크라우드세일 컨트랙트 구조. 맨 위 두 개의 추상 컨트랙트 층과 가격 전략과 모집 한도 전략의 모든 조합을 캡슐화한 구현 컨트랙트 층이 아래에 있다. FundingLimitStrategy 컨트랙트 구조는 캡슐화하여 중복된 코드를 피해 자금 모집 한도 여부를 효율적으로 확인할 수 있다.

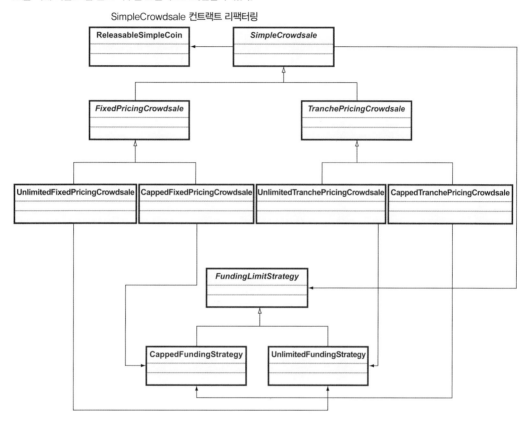

SimpleCrowdsale 컨트랙트 리팩터링

예제 7-4 다양한 가격 및 자금 모집 한도 옵션을 결합한 크라우드세일 컨트랙트

```solidity
pragma solidity ^0.4.24;
import "./Listing7_C_FundingStrategies.sol";
import "./Listing7_E_PricingStrategies.sol";

contract UnlimitedFixedPricingCrowdsale is FixedPricingCrowdsale {

    constructor(uint256 _startTime, uint256 _endTime,
    uint256 _weiTokenPrice, uint256 _etherInvestmentObjective)
    FixedPricingCrowdsale(_startTime, _endTime,          ◁── 부모 컨트랙트에만 전송
    _weiTokenPrice, _etherInvestmentObjective)
    payable public {
    }
```

```
        function createFundingLimitStrategy()
            internal returns (FundingLimitStrategy) {

            return new UnlimitedFundingStrategy();
        }
    }

    contract CappedFixedPricingCrowdsale is FixedPricingCrowdsale {

        constructor(uint256 _startTime, uint256 _endTime,
        uint256 _weiTokenPrice, uint256 _etherInvestmentObjective)
        FixedPricingCrowdsale(_startTime, _endTime,
        _weiTokenPrice, _etherInvestmentObjective)
        payable public {
        }

        function createFundingLimitStrategy()
            internal returns (FundingLimitStrategy) {

            return new CappedFundingStrategy(10000);
        }
    }

    contract UnlimitedTranchePricingCrowdsale is TranchePricingCrowdsale {

        constructor(uint256 _startTime, uint256 _endTime,
        uint256 _etherInvestmentObjective)
        TranchePricingCrowdsale(_startTime, _endTime,
        _etherInvestmentObjective)
        payable public {
        }

        function createFundingLimitStrategy()
            internal returns (FundingLimitStrategy) {

            return new UnlimitedFundingStrategy();
        }
    }

    contract CappedTranchePricingCrowdsale is TranchePricingCrowdsale {

        constructor(uint256 _startTime, uint256 _endTime,
        uint256 _etherInvestmentObjective)
        TranchePricingCrowdsale(_startTime, _endTime,
```

부모
컨트랙트에만
전송

유일하게 구현된 함수.
SimpleCrowdsale에
있는 추상화된 함수를
재정의하고 자금 모집 한도
전략을 결정합니다.

```
    _etherInvestmentObjective)
    payable public {
    }

    function createFundingLimitStrategy()
        internal returns (FundingLimitStrategy) {

    return new CappedFundingStrategy(10000);
    }
}
```

7.2 인터페이스로 다중 컨트랙트 구현하기

SimpleCrowdsale을 마무리하기 전에 마지막 객체 지향 기능인 인터페이스를 소개합니다. 다른 객체 지향 언어에 익숙하다면 솔리디티의 인터페이스 작동 방식을 바로 이해할 수 있습니다. 그렇지 않다면 예제를 통해 설명하기 때문에 개념을 빠르게 이해할 수 있습니다.

7.2.1 인터페이스가 필요한 상황 설정

모집 금액을 제한하여 크라우드세일을 구현하도록 요청한 고객이 다른 방법으로 바꾸길 원한다고 가정해봅시다. 고객은 크라우드세일 컨트랙트도 만족하지만 ReleasableSimpleCoin이 필요하지 않은 다른 토큰을 지원하려고 합니다. 여러분도 이러한 요구 사항이 새로운 고객에게 유연성을 제공할 수 있기 때문에 공정한 요청이라고 생각할 것입니다. 현재 코드를 분석하면 크라우드세일 컨트랙트가 ReleasableSimpleCoin과 최소한의 상호작용을 한다는 것을 알 수 있습니다. 다음 예제에 강조된 것처럼 계층 구조의 기초 컨트랙트인 SimpleCrowdsale만 참조하고 있습니다.

```
contract SimpleCrowdsale is Ownable {
    ...

    ReleasableSimpleCoin public          crowdsaleToken을
        crowdsaleToken;                  상태 변수로 정의
    ...
```

```
function SimpleCrowdsale(uint256 _startTime, uint256 _endTime,
uint256 _weiTokenPrice, uint256 _etherInvestmentObjective)
payable public
{

    ...
    crowdsaleToken =
        new ReleasableSimpleCoin(0);
}
```

←—— SimpleCrowdsale 생성자에서
crowdsaleToken을 초기화합니다.

...

```
function assignTokens(address _beneficiary,
    uint256 _investment) internal {

    uint256 _numberOfTokens = calculateNumberOfTokens(_investment);

    crowdsaleToken.mint(_beneficiary,
    _numberOfTokens);
}
```

←—— 투자자가 구매한 토큰만큼
투자자 계정으로 토큰 발행

...

```
function finalize() onlyOwner public {
    ...

    if (isCrowdsaleComplete)
    {
    if (investmentObjectiveMet)
        crowdsaleToken.release();
    else
        isRefundingAllowed = true;

    isFinalized = true;
    }
    }

    ...
}
```

←—— 투자자가 토큰을 이체할 수 있도록
토큰 컨트랙트를 릴리스(잠금 해제)

크라우드세일 컨트랙트 개발자로서 크라우드세일에 사용된 토큰이 다음 두 가지 함수를 지원하는지만 신경쓰면 됩니다.

```
mint(address _beneficiary, uint256 _numberOfTokens);

release();
```

투자자가 토큰을 사용할 수 있도록 하려면 토큰 컨트랙트는 최소한 다음 함수를 지원해야 합니다.

```
function transfer(address _to, uint256 _amount);
```

토큰 컨트랙트가 지원해야 하는 최소한의 함수를 정의하는 문법을 인터페이스라고 부릅니다. SimpleCrowdsale이 참조할 토큰 인터페이스는 다음과 같습니다.

```
interface ReleasableToken {
    function mint(address _beneficiary, uint256 _numberOfTokens) external;
    function release() external;
    function transfer(address _to, uint256 _amount) external;
}
```

7.2.2 인터페이스를 참조하는 컨트랙트

인터페이스를 상속받아 인터페이스를 구현하는 컨트랙트를 선언할 수 있습니다. 예를 들면 다음과 같습니다.

```
contract ReleasableSimpleCoin is ReleasableToken {
    ...
}
```

← ReleasableSimpleCoin은 이미 ReleasableToken 상태 그대로 구현됐습니다.

다른 구현을 만들 수도 있습니다.

```
contract ReleasableComplexCoin is ReleasableToken {
    ...
}
```

[그림 7-5]는 인터페이스와 해당 구현 컨트랙트의 관계를 보여줍니다. 인터페이스를 사용하는 구현 컨트랙트를 두 가지 방법으로 나타낼 수 있습니다.

그림 7-5 인터페이스와 구체적인 구현 관계를 두 가지 방법으로 나타낼 수 있다. 첫 번째는 상속과 비슷하며 인터페이스는 구현 컨트랙트의 부모 컨트랙트다. 두 번째는 모든 인터페이스 구현을 표시하지 않을 때 유용한 명시적 인터페이스 기호를 사용한다.

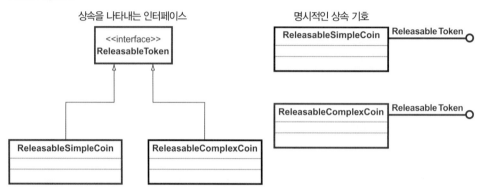

이제 SimpleCrowdsale을 수정하여 구현 토큰 컨트랙트를 사용하지 않고 ReleasableToken 인터페이스를 참조할 수 있습니다. 또한 다음 예제처럼 토큰 컨트랙트를 생성자가 아닌 오버라이드된 내부 함수로 인스턴스화합니다.

예제 7-5 ReleasableToken을 참조하는 SimpleCrowdsale

```
contract SimpleCrowdsale is Ownable {
    ...
    ReleasableToken public crowdsaleToken;
    ...

    constructor(uint256 _startTime, uint256 _endTime,
        uint256 _weiTokenPrice, uint256 _etherInvestmentObjective)
        payable public {
        ...
        crowdsaleToken = createToken();
        ...
    }

    ...
```

이제 크라우드세일 컨트랙트는 어떤 토큰도 ReleasableToken으로 구현할 수 있습니다.

재정의할 수 있는 함수에서 토큰 컨트랙트를 인스턴스화합니다.

```
function createToken()
    internal returns (ReleasableToken) {
        return new ReleasableSimpleCoin(0);
    }

    ...
}
```

SimpleCrowdsale 추상 컨트랙트가
제공하는 기본 구현은 여전히
ReleasableSimpleCoin을
인스턴스화합니다.

아직까지는 아무것도 바뀌지 않은 것 같지만 커스텀 토큰이 필요한 크라우드세일 컨트랙트를 구현할 때 구현 컨트랙트가 아닌 인터페이스를 사용하는 장점을 느낄 수 있습니다. 고객이 다음과 같은 다른 토큰 컨트랙트를 사용하고 싶어 한다고 가정해봅시다.

```
contract ReleasableComplexCoin is ReleasableToken {
    ...
}
```

createToken() 함수를 재정의하여 이 토큰을 지원하는 새로운 크라우드세일 컨트랙트를 쉽게 구현할 수 있습니다.

```
contract UnlimitedFixedPricingCrowdsaleWithComplexCoin
    is UnlimitedFixedPricingCrowdsale {

    constructor(uint256 _startTime,
    uint256 _endTime,
    uint256 _weiTokenPrice, uint256 _etherInvestmentObjective)
    UnlimitedFixedPricingCrowdsale(_startTime, _endTime,
    _weiTokenPrice, _etherInvestmentObjective)
    payable public {
    }
```

```
        function createToken()
            internal returns (ReleasableToken) {
                return new ReleasableComplexCoin();
            }
    }
```

다른 토큰 컨트랙트를 지원하려면 이 함수를 재정의해야 합니다.

그림 7-6 UnlimitedFixedPricingCrowdsaleWithComplexCoin의 컨트랙트 다이어그램. 추상 Simple Crowdsale 컨트랙트와 ReleasableToken 토큰 인터페이스 간의 관계 및 UnlimitedFixedPricingCrowdsale WithComplexCoin 크라우드세일 구현 컨트랙트와 ReleasableComplexCoin 토큰 구현 컨트랙트의 관계를 이해할 수 있다.

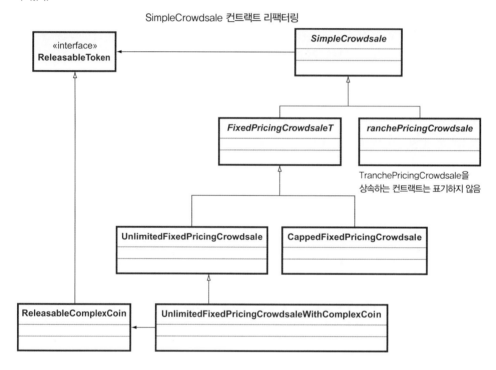

[그림 7-6]은 UnlimitedFixedPricingCrowdsaleWithComplexCoin의 컨트랙트 다이어그램 입니다.

인터페이스는 컨트랙트의 한 요소 또는 측면(예: 크라우드세일에 사용되는 특정 토큰)의 유연 성을 증가시키는 유용한 구조입니다. 구현 컨트랙트(여기서는 ReleasableSimpleCoin이 아닌 ReleasableToken)가 아닌 인터페이스를 참조하면 메인 컨트랙트(SimpleCrowdsale)에서 인 터페이스의 모든 구현(예: ReleasableSimpleCoin 또는 ReleasableComplexCoin)을 원활하게 작동할 수 있습니다. 결과적으로 메인 컨트랙트 자체를 변경하지 않고도 컨트랙트의 한 요소(여기서는 크라우드세일 토큰 활성화)의 동작을 자유롭게 변경할 수 있습니다. 인터페이스를 사용하는 서로 다른 구현 간에 완벽하게 전환할 수 있는 기능을 **다형성**polymorphism이라고 합니다. 객체 지향 프로그래밍의 주요 원칙 중 하나입니다.

ReleasableToken을 인터페이스가 아닌 추상 컨트랙트로 만들어서 같은 기능을 할 수 있을까요? 맞습니다. 똑같이 잘 작동할 것입니다. 그러나 그렇게 하면 기초 코드에 아직 필요하지 않은 컨트랙트를 정의해야 합니다. 이 단계에서 필요한 것은 SimpleCrowdsale이 토큰과 상호작용하는 데 필요한 최소 기능입니다. 이것이 바로 인터페이스의 목적입니다.

인터페이스를 마무리하기 전에 작동 방식을 빠르게 설명하겠습니다.

- 인터페이스는 반드시 구현해야 하는 함수의 집합을 정의합니다. 이 함수들은 반드시 external로 선언해야 합니다.

```
interface ReleasableToken {
    function mint(address _beneficiary, uint256 _numberOfTokens) external;
    function release() external;
    function transfer(address _to, uint256 _amount) external;
}
```

- 컨트랙트에서는 인터페이스를 상속받아 인터페이스를 구현합니다.

```
contract ReleasableSimpleCoin is ReleasableToken {
    ...
}
```

- 컨트랙트는 인터페이스에서 상속된 모든 함수를 구현해야 합니다.

축하합니다! 이제 크라우드세일 컨트랙트 계층 구조 전체를 구현했습니다. 이를 통해 다양한 토큰 컨트랙트, 토큰 가격 전략, 자금 모집 한도 전략으로 크라우드세일을 설정할 수 있습니다. 노력의 결과는 부록 B에 있습니다. 휴식을 취하면서 코드를 살펴보고 천천히 이해하기를 권장합니다. 직전 두 장에서 만들어온 퍼즐 조각이 어떻게 하나로 결합되는지 이해할 수 있습니다. 전체 코드를 살펴보면 지금까지 배운 모든 개념이 머릿속에 정리될 거라 확신합니다.

7.3 실제 크라우드세일 컨트랙트

SimpleCrowdsale을 출발점으로 삼기는 좋지만 실제 크라우드세일 컨트랙트는 다음과 같이 훨씬 더 많은 기능을 제공하기 때문에 훨씬 더 복잡해질 수 있습니다.

- 초기 투사자가 초기 자금을 두자힐 수 있는 사전 자금 조달 단계로 크라우드세일이 시작될 때 특별 가격으로 토큰을 받게 됩니다.

- 더 정교한 토큰 가격 전략

- 구매한 토큰 수에 따른 자금 모집 한도

- 개발팀, 주최자, 법률 및 자문 팀에 추가로 토큰을 배포할 수 있는 펀딩 마감 전략

- 다양한 특성을 가진 토큰

> **WARNING**_ 솔리디티를 설명하면서 실제 이더리움 네트워크에 컨트랙트를 배포하기 전에 알아야 할 보안 측면에 대해서는 다루지 않았습니다. 이는 14장에서 다룹니다.

SimpleCrowdsale의 주요 목표는 현실적인 사용 사례로 솔리디티의 상속, 추상 클래스, 인터페이스를 소개하고 크라우드세일이 기술적으로 어떻게 작동하는지 세부 정보를 제공하는 것이었습니다. 탈중앙화 크라우드세일 관리 애플리케이션을 구축하는 방법을 더 알고 싶거나 실제 디앱이 얼마나 복잡한 지 궁금하다면 TokenMarketNet ICO[2] 깃허브 저장소를 공부하면 좋습니다. https://github.com/TokenMarketNet/ico에서 최고의 이더리움 크라우드세일 오픈 소스를 확인할 수 있습니다.

이 저장소에서 컨트랙트를 빠르게 검토해보고 이전에 봤던 SimpleCrowdsale 컨트랙트와 비교해보면 좋습니다. 실제 디앱의 규모(컨트랙트 수)와 구현이 얼마나 복잡한지 알 수 있습니다.

작은 도전

실습으로 FinalizationStrategy와 같은 기초 추상 컨트랙트로 아직 캡슐화되지 않은 크라우드세일 마감 전략을 스스로 구현해보도록 합니다. 자금 조달 전략처럼 마감 전략을 포함하여 새로운 구현 컨트랙트를 생성할 수 있습니다.

---

2 https://tokenmarket.net

7.4 솔리디티 객체 지향 기능 요약

지금까지 많은 내용을 소화하느라 힘들었겠지만 이번에는 쉬어가도록 하겠습니다. Simple Crowdsale로 배운 내용을 요약하고 정리합니다. 자세한 내용을 잊어 버렸어도 상속, 추상 클래스 및 인터페이스와 같은 객체 지향 기능과 관련된 구문을 찾기 위해 이전 코드 목록과 스니펫을 찾아 헤매지 마세요. 편안히 앉아 휴식을 취하길 바랍니다.

7.4.1 상속

솔리디티는 다중 상속을 지원합니다. 파생 컨트랙트는 다음과 같이 하나 이상의 컨트랙트에서 상태 변수와 함수를 상속받을 수 있습니다.

```
contract Parent1 {

    int256 public stateVar1;
    bool public stateVar2;

    function initialize() public {}
    function Parent1(int256 param1, bool param2) public {}

    function operation1(int256 opParam1) public returns (int256) {}
}

contract ParentA {

    int256 public stateVarA;
    int16 public stateVarB;

    function initialize() public {}
    function ParentA(int256 paramA, int16 paramB) public {}

    function operationA(bool opParamA) public {}
}

contract Child is Parent1, ParentA {

}
```

> 자식 컨트랙트는 상태 변수 stateVar1, stateVar2, stateVarA, stateVarB와 부모 컨트랙트 Parent1, ParentA에서 operation1(), operationA() 함수를 상속받습니다.

부모 생성자 호출

파생 컨트랙트 생성자는 부르고 싶은 순서로 모든 부모 생성자를 호출해야 합니다.

```
function Child(int256 p1, bool p2, int256 pA, int16 pB)
    Parent1(p1, p2) ParentA(pA, pB) {
}
```

함수 재정의

파생 컨트랙트는 상위 컨트랙트에서 상속된 모든 함수를 재정의할 수 있습니다.

```
contract Child is Parent1, ParentA {
    ...
    function operationA(bool opParamA) public {     ◁─── ParentA.operationA()를
    ...                                                  대체하는 새로운 구현
    }
}
```

컨트랙트에서 함수를 호출하면 상속 계층 구조의 맨 아래에서 재정의된 함수로 실행됩니다.

부모 함수 호출

재정의된 함수에서도 다음과 같이 부모 컨트랙트에 있는 함수를 호출할 수 있습니다.

```
contract Child is Parent1, ParentA {
    ...
    function operationA(bool opParamA) public {
        ParentA.operationA(opParamA);       ◁─── ParentA.operationA()
    }                                            호출
}
```

경우에 따라 모든 부모 함수를 호출하게 할 수 있습니다. 이 경우 super 키워드를 사용하면 모든 함수를 암시적으로 호출할 수 있습니다.

```
contract Child is Parent1, ParentA {
    ...

    function initialize() public {
        ...
        super.initialize();              Parent1.initialize()를 호출하고
    }                                    ParentA.initialize()를 호출합니다.

    ...

}
```

7.4.2 추상 컨트랙트

컨트랙트 함수 중 하나 이상이 추상적이면 컨트랙트는 구현이 아닌 추상이라고 봅니다. 추상은
컨트랙트에서 operationA()같이 선언되었지만 구현되지 않은 경우입니다.

```
contract AbstractContract {
    int256 public stateVar;

    constructor(int256 param1) public {
        stateVar = param1;
    }

    function operation1(int256 opParam1, bool opParam2)
        returns (int256) {
        if (opParam2) return opParam1;
    }                                          AbstractContract를
                                               추상 컨트랙트로 만드는
    function operation A(int256 opParamA);     추상 함수입니다.
}
```

다른 정적 유형 언어처럼 솔리디티 추상 컨트랙트도 인스턴스화할 수 없습니다. 이들은 다른
추상 또는 구현 컨트랙트의 부모 컨트랙트로만 사용할 수 있습니다.

7.4.3 인터페이스

솔리디티 인터페이스는 자바, C#에서 제공되는 인터페이스와 유사합니다. 인터페이스는 파생 컨트랙트에서 반드시 구현해야 하는 함수와 이벤트를 정의하지만 구현을 제공하지는 않습니다. 인터페이스에 선언된 모든 함수는 다음과 같이 추상적입니다.

```
interface SampleInterface {
    function operation1(int256 param1, bool param2) external;
    function operationA(int16 paramA) external;
}
```

인터페이스에서 파생된 컨트랙트는 다음과 같이 모든 함수를 구현해야 합니다.

```
contract SampleContract is SampleInterface {
    function operation1(int256 param1, bool param2) {

    }

    function operationA(int16 paramA) {

    }
}
```

operation1
구현

생성자 정의

NOTE_ 인터페이스에서는 변수, 구조체, 열거형을 정의할 수 없습니다. 또한 다른 인터페이스에서 인터페이스를 상속할 수 없습니다.

자식 클래스에서 부모 클래스의 함수를 재사용할 수 있도록 하는 올바른 클래스 계층 구조로 코드 중복을 피할 수 있지만, 공통 로직은 컨트랙트 구조의 특정 영역에만 사용되지 않고 더 일반적인 목적으로 사용됩니다. 예를 들어 배열, 바이트 배열, 문자열과 같은 저수준 데이터 구조를 변경하는 함수는 일반적으로 모든 컨트랙트에서 유용하게 쓰일 수 있습니다. 이러한 기능을 사용하는 단순한 방법은 함수 저장소에서 필요한 기능을 복사해 필요한 컨트랙트에 붙여 넣는 것입니다. 하지만 라이브러리를 통해 사용하는 방법이 좀 더 낫습니다.

7.4.4 당부의 말

이 장에서는 솔리디티의 객체 지향 기능을 모두 소개하고 TokenMarketNet과 같은 실제 디앱이 고급 객체 지향 기술을 사용하여 어떻게 설계됐는지 보여줬습니다. 그러나 솔리디티는 일반적인 목적의 애플리케이션이 아닌 오직 스마트 컨트랙트를 구현하기 위한 언어임을 기억해야 합니다. 대부분 경우 복잡한 객체 지향 설계가 필요하지 않을 수 있습니다. 사람들은 스마트 컨트랙트를 설계할 때 서로 다른 학설로 나뉩니다. 일부는 솔리디티의 풍부한 객체 지향 기능을 활용하는 것이 편하지만, 이더리움 개발자는 대부분 단순성과 보안을 우선합니다. 단기적으로 예측하기 쉽도록 장기적인 유지관리를 포기합니다. 새로운 기술을 배우는 동안에는 후자의 접근 방식이 합리적이라고 생각합니다.

7.5 라이브러리

솔리디티 라이브러리는 자바 클래스 패키지 또는, .NET 클래스 라이브러리와 비슷한 목적인 공유 함수 저장소입니다. 라이브러리의 코드는 C# 또는 C++ 정적 클래스의 코드와 유사하며 상태를 저장할 수 없는 함수 모음이 포함되어 있습니다. 구조체와 열거형도 포함할 수 있습니다. 라이브러리 형태는 [예제 7-6]에서 확인할 수 있습니다. 잘못 입력하거나 오버플로 안전 검사를 포함하는 수학 연산 함수 모음인 SafeMath를 예제에서 볼 수 있습니다. 이 라이브러리는 솔리디티로 안전한 스마트 컨트랙트를 구축하기 위한 오픈 소스 프레임워크인 OpenZeppelin[3]의 일부로 대부분의 솔리디티 개발자가 요구하는 공통 기능을 표준화하는 것을 목표로 합니다.

예제 7-6 유효성 확인이 포함된 수학 연산 SafeMath 라이브러리

```
library SafeMath {
    //Taken from: https://github.com/OpenZeppelin/
    function mul(uint256 a, uint256 b)
        public pure returns (uint256) {
        if (a == 0) return 0;
        uint256 c = a * b;
```

← 컨트랙트 키워드 대신 라이브러리 키워드를 사용합니다.

---

3 http://mng.bz/oNPv

```
입력 또는                      assert(c / a == b);
산술 연산의                     return c;
유효성을
확인합니다.          }                                           라이브러리의 함수는
                                                              컨트랙트에서처럼
            function div(uint256 a, uint256 b)                동일하게 정의합니다.
                public pure returns (uint256) {
                uint256 c = a / b;
                return c;
            }


            function sub(uint256 a, uint256 b)
                public pure returns (uint256) {
                assert(b <= a);
                return a - b;
            }                                             입력 또는 산술 연산의
라이브러리의                                                 유효성을 확인합니다.
함수는
컨트랙트에서         function add(uint256 a, uint256 b)
처럼 동일하게            public pure returns (uint256) {
정의합니다.            uint256 c = a + b;
                assert(c >= a);
                return c;
            }
        }
```

라이브러리는 컨트랙트와 비교하여 다음과 같은 제한이 있습니다.

- 상태 변수를 가질 수 없습니다.

- 상속을 지원하지 않습니다.

- 이더를 받을 수 없습니다. payable 키워드로 함수를 정의하거나 함수를 호출할 때 이더를 보낼 수는 없습니다.

7.5.1 라이브러리 함수 호출

컨트랙트는 [예제 7-7]에 표시된 대로 라이브러리의 로컬 사본(동일한 .sol 코드 파일에 있음)을 이름으로 직접 참조할 수 있습니다. 다른 언어에서 정적 함수를 호출하는 것처럼 라이브러리 이름 앞에 라이브러리 함수를 붙여서 함수를 호출합니다. 라이브러리 이름 앞에 라이브러리 구조체와 열거형을 접두사로 붙여야 합니다.

예제 7-7 라이브러리 함수 호출

```solidity
pragma solidity ^0.4.24;
import './Listing7_6_SafeMath.sol';

contract Calculator {
    function calculateTheta(uint256 a, uint256 b) public returns (uint256) {
        uint256 delta = SafeMath.sub(a, b);
        uint256 beta = SafeMath.add(delta,
            1000000);
        uint256 theta = SafeMath.mul(beta, b);

        uint256 result = SafeMath.div(theta, a);

        return result;
    }
}
```

SafeMath 라이브러리 함수는 모두 SafeMath로 시작합니다.

7.5.2 배포된 라이브러리

실제 라이브러리 코드는 라이브러리 인스턴스가 네트워크상에 배포되어 모든 컨트랙트가 배포된 주소(개념적으로 컨트랙트 주소와 동일)로 접근하여 참조해 사용할 수 있습니다. 일단 배포되면 라이브러리 함수는 이를 참조하는 모든 컨트랙트에 암시적으로 external로 노출됩니다. 컨트랙트에서 배포된 라이브러리를 호출하는 일반적인 방법은 배포된 라이브러리의 서명과 일치하는 로컬 추상 컨트랙트를 정의하는 것입니다. 다음 예제처럼 라이브러리를 호출하는 강력한 타입 프록시 역할을 합니다. 다른 방법으로는 call() 함수로 라이브러리 함수를 직접부를 수 있지만 입력값 유형의 안전성을 보장할 수 없습니다.

예제 7-8 컨트랙트에서 라이브러리 함수를 호출하는 방법

```solidity
pragma solidity ^0.4.24;
contract SafeMathProxy {
    function mul(uint256 a, uint256 b)
        public pure returns (uint256);
    function div(uint256 a, uint256 b)
        public pure returns (uint256);
    function sub(uint256 a, uint256 b)
        public pure returns (uint256);
```

로컬 추상 컨트랙트는 라이브러리가 제공하는 기능을 에뮬레이션합니다.

SafeMath 라이브러리와 동일하게 함수를 선언합니다.

```
    function add(uint256 a, uint256 b)
        public pure returns (uint256);
}

contract Calculator {

    SafeMathProxy safeMath;

    constructor(address _libraryAddress) public
    {
        require(_libraryAddress != 0x0);
        safeMath = SafeMathProxy(_libraryAddress);
    }

    function calculateTheta(uint256 a, uint256 b)
        public returns (uint256) {

        uint256 delta = safeMath.sub(a, b);
        uint256 beta = safeMath.add(delta,
            1000000);
        uint256 theta = safeMath.mul(beta, b);

        uint256 result = safeMath.div(theta, a);

        return result;
    }
}
```

SafeMath 라이브러리 주소
(그림 7-8처럼 리믹스에서 복사)

암시적 생성자로 지정된 주소에
배포된 SafeMath 라이브러리를
참조합니다. 지정된 컨트랙트 주소를
매개변수로 받는 모든 컨트랙트에서
사용할 수 있습니다.

배포된 SafeMath
라이브러리를 호출

그림 7-7 복사 아이콘을 클릭하여 리믹스에서 SafeMath 라이브러리 주소를 얻는다.

라이브러리 주소를 복사하려면
여기를 클릭한다.

그림 7-8 SafeMath 라이브러리 주소를 Calculator 생성자 텍스트 상자에 복사한다.

앞에서 복사한 SafeMath 주소를 입력한다.

[Deploy]를 클릭하면 Calculator 컨트랙트가 인스턴스화됩니다. 이제 입력 매개변수 텍스트 상자에 값(예: 200, 33)을 입력하고 [calculateTheta]를 클릭하여 calculateTheta()를 호출할 수 있습니다. [calculateTheta]를 클릭하면 safeMath 프록시 인스턴스를 통해 원격으로 다양한 SafeMath 함수를 호출할 수 있습니다. sub(), add(), mul(), div()가 순서대로 실행되고 결과가 계산됩니다. calculateTheta() 함수가 성공적으로 완료되면 화면 왼쪽 하단 출력 패널에 표시됩니다. 그런 다음 [그림 7-9]와 같이 [Debug] 버튼 옆의 화살표를 클릭하고 Deocded Output 필드를 확인하여 결과를 볼 수 있습니다.

그림 7-9 calculateTheta() 호출이 완료된 후 [Detail]을 클릭하면 Decoded Output 필드에서 결과를 확인할 수 있다.

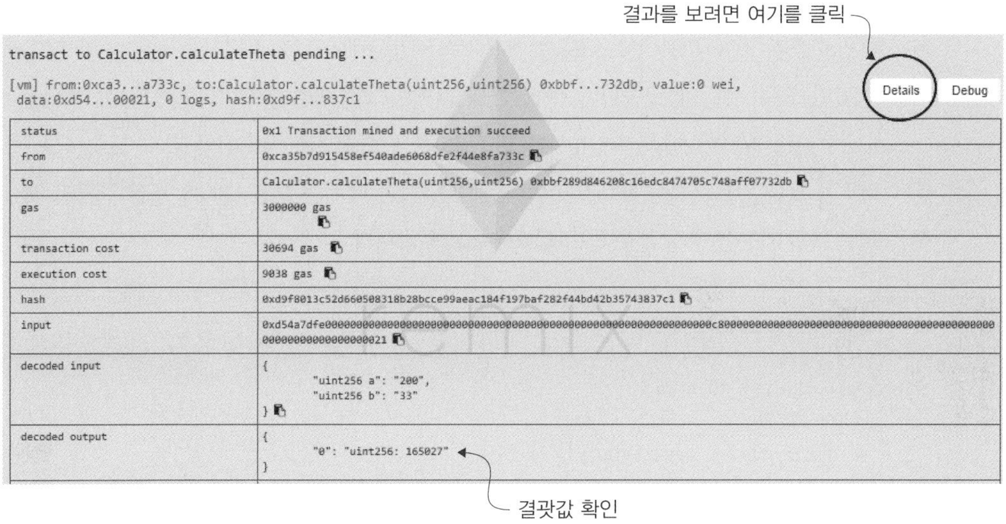

7.5.3 라이브러리 함수 실행

라이브러리 함수가 호출되면 해당 코드는 호출한 컨트랙트 컨텍스트 안에서 실행됩니다. 예를 들어 함수 라이브러리 코드가 msg를 참조하면 컨트랙트에서 라이브러리로 보낸 msg가 아니라 컨트랙트가 호출자로부터 받은 msg가 실행됩니다. 또한 라이브러리 함수 호출 중에는 라이브러리 자체가 아닌 호출 컨트랙트만 스토리지에 직접 접근합니다. 이는 라이브러리 함수가 함수에 전달된 스토리지 데이터 위치를 사용하여 참조 유형 변수의 값을 조작한다는 것을 의미합니다. 앞에서 언급했듯이 라이브러리는 영구적으로 어떠한 객체도 보유하지 않습니다.

이전 장에서는 소유권 관련 기능을 Ownable 컨트랙트로 추출하여 SimpleCoin을 개선했습니다. 이 장에서는 토큰 표준화와 관련된 새로운 기능을 소개합니다.

7.6 ERC20을 지원하는 SimpleCoin 만들기

커스텀 암호화폐 또는 토큰 컨트랙트는 표준 토큰 인터페이스를 지원하는 대부분의 디앱에서 일반적인 요구 사항이 됐습니다. 이러한 인터페이스를 통해 모든 컨트랙트(예: Simple Crowdsale 컨트랙트)가 예측 가능한 방식으로 토큰 컨트랙트와 상호작용할 수 있습니다. 표준 이더리움 토큰 컨트랙트를 ERC20이라고 합니다. 다음 예제는 모든 ERC20 호환 토큰이 제공하는 표준 토큰 기능을 추상 컨트랙트로 보여주고 있습니다.

예제 7-9 이더리움 표준 토큰을 정의하는 ERC20 추상 컨트랙트

```solidity
pragma solidity ^0.4.24;
contract ERC20 {
    uint256 public totalSupply;
    function balanceOf(address _owner)
        public view returns (uint256 balance);
    function transfer(address _to, uint256 _value)
        public returns (bool success);
    function transferFrom(address _from, address _to, uint256 _value)
        public returns (bool success);
    function approve(address _spender, uint256 _value)
        public returns (bool success);
    function allowance(address _owner, address _spender)
        public view returns (uint256 remaining);

    event Transfer(address indexed _from,
        address indexed _to, uint256 _value);
    event Approval(address indexed _owner,
        address indexed _spender, uint256 _value);
}
```

5장에서 컨트랙트 소유권을 수정했던 최신 SimpleCoin 구현(부록 A)과 비교하면 대부분 ERC20을 따르는 것을 알 수 있습니다. [표 7-1]에 SimpleCoin과 ERC20의 주요 차이점을 요약했습니다.

표 7-1 ERC20 사양과 SimpleCoin의 차이점

ERC20 사양	SimpleCoin
totalSupply	해당 없음
balanceOf()	coinBalance()
approve()	authorize()
allowance()	해당 없음(허용값 상태 변수 직접 사용)
Approval	해당 없음

[표 7-1]을 사용하여 SimpleCoin을 ERC20과 완전히 호환하는 토큰으로 리팩터링할 수 있습니다. 다음 예제는 함수와 이벤트의 표준 매개변수 이름을 고려하여 구현한 모습입니다.

예제 7-10 SimpleCoin을 ERC20 토큰으로 리팩터링

```
pragma solidity ^0.4.24;

import "./Listing6_4_Ownable.sol";
import "./Listing7_9_ERC20.sol";

contract SimpleCoin is Ownable, ERC20 {

    mapping (address => uint256)
        internal coinBalance;                          이 상태 변수는 Internal이 됐습니다.
    mapping (address => mapping                        이제 지정된 함수를 통해서만 외부에
        (address => uint256)) internal allowances;     노출됩니다.
    mapping (address => bool) public frozenAccount;

    event Transfer(address indexed from, address indexed to, uint256 value);
    event Approval(address indexed authorizer, address indexed authorized,
        uint256 value);
    event FrozenAccount(address target, bool frozen);   허용값을 승인하는
                                                        새로운 이벤트
    constructor(uint256 _initialSupply) public {
        owner = msg.sender;
```

```solidity
        mint(owner, _initialSupply);
    }

    function balanceOf(address _account)
        public view returns (uint256 balance) {
        return coinBalance[_account];
    }


    function transfer(address _to, uint256 _amount) public returns (bool) {
        require(_to != 0x0);
        require(coinBalance[msg.sender] > _amount);
        require(coinBalance[_to] + _amount >= coinBalance[_to]);
        coinBalance[msg.sender] -= _amount;
        coinBalance[_to] += _amount;
        emit Transfer(msg.sender, _to, _amount);
        return true;
    }


    function approve(address _authorizedAccount, uint256 _allowance)
        public returns (bool success) {
        allowances[msg.sender][_authorizedAccount] = _allowance;
        emit Approval(msg.sender,
        _authorizedAccount, _allowance);
        return true;
    }


    function transferFrom(address _from, address _to, uint256 _amount)
        public returns (bool success) {
        require(_to != 0x0);
        require(coinBalance[_from] > _amount);
        require(coinBalance[_to] + _amount >= coinBalance[_to]);
        require(_amount <= allowances[_from][msg.sender]);
        coinBalance[_from] -= _amount;
        coinBalance[_to] += _amount;
        allowances[_from][msg.sender] -= _amount;
        emit Transfer(_from, _to, _amount);
        return true;
    }


    function allowance(address _authorizer,
        address _authorizedAccount)
        public view returns (uint256) {
        return allowances[_authorizer][_authorizedAccount];
    }
```

외부에서 coinBalance를
확인할 수 있습니다.

잔액이 승인되면
이벤트를 발생시킵니다.

허용량을 외부에서
확인할 수 있습니다.

```
function mint(address _recipient, uint256 _mintedAmount)
    onlyOwner public {
    coinBalance[_recipient] += _mintedAmount;
    emit Transfer(owner, _recipient, _mintedAmount);
}

function freezeAccount(address target, bool freeze)
    onlyOwner public {

    frozenAccount[target] = freeze;
    emit FrozenAccount(target, freeze);
}
}
```

토큰 생성자는 인터페이스의 일부가 아니므로 표준에 포함되지 않지만 ERC20에서는 토큰을 다음과 같은 유의미한 정보로 초기화하는 것을 권장합니다.

```
string public constant name = "Token Name";
string public constant symbol = "SYM";
uint8 public constant decimals = 18;
```
토큰 금액에서 고려할
소수 자릿수

ERC20 위키(https://eips.ethereum.org/EIPS/eip-20)에서도 권장하는 내용을 확인할 수 있습니다. SimpleCoin과 유사하지만 한 번 검토해보길 바랍니다. 또한 http://mng.bz/6jQ6 에서 토큰과 관련된 OpenZeppelin도 참고하세요.

7.7 요약

- 추상 컨트랙트는 컨트랙트 기능을 일반화하고 기본 함수 구현을 제공하여 코드 중복을 최소화합니다.

- 인터페이스는 컨트랙트에서 반드시 지원해야 하는 함수 집합을 선언하여 제공합니다.

- 인터페이스를 사용하여 한 요소나 컨트랙트 요소의 동작을 원활하게 변경할 수 있습니다. 이렇게 하면 인터페이스를 사용하여 컨트랙트 코드를 변경하지 않고도 인터페이스의 다른 구현을 인스턴스화할 수 있습니다.

- 라이브러리에서 범용 솔리디티 함수를 구성할 수 있으며, 다른 컨트랙트나 애플리케이션에서 공유할 수 있습니다.

- 커스텀 암호화폐나 토큰 컨트랙트를 생성하는 것은 ERC20 표준 토큰 인터페이스를 지원하는 대부분의 디앱에서 일반적으로 요구되는 사항입니다. 모든 디앱에서 예측 가능한 방식으로 ERC20 표준을 따르는 토큰 컨트랙트를 사용할 수 있습니다.

CHAPTER 8

Web3.js로 스마트 컨트랙트 활용하기

- geth 콘솔로 컨트랙트를 배포하고 활용하기
- Node.js로 콘솔 기반 배포 과정 단순화하기
- 프라이빗 네트워크에 배포하기
- 모의 네트워크에 배포하기

4장에서 이더리움 네트워크에 이더리움 지갑과 리믹스(메타마스크)로 스마트 컨트랙트를 처음으로 배포해봤습니다. 잘 설계된 화면에서 몇 번의 클릭만으로도 배포할 수 있어 비교적 쉽게 따라할 수 있었습니다. 그러나 편리하고 단순한 UI를 위해 컨트랙트를 배포할 때 네트워크에서 발생하는 주요 단계는 알아보지 않았습니다. 예를 들어 지갑 또는 리믹스 코드 편집기에서 입력한 코드가 컴파일되어 패키지 형태로 이더리움 네트워크로 전송되는지 그리고 최종적으로 각 노드에는 어떻게 설치되는지 고민해본 적이 있나요? 3장에서 솔리디티로 스마트 컨트랙트를 개발하는 방법을 심도 있게 배웠습니다. 이제 배포 프로세스를 심도 있게 배울 차례입니다. 디앱이 실제로 어떻게 작동하는지 이해하고 배포 후 경험할 다양한 문제를 해결하기 원한다면 배포 관련 지식이 중요합니다.

이 장에서는 명시적인 Web3.js 명령어를 사용하여 geth 콘솔로 스마트 컨트랙트를 배포하고 통신하는 방법을 배웁니다. 이렇게 하면 이더리움 지갑 UI에서 마술처럼 컨트랙트를 배포하거나 계정 간에 토큰을 이체할 때 사용된 모든 명령과 작업을 직접 수행할 수 있습니다. 퍼블릭 테스트넷에 컨트랙트를 어려운 방식으로 배포해보고 좀 더 나아가 풀 프라이빗 네트워크를 구축해 컨트랙트를 이곳에 다시 배포합니다. 이 모든 작업은 지갑에서 버튼 몇 개를 클릭하는 것보다 훨씬 많은 노력을 요구합니다. 하지만 이더리움 네트워크 및 관련된 블록체인이 어떻게 설정, 구성되는지 심층적인 지식을 얻을 수 있습니다. 그와 함께 배포 과정과 클라이언트, 네트워크가 어떻게 상호작용하는지 통찰을 얻을 수 있습니다. 그리고 Node.js로 배포 단계를 조금 단순하게 하는 방법을 소개합니다.

마지믹으로 퍼블릭 테스트넷, 프라이빗 테스트넷에 컨트랙트를 배포해보고 가나슈^{Ganache}에 컨트랙트를 배포하는 방법을 배웁니다. 가나슈는 단일 호스트로 전체 이더리움 네트워크를 에뮬레이션하거나 모의로 제공하는 특별한 클라이언트입니다. 이는 컨트랙트를 개발하거나 시스템 테스트에 편리한 환경을 제공합니다. 실제 네트워크에서 발생하는 작업 지연 시간이 없습니다. 트랙잭션이 채굴되고 새로운 블록에 추가되기까지 소요되는 시간을 줄일 수 있습니다. 특히 네트워크가 불안정할 때 지연되는 시간을 줄일 수 있습니다.

이 장을 마무리하기 전에 SimpleCoin을 다시 살펴봅니다. 컨트랙트를 네트워크에 어떻게 배포했는지 익혔고 geth 콘솔에서 Web3.js 명령어를 사용하여 통신하는 방법을 이미 배웠습니다. HTML 페이지 내에서 동일한 Web3 명령어를 사용하는 간단한 UI를 작성하는 방법을 설명하겠습니다.

8.1 geth 대화형 콘솔을 통한 배포 복습

geth를 설치하면 이더리움 운영 네트워크인 메인넷과 연결됩니다 개발 중에는 실수로 거래나 가스비에 실제 이더를 직간접적으로 소비하지 않도록 이더리움 클라이언트를 포함한 툴을 테스트 네트워크로 연결해야 합니다. Ropsten과 Rinkeby 등 다양한 테스트 네트워크를 언제든지 사용할 수 있습니다. 각 테스트 네트워크는 약간 다른 이더리움 버전을 사용할 수 있으므로 해당 네트워크에서 실행할 수 있도록 geth를 업그레이드해야 할 수도 있습니다. 이 장의 목적과 맞게 테스트 네트워크를 테스트넷이라고 합니다.

geth를 테스트넷과 연결하려면 메인넷이 실행 중인 모든 인스턴스를 종료하고 --testnet 옵션을 사용하여 새 명령 셸에서 geth를 다시 시작해야 합니다.

```
C:\Program Files\geth>geth --testnet
```

geth는 메인넷으로 시작할 때와 같은 방식으로 테스트 네트워크를 동기화합니다.

부트 노드를 사용하여 특정 피어에 연결

때때로 geth 클라이언트가 블록체인 블록을 보내줄 수 있는 피어를 발견하는 데 오랜 시간이 걸릴 수 있습니다. 이 경우 --bootnodes 옵션을 사용합니다. 그러면 모든 피어를 자체적으로 검색하지 않고 geth가 특정 피어로 연결하여 네트워크에 액세스하게 됩니다. 다음 노드들은 대부분 사용할 수 있는 노드입니다.

```
geth --testnet --bootnodes "enode://145a93c5b1151911f1a232e04dd1a76708
  dd12694f952b8a180ced40e8c4d25a908a292bed3521b98bdd843147116a52ddb645
  d34fa51ae7668c39b4d1070845@188.166.147.175:30303,enode://2609b7ee28b
  51f2f493374fee6a2ab12deaf886c5daec948f122bc83716aca27840253d191b9e63
  a6e7ec77643e69ae0d74182d6bb64fd30421d45aba82c13bd@13.84.180.240:3030
  3,enode://94c15d1b9e2fe7ce56e458b9a3b672ef11894ddedd0c6f247e0f1d3487
  f52b66208fb4aeb8179fce6e3a749ea93ed147c37976d67af557508d199d9594c35f
  09@188.166.147.175:30303" --verbosity=4
```

다음 옵션을 추가하여 블록체인을 더욱 빠르게 동기화할 수 있습니다.

```
--syncmode "fast" --cache=1024
```

별도의 명령 셸에서 이제 메인넷과 연결할 때와 같이 테스트넷과 연결된 대화형 콘솔을 시작할 수 있습니다.

```
C:\Program Files\geth>geth attach ipc:\\.\pipe\geth.ipc
```

---

geth 1.8.0부터 IPC 경로를 지정해야 합니다. 콘솔을 시작하면 연결된 네트워크 환경 정보가 표시됩니다. [그림 8-1]에서 datadir이 테스트넷으로 되어 있고 현재 테스트넷과 연결된 것을 확인할 수 있습니다.

그림 8-1 테스트넷에 연결된 geth 대화형 콘솔

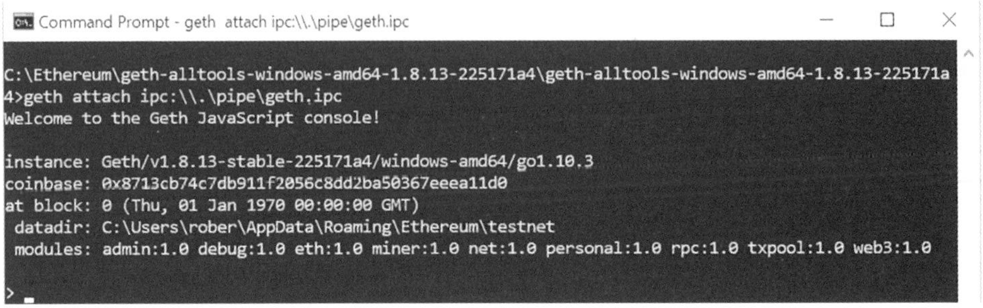

```
CM Command Prompt - geth attach ipc:\\.\pipe\geth.ipc                          —    □    ×

C:\Ethereum\geth-alltools-windows-amd64-1.8.13-225171a4\geth-alltools-windows-amd64-1.8.13-225171a
4>geth attach ipc:\\.\pipe\geth.ipc
Welcome to the Geth JavaScript console!

instance: Geth/v1.8.13-stable-225171a4/windows-amd64/go1.10.3
coinbase: 0x8713cb74c7db911f2056c8dd2ba50367eeea11d0
at block: 0 (Thu, 01 Jan 1970 00:00:00 GMT)
 datadir: C:\Users\rober\AppData\Roaming\Ethereum\testnet
 modules: admin:1.0 debug:1.0 eth:1.0 miner:1.0 net:1.0 personal:1.0 rpc:1.0 txpool:1.0 web3:1.0

> _
```

컨트랙트를 geth의 콘솔로 처음 배포해본다면 이더리움 지갑을 몇 번 클릭하는 것보다는 약간
더 복잡하다고 느낄 수 있습니다. 지갑은 실행되는 단계를 전부 보여주지 않습니다. 이러한 단
계를 끝까지 수행해보면 컨트랙트를 빌드하고 배포하는 세부적인 내용까지 배울 수 있습니다.
또한 전체 프로세스를 한 번 스크립트화해두면 나중에 오류 없이 훨씬 빠르게 재배포할 수 있
습니다.

8.1.1 컨트랙트 빌드 및 배포 절차

[그림 8-2]는 대화형 콘솔을 통해 컨트랙트를 빌드하고 배포하는 데 필요한 주요 단계를 보여
줍니다.

1 솔리디티 컴파일러로 컨트랙트를 컴파일합니다.

2 컨트랙트의 바이너리 인터페이스(abi)와 바이트코드(bin)를 컴파일러에서 출력 파일로 보냅니다.

3 바이너리 인터페이스로 들어온 컨트랙트의 컨트랙트 팩토리를 생성하는 Web3.js 명령어를 실행합니다.

4 컨트랙트 팩토리의 new( ) 메서드를 호출하고 바이트코드를 제공하여 컨트랙트를 인스턴스화하는 Web3.js
명령어를 실행합니다.

그림 8-2 컨트랙트 빌드 및 배포 프로세스

1. 컨트랙트는 솔리디티 컴파일러로 컴파일된다. 2. 컨트랙트 바이너리 인터페이스와 바이트코드를 출력 파일로 보낸다. 3. Web3을 활용하여 세 가지 일을 하는 자바스크립트를 생성한다. a. 바이너리 인터페이스(ABI)에서 컨트랙트의 컨트랙트 팩토리를 작성한다. b. 컨트랙트 팩토리에서 new( )를 호출하여 컨트랙트를 인스턴스화한다. c. 바이트코드를 제공한다.

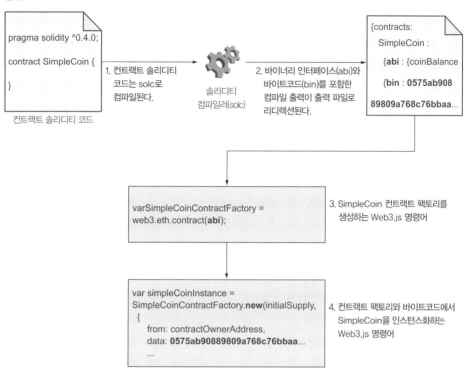

8.1.2 geth 콘솔로 SimpleCoin 배포하기

SimpleCoin을 테스트넷에 다시 배포하면서 [그림 8-2]의 단계를 자세히 살펴보겠습니다. 빌드 및 배포 다이어그램처럼 먼저 solc를 사용하여 컨트랙트를 컴파일해야 합니다.

solc를 사용하여 컨트랙트 컴파일

깃허브 페이지(https://github.com/ethereum/solidity/releases)에서 solc 컴파일러를 다운로드할 수 있습니다(책에서는 버전 0.4.24 섹션에서 solidity-windows.zip을 다운로드했습니다. 이와 같거나 최신 버전으로 다운받습니다). 다운로드한 후 실행 파일을 폴더에 복사합니다. 예를 들면 C:\Ethereum\solidity−windows와 같습니다(OS명 다음에 폴더 이름을 자유롭게 지정합니다).

SimpleCoin 코드를 저장할 새 폴더 C:\Ethereum\SimpleCoin을 생성합니다. 그런 다음 SimpleCoin.sol이라는 새 텍스트 파일을 생성합니다. 단순하게 진행하기 위해 다음 예제처럼 이전에 작성한 컨트랙트 코드 중 초기 버전 하나를 붙여 넣습니다.

예제 8-1 초기 버전 SimpleCoin을 포함하는 SimpleCoin.sol

```
pragma solidity ^0.4.24;
contract SimpleCoin {
    mapping (address => uint256) public coinBalance;

    event Transfer(address indexed from, address indexed to, uint256 value);

    constructor(uint256 _initialSupply) public {
        coinBalance[msg.sender] = _initialSupply;
    }

    function transfer(address _to, uint256 _amount) public {
        require(coinBalance[msg.sender] > _amount);
        require(coinBalance[_to] + _amount >= coinBalance[_to] );
        coinBalance[msg.sender] -= _amount;
        coinBalance[_to] += _amount;
        emit Transfer(msg.sender, _to, _amount);
    }
}
```

이 파일을 생성한 SimpleCoin 코드 폴더로 옮깁니다. 그런 다음 명령 셸을 열어 SimpleCoin 코드 폴더로 이동합니다. 거기에서 다음과 같이 컴파일러를 호출합니다.

```
C:\Ethereum\SimpleCoin>..\solidity-windows\solc.exe
➡ --bin -o bin --combined-json abi,bin SimpleCoin.sol
```

[표 8−1]에서 사용할 수 있는 컴파일러 옵션을 설명합니다.

표 8-1 SimpleCoin을 컴파일하는 데 사용되는 solc 컴파일러 옵션

컴파일러 옵션	목적
--bin	16진수로 컨트랙트 바이너리를 생성합니다.
-o bin	bin 폴더에 바이너리 출력값을 생성합니다.
--combined-json abi,bin	ABI 인터페이스 및 바이너리를 포함하는 JSON 출력값을 생성합니다.

여기에 표시된 JSON 출력값은 bin\combined.json 파일로 리디렉션됩니다.

```
{"contracts":{"SimpleCoin.sol:SimpleCoin":{"abi":"[{\"constant\":false,\
"inputs\":[{\"name\":\"_to\",\"type\":\"address\"},{\"name\":\"_amount\",\
"type\":\"uint256\"}],\"name\":\"transfer\",\"outputs\":[],\"payable\
":false,\"type\":\"function\"},{\"constant\":true,\"inputs\":[{\"name\":\"\"\
,\"type\":\"address\"}],\"name\":\"coinBalance\",\"outputs\":[{\"name\":\"\"\
,\"type\":\"uint256\"}],\"payable\":false,\"type\":\"function\"},{\"inputs\"\
:[{\"name\":\"_initialSupply\",\"type\":\"uint256\"}],\"payable\":false,\
"type\":\"constructor\"},{\"anonymous\":false,\"inputs\":[{\"indexed\":true\
,\"name\":\"from\",\"type\":\"address\"},{\"indexed\":true,\"name\":\"to\",\
"type\":\"address\"},{\"indexed\":false,\"name\":\"value\",\"type\":\
"uint256\"}],\"name\":\"Transfer\",\"type\":\"event\"}]","bin":" 60806040523
480156100105760008061fd5b5060405160208061039833981018060405281019080805190602
0019092919050505080600080337f3ffffffffffffffffffffffffffffffffffffffff1673fff
ffffffffffffffffffffffffffffffffffffffff16815260200190815260200160002081905550
5061031380610086600039600f300608060405260043610610104c576000357c0100000000000
000000000000000000000000000000000000000900463ffffffff168063a9059cbb146
10051578063fabde80c1461009e575b600080fd5b34801561005d57600080fd5b5061009c600
48036038101908080357fffffffffff...(shortened for brevity)"}}, "version"
:"0.4.24+commit.6ae8fb59.Windows.msvc" }
```

JSON 출력값에는 두 가지 멤버가 포함됩니다.

- abi

  컨트랙트 애플리케이션 바이너리 인터페이스(ABI)입니다. 컨트랙트를 호출할 수 있는 API로 클라이언트 애플리케이션에서 컨트랙트를 활용하기 위해서는 반드시 ABI를 사용해야 합니다.

- bin

  16진수 형식의 컨트랙트 바이트코드입니다. 컨트랙트를 배포하려면 컨트랙트 ABI와 바이트코드가 필요합니다.

대화형 콘솔로 컨트랙트 배포하기

테스트넷과 연결된 geth 대화형 콘솔을 열고 [예제 8-2]에 코드를 입력합니다(간결하고 빠르게 진행하기 위해 원서 사이트에서 [예제 8-2] 파일을 다운로드하여 사용합니다). Combine. json에서 abi 항목이 simpleCoinAbi로 지정된 것을 확인할 수 있습니다. 또 bin 항목에는 0x로 시작하는 데이터기 할당됩니다.

예제 8-2 컨트랙트를 배포하기 위한 geth 대화식 자바스크립트 명령어

```
var initialSupply = 10000;        ← SimpleCoin 생성자에
                                     초깃값 입력
                                                컨트랙트 ABI, SimpleCoin.out
                                                컴파일 출력값에 있는 abi 멤버 복사
var simpleCoinAbi =                    ←
[{"constant":false,"inputs":[{"name":"_to","type":"address"},{"name"
:"_amount","type":"uint256"}],"name":"transfer","outputs":[],"payable":false
,"type":"function"},{"constant":true,"inputs":[{"name":"","type":"address"}]
,"name":"coinBalance","outputs":[{"name":"","type":"uint256"}],"payable"
:false,"type":"function"},{"inputs":[{"name":"_initialSupply","type"
:"uint256"}],"payable":false,"type":"constructor"},{"anonymous":false
,"inputs":[{"indexed":true,"name":"from","type":"address"},{"indexed":true
,"name":"to","type":"address"},{"indexed":false,"name":"value","type"
:"uint256"}],"name":"Transfer","type":"event"}]; //abi interface from
solc output

var SimpleCoinContractFactory =             컨트랙트 ABI를 사용하여
    web3.eth.contract(simpleCoinAbi);   ←  컨트랙트 팩토리를 초기화합니다.


var simpleCoinInstance =
    SimpleCoinContractFactory.new(   ←  컨트랙트 인스턴스화
    initialSupply,
    {
        from: web3.eth.accounts[0],       SimpleCoin.out 컴파일 출력값에 있는
        data:                         ←   bin 멤버에서 복사한 컨트랙트 바이트코드
    '0x6080604052348015610010057600080fd5b5060405160208061039982339
810180604052810190808051906020019092919050505080600080337d3fffffffffffffffffff
ffffffffffffffffffffffff1673ffffffffffffffffffffffffffffffffffffffff1681526020
01908152602001600020819055505061031380610086600039600f3006080604052600436105
61004c576000357c010000000000000000000000000000000000000000000000000000000090
0463ffffffff168063a9059cbb14610051578063fabde80c1461009e575b600080fd5b348015
61005d57600080fd5b5061009c6004803603810190808035735ffffffff ...(shortened for
brevity)',
        gas: '3000000'
    }, function (e, contract){   ←   배포 프로세스가 완료되면
                                     호출되는 콜백을 정의합니다.
```

```
        console.log(e, contract);
        if (typeof contract.address !== 'undefined') {
            console.log('Contract mined! address: '
            + contract.address + ' transactionHash: '
            + contract.transactionHash);
        }
    });
```

앞의 코드를 실행하면 다음과 같은 오류 메시지가 나타납니다.

```
Error: authentication needed: password or unlock undefined
```

컨트랙트를 배포하려면 web3.eth.accounts[0]을 통해 배포 중인 계정을 잠금 해제해야 합니다(예제 8-2의 from 속성에 지정). 그러면 계정 소유자가 됩니다.

accounts[0]이 무엇인지 기억하지 못하는 경우 대화형 콘솔에 이전 장의 이더리움 지갑에서 생성한 테스트넷 계정을 나열해보세요. 결과 목록의 첫 번째는 accounts[0]이며 지갑에서 기본 계정으로 이름이 지정됩니다. 다음을 확인할 수 있습니다.

```
> web3.eth.accounts
["0xedde06bc0e45645e2f105972bdefc220ed37ae10",
⇒ "0x4e6c30154768b6bc3da693b1b28c6bd14302b578",
⇒ "0x70e36be8ab8f6cf66c0c953cf9c63ab63f3fef02",
⇒ "0xc99048e9b98d3fcf8b5f0d5644794b562f9a2ea4",
⇒ "0x47e3d3948f46144afa7df2c1aa67f6b1b1e35cf1",
⇒ "0x70ff99d4bc8054b2e09269bcbfdddf8e1ae7d155"]
```

계정을 잠금 해제하려면 다음 명령어를 입력합니다.

```
>personal.unlockAccount(
"0xedDE06bC0e45645e2f105972BDefC220ED37Ae10",
PASSWORD_OF_YOUR_ACCOUNT_0)
```

[예제 8-2] 스크립트를 다시 실행합니다. 이번에는 오류 메시지가 표시되지 않습니다. 몇 초 동안 기다리면 geth 콘솔에 다음과 비슷한 메시지가 표시됩니다.

```
Contract mined! address: 0x4291f37a727d32e5620a0a4ed61d27ffdad757af
➥ transactionHash: 0x2b7d2a015ca3397c1ec2b2d8e14b6c8ca7e3c06340d759a10d0e535
➥ 843532fe6
```

geth 대화형 콘솔로 SimpleCoin을 테스트넷에 배포했습니다. 이제 simpleCoinInstance의 내용을 확인할 수 있습니다.

```
> simpleCoinInstance
{
  abi: [{
      constant: false,
      inputs: [{...}, {...}],
      name: "transfer",
      outputs: [],
      payable: false,
      type: "function"
  }, {
      constant: true,
      inputs: [{...}],
      name: "coinBalance",
      outputs: [{...}],
      payable: false,
      type: "function"
  }, {
      inputs: [{...}],
      payable: false,
      type: "constructor"
```

```
    }, {
        anonymous: false,
        inputs: [{...}, {...}, {...}],
        name: "Transfer",
        type: "event"
    }],
    address: "0x4291f37a727d32e5620a0a4ed61d27ffdad757af",
    transactionHash: "0x2b7d2a015ca3397c1ec2b2d8e14b6c8ca7e3c06340d759a10d0e53
➡5843532fe6",
    Transfer: function(),
    allEvents: function(),
    coinBalance: function(),
    transfer: function()
}
```

나중에 참조할 수 있는 블록체인 주소는 simpleCoinInstance 객체에서 중요한 속성 중 하나
입니다.

```
address: "0x4291f37a727d32e5620a0a4ed61d27ffdad757af"
```

이제부터는 simpleCoinInstance로 SimpleCoin을 활용해보겠습니다.

8.2 geth 콘솔로 SimpleCoin 활용하기

테스트넷에 SimpleCoin을 배포한 후에는 4.2절에서 지갑으로 수행해본 것과 같은 작업을 할
수 있지만 이번에는 콘솔을 활용하겠습니다.

8.2.1 잔액 확인

우선 이전 절처럼 coinBalance getter 속성을 사용하면 컨트랙트를 배포할 때 사용한 계정(또
는 주 계정) 잔액을 확인할 수 있습니다.

```
>simpleCoinInstance.coinBalance(eth.accounts[0])
10000
```

그런 다음 다른 계정의 잔액을 같은 방식으로 확인합니다. 예상대로 [표 8–2]처럼 잔액이 표시됩니다.

표 8-2 예상 계정 잔액

계정 주소	계정 잔액
0xedDE06bC0e45645e2f105972BDefC220ED37Ae10	10,000
0x4e6C30154768b6bc3Da693b1B28C6bd14302b578	0
0x70e36bE8AB8f6Cf66C0C953cF9c63aB63f3FeF02	0
0xc99048E9B98D3FcF8b5f0D5644794B562f9A2ea4	0

지갑으로 확인한 것처럼 주 계좌의 마지막 숫자를 수정하여 유효하지 않은 주소로 만들고 이 주소의 잔액을 다시 확인합니다.

```
>simpleCoinInstance.coinBalance(eth.accounts[0])
 0
```

이 경우 지갑에서처럼 '잘못된 주소를 입력할 수 없음'과 같은 유효성 오류가 발생하지 않습니다. 잔액이 0이라고 표시됩니다. coinBalance() getter는 입력 주소의 유효성을 검사하지 않기 때문입니다(지갑에서는 해당 유효성 검사를 수행합니다). coinBalance 매핑에 포함된 유효한 주소는 맞는 잔액을 보여주지만 그렇지 않은 경우는 기본 int256 값인 (0)을 반환합니다.

8.2.2 코인 전송

다음 수행할 작업은 코인 전송입니다. SimpleCoin의 transfer() 함수로 주 계정에서 accounts[2]로 150개의 코인을 전송합니다. 허용하는 최대 가스양을 지정해야 전송할 수 있습니다.

```
> simpleCoinInstance.transfer(eth.accounts[2], 150,
    {from:eth.accounts[0],gas:200000});
```

이 작업을 수행하면 다음 메시지가 표시됩니다.

```
Error: authentication needed: password or unlock
```

이전과 마찬가지로 트랜잭션에 디지털 서명하기 위해 잠긴 주 계정을 반드시 해제해야 합니다
(일반적으로 accounts[0] 암호를 교체).

```
>personal.unlockAccount(eth.accounts[0], 'PASSWORD_OF_ACCOUNT_0')
```

> **WARNING_** geth 콘솔로 잠긴 계정을 해제하는 방법을 소개하고 있지만 비밀번호가 암호화되지 않은 평문
> 이고 모든 작업이 콘솔에 기록되기 때문에 안전하지 않습니다. 자세한 내용은 이 장 앞부분의 상자글 '잠긴 계
> 정을 안전하게 해제하기'를 참고하십시오.

전송을 다시 시도하면 트랜잭션이 완료되고 트랜잭션 해시가 표시됩니다.

```
"0xccd8211bde9ac8075a6d43fc51d705cf60db5c7f0a25769cf7c8cff94103af7e"
```

모든 계정의 잔액을 다시 확인합니다. 예상대로 [표 8-3]처럼 잔액이 표시됩니다.

표 8-3 예상 계정 잔액

계정 주소	계정 잔액
0xedDE06bC0e45645e2f105972BDefC220ED37Ae10	9,850
0x4e6C30154768b6bc3Da693b1B28C6bd14302b578	0
0x70e36bE8AB8f6Cf66C0C953cF9c63aB63f3FeF02	150
0xc99048E9B98D3FcF8b5f0D5644794B562f9A2ea4	0

이제 잠긴 계정을 해제한 후 accounts[2]에서 accounts[1]로 코인 50개를 전송합니다.

```
>personal.unlockAccount(eth.accounts[2], PASSWORD_OF_ACCOUNTS[2])
>simpleCoinInstance.transfer(eth.accounts[1],
50, {from:eth.accounts[2],gas:200000});
```

트랜잭션 해시를 얻은 후 잔액을 다시 확인할 수 있습니다. [표 8-4]처럼 잔액이 표시됩니다.

표 8-4 예상 계정 잔액

계정 주소	계정 잔액
0xedDE06bC0e45645e2f105972BDefC220ED37Ae10	9,850
0x4e6C30154768b6bc3Da693b1B28C6bd14302b578	50
0x70e36bE8AB8f6Cf66C0C953cF9c63aB63f3FeF02	100
0xc99048E9B98D3FcF8b5f0D5644794B562f9A2ea4	0

이 절을 마무리하기 전에 SimpleCoin과 같이 이미 배포된 컨트랙트를 참조하는 방법을 알아봅시다. 먼저 geth 콘솔을 닫고 다시 연결합니다.

8.2.3 배포된 컨트랙트 참조

대화형 geth 콘솔을 닫고 운영체제 명령 셸에서 다시 연결합니다.

```
C:\Program Files\geth>geth attach ipc:\\.\pipe\geth.ipc
```

8.1.2절 마지막 부분에서 geth 콘솔로 테스트넷에 SimpleCoin을 배포하면 컨트랙트 주소를 반환했습니다.

```
0x4291f37a727d32e5620a0a4ed61d27ffdad757af
```

이제 geth 콘솔에서 배포된 SimpleCoin 인스턴스를 활용하려면 ABI를 통해 컨트랙트와 연결할 프록시를 생성하고 at() 메서드에 배포된 컨트랙트 주소를 넣고 원격 인스턴스에 연결해야 합니다.

```
var remoteSimpleCoinAddress = "0x4291f37a727d32e5620a0a4ed61d27ffdad757af";
var simpleCoinAbi =
    [{"constant":false,"inputs":[{"name":"_to","type":"address"},
{"name":"_amount","type":"uint256"}],
"name":"transfer","outputs":[],"payable":false,"type":"function"},
{"constant":true,"inputs":[{"name":"","type":"address"}],
```

```
"name":"coinBalance","outputs":[{"name":"","type":"uint256"}],
"payable":false,"type":"function"},
{"inputs":[{"name":"_initialSupply","type":"uint256"}],
"payable":false,"type":"constructor"},{"anonymous":false,
"inputs":[{"indexed":true,"name":"from","type":"address"},
{"indexed":true,"name":"to","type":"address"},
{"indexed":false,"name":"value","type":"uint256"}],          ← solc SimpleCoin
"name":"Transfer","type":"event"}];                             출력값에 있는 abi 인터페이스
var SimpleCoinContractProxy =
    web3.eth.contract(simpleCoinAbi);           ← SimpleCoin
                                                   컨트랙트 프록시 생성
var simpleCoinInstance =
        SimpleCoinContractProxy.at(remoteSimpleCoinAddress);
```
이미 배포된
SimpleCoin 인스턴스에 연결

컨트랙트에서 배포된 컨트랙트와 연결하는 것은 약간 다릅니다. 다음 상자글에 설명되어 있습니다.

다른 컨트랙트에서 배포된 컨트랙트 참조하기

이 장에서는 Web3.js 클라이언트(예: geth 콘솔 또는 나중에 확인해볼 Node.js 콘솔 또는 HTML + JS 웹 페이지)와 배포된 솔리디티 컨트랙트를 활용하는 것에 중점을 두고 있습니다. 배포된 컨트랙트를 다른 컨트랙트에서 활용하려면 이전 장에서 본 것과 비슷한 기술로 배포된 라이브러리를 사용합니다.

```
contract SimpleCoinProxy {
    function transfer(address _to, uint256 _amount) public;
}

contract MyContract {
    SimpleCoinProxy simpleCoinProxy;

    function MyContract(address _simpleCoinAddress)
    {
        require(_simpleCoinAddress != 0x0);
        simpleCoinProxy = SimpleCoinProxy(_simpleCoinAddress);
    }

    function transferSimpleCoin(address _to, uint256 _amount) {
        simpleCoinProxy.transfer(_to, _amount) ;
```

```
        }
    }
```

이 경우 로컬 프록시 컨트랙트를 원격 컨트랙트를 인터페이스할 수 있는 추상 컨트랙트로 정의
합니다. 그런 다음 배포된 원격 컨트랙트 주소를 생성자에게 제공하여 프록시를 인스턴스화합
니다.

이전에 배포한 SimpleCoin 인스턴스와 연결되어 있는지 다시 확인하려면 모든 계정의
coinBalance 속성값을 다시 확인하세요.

```
>simpleCoinInstance.coinBalance(
"0xedde06bc0e45645e2f105972bdefc220ed37ae10")
```

[표 8-5]처럼 잔액이 표시됩니다.

표 8-5 예상 계정 잔액

계정 주소	계정 잔액
0xedDE06bC0e45645e2f105972BDefC220ED37Ae10	9,850
0x4e6C30154768b6bc3Da693b1B28C6bd14302b578	50
0x70e36bE8AB8f6Cf66C0C953cF9c63aB63f3FeF02	100
0xc99048E9B98D3FcF8b5f0D5644794B562f9A2ea4	0

이제 새롭게 이체할 수 있습니다. 예를 들어 일부 코인을 accounts[2]에서 accounts[3]으로
이동합니다. 이는 연습 예제로 남겨두겠습니다. 이 장에서 geth 대화형 콘솔에서 테스트넷에
컨트랙트를 배포하는 방법을 배웠습니다. 이더리움 운영 네트워크인 메인넷에 배포하는 것은
메인넷에서 트랜잭션을 실행하기 위해 실제 이더가 필요하다는 점을 빼면 테스트넷에 배포하
는 것과 같습니다.

geth 콘솔로 명령어를 사용해 배포하는 방법이 손이 많이 가고 비효율적이라 느꼈을 것입니
다. 컨트랙트마다 solc 컴파일러로 컴파일하고, 컴파일러 결괏값에서 ABI와 바이트코드를 손
수 복사하여 Web3 명령어에 붙여 넣어야 했습니다. geth 대화형 콘솔이 아니라 Node.js를
사용하면 이러한 배포 작업을 단순하게 할 수 있습니다.

8.3 Node.js로 명령어 기반 배포 단순화

Node.js는 자바스크립트로 서버 애플리케이션을 개발하기 위한 크로스 플랫폼입니다. Node. js에 익숙하지 않다면 상자글에 자세히 설명되어 있으니 참고 바랍니다. Node.js가 이더리움 개발과 관련이 있는지 궁금할 것입니다. Node.js는 geth 클라이언트와 연결할 수 있는 geth 콘솔 기능을 향상시키고 배포 단계를 간단하게 해주는 유용한 패키지를 제공합니다.

아직 설치 전이라면 Node.js 최신 버전이나 8.0 이상 버전을 설치하길 권합니다. Node.js를 설치한 뒤에는 노드 패키지 관리자(npm)를 통해 Web3 모듈을 설치하는 것이 좋습니다. 그러면 Node.js에서 실행하는 모든 자바스크립트 코드에서 Web3을 사용할 수 있습니다.

Node.js

Node.js는 자바스크립트를 지원하는 서버 측 런타임 환경입니다. 비동기 I/O를 처리할 수 있는 이벤트 구동형 아키텍처를 기반으로 합니다. 네트워크(TCP/IP, HTTP 포함), 이진 데이터, 파일 시스템 I/O 작업, 데이터 스트림 등을 지원하는 다양한 함수 라이브러리를 표준 모듈 세트로 가지고 있습니다.

npm이라 하는 노드 패키지 관리자를 통해 사용자 정의 모듈을 생성하거나 배포할 수 있습니다. 주요 목적은 두 가지입니다. 첫째, 자바스크립트 개발자가 선호하는 언어를 사용하여 서버 측 애플리케이션을 작성할 수 있도록 합니다. 둘째, 명시적인 멀티스레딩multithreading이 아닌 비동기 프로그래밍 방식으로 향상된 확장성을 가진 서버 측 스크립팅 웹 환경을 제공합니다. https://nodejs.org/에서 Node.js를 다운로드할 수 있습니다.

8.3.1 Node.js에 Web3 및 solc 설치

Web3을 설치하기 전에 다음과 같이 새 폴더를 만들고 npm을 초기화합니다.

```
C:\Ethereum>md SimpleCoinWithNode
C:\Ethereum>cd SimpleCoinWithNode
C:\Ethereum\SimpleCoinWithNode>npm init
```

초기화 명령(npm init)이 생성할 package.json 파일의 다양한 속성을 설정하라는 메시지가 표시됩니다. 이름을 simple_coin, 버전을 1.0.0으로 설정하고 다른 필드는 비워둡니다.

```
name: (SimpleCoinWithNode): simple_coin
Version: (1.0.0) 1.0.0
```

작성 중인 파일이 올바른지 확인하는 메시지가 표시되면 yes를 입력하고 [Enter]를 누릅니다.

```
Is this ok? (yes) yes
```

그러면 Web3(버전 0.20.4)을 설치할 수 있습니다.

```
C:\Ethereum\SimpleCoinWithNode>npm install web3@0.20.4
```

다음과 같이 출력됩니다.

```
simple_coin@1.0.0 C:\Ethereum\SimpleCoinOnNodeJS
`-- web3@0.20.4
  +-- bignumber.js@2.0.7 (git+https://github.com/frozeman/bignumber.js
-nolookahead.git#57692b3ecfc98bbdd6b3a516cb2353652ea49934)
  +-- crypto-js@3.1.8
  `-- xmlhttprequest@1.8.0

npm WARN simple_coin@1.0.0 No description
npm WARN simple_coin@1.0.0 No repository field.
```

Web3이 예상대로 작동하는지 테스트하기 위해 Node.js 콘솔로 테스트넷 계정 목록을 검색합니다. 이를 수행하기 전에 geth 인스턴스가 실행 중이어야 합니다. 별도의 OS 콘솔을 열고 테스트넷과 연결된 geth를 실행하고 RPC와 다양한 RPC 인터페이스를 사용할 수 있도록 합니다.

```
C:\Program Files\geth>geth --testnet --rpc
--rpcapi="db,eth,net,web3,personal,web3"
```

geth 콘솔을 실행한 지 오래됐다면 이전 장에서 활용한 --bootnodes 옵션을 사용하여 동기화합니다.

이제 사용하던 콘솔로 돌아가서 Web3 노드 패키지를 설치하고 노드 콘솔을 활용해 보겠습니다.

```
C:\Ethereum\SimpleCoinWithNode>node
```

노드 콘솔 프롬프트가 나타납니다.

```
>
```

다음과 같이 테스트넷 계정 주소를 검색할 수 있습니다.

```
>const Web3 = require('web3');
>web3 = new Web3(new Web3.providers.HttpProvider("http://localhost:8545"));
>web3.eth.getAccounts(console.log);
```

다음과 같이 출력됩니다.

```
> null [ '0xedde06bc0e45645e2f105972bdefc220ed37ae10',
  '0x4e6c30154768b6bc3da693b1b28c6bd14302b578',
  '0x70e36be8ab8f6cf66c0c953cf9c63ab63f3fef02',
  '0xc99048e9b98d3fcf8b5f0d5644794b562f9a2ea4' ]
```

이를 통해 Web3이 예상대로 작동하고 있음을 확인할 수 있습니다. 다음과 같이 노드 콘솔을 종료합니다(종료하기 전에 마침표(.)를 주의하세요).

```
>.exit
```

OS 프롬프트가 나타납니다.

```
C:\Ethereum\SimpleCoinWithNode>
```

그런 다음 솔리디티 컴파일러 solc(버전 0.4.24)를 설치할 수 있습니다.

```
C:\Ethereum\SimpleCoinWithNode>npm install solc@0.4.24
```

이세 빌드 및 배포 프로세스를 단순하게 해주는 배포 스크립트를 만들 준비가 됐습니다.

8.3.2 Node.js 대화형 콘솔로 빌드 및 배포

빌드 및 배포 스크립트를 만드는 가장 좋은 방법은 Node.js 셸로 컨트랙트를 컴파일하고 배포했던 검증된 스크립트 명령어를 파일로 저장하는 것입니다. 나중에 이 파일을 실행하여 한 번에 작업할 수 있습니다. 가장 먼저 SimpleCoin의 코드를 [예제 8-1]에서 다음 파일에 배치하십시오.

```
C:\Ethereum\SimpleCoinWithNode\SimpleCoin.sol
```

이제 노드 콘솔을 실행합니다.

```
C:\Ethereum\SimpleCoinWithNode>node
```

그리고 다음과 같이 사용할 노드 자바스크립트 패키지를 참조할 수 있습니다.

```
>const fs = require('fs');              ⌐── 파일 시스템 패키지
>const solc = require('solc');          ←── 솔리디티 컴파일러 팩
>const Web3 = require('web3');          ⌐── Web3 패키지
```

다음 명령어로 web3 객체 인스턴스를 생성합니다.

```
>const web3 = new Web3(
new Web3.providers.HttpProvider(
"http://localhost:8545"));
```

SimpleCoin 생성자에 초기 SimpleCoin 공급량을 설정합니다.

```
>const initialSupply = 10000;
```

그런 다음 account2를 배포 트랜잭션을 보내는 계정으로 설정합니다.

```
>const account2 = web3.eth.accounts[1];
>const sender = account2;
>const senderPassword = 'account2';
```

SimpleCoin의 소스 코드를 불러와서 소스 변수에 할당합니다.

```
>const source = fs.readFileSync(
'c:/Ethereum/SimpleCoinWithNode/SimpleCoin.sol',
'utf8');
```

그런 다음 컨트랙트를 컴파일하고 compiledContract에 할당합니다.

```
>const compiledContract = solc.compile(source, 1);
```

컴파일된 컨트랙트에서 ABI와 바이트코드를 추출하여 새로 생성한 두 변수에 할당합니다(바이트코드 앞에 '0x'를 반드시 붙여야 합니다).

```
>const abi = compiledContract.contracts[':SimpleCoin'].interface;
>const bytecode = '0x' +
compiledContract.contracts[':SimpleCoin'].bytecode;
```

가스 소모 예상값을 증가시켜 변수에 할당하고 트랜잭션이 완료되는지 확인합니다.

```
>const gasEstimate = web3.eth.estimateGas({ data: bytecode }) + 100000;
```

이제 SimpleCoin ABI로 초기화된 컨트랙트 팩토리(또는 생성자)를 만들 수 있습니다.

```
>const SimpleCoinContractFactory = web3.eth.contract(JSON.parse(abi));
```

컨트랙트를 배포하기 전에 배포 트랜잭션에 서명하고 보내는 계정을 잠금 해제하십시오.

```
>web3.personal.unlockAccount(sender, senderPassword);
```

이제 new() 함수를 한 번만 호출하여 컨트랙트를 배포하고 인스턴스화할 수 있습니다. 함수는 두 가지 콜백을 받습니다. 하나는 성공적으로 배포되면 호출되고 다른 하나는 오류가 발생한 경우 호출됩니다.

```
>const simpleCoinInstance = SimpleCoinContractFactory.new(initialSupply, {
    from: sender,
    data: bytecode,
    gas: gasEstimate
  }, function (e, contract){
  console.log(e, contract);
  if (typeof contract.address !== 'undefined') {
      console.log('Contract mined! address: '
      + contract.address
      + ' transactionHash: '
      + contract.transactionHash);
  }
});
```

실행되는 동안 geth 콘솔(Node.js 콘솔 아님)을 확인합니다. 다음과 같은 출력값이 표시됩니다.

```
INFO [08-20|09:50:17] Imported new chain segment blocks=1
➥ txs=3 mgas=1.493 elapsed=6.016ms mgasps=248.107 number=1521353 hash=
➥ acbacb…7212ed
INFO [08-20|09:50:18] Submitted contract creation fullhash=
➥ 0xb1a204653ba5f0cf5b2953eba15b3a55d3c73a358a1823f327f9cc02c4fc8a2e contract
➥ =0xa9d460c5aba794db20d005f54e8eefa80b76ff2e
INFO [08-20|09:50:26] Imported new chain segment blocks=1
➥ txs=0 mgas=0.000 elapsed=2.527ms mgasps=0.000 number=1521354 hash
➥ =2e95c3…7f9f9b
```

그런 다음 몇 초 후에 Node.js 콘솔에 다음과 같은 내용이 표시됩니다.

```
Contract mined! address: 0xa9d460c5aba794db20d005f54e8eefa80b76ff2e
  transactionHash: 0xb1a204653ba5f0cf5b2953eba15b3a55d3c73a358a1823f327f9cc0
  2c4fc8a2e
```

잘했습니다! 노드 콘솔로 SimpleCoin 컨트랙트를 배포했습니다. 이제 모든 단계를 자동화할
수 있습니다.

8.3.3 빌드 및 배포 스크립트 생성

[예제 8-3]처럼 이전에 입력한 모든 명령어를 다음 파일에 복사합니다.

```
C:\Ethereum\SimpleCoinWithNode\deploySimpleCoin.js
```

(senderPassword를 할당할 때 account 2의 비밀번호를 변경합니다.)

예제 8-3 SimpleCoin Node.js 배포 스크립트

```
const fs = require('fs');
const solc = require('solc');
const Web3 = require('web3');
const web3 = new Web3(new
    Web3.providers.HttpProvider("http://localhost:8545"));

const account2 = web3.eth.accounts[1];
const sender = account2;
const senderPassword = 'PASSWORD OF ACCOUNT 2';
const initialSupply = 10000;

const source =
    fs.readFileSync('c:/Ethereum/SimpleCoinWithNode/SimpleCoin.sol',
    'utf8');
const compiledContract = solc.compile(source, 1);
const abi = compiledContract.contracts[':SimpleCoin'].interface;
const bytecode = '0x' + compiledContract.contracts[':SimpleCoin'].bytecode;
const gasEstimate = web3.eth.estimateGas({ data: bytecode }) + 100000;

const SimpleCoinContractFactory = web3.eth.contract(JSON.parse(abi));
```

```
web3.personal.unlockAccount(sender, senderPassword);

const simpleCoinInstance = SimpleCoinContractFactory.new(initialSupply, {
    from: sender,
    data: bytecode,
    gas: gasEstimate
}, function (e, contract){
    console.log(e, contract);
    if (typeof contract.address !== 'undefined') {
        console.log('Contract mined! address: ' + contract.address + '
    transactionHash: ' + contract.transactionHash);
    }
});
```

이제 다음과 같이 OS 명령 셸에서 생성한 스크립트를 실행하여 SimpleCoin을 다시 배포하거나 다시 인스턴스화할 수 있습니다.

```
C:\Ethereum\SimpleCoinWithNode>node deploySimpleCoin.js
```

geth 콘솔과 Node.js 콘솔에서 모두 이전과 같은 결과를 확인할 수 있습니다.

```
Contract mined! address: 0x664e5f1df05e11bbf0c72c7c28419e1f8ed5821e
➥ transactionHash: 0x7191139eb5f164da7effbe9e5795fbd28fc212bfd629422da87dbebb
➥ eb13484c
```

필요에 따라 이 스크립트를 활용하여 다른 컨트랙트 또는 여러 컨트랙트를 컴파일할 수 있습니다.

8.3.4 Node.js로 컨트랙트 활용

컨트랙트를 배포하면 simpleCoinInstance로 컨트랙트를 활용할 수 있습니다. 예를 들어 한 계정에서 다른 계정으로 토큰을 옮길 수 있습니다. 먼저 대화형으로 해당 작업을 수행하면 이전처럼 스크립트를 생성할 수 있습니다. 우선 필요한 자바스크립트 패키지를 참조합니다.

```
>const fs = require('fs');
>const solc = require('solc');
>const Web3 = require('web3');
>const web3 = new Web3(new
    Web3.providers.HttpProvider("http://localhost:8545"));
```

그리고 같은 방식으로 컨트랙트 팩토리를 작성합니다.

```
const source = fs.readFileSync(
'c:/Ethereum/SimpleCoinWithNode/SimpleCoin.sol',
'utf8');
const compiledContract = solc.compile(source, 1);
const abi = compiledContract.contracts[':SimpleCoin'].interface;

const SimpleCoinContractFactory = web3.eth.contract(JSON.parse(abi));
```

이제 대화형 콘솔로 배포한 SimpleCoin 인스턴스 주소를 주소 변수에 할당합니다.

```
const contractAddress =
'0xa9d460c5aba794db20d005f54e8eefa80b76ff2e';
//replace appropriately
```

그런 다음 at() 함수를 사용하여 해당 SimpleCoin 인스턴스에 연결할 수 있습니다.

```
const simpleCoinInstance = SimpleCoinContractFactory.at(contractAddress);
```

accounts[1]과 accounts[2]를 두 변수에 할당합니다.

```
>const account2 = web3.eth.accounts[1];
>const account3 = web3.eth.accounts[2];
```

그런 다음 이전처럼 잔액을 옮깁니다.

```
>var account2Balance = simpleCoinInstance.coinBalance(account2);
>var account3Balance = simpleCoinInstance.coinBalance(account3);
```

잔액이 다음과 같이 표시됩니다.

```
>console.log('BALANCES BEFORE transferring tokens');
>console.log('Account 2 balance: ' + account2Balance);
>console.log('Account 3 balance: ' + account3Balance);
```

마지막으로 account2 잠금을 해제합니다. 이 계정으로 전송 트랜잭션에 서명하고 실행할 수 있습니다.

```
>web3.personal.unlockAccount(account2, "account2");
```

그런 다음 전송 트랜잭션을 실행하고 해시를 변수에 할당합니다.

```
>var transactionHash = simpleCoinInstance.transfer(
account3, 20, {from:account2,gas:200000});
console.log(
'SUBMITTED transfer() transaction. Transaction hash: '
+ transactionHash);
```

다음과 같이 완료될 때까지 트랜잭션 상태를 확인합니다.

```
>var transactionReceipt = null;
>while (transactionReceipt == null)
{
    transactionReceipt = web3.eth.getTransactionReceipt(transactionHash);
}
```

그런 다음 완료된 트랜잭션 정보를 표시합니다.

```
>console.log('COMPLETED transfer() transaction. Transaction: ' +
transactionHash + 'has been consolidated on block: ' +
transactionReceipt.blockNumber);
```

이제 계정 잔액 변수를 업데이트합니다.

```
>account2Balance = simpleCoinInstance.coinBalance(account2);
>account3Balance = simpleCoinInstance.coinBalance(account3);
```

마지막으로, 송금 후 새 잔액을 표시합니다.

```
>console.log('BALANCES AFTER transferring tokens');
>console.log('Account 2 balance: ' + account2Balance);
>console.log('Account 3 balance: ' + account3Balance);
```

입력한 명령어로 올바르게 작동하면 transferTokens.js라는 파일로 옮길 수 있습니다. 코드는 [예제 8-4]와 같습니다.

예제 8-4 transferTokens.js 스크립트. 두 계정 간에 코인을 전송합니다.

```
const fs = require('fs');
const solc = require('solc');
const Web3 = require('web3');
const web3 = new Web3(new
     Web3.providers.HttpProvider("http://localhost:8545"));

const source = fs.readFileSync(
'c:/Ethereum/SimpleCoinWithNode/SimpleCoin.sol',
'utf8');
const compiledContract = solc.compile(source, 1);
const abi = compiledContract.contracts[':SimpleCoin'].interface;

const SimpleCoinContractFactory = web3.eth.contract(JSON.parse(abi));
const contractAddress =
'0xa9d460c5aba794db20d005f54e8eefa80b76ff2e';
//replace appropriately

const simpleCoinInstance = SimpleCoinContractFactory.at(contractAddress);

const account2 = web3.eth.accounts[1]; //account2
const account3 = web3.eth.accounts[2]; //account3

var account2Balance = simpleCoinInstance.coinBalance(account2);
var account3Balance = simpleCoinInstance.coinBalance(account3);

console.log('Account 2 balance: ' + account2Balance);
```

```
console.log('Account 3 balance: ' + account3Balance);

web3.personal.unlockAccount(account2, "PASSWORD OF ACCOUNT 2");

var transactionHash = simpleCoinInstance.transfer(
account3, 20, {from:account2,gas:200000});
console.log(
'SUBMITTED transfer() transaction. Transaction hash: '
+ transactionHash);

var transactionReceipt = null;
while (transactionReceipt == null)
{
    transactionReceipt = web3.eth.getTransactionReceipt(transactionHash);
}

console.log(
'COMPLETED transfer() transaction. Transaction: '
+ transactionHash + 'has been consolidated on block: ' +
    transactionReceipt.blockNumber);

account2Balance = simpleCoinInstance.coinBalance(account2);
account3Balance = simpleCoinInstance.coinBalance(account3);

console.log('BALANCES AFTER transferring tokens');
console.log('Account 2 balance: ' + account2Balance);
console.log('Account 3 balance: ' + account3Balance);
```

다음과 같이 실행합니다.

```
C:\Ethereum\SimpleCoinWithNode>node transferTokens.js
```

배포 내용을 마무리하기 전에 다음 절에서 프라이빗 네트워크에 컨트랙트를 배포하는 방법을 배웁니다. 프라이빗 네트워크는 사용자가 완전하게 제어할 수 있는 이더리움 환경입니다.

8.4 프라이빗 네트워크에 배포하기

개발 단계에서 퍼블릭 테스트넷에서 발생하는 작업들로 지연되는 것을 피하고 싶은 경우 프라이빗 네트워크가 유용합니다. 예를 들어 퍼블릭 테스트넷에서는 보통 다음과 같은 대기 시간이 발생합니다.

- CPU 채굴로 이더를 채굴하는 시간
- 네트워크 동기화 시간(몇 시간 또는 며칠 후에 연결을 끊었다가 다시 연결한 경우)
- 컨트랙트 배포 또는 트랜잭션 확인에 소요되는 시간

며칠이 지난 후에 다시 연결하면 그동안 일어난 주요 업데이트나 발생한 포크로 테스트넷이 잘 동기화되지 않는 경우가 있습니다. 이때는 현재 노드에 저장된 전체 블록체인을 삭제하고 처음부터 다시 시작해야 합니다. 프라이빗 네트워크를 사용하면 일정 시간이 지나야 작동하는 로직이 있는 컨트랙트를 효율적으로 테스트할 수 있습니다. 컨트랙트는 외부 시계와 같은 외부 서비스와 분리되어 있습니다. 일반적으로 새 블록을 생성하는 데 약 14초가 걸린다 가정하고 블록 개수로 시간을 에뮬레이션합니다.

프라이빗 네트워크를 설정한다는 의미는 공식 이더리움 테스트넷 또는 메인넷과 연결되지 않은 맞춤형 블록체인을 시작한다는 것입니다. 그전에 geth가 블록체인을 관리하는 방법을 알아야 합니다. 어떻게 기록을 남기고 동기화하는지 어떤 일이 일어나는지 등을 배웁니다.

8.4.1 geth가 블록체인에 접근하는 방법

geth를 시작하면 geth는 네트워크에 연결하기 전에 이더리움 데이터 폴더를 확인합니다. 3장에서 키 저장소를 설명할 때 소개했습니다. 이더리움 데이터 폴더는 다음 디렉터리 중 하나에 있습니다.

- 윈도우: C:\Users\username\%appdata%\Roaming\Ethereum\
- 리눅스: ~/.ethereum/
- 맥: ~/Library/Ethereum/

이 폴더에는 다음과 같은 하위 폴더가 있습니다.

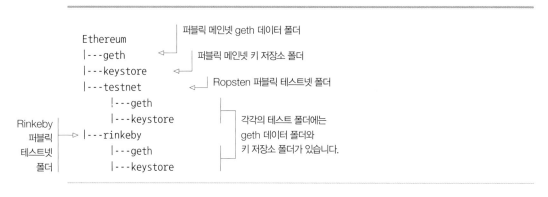

이미 3장에서 키 저장소의 내용을 살펴봤습니다. 각 geth 폴더의 내용을 살펴보겠습니다.

8.4.2 개인 테스트넷 설정

이제 퍼블릭(테스트 또는 메인) 블록체인이 geth 노드에 저장되는 위치를 배웠으므로 테스트 넷을 설정하는 데 필요한 단계를 더욱 쉽게 이해할 수 있게 됐습니다. 각 단계를 자세히 살펴보 겠습니다.

1 커스텀 제네시스 파일 생성

2 커스텀 블록체인 데이터 폴더 생성

3 노드를 식별할 이름 선택

4 커스텀 설정으로 geth를 시작하여 제네시스 블록 생성

5 프라이빗 네트워크 노드를 실행하기 위해 커스텀 설정으로 geth를 시작

6 이더베이스 계정 생성

7 이더베이스 계정에서 이더를 얻기 위해 채굴 시작

커스텀 제네시스 파일 만들기

블록체인은 상위 블록이 없는 마스터 또는 제네시스 블록에서 시작하여 체인을 만들어나갑니다. 프라이빗 네트워크의 모든 노드는 서로 합의하기 위해서 동일한 제네시스 블록을 참조해야 합니다. 새 폴더(예: C:\privatenetdev)를 만들고 그 안에 genesis.json이라는 파일을 생성합니다. 그런 다음 다음 내용을 붙여 넣습니다.

```
{
    "config": {                        특정 이더리움 프로토콜 버전을 구성하기
                                       위한 매개변수(예: homestead)
        "chainId": 10101010,           작성 중인 네트워크의 식별자
        "homesteadBlock": 0,
        "eip155Block": 0,              프로토콜별
        "eip158Block": 0              매개변수
    },
    "difficulty": "4000",              난이도(difficulty): 채굴자가 유효한
    "gasLimit": "3141592",             논스를 찾는 것이 얼마나 쉬운가를
    "alloc": {                         나타냅니다. 낮을수록 쉬워집니다.

    }                  이 섹션에서 이더를
}               특정 주소로 사전        최대 가스양: 한계가 낮을수록
            할당할 수 있습니다.     트랜잭션이 실패할 가능성이 높습니다.
```

중요한 설정들은 [표 8-6]에서 설명합니다.

표 8-6 제네시스 파일 설정

설정	설명
chainId	chainId 식별자로 프라이빗 네트워크에 연결할 수 있습니다.
difficulty	난이도가 높을수록 유효한 논스를 찾기 위해 채굴 노드가 블록체인에 새 블록을 추가하기 위해 시도하는 횟수가 증가합니다. 예를 들어 4000이라는 값을 사용하면 채굴자가 약 5초마다 새 블록을 생성할 수 있기 때문에 채굴이 쉬워집니다. 노드가 몇 분 또는 몇 시간마다 새 블록을 생성할 수 있게 하려면 난이도 값을 기하급수적으로 증가시켜야 합니다.
gasLimit	트랜잭션 자체에 설정된 한계에 관계없이 트랜잭션에 허용되는 최대 한계입니다. 높을수록 다음과 같은 오류로 트랜잭션이 실패할 가능성이 줄어듭니다. "오류: 블록 가스 한계를 초과합니다."

커스텀 블록체인 데이터 폴더 생성

표준 이더리움 데이터와 다른 영역에 폴더를 만듭니다. 예를 들면 C:\privatenet입니다.

테스트 노드 이름 선택

프라이빗 네트워크의 첫 번째 노드에 이름을 지정하면 나중에 노드를 추가했는지 쉽게 알 수 있습니다. 여기서는 PrivateNetMaster로 정합니다.

커스텀 설정으로 geth를 실행하여 제네시스 블록 생성

지금까지는 geth를 항상 기본 설정으로 시작했습니다. 기껏해야 -testnet 옵션으로 테스트넷과 연결하여 사용하는 정도였습니다. 또는 콘솔 모드 옵션으로 콘솔 모드로 사용할지 명령어 기반으로 사용할지 설정했습니다. 프라이빗 네트워크에서 커스텀 제네시스 블록을 생성하려면 다음과 같이 init 명령으로 geth를 시작합니다.

```
C:\program files\geth>geth --networkid 10101010
➡--identity "PrivateNetMaster" --rpc
➡--rpcapi="db,eth,net,web3,personal,web3"
➡--datadir "C:\privatenet" --port "30303" --nodiscover
➡--maxpeers 0 init C:\privatenetdev\genesis.json
```

[표 8-7]에서 geth launch 명령어를 사용할 때 사용할 수 있는 모든 옵션을 설명합니다. geth를 시작하면 [그림 8-3]과 비슷한 결과가 표시됩니다.

표 8-7 geth로 프라이빗 네트워크와 연결하여 시작하는 데 사용되는 옵션

geth 옵션	설명
--networkid	특정 이더리움 네트워크를 식별합니다. 예를 들어 테스트넷 및 메인넷에는 고유한 네트워크 ID가 있습니다(기본값: 1, MAINNET).
--identity	프라이빗 네트워크의 특정 노드를 식별하는 데 사용합니다.
--rpc	노드에서 JSON-RPC 인터페이스를 활성화합니다(기본값: enabled).
--rpcapi	RPC로 API를 사용하도록 설정합니다(기본값: web3).
--datadir	블록체인 데이터 폴더
--port	같은 네트워크에 있는 다른 피어가 이 노드와 연결하는 데 사용하는 네트워크 수신 포트

--nodiscover	같은 networkid와 연결되어 같은 제네시스 블록을 참조하는 클라이언트가 노드를 찾지하지 못하게 합니다. 이 네트워크에 다른 노드를 수동으로 추가해야 합니다.
--maxpeers	이 노드에서 허용하는 최대 피어 수입니다. 이 값을 0으로 설정하면 노드가 하나만 있다고 명시적으로 나타낼 수 있습니다. 더 많은 네트워크 노드를 추가해야 하는 경우 나중에 설정을 변경해야 합니다.

그림 8-3 프라이빗 네트워크의 제네시스 블록을 생성한 후 geth의 출력

프라이빗 네트워크 노드를 실행하기 위해 커스텀 설정으로 geth 실행

이제 제네시스 블록을 생성했으므로 init 명령어를 제외하고 이전과 동일한 매개변수를 사용하여 geth를 시작할 수 있습니다.

```
C:\program files\geth>geth --networkid 10101010
➡--identity "PrivateNetMaster" --rpc
➡--rpcapi="db,eth,net,web3,personal,web3"
➡--datadir "C:\privatenet" --port "30303"
➡--nodiscover --maxpeers 0
```

> **TIP_** 설정한 포트 번호에 따라서 메인넷/테스트넷과 연결된 geth 인스턴스 또는 실행 중인 지갑 인스턴스를 닫아야 합니다.

geth가 성공적으로 시작되면 [그림 8-4]와 비슷한 화면이 나타납니다. 화면에는 진행 상황이 나타나지 않습니다. 어떠한 블록도 생성되고 있지 않습니다. 왜인지 알 것 같습니다. 프라이빗 네트워크의 유일한 노드이고 이 노드는 채굴을 시작하지 않았기 때문입니다.

그림 8-4 프라이빗 네트워크에 대해 geth를 실행한 후 출력

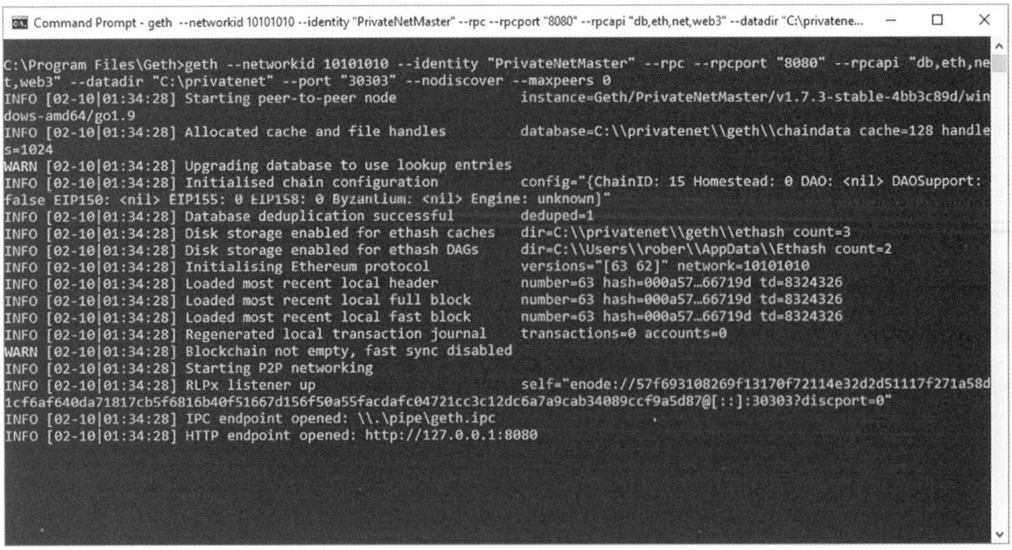

```
Command Prompt - geth  --networkid 10101010 --identity "PrivateNetMaster" --rpc --rpcport "8080" --rpcapi "db,eth,net,web3" --datadir "C:\privatene...    —    □    ×

C:\Program Files\Geth>geth --networkid 10101010 --identity "PrivateNetMaster" --rpc --rpcport "8080" --rpcapi "db,eth,ne
t,web3" --datadir "C:\privatenet" --port "30303" --nodiscover --maxpeers 0
INFO [02-10|01:34:28] Starting peer-to-peer node              instance=Geth/PrivateNetMaster/v1.7.3-stable-4bb3c89d/win
dows-amd64/go1.9
INFO [02-10|01:34:28] Allocated cache and file handles        database=C:\\privatenet\\geth\\chaindata cache=128 handle
s=1024
WARN [02-10|01:34:28] Upgrading database to use lookup entries
INFO [02-10|01:34:28] Initialised chain configuration         config="{ChainID: 15 Homestead: 0 DAO: <nil> DAOSupport:
false EIP150: <nil> EIP155: 0 EIP158: 0 Byzantium: <nil> Engine: unknown}"
INFO [02-10|01:34:28] Database deduplication successful        deduped=1
INFO [02-10|01:34:28] Disk storage enabled for ethash caches  dir=C:\\privatenet\\geth\\ethash count=3
INFO [02-10|01:34:28] Disk storage enabled for ethash DAGs    dir=C:\\Users\\rober\\AppData\\Ethash count=2
INFO [02-10|01:34:28] Initialising Ethereum protocol          versions="[63 62]" network=10101010
INFO [02-10|01:34:28] Loaded most recent local header         number=63 hash=000a57…66719d td=8324326
INFO [02-10|01:34:28] Loaded most recent local full block     number=63 hash=000a57…66719d td=8324326
INFO [02-10|01:34:28] Loaded most recent local fast block     number=63 hash=000a57…66719d td=8324326
INFO [02-10|01:34:28] Regenerated local transaction journal   transactions=0 accounts=0
WARN [02-10|01:34:28] Blockchain not empty, fast sync disabled
INFO [02-10|01:34:28] Starting P2P networking
INFO [02-10|01:34:28] RLPx listener up                        self="enode://57f693108269f13170f72114e32d2d51117f271a58d
1cf6af640da71817cb5f6816b40f51667d156f50a55facdafc04721cc3c12dc6a7a9cab34089ccf9a5d87@[::]:30303?discport=0"
INFO [02-10|01:34:28] IPC endpoint opened: \\.\pipe\geth.ipc
INFO [02-10|01:34:28] HTTP endpoint opened: http://127.0.0.1:8080
```

아직 새로운 블록체인에 계정이 없습니다. 채굴을 시작하기 전에 최소한 이더베이스(또는 코인베이스) 계정을 만들어야 합니다.

이더베이스 계정 생성

새 명령어 콘솔을 열고 평소와 같이 geth attach를 실행하여 프라이빗 네트워크 노드에 연결합니다. geth 콘솔이 열리면 프라이빗 네트워크 이름은 instance의 데이터 디렉터리 datadir에 표시되어 프라이빗 네트워크 노드에 연결된 것을 확인시켜줍니다.

```
C:\Program Files\Geth>geth attach ipc:\\.\pipe\geth.ipc
Welcome to the Geth JavaScript console!

instance: Geth/PrivateNetMaster/v1.7.3-stable-4bb3c89d/windows-amd64/go1.9
at block: 1 (Mon, 26 Jun 2017 09:31:42 BST)
  datadir: C:\privatenet
  modules: admin:1.0 debug:1.0 eth:1.0 miner:1.0 net:1.0 personal:1.0 rpc:1.0
  txpool:1.0 web3:1.0
```

이제 3.4.3절에서 봤던 계정을 만들 수 있습니다("PASSWORD OF ETHERBASE ACCOUNT" 텍스트 대신 자신의 암호를 입력).

```
>personal.newAccount("PASSWORD OF ETHERBASE ACCOUNT")
"0x3f9e54337cce348607b76200fc19f3f6e3e8e358"
```

채굴자 객체의 setEtherbase 메서드를 사용하여 이 계정을 이더베이스 계정으로 설정할 수 있습니다. 입력값에 계정 주소를 넣습니다.

```
>miner.setEtherbase("0x3f9e54337cce348607b76200fc19f3f6e3e8e358")
```

채굴을 시작하기 전에 추가 계정을 만들 수 있습니다. 지금 계정을 하나 이상 생성합시다. 프라이빗 네트워크에서 SimpleCoin을 활용하는 데 사용할 수 있습니다("PASSWORD OF ACCOUNT 2" 텍스트 대신 자신의 암호 입력).

```
>personal.newAccount("PASSWORD OF ACCOUNT 2")
"0x336a008e3a3b099bcd125cd54fc193070fe1d177"
```

채굴을 시작하여 이더베이스 계정에 이더 생성

이제 3장의 CPU 채굴 관련 내용에서 본 바와 같이 채굴을 시작할 수 있습니다.

```
>miner.start()
```

채굴자가 몇 초 동안 작동하도록 두고 주 geth 셸의 출력값을 확인합니다. [그림 8-5]와 같이 DAG가 생성되는 것을 볼 수 있습니다(필요하다면 3.3.4절 참고하여 DAG에서 메모리를 새로 고칩니다).

그림 8-5 채굴을 처음 시작하면 DAG가 생성된다.

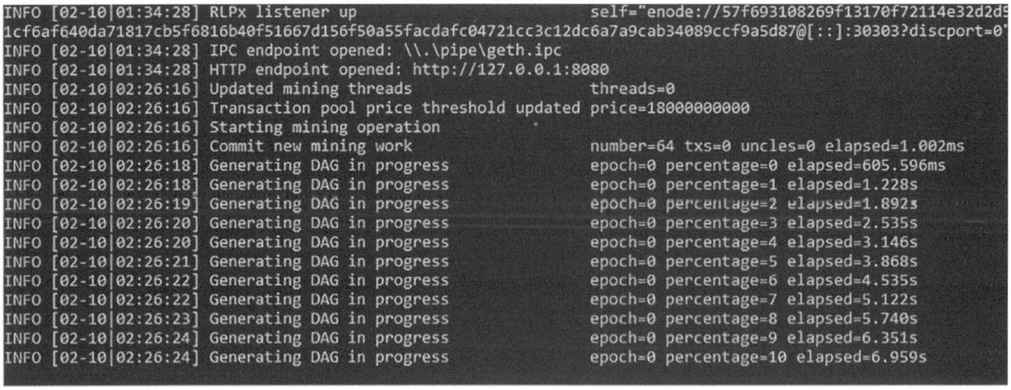

```
INFO [02-10|01:34:28] RLPx listener up                        self="enode://57f693108269f13170f72114e32d2d9
1cf6af640da71817cb5f6816b40f51667d156f50a55facdafc04721cc3c12dc6a7a9cab34089ccf9a5d87@[::]:30303?discport=0"
INFO [02-10|01:34:28] IPC endpoint opened: \\.\pipe\geth.ipc
INFO [02-10|01:34:28] HTTP endpoint opened: http://127.0.0.1:8080
INFO [02-10|02:26:16] Updated mining threads                  threads=0
INFO [02-10|02:26:16] Transaction pool price threshold updated price=18000000000
INFO [02-10|02:26:16] Starting mining operation
INFO [02-10|02:26:16] Commit new mining work                  number=64 txs=0 uncles=0 elapsed=1.002ms
INFO [02-10|02:26:18] Generating DAG in progress              epoch=0 percentage=0 elapsed=605.596ms
INFO [02-10|02:26:18] Generating DAG in progress              epoch=0 percentage=1 elapsed=1.228s
INFO [02-10|02:26:19] Generating DAG in progress              epoch=0 percentage=2 elapsed=1.892s
INFO [02-10|02:26:20] Generating DAG in progress              epoch=0 percentage=3 elapsed=2.535s
INFO [02-10|02:26:20] Generating DAG in progress              epoch=0 percentage=4 elapsed=3.146s
INFO [02-10|02:26:21] Generating DAG in progress              epoch=0 percentage=5 elapsed=3.868s
INFO [02-10|02:26:22] Generating DAG in progress              epoch=0 percentage=6 elapsed=4.535s
INFO [02-10|02:26:22] Generating DAG in progress              epoch=0 percentage=7 elapsed=5.122s
INFO [02-10|02:26:23] Generating DAG in progress              epoch=0 percentage=8 elapsed=5.740s
INFO [02-10|02:26:24] Generating DAG in progress              epoch=0 percentage=9 elapsed=6.351s
INFO [02-10|02:26:24] Generating DAG in progress              epoch=0 percentage=10 elapsed=6.959s
```

대화형 셸에서 이더베이스 계정의 잔액을 확인하면 여전히 0입니다.

```
> eth.getBalance(eth.coinbase).toNumber();
0
```

몇 초 후 [그림 8-6]과 같이 메인 geth 셸에서 첫 번째 블록이 채굴되는 것을 볼 수 있습니다.

그림 8-6 DAG가 생성되고 첫 번째 블록이 생성된 후의 화면

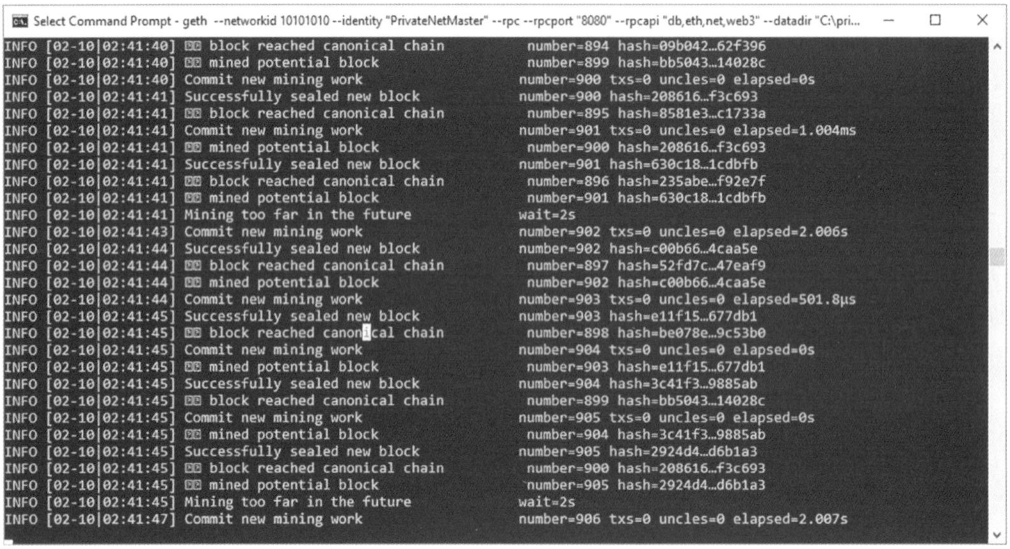

```
Select Command Prompt - geth --networkid 10101010 --identity "PrivateNetMaster" --rpc --rpcport "8080" --rpcapi "db,eth,net,web3" --datadir "C:\pri...   —   □   ×
INFO [02-10|02:41:40] 🔨 block reached canonical chain        number=894 hash=09b042…62f396
INFO [02-10|02:41:40] 🔨 mined potential block                number=899 hash=bb5043…14028c
INFO [02-10|02:41:40] Commit new mining work                 number=900 txs=0 uncles=0 elapsed=0s
INFO [02-10|02:41:41] Successfully sealed new block           number=900 hash=208616…f3c693
INFO [02-10|02:41:41] 🔨 block reached canonical chain        number=895 hash=8581e3…c1733a
INFO [02-10|02:41:41] Commit new mining work                 number=901 txs=0 uncles=0 elapsed=1.004ms
INFO [02-10|02:41:41] 🔨 mined potential block                number=900 hash=208616…f3c693
INFO [02-10|02:41:41] Successfully sealed new block           number=901 hash=630c18…1cdbfb
INFO [02-10|02:41:41] 🔨 block reached canonical chain        number=896 hash=235abe…f92e7f
INFO [02-10|02:41:41] 🔨 mined potential block                number=901 hash=630c18…1cdbfb
INFO [02-10|02:41:41] Mining too far in the future           wait=2s
INFO [02-10|02:41:43] Commit new mining work                 number=902 txs=0 uncles=0 elapsed=2.006s
INFO [02-10|02:41:44] Successfully sealed new block           number=902 hash=c00b66…4caa5e
INFO [02-10|02:41:44] 🔨 block reached canonical chain        number=897 hash=52fd7c…47eaf9
INFO [02-10|02:41:44] 🔨 mined potential block                number=902 hash=c00b66…4caa5e
INFO [02-10|02:41:44] Commit new mining work                 number=903 txs=0 uncles=0 elapsed=501.8µs
INFO [02-10|02:41:45] Successfully sealed new block           number=903 hash=e11f15…677db1
INFO [02-10|02:41:45] 🔨 block reached canonical chain        number=898 hash=be078e…9c53b0
INFO [02-10|02:41:45] Commit new mining work                 number=904 txs=0 uncles=0 elapsed=0s
INFO [02-10|02:41:45] 🔨 mined potential block                number=903 hash=e11f15…677db1
INFO [02-10|02:41:45] Successfully sealed new block           number=904 hash=3c41f3…9885ab
INFO [02-10|02:41:45] 🔨 block reached canonical chain        number=899 hash=bb5043…14028c
INFO [02-10|02:41:45] Commit new mining work                 number=905 txs=0 uncles=0 elapsed=0s
INFO [02-10|02:41:45] 🔨 mined potential block                number=904 hash=3c41f3…9885ab
INFO [02-10|02:41:45] Successfully sealed new block           number=905 hash=2924d4…d6b1a3
INFO [02-10|02:41:45] 🔨 block reached canonical chain        number=208616…f3c693
INFO [02-10|02:41:45] 🔨 mined potential block                number=905 hash=2924d4…d6b1a3
INFO [02-10|02:41:45] Mining too far in the future           wait=2s
INFO [02-10|02:41:47] Commit new mining work                 number=906 txs=0 uncles=0 elapsed=2.007s
```

이더베이스에 이더 잔액이 표시됩니다(Wei로 표시).

```
>eth.getBalance(eth.coinbase).toNumber();
5000000000000000000
```

채굴을 중지할 수도 있습니다.

```
>miner.stop()
```

로컬 프라이빗 네트워크를 만들어봤습니다. 이제 SimpleCoin을 여기에 배포할 수 있습니다.

8.4.3 프라이빗 네트워크 SimpleCoin 배포

프라이빗 네트워크와 퍼블릭 네트워크에서 작업하는 방식은 똑같습니다. 따라서 스스로 컨트랙트를 배포할 수 있어야 합니다. 모든 것이 예상대로 잘 진행되는지 확인하는 것이 좋습니다. [표 8-8]은 프라이빗 네트워크에 있는 계정을 보여줍니다.

표 8-8 프라이빗 네트워크에 있는 계정

계정	주소
Main account 0	x3f9e54337cce348607b76200fc19f3f6e3e8e358
Account 2	0x336a008e3a3b099bcd125cd54fc193070fe1d177

account 2에 이더가 있는지 확인합니다. 있다면 이 계정으로 컨트랙트를 배포할 수 있습니다. 채굴로 주 계정에 입금된 이더 중 일부를 전송하여 가져올 수 있습니다.

```
> personal.unlockAccount(eth.coinbase, "PASSWORD OF ETHERBASE ACCOUNT");
> eth.sendTransaction({from:eth.coinbase,
to:eth.accounts[1], value: web3.toWei(2.0, "ether")})
```

다음과 같이 OS 명령 셸에서 8.3.3절에서 만든 스크립트를 실행하여 account 2로 배포할 수 있습니다.

```
C:\Ethereum\SimpleCoinWithNode>node deploySimpleCoin.js
```

오류 메시지가 나타나지 않지만 뭔가 잘못된 것으로 보입니다. 컨트랙트 주소가 정의되지 않은 것으로 나타납니다. 테스트넷에 배포하면 몇 초 후 다음과 같은 결과가 나타나는 것을 기억하세요.

```
Contract mined! address: 0x4291f37a727d32e5620a0a4ed61d27ffdad757af
⮕ transactionHash: 0x2b7d2a015ca3397c1ec2b2d8e14b6c8ca7e3c06340d759a10d0e5358
⮕ 43532fe6
```

그러나 아직 컨트랙트 주소를 컨펌받지 못했습니다. 메인 geth 셸의 출력을 확인하면 화면이 멈춰 있는 것을 볼 수 있습니다.

```
INFO [06-26|09:19:52] Submitted contract creation fullhash=
⮕ 0x2db88eadcd908f8c66294f2d427825e46bf820f089277f436ed5165f739efbbd
⮕ contract=0xd144854e0d90e49726fab8e613115c217ee5262c
```

왜 그런지 한 번 생각해봅시다. 맞습니다. 채굴하고 있지 않습니다! 배포 트랜잭션을 완료하려면 채굴해야 합니다. geth 대화형 콘솔로 돌아가서 채굴을 다시 시작합니다.

```
> miner.start()
```

(이전에 miner.stop()으로 채굴을 중지한 것을 기억하세요.) 예상했던 완료 메시지가 바로 나타납니다.

```
Contract mined! address:
0xd144854e0d90e49726fab8e613115c217ee5262c
⮕ transactionHash: 0x2db88eadcd908f8c66294f2d427825e46bf820f089277f436ed5165f
⮕ 739efbbd
```

이제 simpleCoinInstance를 확인해보면 컨트랙트 주소를 찾을 수 있습니다.

```
...

    address: "0xd144854e0d90e49726fab8e613115c217ee5262c",
    transactionHash:
    "0x2db88eadcd908f8c66294f2d427825e46bf820f089277f436ed5165f739efbbd",
    Transfer: function(),
    allEvents: function(),
    coinBalance: function(),
    transfer: function()
}
```

이제 컨트랙트를 배포했으니 전기를 절약하고 CPU를 식혀주고 싶다면 채굴을 중지해도 됩니다. 하지만 배포된 컨트랙트를 활용하려면 채굴해야 하는 것을 잊지마세요. 그렇지 않으면 트랜잭션은 절대 완료되지 않습니다.

연습 삼아 채굴하지 않는 동안 메인 계정에서 account 2로 SimpleCoin을 조금 전송하고 잔액을 확인해봅니다. 채굴이 진행되는 동안만 트랜잭션이 완료되는 것을 확인할 수 있습니다.

8.5 모의 네트워크에 배포하여 개발 효율성 향상

프라이빗 네트워크에서 컨트랙트를 실행하면 개발 속도가 상대적으로 빨라집니다. 하지만 프라이빗 네트워크를 잘 관리할 필요가 있습니다. 특히 채굴 난이도 수준을 적절하게 유지해야 합니다. 예를 들어 개발 또는 테스트를 위해 사용하는 계정은 트랜잭션을 실행할 수 있도록 테스트 이더일지라도 이더를 가지고 있어야 합니다. 또한 적어도 하나 이상의 테스트 네트워크 노드가 지속적으로 채굴해야 합니다.

개발 효율성을 향상시키는 한 가지 방법은 컨트랙트를 모의 네트워크에 배포하는 것입니다. 가나슈와 같은 모의 네트워크는 일반적으로 개발자 컴퓨터의 메모리 내에서 실행됩니다. 계정 관리, 거래 비용, 채굴 및 연결 등 이더리움 네트워크의 모든 인프라 측면을 에뮬레이션하거나 우회할 수 있습니다. 가나슈에 컨트랙트를 배포하면 컨트랙트 기능 개발과 테스트에만 집중할 수 있어 개발주기를 상당히 단축할 수 있습니다. 그러나 모의 네트워크에서 컨트랙트의 기능이 예상대로 잘 작동하면 프라이빗 네트워크, 궁극적으로 퍼블릭 테스트 네트워크에서 다시 테스트해야 합니다. 실제 인프라 측면에서도 컨트랙트가 잘 작동하는지 확인합니다.

8.5.1 가나슈 설치 및 시작

가나슈를 설치하고 설정하는 것이 프라이빗 네트워크를 설정하는 것보다 쉽다는 것을 알았습니다. 가나슈는 자바스크립트로 작성되었으며 Ethereumjs를 사용하여 클라이언트 동작을 에뮬레이션합니다. Node.js 패키지로 배포되어 설치가 쉽습니다. Node.js(이 글을 쓰는 시점에서 적어도 버전 6.9.1)가 설치되어 있다면 다음과 같이 Node.js 콘솔로 가나슈를 설치할 수 있습니다.

```
C:\Ethereum\SimpleCoinWithNode\>npm install -g ganache-cli@6.1.8
```

이게 다입니다! geth를 실행 중인 경우 중지해야 하며 새 OS 콘솔창에서 가나슈를 시작합니다.

```
c:\>ganache-cli
```

시작할 때 가나슈는 [그림 8-7]과 같이 사용할 수 있는 계정을 보여줍니다.

그림 8-7 시작할 때 보이는 가나슈 계정 및 관련 개인키

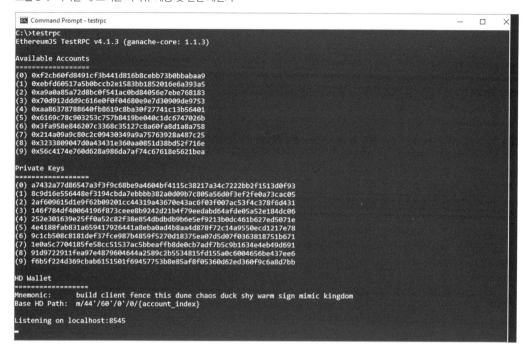

그림 8-7 시작할 때 보이는 가나슈 계정 및 관련 개인키

8.5.2 가나슈에 SimpleCoin 배포

가나슈가 이더리움 네트워크를 에뮬레이션하고 있으므로 geth 콘솔을 사용하여 SimpleCoin 컨트랙트를 배포할 수 없습니다. 모의 이더리움 네트워크와 연결된 새로운 콘솔은 이제 Node. js 콘솔입니다. 이제 퍼블릭 또는 프라이빗 테스트 네트워크에 배포할 때와 같은 방법으로 SimpleCoin을 배포할 수 있습니다. 다음 예제를 참고하세요. [예제 8-3]을 가나슈를 사용하기 위해 약간 수정했습니다.

예제 8-5 SimpleCoinOnGanache.js 배포

```
const fs = require('fs');
const solc = require('solc');
const Web3 = require('web3');
const web3 = new Web3(
new Web3.providers.HttpProvider("http://localhost:8545"));

const account2 = web3.eth.accounts[1];
```

```
const sender = account2;

const initialSupply = 10000;

const source = fs.readFileSync(
'c:/Ethereum/SimpleCoin/SimpleCoin.sol', 'utf8');
const compiledContract = solc.compile(source, 1);
const abi = compiledContract.contracts[':SimpleCoin'].interface;
const bytecode = '0x' + compiledContract.contracts[':SimpleCoin'].bytecode;
const gasEstimate = web3.eth.estimateGas({ data: bytecode }) + 100000;

const SimpleCoinContractFactory = web3.eth.contract(JSON.parse(abi));

const simpleCoinInstance = SimpleCoinContractFactory.new(initialSupply, {
    from: sender,
    data: bytecode,
    gas: gasEstimate
  }, function (e, contract){
   console.log(e, contract);
   if (typeof contract.address !== 'undefined') {
       console.log('Contract mined! address: '
       + contract.address
       + ' transactionHash: ' + contract.transactionHash);
   }
});
```

실행 중인 geth 인스턴스가 있으면 중지합니다. 가나슈가 별도의 OS 셸에서 실행되고 있는지 확인하고 실행되지 않았다면 다시 시작합니다.

```
C:\>ganache-cli
```

그런 다음 배포 스크립트를 실행합니다.

```
C:\Ethereum\SimpleCoinWithNode>node deployingSimpleCoinOnGanache.js
```

실행하는 동안 가나슈를 실행하는 OS 셸을 확인하면 다음 내용을 볼 수 있습니다.

```
Listening on localhost:8545
eth_accounts
```

```
eth_estimateGas
eth_sendTransaction

  Transaction: 0x25a3ee4ef5f71e72ab1800a78782d42676aec61503eaab1ef8beaf
➥2e54993038
  Contract created: 0xdc6d598f56cf80201d95b4e9494e83bab8aa479e
  Gas usage: 509317
  Block Number: 1
  Block Time: Wed Feb 21 2018 01:49:20 GMT+0000 (GMT Standard Time)

eth_newBlockFilter
eth_getFilterChanges
eth_getTransactionReceipt
eth_getCode
eth_uninstallFilter
```

그런 다음 Node.js 콘솔에서 바로 이어서 다음 내용을 볼 수 있습니다.

```
Contract mined! address: 0xedaa9632746aa82b0f1f73185c38a437643116af
➥ transactionHash: 0xfa4d8a6e526d53ace153b2619c47f9e29359125dbf28e4d97d8f5af0
➥ cdd051d7
```

퍼블릭이나 프라이빗 네트워크와 가나슈에 컨트랙트를 배포하는 것의 차이점을 느꼈나요?

- 가나슈에서는 바로 배포됐지만 다른 네트워크에는 어느 정도 시간이 지난 뒤에 배포됐습니다.

- 퍼블릭이나 프라이빗 네트워크에 배포할 때 수행한 작업과 달리 컨트랙트를 배포하는 계정을 잠금 해제할 필요가 없었습니다.

계속 진행하기 전에 연습 예제를 활용해 대화형이나 스크립트로 가나슈의 두 계정 간에 코인을 이체해보세요.

8.6 웹 UI로 원활하게 SimpleCoin 활용하기

지금까지는 [그림 8-8]과 같이 다양한 개발 도구로 네트워크에 배포된 이더리움 스마트 컨트랙트에 접근했습니다. 이더리움 지갑으로 손수 작동하거나 리믹스에 내장된 Web3 옵션을 사용했습니다. 또 geth 콘솔과 Node.js 콘솔로 Web3.js 명령어를 직접 입력하여 컨트랙트를 활용했습니다. 최종 사용자는 Web3.js를 활용한 웹 UI로 간접적으로 이더리움 컨트랙트에 접근할 수 있습니다. 이번 절에서는 SimpleCoin 웹 UI를 구축합니다. 그러면 탈중앙화 앱을 처음부터 끝까지 완성하게 됩니다.

8.6.1 최소한의 SimpleCoin 웹 UI 구축

단순하게 작업하기 위해 처음에는 웹 UI를 가나슈에 배포된 SimpleCoin 인스턴스와 연결합니다. 가나슈를 종료한 경우 8.4.3절에서 설명한 단계를 따라서 가나슈를 다시 시작하고 SimpleCoin을 다시 배포하십시오. SimpleCoin이 배포되면 이전과 마찬가지로 다음 확인 메시지가 표시됩니다.

```
Contract mined! address: 0xedaa9632746aa82b0f1f73185c38a437643116af
➥ transactionHash: 0xfa4d8a6e526d53ace153b2619c47f9e29359125dbf28e4d97d8f5af0
➥ cdd051d7
```

그림 8-8 이더리움 지갑 및 리믹스와 같은 개발 도구로 이더리움 스마트 컨트랙트와 상호작용할 수 있다. 또는 geth 콘솔, Node.js 콘솔로 Web3.js 명령어를 직접 사용하여 컨트랙트 작업을 수행할 수 있다. HTML 웹 UI를 통해서 Web3.js 명령어를 암시적으로 실행할 수 있다.

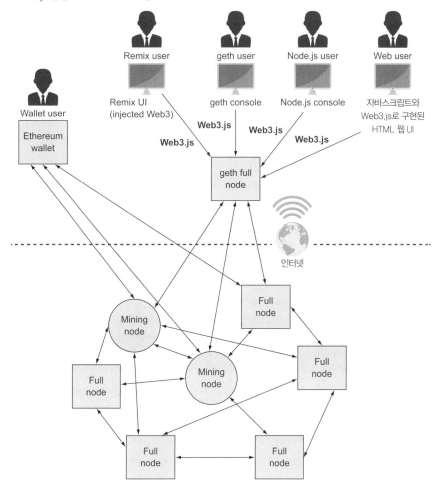

> **NOTE_** 컨트랙트 주소를 기록해두십시오. 곧 작성할 자바스크립트 코드에 입력해야 합니다.

계정 간 코인을 전송하는 자바스크립트 스크립트 로직을 참조하는 간단한 HTML을 사용하여 최소한의 웹 UI를 작성할 수 있습니다. 다음 두 파일을 구현하면 됩니다.

- simplecoin.js
- simplecoin.html

SIMPLECOIN.JS

[예제 8-6]처럼 계정 간 코인을 전송하는 데 필요한 자바스크립트 코드는 이번 장에서 이미 여러 번 실행한 것과 비슷합니다. [예제 8-2]를 참고하세요. [예제 8-6] 컨트랙트 주소를 가나슈에 배포한 컨트랙트 주소로 바꿔야 합니다. 시스템에 폴더를 만듭니다(예: C:\Ethereum\SimpleCoinWebUI). 이 폴더 내에 simplecoin.js라는 파일을 작성하고 [예제 8-6]의 코드를 복사합니다.

예제 8-6 simplecoin.js

```
var web3 = new Web3(
new Web3.providers.HttpProvider("http://localhost:8545"));

var abi = "[{\"constant\":false,\"inputs\":[{\"name\":\"_to\",\"type\":\
"address\"},{\"name\":\"_amount\",\"type\":\"uint256\"}],\"name\":\
"transfer\",\"outputs\":[],\"payable\":false,\"type\":\"function\"},{\
"constant\":true,\"inputs\":[{\"name\":\"\",\"type\":\"address\"}],\"name\
":\"coinBalance\",\"outputs\":[{\"name\":\"\",\"type\":\"uint256\"}],\
"payable\":false,\"type\":\"function\"},{\"inputs\":[{\"name\":\
"_initialSupply\",\"type\":\"uint256\"}],\"payable\":false,\"type\":\
"constructor\"},{\"anonymous\":false,\"inputs\":[{\"indexed\":true,\"name\
":\"from\",\"type\":\"address\"},{\"indexed\":true,\"name\":\"to\",\"type\
":\"address\"},{\"indexed\":false,\"name\":\"value\",\"type\":\"uint256\
"}],\"name\":\"Transfer\",\"type\":\"event\"}]";
var SimpleCoinContractFactory = web3.eth.contract(JSON.parse(abi));
var simpleCoinContractInstance = SimpleCoinContractFactory.at(
'0xedaa9632746aa82b0f1f73185c38a437643116af');        ◁── 이 부분을 가나슈에 방금 배포한
var accounts = web3.eth.accounts;                            SimpleCoin 컨트랙트 주소로 바꿉니다.

function refreshAccountsTable() {
    var innerHtml =
        "<tr><td>Account</td><td>Balance</td>";        ◁── 계정 잔액 테이블을
                                                            동적으로 HTML 작성
    for (var i = 0; i < accounts.length; i++) {        ◁──
        var account = accounts[i];                          계정 잔액 HTML을 만들기 위해
        var balance =                                       모든 계정을 반복문으로 처리합니다.
            simpleCoinContractInstance
            .coinBalance(account);                     ◁── 코인 잔액을 가져오는 함수 호출
        innerHtml = innerHtml +
          "<tr><td>" +
          account + "</td><td>"
          + balance + "</td></tr>";
```

업데이트된 계정 잔고를 보여줍니다.

```
        }

        $("#accountsBalanceTable").html(innerHtml);
    }

    function transferCoins() {                        UI 입력값을 가져와서 코인 전송
        var sender = $("#from").val();                컨트랙트 함수에 전달합니다.
        var recipient = $("#to").val();
        var tokensToTransfer = $("#amount").val();
        simpleCoinContractInstance.transfer(          코인 전송 컨트랙트 함수를 호출합니다.
            recipient,
            tokensToTransfer,
              {from:sender,gas:200000},
            function(error, result){
              if(!error)
                  refreshAccountsTable();
              else                                    전송을 성공하면 성공 콜백이
                  console.error(error);               계정 잔액 테이블을 새로 고칩니다.
            }
        );
    }

    $( document ).ready(function() {                  페이지를 열 때 계정 잔액
        refreshAccountsTable();                       테이블을 렌더링합니다.
    });
```

새로운 폴더를 생성합니다(예: C:\Ethereum\SimpleCoinWebUI). 이 폴더에 simplecoin
.js라는 파일을 생성하고 [예제 8-6]의 코드를 복사하여 붙여 넣습니다.

simplecoin.html

HTML 페이지에서는 기본적으로 사용자가 입력한 값을 가져오고 코인 전송 결과를 보여줘야
합니다. 입력값을 가져오기 위해 몇 개의 텍스트 상자와 전송을 위한 버튼으로 구성됩니다. 기
본 HTML 외에도 Web3.js, 제이쿼리 자바스크립트 라이브러리, 방금 만든 simplecoin.js 스
크립트를 참조해야 합니다. 웹사이트 구축을 위한 패키지 관리자인 Bower(https://bower.
io/)를 사용하여 Web3.js 및 제이쿼리를 로컬로 가져올 수 있습니다. 다음과 같이 npm으로
Bower를 설치합니다.

```
C:\Ethereum\SimpleCoinWebUI>npm install -g bower
```

이제 현재 디렉터리에서 Web3.js 및 제이쿼리 라이브러리를 가져옵니다.

```
C:\Ethereum\SimpleVotingWebUI>bower install web3#0.20.6
C:\Ethereum\SimpleVotingWebUI>bower install jquery
```

여기까지 진행하면 Bower는 Web3 및 제이쿼리를 bower_components 폴더 내 각 디렉터리에 다운로드합니다.

```
bower_components
    |--web3
    |--jquery
```

필요한 전체 HTML 코드를 보여주는 다음 예제에서 가장 위에 보이는 것처럼 자바스크립트 라이브러리를 참조할 수 있습니다.

예제 8-7 simplecoin.html

```html
<html>
<head>
    <script src="bower_components/web3/dist/web3.min.js"></script>
    <script src="bower_components/jquery/dist/jquery.min.js"></script>
    <script src="./simplecoin.js"></script>
</head>
<body>
    <table>
        <tr><b>SimpleCoin</b></tr>
        <tr><table border="0" cellpadding="0" width="200"
      id='accountsBalanceTable'> </table></tr>
        <tr/>
        <tr/>
        <tr>Transfer coins</tr>
        <tr>
            <table border="0" cellpadding="0" width="200" id='transferCoins'>
                <tr>
                    <td>From:</td><td><input type="text" id="from" width="400"
      /></td>
```

```
                <td>To:</td><td><input type="text" id="to" width="400"
    /></td>
                <td>Amount:</td><td><input type="text" id="amount" /></td>
                <td><button onclick="transferCoins()">Transfer</button></td>
              </tr>
            </table>
        </tr>
    </table>
</body>
</html>
```

SimpleCoinWebUI 폴더 내에 simplecoin.html 파일을 생성합니다. [예제 8-7] 코드를 복사합니다.

8.6.2 SimpleCoin 웹 UI 실행

브라우저에서 simplecoin.html을 열면 [그림 8-9]와 같은 화면이 나타납니다. 화면에는 가나슈가 지원하는 모든 계정의 잔액이 표시됩니다. [예제 8-5] 배포 스크립트에서 지정된 소유자 계정인 account[1]에는 10,000개의 SimpleCoin 토큰이 있고 다른 계정에는 잔액이 없습니다.

그림 8-9 SimpleCoin 웹 UI

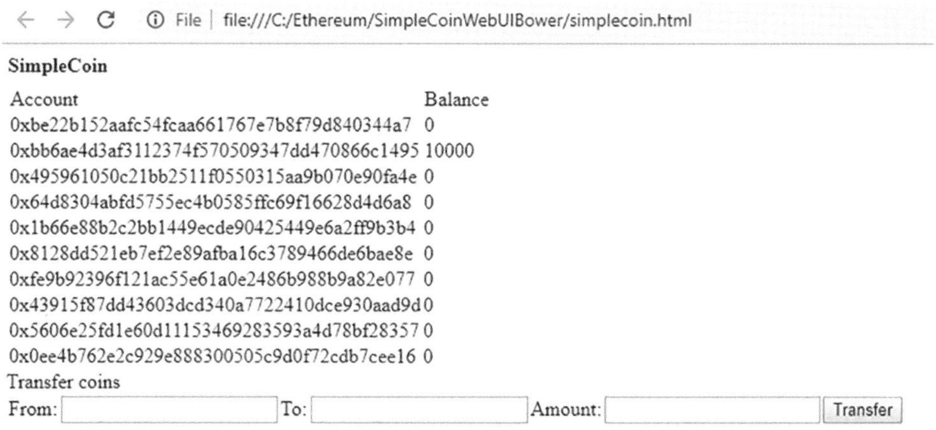

File
file:///C:/Ethereum/SimpleCoinWebUIBower/simplecoin.html
SimpleCoin
Account
Balance
0xbe22b152aafc54fcaa661767e7b8f79d840344a7 0
0xbb6ae4d3af3112374f570509347dd470866c1495 10000
0x495961050c21bb2511f0550315aa9b070e90fa4e 0
0x64d8304abfd5755ec4b0585ffc69f16628d4d6a8 0
0x1b66e88b2c2bb1449ecde90425449e6a2ff9b3b4 0
0x8128dd521eb7ef2e89afba16c3789466de6bae8e 0
0xfe9b92396f121ac55e61a0e2486b988b9a82e077 0
0x43915f87dd43603dcd340a7722410dce930aad9d 0
0x5606e25fd1e60d11153469283593a4d78bf28357 0
0x0ee4b762e2c929e888300505c9d0f72cdb7cee16 0
Transfer coins
From:
To:
Amount:
Transfer

UI로 전송하는 것은 간단합니다. From과 To 텍스트 상자에 보낼 주소와 받을 주소를 각각 지정하고 금액 텍스트 상자에 전송할 토큰 수를 입력합니다. 그런 다음 전송 버튼을 클릭합니다. 연습 삼아 다음과 같이 전송해봅니다.

- 보내는 주소(From): 0xbb6ae4d3af3112374f570509347dd470866c1495

- 받는 주소(To): 0x495961050c21bb2511f0550315aa9b070e90fa4e

- 금액(Amount): 150

[Transfer]를 클릭하면 transfer() 컨트랙트 함수가 호출됩니다. 작업이 성공적으로 완료되면 연관된 콜백 함수(로컬 refreshAccountsTable() 자바스크립트 함수와 연결)가 [그림 8-10]에서 볼 수 있듯이 계정 잔액 테이블을 업데이트합니다.

그림 8-10 코인이 이체되면 보내는 계정과 받는 계정의 잔액이 변경된다.

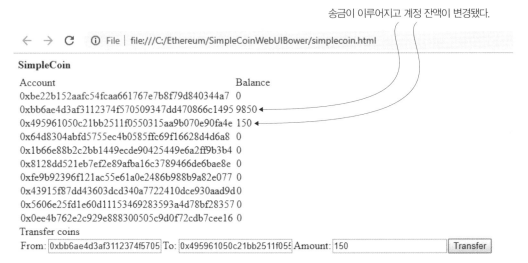

8.7 요약

- 이더리움 지갑이나 리믹스 같은 도구를 사용하여 컨트랙트를 배포하고 컨트랙트를 활용할 수 있지만 클라이언트와 이더리움 네트워크 간에 어떤 일이 일어나는지 알 수 없습니다.

- geth 콘솔에서 명시적인 Web3.js 명령어로 컨트랙트를 배포할 수 있습니다.

- geth 콘솔의 Web3.js 명령어로 컨트랙트를 활용할 수도 있습니다.

- geth 콘솔의 제한 사항으로 컨트랙트를 배포하고 활용하는 것은 손이 많이 가고 시간도 많이 소요되어 자동화하기 쉽지 않습니다.

- Node.js로 컨트랙트를 더 쉽게 컴파일하고 배포할 수 있습니다. Web3.js 스크립트 역시 빌드하고 배포하는 것을 완전히 자동화할 수 있습니다.

- 개발팀 통제하에 프라이빗 이더리움 네트워크에 컨트랙트를 배포하여 개발주기를 단축시킬 수 있습니다.

- 계정을 에뮬레이션하고 채굴처럼 대기 시간이 긴 작업을 피할 수 있는 가나슈 같은 모의 네트워크에 컨트랙트를 배포하여 개발주기를 더욱 단축시킬 수 있습니다.

- geth나 Node.js 콘솔을 통해 Web3.js 명령어로 수행했던 것을 HTML UI에서도 실행할 수 있습니다.

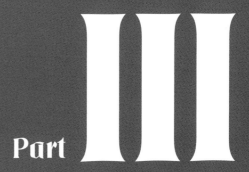

Part III

다양한 이더리움 생태계

3부를 이 책의 핵심이라 할 수 있습니다. 지금까지 기초 내용을 모두 배웠습니다. 실제 이더리움 환경으로 전환할 준비가 되었습니다. 9장에서는 이더리움 네임 서비스Ethereum Name Service(ENS), IPFS, 스웜Swarm과 같은 탈중앙화 스토리지 네트워크, 오라클 및 기타 개발 프레임워크를 포함하는 다양한 이더리움 생태계와 친해질 수 있습니다. 그러고 나면 전문 개발 도구를 사용할 수 있을 것입니다.

10장에서는 자바스크립트 모카Mocha를 사용하여 스마트 컨트랙트를 테스트하는 방법을 배우고 11장에서는 트러플Truffle을 활용하여 개발주기를 단축하고 컨트랙트를 쉽게 컴파일, 테스트, 배포하는 방법을 배웁니다. 마지막으로 12장에서는 엔드 투 엔드End-to-end 투표 디앱를 처음부터 작성하며 모든 것을 하나로 종합합니다.

3부를 마치면 주요 이정표를 달성하게 될 것입니다. 이더리움 작동 방식을 안팎으로 이해하고 생태계를 대부분 이해할 수 있습니다. 그래도 자신만의 디앱을 만들고 싶다면 고급 개념을 다루는 4부를 읽어보길 권합니다.

CHAPTER 9

이더리움 생태계

> **이 장의 주요 내용**
>
> - 이더리움 생태계 조감
> - 탈중앙화 주소: ENS
> - 탈중앙화 스토리지: 스웜, IPFS
> - 오라클을 활용하여 외부 데이터 접근
> - 디앱 프레임워크와 개발환경(IDE)

이전 장에서는 이더리움 플랫폼의 주요 구성 요소와 리믹스 IDE 및 geth 콘솔과 같은 간단한 도구를 사용하여 탈중앙화 앱을 구현하고 배포하는 방법을 배웠습니다. 그런 다음 Node.js를 사용하여 배포 절차를 부분적으로 자동화하고 프라이빗 컨트랙트 네트워크와 가나슈에서 스마트 컨트랙트를 배포하고 실행함으로써 개발 효율성을 더욱 향상시켰습니다. 이로써 이더리움 인프라 측면에서 컨트랙트를 실행하고 테스트하는 데 미치는 영향을 점진적으로 줄이거나 거의 없앨 수 있었습니다.

지금까지 사용한 개발 도구들은 매우 기본적이지만 스마트 컨트랙르를 구축하고 배포하는 모든 단계를 이해하는 데 도움이 됐습니다. 또한 Web3을 호출하여 트랜잭션 생성, 네트워크 전파, 채굴, 블록체인 지속성까지 트랜잭션 수명주기의 모든 단계를 배웠습니다. 이러한 도구들은 빠르게 개발을 시작하고 다양한 개념을 자세히 학습하는 데 도움이 되거나 효과적입니다. 하지만 정기적으로 이더리움 애플리케이션을 개발하기 위해서는 다른 개발 도구를 사용하게 됩니다.

이 장에서는 플랫폼과 개발 도구 관점으로 더 넓은 이더리움 생태계를 설명합니다. 이더리움 플랫폼의 구성 요소를 추가로 배우고 좀 더 편리하게 디앱을 개발하고 배포할 수 있는 다른 IDE와 프레임워크를 소개합니다. 이더리움 생태계 전체를 살펴보기 전에 현재까지 사용한 플랫폼과 개발 도구를 다시 살펴보겠습니다.

9.1 핵심 구성 요소

[그림 9-1]은 지금까지 배웠던 모든 이더리움 플랫폼과 개발 도구를 보여줍니다.

그림 9-1 지금까지 배운 이더리움 플랫폼의 핵심 구성 요소. geth, 이더리움 지갑, 메타마스크, 가나슈, 리믹스, solc, Web3.js

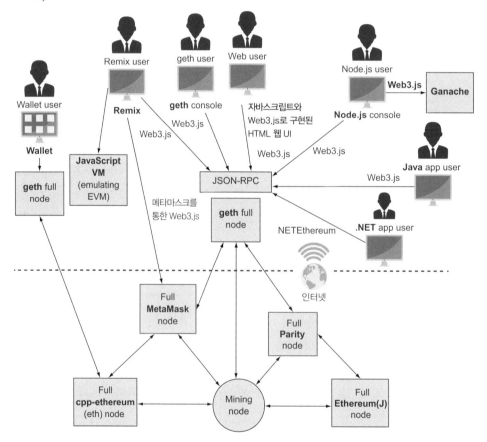

Go 이더리움 클라이언트(geth)와 이더리움 지갑을 설치했지만 cpp-ethereum(eth), Parity, Ethereum(J) 또는 pyethapp과 같은 대체 클라이언트도 설치할 수 있습니다. 대부분 지갑과 함께 제공됩니다. 메타마스크를 사용하여 외부 메타마스크 노드(나중에 소개할 인퓨라[Infura] 노드)나 가나슈를 사용하는 모의 노드에 연결할 수도 있습니다.

리믹스(솔리디티 브라우저)를 사용하여 솔리디티로 스마트 컨트랙트를 개발했습니다. 필요하다면 코드를 텍스트 파일로 옮겨 solc 컴파일러로 컴파일했습니다. 이론적으로는 바이퍼나 LLL과 같은 다른 EVM 언어로 스마트 컨트랙트를 구현할 수 있지만 솔리디티가 가장 신뢰할 수 있고 안전한 언어로 널리 알려져 있습니다. 다시 서펜트를 쓴다든지 바이퍼와 같은 새로운 언어가 힘을 얻을지는 시간을 두고 지켜봐야 합니다.

처음에는 대화형 geth 콘솔로 Web3.js를 활용하여 배포된 컨트랙트 또는 네트워크와 상호작용했습니다. 그런 다음 확장성과 자동화를 위해 Node.js를 활용했습니다.

Web3.js는 저수준 JSON-RPC API를 감싸서 자바스크립트로 만든 고급 API입니다. web3.j(자바의 경우), NETEthereum(.NET의 경우) 및 Ethereum.ruby(루비의 경우)와 같은 다른 언어를 지원하는 고급 API 역시 사용할 수 있습니다.

9.2 전체 생태계의 조감도

[그림 9-2]는 현재 이더리움 전체 생태계를 보여줍니다. [그림 9-2]에서 개발 효율을 향상시키기 위한 추가 개발 IDE와 프레임워크(예: 트러플)를 볼 수 있습니다. 미티어[meteor] 및 앵귤러[Angular]와 같은 UI 프레임워크는 이더리움과 관련이 없지만 최신 디앱 UI를 구축하는 데 자주 사용됩니다. 또한 모카나 자스민[Jasmine]과 같은 테스트 프레임워크는 디앱 개발 환경에서도 일반적으로 쓰입니다.

추가 인프라 요소도 있습니다.

- **이더리움 네임 서비스**[Ethereum Name Service](ENS)

  0x829bd824b016326a401d083b33d092293333a830과 같은 이더리움 주소를 roberto.manning.eth와 같이 사람이 읽을 수 있는 이름으로 사용할 수 있도록 하는 탈중앙화된 스마트 컨트랙트입니다.

그림 9-2 현재 이더리움 전체 생태계. 아직 다루지 않은 항목은 굵은 글씨로 표시

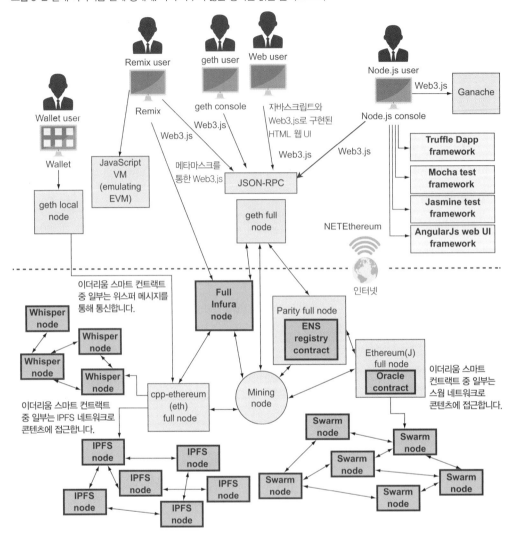

- **스웜, IPFS**

  탈중앙화 스토리지로 알려져 있는 두 개의 네트워크입니다. 이더리움 블록체인 트랜잭션에서 해시 ID(또는 ENS를 활용한 읽을 수 있는 이름)로 참조할 수 있습니다. 스웜은 이더리움 기반이며 이더리움과 호환됩니다. IPFS는 유사한 기능을 제공하는 일반적인 기술과 무관한 프로토콜입니다.

- **오라클 프레임워크**

  오라클라이즈^{Oraclize}와 같은 실제 데이터에 접근할 수 있도록 하는 스마트 컨트랙트 프레임워크입니다. 전체 이더리움 네트워크에서 인증된 데이터를 보장하고 데이터를 일관성 있게 처리하도록 합니다.

- **위스퍼**

  탈중앙화 메시지 네트워크입니다. 이더리움 스마트 컨트랙트에서 발생할 수 있는 장애에 강하고 프라이버시 보호가 주요 특징인 비동기 P2P 통신입니다. 위스퍼 API를 사용하면 컨트랙트에서 메시지를 보낼 때 추적 가능한 평문에서 추적 불가한 암호문(다크 메시지)까지 다양한 수준의 보안 및 개인 정보를 보낼 수 있습니다.

- **인퓨라 노드**

  ConsenSys(트러플을 지원하는 회사)가 소유하고 있는 인퓨라에서 호스팅하는 이더리움 노드입니다. 인퓨라는 보안 및 개인 정보 보호 기능을 제공하는 내장 클라이언트를 클라우드 서비스로 제공합니다. 기존 클라우드 제공업체처럼 인퓨라를 사용하면 스타트업이나 개발자가 물리적인 서버를 구매하지 않고도 전문적으로 이더리움 애플리케이션을 구축할 수 있습니다.

다음 절에서는 ENS, 스웜, IPFS, 오라클 프레임워크를 자세히 설명합니다.

위스퍼는 메시지 지향 프로토콜 영역에 속합니다. 이 주제는 고급 주제이므로 더 이상 다루지 않겠습니다. 그러나 메시지 지향 애플리케이션에 경험이 있고 자세한 내용을 알고 싶다면 깃허브(http://mng.bz/nQP4)와 이더리움 위키(https://github.com/ethereum/wiki/wiki/Whisper)에 올라온 위스퍼 문서를 참고하세요.

개념적인 관점에서 인퓨라 노드는 다른 전체 이더리움 노드와 똑같이 작동합니다. 그러나 인퓨라 클라이언트는 JSON-RPC 표준 일부를 지원하므로 더 자세히 살펴보고 싶다면 기술 문서를 확인해야 합니다.

이 장을 마치기 전에 디앱 빌드를 위한 주요 개발 도구를 간략하게 소개하겠습니다. 다음 장에서는 주요 스마트 컨트랙트 개발 IDE인 트러플에 중점을 둡니다. 실습 예제를 통해 자세히 소개하겠습니다.

9.3 탈중앙화 주소 체계 ENS

이더리움 네임 서비스(ENS)는 탈중앙화 주소 솔루션입니다. 탈중앙 방식으로 계정이나 컨트랙트와 같은 리소스 주소를 사람이 읽기 좋은 도메인으로 참조하여 안전하게 사용할 수 있도록 합니다. 이더리움 도메인 이름은 인터넷 도메인 이름과 같이 마침표로 구분되어 계층적으로 구성됩니다. 마침표로 구분되는 도메인 이름의 각 부분을 레이블[label]이라고 합니다. 레이블은 가장 오른쪽에 있는 루트 도메인(예: eth), 그 왼쪽에 도메인 이름, 더 왼쪽에 서브 도메인으로 [그림 9-3]처럼 구성됩니다.

그림 9-3 ENS 이름 구조. 가장 오른쪽에 루트 도메인 eth가 있고 그 왼쪽에 도메인이 있다. 이어서 가장 왼쪽에 서브 도메인이 있다.

예를 들어 [그림 9-4]처럼 이더를 0xe6f8d18d692eeb02c3321bb9a33542903073ba92가 아 닌 roberto.manning.eth(eth의 하위 도메인)로 보낼 수 있습니다. 또 배포된 주소가 아닌 simplecoin.eth로 컨트랙트를 참조할 수 있습니다. ENS를 사용하여 스웜이나 IPFS 콘텐츠 해시(다음 절에서 설명)와 같은 다른 리소스도 친숙한 이름으로 참조할 수 있습니다.

ENS는 스마트 컨트랙트로 캡슐화됩니다. 탈중앙화된 이더리움 네트워크에 로직과 상태 변수 가 저장되어 인터넷 도메인 네임 서비스^{Domain Name Service}(DNS)와 같은 중앙 집중식 서비스보 다 본질적으로 더 안전하다고 볼 수 있습니다. ENS의 또 다른 장점은 인프라 관점뿐만 아니라 거버넌스 관점에서도 탈중앙화되어 있다는 것입니다. 도메인 이름을 중앙화된 기관에서 관리 하지 않고 레지스트라^{registrar}로 이해관계자가 직접 등록할 수 있습니다. 레지스트라는 eth와 같 은 특정 루트 도메인을 관리하는 스마트 컨트랙트입니다. 레지스트라 컨트랙트로 열리는 경매 에서 낙찰된 사람에게 도메인이 할당됩니다. 낙찰자는 서브 도메인 역시 소유하게 됩니다.

그림 9-4 ENS는 도메인을 외부(사용자) 주소, 컨트랙트 주소, 스웜 콘텐츠 해시 등으로 변환한다. 도메인 이름 자체가 주소 또는 스웜 해시에 매핑되어 있으면 알 수 없다. 나중에 보겠지만 도메인 이름은 주소나 스웜 해시(또는 다른 리소스 식별자)에 대한 특정 이름 확인자에 명시적으로 매핑돼야 한다.

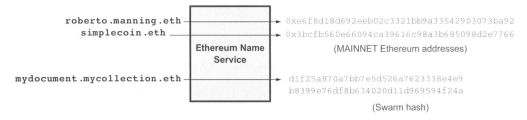

9.3.1 ENS 디자인

ENS 시스템의 주요 구성 요소는 세 가지입니다.

- **레지스트라**registrar

  도메인 소유권을 관리하는 컨트랙트입니다. 도메인 이름과 관련된 특정한 전체 도메인 이름을 등록하려면 레지스트라에 도메인 이름을 요청하고 계정 중 하나와 연결해야 합니다. 특정 레지스트라는 이더리움 메인넷 주소와 관련된 루트 도메인 .eth 또는 스윔 콘텐츠 해시와 관련된 루트 도메인 .swarm과 같은 각 루트 도메인을 처리합니다. .test 루트 도메인을 관리하는 테스트 레지스트라를 통해 테스트넷 이더리움 주소와 연결된 도메인 이름의 소유할 수 있습니다. 이것은 .eth 루트 도메인을 관리하는 레지스트라와는 구분됩니다.

- **리졸버**resolver

  Ethereum Improvement Proposal(EIP) 137에서 정의한 공통 ABI 인터페이스를 구현하는 스마트 컨트랙트입니다(http://eips.ethereum.org/EIPS/eip-137 참고). 리졸버는 도메인 이름을 리소스 식별자로 변환합니다. 리소스 유형에 따라 리졸버가 특정됩니다. 예를 들어 이더리움 주소에 대한 리졸버 (퍼블릭 리졸버), IPFS 콘텐츠 해시를 위한 리졸버 등이 있습니다.

- **레지스트리**registry

  도메인(또는 서브 도메인) 이름과 도메인 리졸버 매핑입니다.

[그림 9-5]와 같은 간단한 ENS 레지스트리 디자인은 쉽게 확장할 수 있습니다. 복잡한 주소 변환 규칙을 구현하는 커스텀 리졸버 프로그램을 참조하면 됩니다. 또한 레지스트리를 수정하고 재배포하지 않고도 향후 새로운 리소스 유형을 지원할 수 있습니다. 새로운 리소스 유형의 도메인 이름은 새로운 리졸버와 연결됩니다. [그림 9-6]은 도메인 이름을 변환하는 절차를 보여줍니다.

그림 9-5 ENS 레지스트리 디자인. ENS 레지스트리 컨트랙트는 리소스 유형과 관련 도메인 리졸버 컨트랙트 간의 매핑이다. 새로운 리소스 유형과 연관된 도메인 이름을 새 리졸버로 지정하여 새로운 리소스 유형을 지원할 수 있다. 도메인 소유권은 특정 레지스트라를 통해 등록된다.

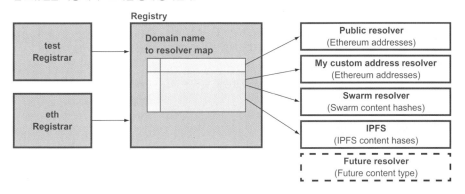

그림 9-6 도메인 이름 변환 절차. 1. 올바른 리졸버를 식별하기 위해 레지스트리를 조회한다. 2. 관련 리졸버에 도메인 이름을 주소로 변환하도록 요청한다.

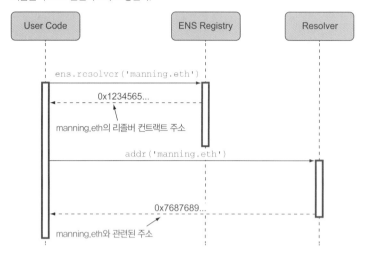

[그림 9-6]에서 볼 수 있듯이 도메인 이름은 2단계로 변환됩니다.

1 변환하려는 도메인 이름과 연결된 리졸버를 알아내기 위해 레지스트리를 조회하면 레지스트리는 연결된 리졸버의 컨트랙트 주소를 반환합니다.

2 도메인 이름을 이더리움 주소나 스웜 해시와 같은 리소스 식별자로 변환하기 위해서 리졸버에 요청합니다.

레지스트리에 저장된 모든 매핑 레코드에는 [표 9-1]에 표시된 정보가 포함됩니다.

표 9-1 ENS 레지스트리 매핑 코드

필드	설명	예
도메인 이름	성능과 개인 정보 보호를 위해 도메인 이름 자체 대신 Namehash라는 도메인 이름의 해시가 사용됩니다. 이를 더 알고 싶다면 Namehash를 설명한 상자글을 참고하세요.	0x98d934feea78b34··· (Namehash of Roberto.manning.eth)
도메인 소유자	도메인 이름을 소유한 외부 (사용자) 계정 또는 컨트랙트 계정 주소	0xcEcEaA8edc0830C···
도메인 이름 리졸버	관련된 리소스 유형의 도메인 이름을 변환할 수 있는 리졸버 컨트랙트 주소	0x455abc566··· (public resolver address)
유효 기간	매핑 레코드를 레지스트리에 보관하는 시간입니다. 무기한이거나 특정 기간일 수 있습니다.	6778676878 (expiry date as UNIX epoch)

Namehash

성능상의 이유와 도메인 소유자의 개인 정보 보호를 위해 ENS는 일반 문자열이 아니라 도메인 이름을 32바이트로 해시하여 사용합니다. 이 해시는 Namehash라는 재귀 알고리즘을 통해 결정됩니다. 예를 들어 roberto.manning.eth의 경우 다음과 같이 작동합니다.

1 전체 도메인 이름을 쉼표로 구분하여 레이블을 나눕니다. 레이블 순서를 뒤에서 앞으로 나열합니다. 그리고 빈 레이블을 첫 번째 항목으로 추가합니다.

$$labels = ['', 'eth', 'manning', 'roberto']$$

2 첫 번째 항목을 선택합니다. 이 항목은 비어 있으므로 '0'을 32바이트로 해시하여 namehash가 생성됩니다. 전체 도메인 이름의 증가하는 부분에 해당하는 namehash를 node라고 합니다. 지금까지 node는 다음과 같습니다.

```
node =
0x0000000000000000000000000000000000000000000000000000000000000000
```

3 두 번째 레이블('eth')을 선택하고 keccak256 해싱 함수를 적용하여 label hash를 생성합니다.

```
labelHash = keccak256('eth') =
0x4f5b812789fc606be1b3b16908db13fc7a9adf7ca72641f84d75b47069d3d7f0
```

4 첫 번째 node와 두 번째 label hash를 연결한 값을 해시하여 node에 값을 할당합니다.

```
node = keccak256(node + labelhash) =
keccak256(
0x00000000000000000000000000000000000000000000000000000000000000004f5
b81278
```
⟹ 9fc606be1b3b16908db13fc7a9adf7ca72641f84d75b47069d3d7f0) =
⟹ 0x93cdeb708b7545dc668eb9280176169d1c33cfd8ed6f04690a0bcc88a93fc4ae

5 세 번째 항목('manning')을 선택하고 3단계와 4단계를 반복합니다.

6 네 번째 항목('roberto')을 선택하고 3단계와 4단계를 반복합니다.

최종적으로 roberto.manning.eth의 namehash는 다음과 같습니다.

```
0x5fd962d5ca4599b3b64fe09ff7a630bc3c4032b3b33ecee2d79d4b8f5d6fc7a5
```

다음 표에서 Namehash 알고리즘이 roberto.manning.eth를 해시하기 위해 가져온 출력값을 확인할 수 있습니다.

Roberto.manning.eth를 해시하는 Namehash 알고리즘 단계

단계	레이블	레이블해시	keccak256 (노드+레이블해시)	노드
1	''	N/A	N/A	0x000000000000…
2	'eth'	0x4f5b812789fc…	keccak256 (0x0000… 0x4f5b812789f…)	0x93cdeb708b7…
3	'manning'	0x4b2455c1404…	keccak256 (0x93cde… 4b2455c...)	0x03ae0f9c3e92…
4	'roberto'	0x6002ea314e6…	keccak256 (0x03e0… 6002ea3…)	0x5fd962d5ca4599b3b6

다음은 geth 콘솔 또는 Node.js 콘솔에서 실행할 수 있는 닉 존슨의 ENS 유틸리티 라이브러리 ensutils.js(자세한 내용은 다음 절 참조)를 활용하여 자바스크립트로 구현한 프로세스입니다.

```
function namehash(name) {
    var node =
'0x0000000000000000000000000000000000000000000000000000
    000000000000';                          ← 빈 레이블 ''에 해당하는 Node
    if (name !== '') {
        var labels = name.split(".");        ← 전체 도메인 이름을
        for(var i = labels.length - 1; i >= 0; i--) {   레이블로 분할
            label = labels[i];               ← 현재 레이블을 가져옵니다.
            labelHash = web3.sha3(label);     ← 레이블 해시 계산
            node = web3.sha3(node + labelHash.slice(2),
            {encoding: 'hex'});              ← 이전 레이블을 현재 레이블 해시와
        }                                       연결하고(레이블 해시에서 '0x'를 제거)
    }                                           16진수 인코딩으로 현재 Node를
    return node.toString();                     만듭니다.
}                              ← 마지막으로 Node를
                                  문자열로 반환
```

9.3.2 도메인 이름 등록

지금까지 설명은 충분히 했습니다. geth 콘솔로 Ropsten 테스트넷에서 실행 중인 ENS 인스턴스에 도메인 이름을 등록하는 방법을 살펴보겠습니다.

우선 ENS 자바스크립트 유틸리티 라이브러리를 http://mng.bz/vN9r에서 다운로드합니다. 이 자바스크립트 파일을 폴더(예: C:\ethereum\ens)에 둡니다.

> **WARNING_** ENS 자바스크립트 유틸리티 라이브러리 ensutils.js와 ensutils-testnet.js는 ENS를 배우는 데 유용하지만 실제 디앱 빌드에 사용하는 것은 아닙니다.

이제 OS셀에서 geth를 테스트넷과 연결합니다. 이미 여러 번 해본 과정입니다. 8장 첫 부분에서 설명한 것처럼 피어 노드가 빨리 검색되지 않으면 --bootnodes 옵션을 사용합니다. 그리고 다음을 입력합니다.

```
C:\Program Files\geth>geth --testnet
```

예상대로 geth가 동기화를 시작합니다. 새로운 명령 셸에서 대화형 콘솔을 시작합니다.

```
C:\Program Files\geth>geth attach ipc:\\.\pipe\geth.ipc
```

그런 다음 연결한 대화형 geth 콘솔에서 ENS 유틸리티 라이브러리를 가져옵니다.

```
>loadScript('c:/ethereum/ens/ensutils-testnet.js');
```

테스트넷 네트워크에 등록한다는 것은 퍼블릭 운영 네트워크인 메인넷에서 쓰이는 .eth가 아니라 .test를 루트 도메인으로 등록하는 것을 의미합니다. 따라서 반드시 테스트 레지스트라를 사용해야 합니다.

등록할 도메인 이름은 roberto.manning.test입니다. 이와 비슷하게 도메인 이름을 선택하고 다음 안내에 따릅니다.

도메인 소유권 확인

우선 다른 사람이 이미 manning 도메인을 소유하고 있는지 확인해야 합니다. 다른 사람이 소유하고 있다면 전체 도메인 이름(roberto.manning.test)을 등록할 수 없고 현재 소유자에게 등록을 요청해야 합니다.

다음은 테스트 레지스트라로 manning 도메인을 사용할 수 있는지 확인하는 방법입니다.

```
>var domainHash = web3.sha3('manning');
>
>var domainExpiryEpoch = testRegistrar.expiryTimes(domainHash)
.toNumber() * 1000;
>var domainExpiryDate = new Date(domainExpiryEpoch);
```

프롬프트에서 domainExpiryDate 값을 확인합니다. 날짜가 오늘보다 이전이면 도메인을 사용할 수 있습니다. 그렇지 않으면 다른 도메인을 선택하고 반복해서 확인합니다.

> **NOTE_** 일어날 가능성이 없지만 만약 'manning'의 소유권이 아직 등록되지 않았으나 동일한 web.sha3() 해시를 가진 다른 이름이 등록된 경우 레지스트라가 등록된 것으로 표시되어 'manning'을 등록할 수 없습니다.

도메인 소유권 등록

사용할 수 있는 도메인인지 확인한 후 테스트 레지스트라를 통해 테스트넷 계정 중 하나(예: eth.accounts[0])로 도메인 등록을 요청할 수 있습니다. (account[0]에 eth.getBalance(eth.accounts[0])을 확인하여 트랜잭션을 실행할 이더가 충분한지 확인합니다. 또한 accounts[0] 암호도 변경합니다.) 다음을 입력합니다.

```
>personal.unlockAccount(eth.accounts[0], 'PASSWORD_OF_YOUR_ACCOUNT_0');
>var tx1 = testRegistrar.register(domainHash,
eth.accounts[0], {from: eth.accounts[0]});
```

tx1의 값을 확인한 후 Ropsten 이더스캔(https://ropsten.etherscan.io)으로 이동하여 관련 트랜잭션이 채굴되었는지 확인합니다. 메인넷에 도메인 소유권을 등록하는 것은 더 복잡합니다(자세한 내용은 https://docs.ens.domains/en/latest/를 참고하세요).

도메인 이름 등록

도메인 소유권 트랜잭션이 완료되면 [표 9-1]처럼 도메인 이름 매핑을 설정할 차례입니다. 레지스트라로 도메인 소유권을 등록하여 일부 속성(도메인 계정 소유자)을 이미 설정했습니다. 이제 도메인 이름이 매핑될 리졸버와 대상 주소를 구성해야 합니다. 다음과 같이 ENS 레지스트리를 통해 도메인 이름을 퍼블릭 리졸버(도메인 이름을 지정된 이더리움 주소에 매핑)에 매핑할 수 있습니다.

```
>tx2 = ens.setResolver(namehash('manning.test'),
publicResolver.address, {from: eth.accounts[0]});
```

tx2가 채굴된 경우 Ropsten 이더스캔을 확인한 후 다음과 같이 도메인 이름을 대상 주소(예: 테스트 계정 accounts[1])를 가리키도록 퍼블릭 리졸버를 구성합니다.

```
>publicResolver.setAddr(namehash('manning.test'),
eth.accounts[1], {from: eth.accounts[0]});
```

서브 도메인 등록하기

서브 도메인 소유권을 등록하는 절차는 도메인 소유권을 등록하는 방법과 조금 다릅니다. 레지스트라로 등록하지 않고 ENS 레지스트리로 등록합니다. 서브 도메인(Roberto.manning) 소유권을 accounts[2]에 등록하는 방법은 다음과 같습니다.

```
>ens.setSubnodeOwner(namehash('manning.test'),
web3.sha3('roberto'), eth.accounts[2], {from: eth.accounts[0]});
```

> **WARNING_** 트랜잭션을 실행하는 계정은 'manning.test' 도메인의 소유자여야 합니다. 여기서는 accounts[0]입니다.

서브 도메인('roberto.manning.test')의 소유자인 accounts[2]를 사용하여 퍼블릭 리졸버에 매핑할 수 있습니다.

```
>ens.setResolver(namehash('roberto.manning.test'),
publicResolver.address, {from: eth.accounts[2]});
```

마지막으로 다음과 같이 도메인 이름을 대상 주소(예: 테스트 accounts[3])와 연결되도록 퍼블릭 리졸버를 설정할 수 있습니다.

```
>publicResolver.setAddr(namehash('manning.test'),
eth.accounts[3], {from: eth.accounts[2]});
```

9.3.3 도메인 이름 변환

도메인 이름을 주소로 변환하는 것은 간단합니다. 먼저 'manning.test'를 변환해봅니다.

```
>var domainName = 'manning.test';
>var domainNamehash = namehash(domainName);
>var resolverAddress = ens.resolver(domainNamehash);
>resolverContract.at(resolverAddress).addr(namehash(domainNamehash));
```

실행하면 다음 주소를 확인할 수 있습니다.

```
0x4e6c30154768b6bc3da693b1b28c6bd14302b578
```

주소를 검증하려면 account[1] 주소와 비교합니다.

```
> eth.accounts[1]
```

도메인 이름을 확인하는 단축 명령어는 다음과 같습니다.

```
>getAddr(domainName);
0x4e6c30154768b6bc3da693b1b28c6bd14302b578
```

메인넷에서 커밋−리빌 입찰로 .eth 도메인을 등록하는 방법 등 ENS를 더 자세히 알고 싶다면 ENS 제작자 닉 존슨이 작성한 공식 문서를 참고하세요(https://docs.ens.domains/en/latest/).

9.4 탈중앙화 콘텐츠 스토리지

디앱의 일반적인 사용 사례는 애플리케이션으로 거래되는 상품의 출처 등을 증명하는 일련의 문서를 저장하는 것입니다. 전형적인 예는 다이아몬드입니다. 합법적인 광산과 거래자로부터 왔음을 보여주는 종이 증명서가 전통적으로 첨부되어 있습니다. 국제무역 금융 분야(https://en.wikipedia.org/wiki/Trade_finance)와 같이 공급업체, 공급업체 은행, 해운회사, 수입업체, 수입업체 은행 등 여러 이해관계자를 포함하는 복잡한 공급망에서는 더 방대한 서류 작업이 필요합니다. 이렇게 방대한 전자 문서를 블록체인에 직접 저장하는 것도 가능하지만 다음과 같은 이유로 효율적이지 않습니다.

- 전자 문서를 참조하는 트랜잭션이 늘어나 처리 속도가 느려집니다.
- 트랜잭션이 많아질수록 이를 처리하는 데 더 많은 가스가 필요하고 결국은 많은 비용이 소모됩니다.

대안은 전자 문서를 오프 블록체인 데이터베이스에 저장하고 각 문서의 암호화 해시만 트랜잭션에 포함해 내용을 증명하는 것입니다. 오프 블록체인 데이터베이스는 이더리움 노드에서 쉽게 접근할 수 없는 중앙집중식 리소스이기 때문에 완벽한 해결책은 아닙니다. 문서가 저장된 데이터베이스에 디앱이 접근할 수 있더라도 중앙 저장소를 갖는 것은 디앱의 정신에 반하는 일입니다.

이상적인 해결 방안은 탈중앙화된 저장소를 기반으로 하는 것입니다. 이것이 바로 이더리움 관련 스웜 플랫폼이 제공하고자 하는 목표입니다. 또 다른 유효한 대안은 기존 IPFS 분산 스토리지 네트워크를 사용하는 것입니다. 이 두 가지 옵션을 살펴보겠습니다.

9.4.1 스웜 개요

스웜은 이더리움 디앱에 탈중앙화와 충분한 스토리지 제공을 목표로 하는 콘텐츠 배포 플랫폼입니다. 특히 스마트 컨트랙트 데이터와 코드, 블록체인 데이터를 저장하고 사용할 수 있도록 합니다.

스웜에서 스토리지는 P2P 네트워크로 탈중앙화되어 있습니다. DDoS^{Distributed Denial of Service} 공격과 검열로부터 안전하고 단일 장애 지점이 없기 때문에 제로 다운타임을 보장해줍니다. [그림 9-7]에 보이는 P2P 스웜 네트워크의 아키텍처는 이더리움 네트워크와 유사합니다. 각 노드에서 실행되는 스웜 클라이언트가 로컬 스토리지를 관리하고 bzz라는 공통 표준 프로토콜로 피어 노드와 통신합니다. 현재 Go 언어로 작성된 클라이언트만 사용할 수 있습니다. Geth & Tools 패키지에 포함되어 있으며 Go 이더리움 웹사이트에서 다운로드할 수 있습니다. 이더리움 네트워크와 스웜의 주요 차이점은 모든 이더리움 노드는 동일한 블록체인 데이터베이스를 가지고 있지만 각 스웜 노드에는 서로 다른 데이터가 저장되어 있다는 점입니다(그림 9-7 참조).

그림 9-7 스웜 네트워크 아키텍처. 각각 스웜 클라이언트를 실행하는 노드로 구성된 스웜 네트워크는 모든 노드가 이더리움 클라이언트를 실행하는 이더리움 네트워크와 유사하다. 모두 동일한 블록체인 데이터를 가지는 이더리움 노드와 달리 각 스웜 노드에는 서로 다른 데이터를 저장한다.

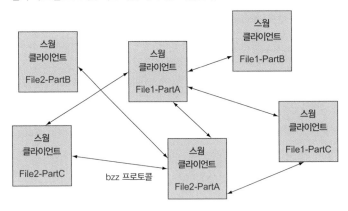

스웜 노드는 이더리움 계정과 연결되는 스웜 기본 계정^{base account}이 있습니다. 스웜 기본 계정 주소를 keccak 256비트로 해시하여 스웜 네트워크 내에서 스웜 노드 주소로 사용되는 스웜 기본 주소를 생성합니다. 스웜 네트워크는 특정한 이더리움 네트워크와 연결됩니다. 예를 들어 메인 운영 스웜 네트워크는 메인넷과 연결되고 다른 스웜 네트워크는 Ropsten 이더리움 네트워크와 연결됩니다. 스웜은 이더리움 기술을 기반하여 ENS와 같이 이더리움 생태계의 다른 구성 요소를 최대한 활용합니다.

그림 9-8 스웜 업로드 프로세스

1. 호출자가 파일을 DPA 게이트웨이에 업로드한다. 2. DPA가 파일을 청커에게 보낸다. 3. 청커는 파일을 4킬로바이트 청크로 자르고 해시를 계산한다. 4. 청크 해시값은 청크 인덱스 문서에 저장된다. 5. 청크 인덱스 문서도 다시 쪼개져 머클 트리 구조로 재구성된다. 루트 해시값은 루트키가 된다. 6. 청커는 각 청크의 해시를 netStore에 저장한다. 7. netStore는 스웜 네트워크를 통해 4킬로바이트 청크를 배포한다. 8. 청크는 루트키를 DPA에 반환한다. 9. 마지막으로 DPA는 루트키를 호출자에게 반환한다.

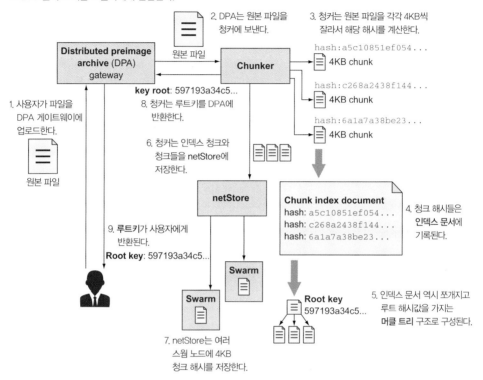

콘텐츠가 스웜에 업로드되면 4킬로바이트로 분할되어 스웜 네트워크 전체에 흩어집니다. 업로드 과정은 [그림 9-8]에서 볼 수 있습니다. 단계는 다음과 같습니다.

1 호출자는 일반적으로 파일 형태의 콘텐츠를 스토리지 및 검색 게이트웨이^{gateway}인 DPA^{Distributed Preimage Archive}에 업로드합니다.

2 DPA는 청커^{chunker}라는 구성 요소를 호출합니다.

3 청커

　　a. 업로드한 데이터를 4킬로바이트로 잘게 나누고 나눠진 조각을 청크^{chunk}라 부릅니다.

　　b. 각 청크의 암호화 해시를 생성합니다.

4 청크(또는 block)의 해시값은 청크 인덱스 문서에 저장됩니다.

5 청크 인덱스 문서가 4킬로바이트보다 클 경우 이 인덱스 문서도 청크로 분할되고 해시되어 다른 인덱스 문서에 저장됩니다. 이런 과정은 [그림 9–9]처럼 청크가 트리 구조로 구성될 때까지 반복됩니다. 트리 구조는 가장 위에 루트 인덱스 문서가 있고 중간에 인덱스 문서 청크 계층이 있습니다. 제일 아래에는 콘텐츠 청크로 구성됩니다. 이 데이터 구조는 블록체인 데이터베이스가 블록을 연결하는 데 사용하는 머클 트리와 동일한 데이터 구조입니다.

6 청커는 각 청크의 해시키를 netStore에 저장합니다.

7 netStore는 스웜 네트워크에 있는 분산 해시 테이블(DHT)로 청크는 수 많은 스웜 노드에 저장됩니다. 이 분산 해시 테이블의 키는 기본 콘텐츠를 암호화한 해시키입니다. 이러한 데이터 저장 방법을 콘텐츠 주소 지정 스토리지^{Content Addressable Storage}(CAS)라고도 합니다.

8 청커는 루트키라고 부르는 루트 인덱스 문서의 해시키를 DPA에 다시 전달합니다.

9 DPA는 이 루트키를 호출자에게 반환합니다. 이 키로 나중에 스웜에서 원본 파일을 다운로드할 수 있습니다.

그림 9-9 청크 및 청크 인덱스 머클 트리 구조. 문서 가장 위에는 최초 청크 인덱스 문서의 청크 해시(모든 4킬로바이트 청크의 해시 포함)가 포함되어 있다. 중간에는 최초 청크 인덱스 문서의 청크로 구성된다. 맨 아래에는 원본 파일을 4킬로바이트로 나눈 청크가 있다.

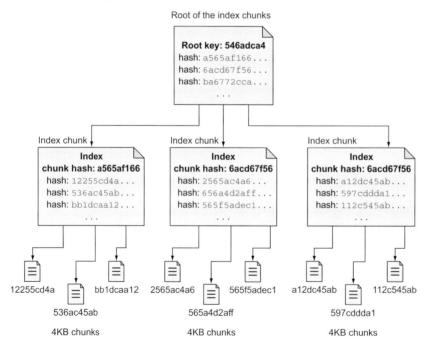

다운로드는 [그림 9-10]처럼 업로드 과정을 반대로 진행합니다.

1 호출자가 DPA에 루트키를 전달합니다.

2 DPA는 청커를 호출하고 루트키를 제공합니다.

3 청커는 netStore에서 루트키로 루트 청크를 검색하고 스웜 네트워크에서 모든 청크를 검색할 때까지 트리 구조를 조회합니다. 청크가 netStore 위치(저장된 특정 스웜 노드)에서 청커로 흘러가는 동안 통과하는 각 스웜 노드에 캐시되므로 같은 콘텐츠를 요청할 때는 다운로드 속도가 더 빠릅니다.

4 청커는 청크로 파일을 재구성하여 DPA로 반환합니다.

5 DPA는 요청한 파일을 호출자에게 반환합니다.

운영 관점에서 스웜 플랫폼이 지속되기 위해서 기본 스토리지 리소스를 제공하는 참여자에게 금전적으로 보상해줍니다. 스토리지가 필요한 참여자와 제공하는 사람 사이에서 거래되므로 효율적으로 할당됩니다.

그림 9-10 스웜 다운로드

1. 호출자가 루트키를 DPA에 전달한다. 2. DPA는 청커를 호출하고 루트키를 제공한다. 3. 청커는 netStore에서 루트키로 루트 청크를 검색한 다음 스웜 네트워크에서 연결된 모든 청커를 검색할 때까지 트리를 조회한다. 4. 청커는 청크로 파일을 재구성하여 DPA로 반환한다. 5. DPA는 요청한 파일을 호출자에게 반환한다.

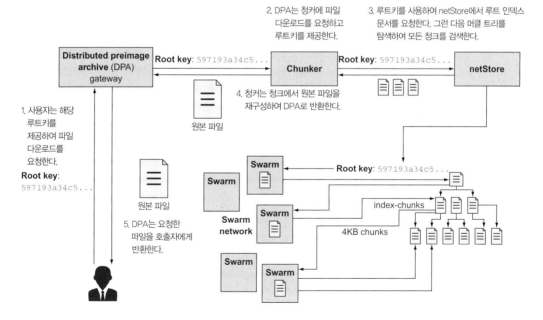

9.4.2 스웜에 콘텐츠 업로드 및 다운로드

이번 절에서는 스웜에 콘텐츠를 업로드하고 루트키를 얻은 다음 루트키를 사용하여 스웜에서 다시 다운로드하는 방법을 알아보겠습니다.

스웜에 연결

가장 먼저 Go 이더리움 웹사이트에서 스웜 클라이언트(swarm.exe)를 다운로드합니다. Geth & Tools 아카이브(또는 설치 프로그램) 링크로 geth를 다운로드한 경우 실행 중인 geth 폴더에 swarm.exe가 이미 존재합니다. 그렇지 않다면 Go 이더리움 웹사이트로 돌아가서 Geth & Tools 1.8.12 패키지를 다운로드합니다. 이 버전이 swarm.exe를 포함하고 있는 최신 아카이브입니다. 압축을 풀어 swarm.exe를 geth.exe와 동일한 폴더에 복사합니다. 저는 C:\Program Files\geth에 있습니다. 이제 테스트넷과 연결된 geth를 시작합니다. 8장에서 본 것과 같이 피어 노드를 빨리 찾지 못하면 --bootnodes 옵션을 사용합니다. 그리고 다음을 입력합니다.

```
C:\Program Files\geth>geth --testnet
```

geth가 예상대로 동기화를 시작합니다. 새로운 명령 셸에서 대화형 콘솔을 시작하십시오.

```
C:\Program Files\geth>geth attach ipc:\\.\pipe\geth.ipc
```

그런 다음 대화형 콘솔에서 테스트넷 accounts[1] 주소를 가져옵니다.

```
> eth.accounts[1]
"0x4e6c30154768b6bc3da693b1b28c6bd14302b578"
```

새 OS 콘솔을 열고 스웜 실행 파일이 있는 폴더에서 다음 명령어를 실행하여 예제의 계정으로 스웜 클라이언트를 실행합니다(Ethereum testnet 폴더 경로 대체).

```
C:\Program Files\geth>swarm -datadir
➡ C:\Users\rober\AppData\Roaming\Ethereum\testnet
➡ --bzzaccount 0x4e6c30154768b6bc3da693b1b28c6bd14302b578
```

[표 9-2]에서 스웜 클라이언트를 시작할 때 사용할 수 있는 옵션을 설명합니다.

표 9-2 스웜 클라이언트를 시작할 때 사용할 수 있는 옵션

옵션	목적
--datadir	사용하려는 datadir 경로를 지정합니다(여기서는 테스트넷 Ropsten).
--bzzaccount	사용할 이더리움 계정을 지정합니다(여기서는 테스트넷 accounts[1]).

[그림 9-11]에서 볼 수 있듯이 비밀번호를 입력하고 accounts[1] 잠금을 해제하라는 메시지가 표시됩니다. 비밀번호를 입력하면 클라이언트가 [그림 9-12]처럼 시작됩니다.

그림 9-11 스웜 클라이언트를 시작하기 위해 사용할 이더리움 계정 잠금 해제

스웜 클라이언트가 여러 피어와 동기화하는 데 몇 분이 걸릴 수 있습니다(기본 최대 25개). 다음은 가능한 피어가 발견되었음을 보여줍니다.

```
INFO [03-11|19:49:47] Peer faa9a1ae is capable (0/3)
INFO [03-11|19:49:47] found record <faa9a1aef3fb3b0792420a59f929907d86c0937d
➡ b9310d6835a46f44301faf05> in kaddb
INFO [03-11|19:49:47] syncronisation request sent with address: 00000000
➡ -00000000, index: 0-0, session started at: 0, last seen at: 0, latest
➡ key: 00000000
INFO [03-11|19:49:47] syncer started: address: -, index: 0-0, session
➡ started at: 933, last seen at: 0, latest key:
INFO [03-11|19:49:47] syncer[faa9a1ae]: syncing all history complete
INFO [03-11|19:49:50] Peer d3f2a5c8 is capable (0/3)
```

그림 9-12 스웜 시작 화면

콘텐츠 업로드

스웜 네트워크에 연결되었으므로 샘플 텍스트를 네트워크에 업로드할 수 있습니다. 새로운 OS 콘솔을 열고 curl로 다음 HTTP 요청을 스웜 클라이언트에 보냅니다.

```
C:\Users\rober>curl -H "Content-Type: text/plain"
➥ --data-binary "my sample text" http://localhost:8500/bzz:/
```

업로드한 콘텐츠와 루트키를 보여주는 응답을 바로 확인할 수 있습니다.

```
eab8083835dec1952eae934eef05dda96dadbcd5d0685251e8c9faab1d0a0f58
```

콘텐츠 다운로드

스웜에서 콘텐츠를 다시 내려받을 때는 업로드할 때 받은 루트키를 포함하여 요청을 보냅니다.

```
C:\Users\rober>curl
➡ http://localhost:8500/bzz:/eab8083835dec1952eae934eef05dda96dadbcd5d068
➡ 5251e8c9faab1d0a0f58/
```

이전에 업로드한 텍스트를 다시 받을 수 있습니다.

```
my sample text
```

공식 문서(http://mng.bz/4OBv)를 참고하면 스웜을 더욱 자세히 배우고 고급 기능을 테스트해볼 수 있습니다. 그러나 스웜은 일부 탈중앙화 웹 커뮤니티에서 비판을 받고 있습니다. 비슷한 목표를 가지고 있지만 조금 더 일반적인 목적을 가진 IPFS의 노력을 모방했다는 것입니다. 다음 절에서 IPFS를 설명하고 왜 이러한 논란이 있는지 알아보겠습니다.

9.4.3 IPFS

IPFS는 InterPlanetary File System(행성 간 파일 시스템)의 약자입니다. 탈중앙화 방식으로 파일을 저장하고 공유하는 방법을 지원하는 하이퍼미디어 배포 프로토콜입니다. 스웜을 사용하면 스토리지가 P2P 네트워크를 통해 분산되어 분산된 파일 시스템으로 볼 수 있습니다. IPFS에서 파일을 저장하는 방식도 스웜 네트워크와 같이 제로 다운타임, DDoS 공격과 검열에 저항성을 갖는 특성이 있습니다.

파일은 하나의 네트워크에 전체 파일이 저장되지 않습니다. 파일은 블록으로 나뉘고 IPFS 객체로 변환된 뒤 네트워크에 흩어집니다. IPFS 객체는 두 가지 속성을 포함하는 간단한 구조입니다.

```
{
    Data—Byte array containing data in binary form
    Links—Array of Link objects, which link to other IPFS objects
}
```

여기서 Link 객체의 구조는 다음과 같습니다.

```
{
    Name—String representing the name of the link
    Hash—Hash of the linked IPFS object
    Size—Full size of linked IPFS document and all of its linked IPFS
➡ objects
}
```

각 IPFS 객체는 해시로 참조됩니다. 하나의 블록으로 쪼개진 파일인 경우 IPFS 객체는 다음 예제와 같습니다.

예제 9-1 IPFS 객체. 하나의 블록으로 쪼개진 파일

```
{                                          │ 파일이 하나의 블록으로 만들어져
    "Links":[],                            │ 다른 IPFS 객체 링크가 없습니다.
    "Data":"\u0008\u0002\u0012\u0019
➡ This is some sample text.\u0018\u0019"    │ 파일에 포함된 구조화되지 않은
}                                           │ 바이너리 데이터입니다(최대 256KB).
```

다음은 256킬로바이트보디 거시 여러 개의 블록으로 쪼개진 IPFS 객체 예시입니다.

예제 9-2 IPFS 객체. 256킬로바이트보다 큰 파일은 여러 개의 블록으로 구성

```
        {                             │ 이 파일은 256KB 크기의 여러 블록으로
        "Links":[                     │ 쪼개집니다. 블록별 링크가 저장됩니다.
          {
블록 이름   "Name":"",
            "Hash":
➡ "QmWXuN4UW2ZJ2fo5fj8xt7raMKvsihJJibUpwmtEhbHBci",   ◁── 블록 해시
            "Size":262158            │ 블록 크기(256KB)
          },
          {
            "Name":"",
            "Hash":"QmfHm32CQnagmHvNV5X715wxEEjgqADWpCeLPYvL9JNoMt",
             "Size":262158
          },
      . . .
          {
            "Name":"",
            "Hash":"QmXrgsJQGVxg7iH2tgQF8BV9dEhRrCVngc9tWg8VLFn7Es",
            "Size":13116
```

```
      }
    ],
      "Data":"\u0008\u0002\u0018��@ ��\u0010 ��\u0010 ��\u0010 ��\u0010 �f"
    }
```

각 블록을 참조하는 Link 배열은 [예제 9-1]과 같은 문서로 표시됩니다.

IPFS에 파일을 업로드하기 위해 IPFS 클라이언트에서 수행되는 절차는 [그림 9-13]에서 볼 수 있습니다. 업로드 절차를 자세히 살펴보겠습니다.

1 사용자가 파일을 IPFS 노드에 업로드합니다.

2 IPFS 노드는 파일을 특정 크기(일반적으로 256킬로바이트)의 블록으로 나눕니다.

3 각 파일 블록의 IPFS 객체가 생성됩니다. 이는 [예제 9-1]과 같습니다. 각 파일 블록의 IPFS 객체의 암호화 해시값이 계산됩니다.

그림 9-13 IPFS 업로드 프로세스
1. 사용자가 파일을 IPFS 노드에 업로드한다. 2. IPFS 노드는 파일을 256KB 블록으로 나눈다. 3. 각 파일 블록에 IPFS 객체가 작성된다. 4. 파일에 IPFS 객체가 작성되며 모든 파일 블록과 연관된 IPFS 객체에 대한 링크가 포함된다. 5. 각 블록은 다른 네트워크 위치에 저장되며 블록 해시와 해당 네트워크 위치 사이에 맵을 보유하는 인덱스가 각 노드에서 유지된다.

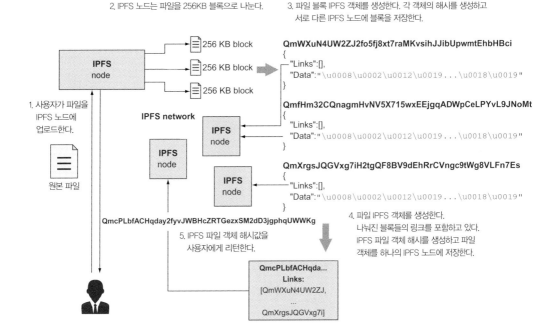

4 파일 IPFS 객체가 생성됩니다. 여기에는 모든 파일 블록의 IPFS 객체 링크가 포함되어 있습니다. 이는 [예제 9-2]에 표시된 IPFS 객체처럼 보입니다. 파일 블록 IPFS 객체의 암호화 해시값이 계산됩니다.

5 각 블록은 서로 다른 네트워크에 저장됩니다. 각 노드에서는 블록 해시와 저장된 네트워크 위치 매핑을 저장하는 인덱스를 관리합니다. 스웜 플랫폼처럼 콘텐츠를 암호화 해시로 찾을 수 있으므로 IPFS를 CAS로 볼 수 있습니다.

콘텐츠를 해시로 찾을 수 있어 변경 불가능한 파일을 효율적으로 관리하도록 디자인됐습니다. 예를 들면 문서의 해시는 반드시 하나의 네트워크 경로와 연결되기 때문에 네트워크상에 오직 하나의 문서만 존재할 수밖에 없습니다. 즉 중복이 제거됩니다.

그러나 IPFS는 변경 사항을 추적하고 버전을 관리하기 때문에 문서를 변경할 수도 있습니다. 파일이 변경되면 수정된 블록만 해시하여 네트워크에 저장하고 색인화합니다. 변경되지 않은 블록은 그대로 다시 사용할 수 있습니다. 다운로드 절차는 [그림 9-14]에 나와 있습니다. 단계는 다음과 같습니다.

1 사용자가 IPFS 파일 객체 해시와 함께 파일 다운로드를 요청합니다.

2 IPFS 클라이언트는 받은 해시키로 로컬 IPFS 인덱스에서 검색합니다. IPFS 파일 객체의 네트워크 위치를 찾아 해당 IPFS 노드에 파일 객체를 요청합니다.

3 요청받은 노드는 IPFS 파일 객체를 반환합니다.

4 IPFS 클라이언트는 IPFS 파일 객체 속성에서 각 링크를 검색합니다. 로컬 인덱스에서 각 링크의 IPFS 객체키로 네트워크 경로를 검색한 뒤 찾은 네트워크 경로로 해당 IPFS 블록 객체를 검색합니다.

5 요청된 각 IPFS 노드는 해당 IPFS 블록 객체를 반환합니다.

6 IPFS 노드에서 받은 블록 객체로 원본 파일로 재구성하여 호출자에게 반환합니다.

그림 9-14 IPFS 파일 다운로드 프로세스

1. 사용자가 IPFS 파일 객체 해시와 함께 파일 다운로드를 요청한다. 2. IPFS 노드는 IPFS 인덱스에서 해시를 찾고 관련 IPFS 파일 객체를 포함하는 IPFS 노드의 주소를 가져온다. 그런 다음 해당 노드에서 IPFS 파일 객체를 요청한다. 3. 요청된 IPFS 노드는 IPFS 파일 객체를 반환한다. 4. 사용자가 접속한 IPFS 노드는 수신한 IPFS 파일 객체를 스캔하고 참조하는 IPFS 블록 객체들의 IPFS 노드 주소를 가져온다. 그런 다음 해당 IPFS 노드에 IPFS 블록 객체를 요청한다. 5. 요청된 IPFS 노드는 블록 객체를 반환한다. 6. IPFS 노드는 다시 조립하여 원본 파일을 사용자에게 반환한다.

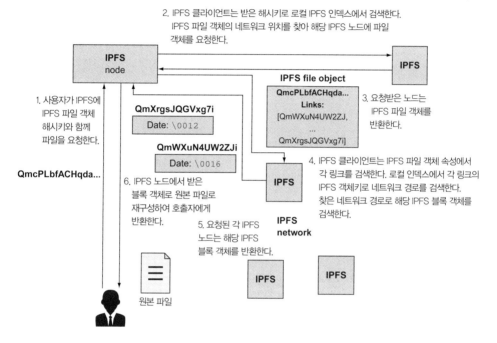

스웜과 달리 IPFS는 P2P 참여자에게 네트워크 파일 스토리지 리소스를 기여하도록 직접적인 인센티브를 제공하지 않습니다. 비트코인 블록체인을 기반으로 하는 FileCoin을 사용하여 적극적인 참여자에게 보상합니다. IPFS에 관해 자세히 알아보려면 클라이언트를 다운로드하여 https://ipfs.io/docs/getting-started/로 이동합니다. 깃북^{Git Book}으로 제공되는 「The Decentralized Web Primer」(http://mng.bz/QQxQ, 내용을 읽으려면 녹색 [Read] 버튼 클릭)도 참고하세요. IPFS 클라이언트 설치 방법, 네트워크와 상호작용하는 방법, 파일을 업로드하고 다운로드해보면서 IPFS 객체를 확인하는 방법을 소개합니다.

9.4.4 스웜 vs. IPFS

이 시점에서 일부 탈중앙화 웹 커뮤니티에서 주장한 것처럼 스웜이 IPFS를 모방했다고 생각하는지 물어보겠습니다. 이제 두 가지 탈중앙화 콘텐츠 관리 인프라를 알고 있으므로 스웜이 가치 있는지 스스로 판단할 수 있습니다. [표 9-3]에서 두 플랫폼의 주요 기능을 요약했습니다. 답을 찾는 데 도움이 될 것입니다.

표 9-3 스웜과 IPFS 비교

기능	스웜	IPFS
스토리지 구조	탈중앙화	탈중앙화
네트워크 구조	P2P	P2P
콘텐츠에 접근 가능한 스토리지	있음	있음
블록/청크 크기	4 KB	256 KB
이더리움과 통합	가능	불가능
보상 전략	내장	외부(FileCoin 이용)

스웜을 지지하는 사람은 스웜이 존재해야 하는 이유를 두 가지로 설명합니다. 너 삭아진 블록 크기로 전송 대기 시간을 훨씬 단축했고 이더리움과 긴밀하게 연계된다는 것입니다. 이더리움 스택 익스체인지^{Ethereum stack exchange}(http://mng.bz/Xg0p)와 같은 다양한 포럼에서 스웜과 IPFS 온라인의 차이점을 추가로 찾을 수 있습니다.

9.5 오라클로 외부 데이터 접근하기

기존의 웹 애플리케이션은 일반적으로 REST API를 호출하거나 레거시 웹 서비스를 호출하여 다양한 외부 서비스를 사용합니다. 디앱에서는 불가능하다는 이야기를 들으면 놀랄 수도 있습니다. 설계상 이더리움 컨트랙트는 외부 소스에 접근할 수 없습니다. 두 가지 주요 문제를 피하기 위해서입니다.

- **신뢰 문제**
  참여자들은 블록체인에 저장되기 전에 가져온 데이터의 진위 여부와 잠재적으로 조작될 것을 우려할 수 있습니다.

- **기술적인 문제**

  데이터 제공업체는 이더리움 네트워크에서 오는 수천 개의 요청을 동시에 처리하는 데 어려움을 겪을 수 있으므로 블록 생성 및 검증 절차가 훼손될 수 있습니다.

어떻게 이더리움 인프라로 제한되는 사항을 해결하고 신뢰할 수 있는 외부 데이터를 스마트 컨트랙트로 가져올 수 있을까요? 오라클을 사용하면 됩니다. 간단히 말해 오라클은 블록체인 네트워크와 외부 세계를 연결하는 다리입니다. 오라클은 외부 데이터 공급자에게서 진위 증명과 함께 데이터를 가져와 요청한 컨트랙트로 보내줍니다. 이런 방식이라면 오라클은 단순히 촉매 역할하는 중개인으로 볼 수도 있습니다. 비록 중앙화된 중개인 역할이지만 데이터를 요청한 컨트랙트는 오라클 데이터를 의심할 필요가 없습니다. 오라클은 진위 증명(최종 사용자가 증명할 수 있는)으로 검증되지 않은 데이터는 보내지 않습니다. 오라클에서는 데이터를 수정할 수 없습니다. [그림 9-15]에서 일반적으로 오라클에 기반하여 데이터를 공급하는 솔루션의 주요 구성 요소를 보여줍니다.

- **컨트랙트**

  데이터를 가져오기 위해 쿼리를 실행합니다.

- **오라클**

  컨트랙트와 데이터 공급자를 연결합니다. 쿼리를 보내고 조회된 데이터를 받아 컨트랙트에 보냅니다.

- **데이터 소스**

  REST API, 레거시 웹 서비스, 온라인 랜덤 생성기, 온라인 계산기 등이 사용될 수 있습니다.

- **TLSNotary**

  온라인 데이터의 암호화 증명을 생성합니다.

- **IPFS 저장소**

  필요할 때 오프 블록체인에서 검증하기 위해 반환된 데이터가 진위 증명과 함께 저장됩니다.

그림 9-15 오라클은 블록체인 네트워크와 외부 세계를 연결하는 다리다. 외부 데이터 제공업체에서 요청된 데이터를 가져오는 것을 처리하고 진위를 증명하며 요청한 컨트랙트로 데이터를 반환한다.

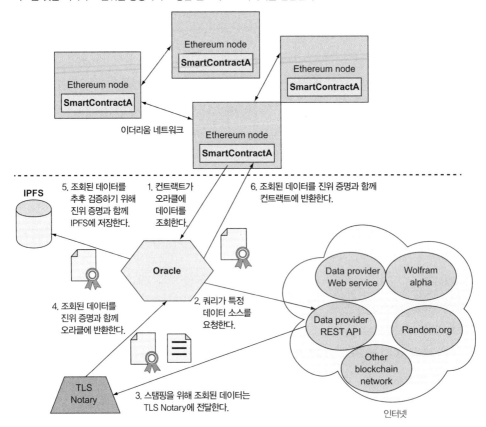

9.5.1 오라클에 공급하기

소비자가 데이터를 신뢰할 수 있도록 오라클에 데이터를 공급하는 두 가지 주요 전략을 사용할 수 있습니다.

1 서로 다른 참여자가 데이터를 공급하는 경우

오라클은 참여자가 제공한 원본 데이터를 집계하고 합의 모델을 거친 후 소비자에게 데이터를 공급합니다.

2 단일 데이터 제공자가 데이터를 공급하는 경우

오라클은 소비자에게 원본 데이터의 사본과 함께 데이터의 진위 여부 증명을 보냅니다.

서로 다른 참여자가 데이터를 공급

합의를 기반으로 데이터를 승인합니다. 예를 들어 숫자의 경우 평균값이거나 숫자가 아닌 경우 최빈값 등의 합의 방식을 예로 들 수 있습니다. 탈중앙화 방식으로 합의를 거쳐 데이터를 생성하는 방식은 탈중앙화 앱 정신과 맞는 것처럼 보입니다. 그러나 여러 가지 단점이 있습니다.

- 믿을 수 있는 데이터를 생성하려면 많은 수의 공급업체가 필요할 수 있습니다.

- 오라클 제공업체는 지속적으로 새로운 데이터를 요청받기 위해 많은 데이터 공급업체가 필요합니다.

- 데이터 공급업체는 데이터의 품질과 상관없이 비용을 요구할 수 있으며 이는 오라클 제공업체에 큰 비용 부담이 됩니다.

단일 데이터 제공업체에서 오라클에 데이터를 제공할 때

데이터 제공업체 한 곳에서 오라클에 데이터를 제공하면 데이터가 원본이며 변조되지 않았다는 것을 증명 문서와 함께 고객에게 보냅니다. TLSNotary와 같은 서비스는 감사할 수 있는 가상머신이나 신뢰할 수 있는 실행 환경과 같은 다양한 기술을 기반으로 증명 문서를 생성할 수 있습니다. 오라클라이즈는 단일 소스에서 데이터를 가져와 스마트 컨트랙트에 공급할 수 있는 가장 인기 있는 프레임워크 가운데 하나입니다. 이 솔루션은 서로 다른 참가가 데이터를 제공하는 방식과 비교할 때 다음과 같은 두 가지 장점이 있습니다.

1   디앱 개발자와 사용자는 오라클라이즈를 신뢰할 필요가 없습니다. 사용자는 독립적으로 온 체인에서는 컨트랙트 코드로 오프 체인에서는 웹 검증 도구로 데이터의 진위 여부를 확인할 수 있습니다.

2   데이터 제공업체는 현재 웹 서비스나 웹 API를 기반으로 디앱에 데이터를 공급하기 위한 데이터 배포를 개발할 필요가 없습니다.

지금까지 배운 내용을 바탕으로 오라클을 사용하는 첫 컨트랙트를 만들어보겠습니다.

9.5.2 오라클라이즈 데이터를 사용하는 컨트랙트 개발

컨트랙트에서 오라클라이즈를 사용하려면 다음과 같은 과정을 거칩니다.

- 오라클라이즈 깃허브 저장소에서 oraclizeAPI.sol 파일을 가져옵니다.

- usingOraclize 컨트랙트를 상속받습니다.

컨트랙트는 다음 내용을 포함해야 합니다. 오라클라이즈 공식 문서를 참고한 [예제 9-3]에 있는 샘플 오라클을 참고합니다.

- 요청한 외부 데이터를 보유하는 하나 이상의 상태 변수. 여기서는 ETHXBT(이더/비트코인 환율)
- 최종 사용지가 오라글라이스에서 가져온 외부 데이터를 업데이트할 때 호출하는 update() 함수
- 오라클라이즈 결과 트랜잭션에서 호출하는 콜백 함수(__callback)

예제 9-3 크라켄 거래소에서 오라클라이즈를 통해 ETHXBT 환율을 제공하는 컨트랙트

```
pragma solidity ^0.4.0;
import "github.com/oraclize/ethereum-api/
    oraclizeAPI.sol";                          깃허브 리포지토리에서 Oraclize
                                               클라이언트 코드를 가져옵니다.

contract KrakenPriceTicker is usingOraclize {    usingOraclize
                                                 컨트랙트 상속
    string public ETHXBT;

    event newOraclizeQuery(string description);   데이터 쿼리가 Oraclize로
    event newKrakenPriceTicker(string price);     전송했는지 이벤트 로깅

                                                  Oraclize가 요청한 데이터를
                                                  반환했는지 이벤트 로깅
    function KrakenPriceTicker() {
        oraclize_setProof(proofType_TLSNotary     컨트랙트 생성자
            | proofStorage_IPFS);
        update();                                 요청된 데이터는 TLSNotary
    }                                             증명을 첨부하고 증명서는 IPFS에
                                                  저장합니다.
    function __callback(bytes32 myid,
        string result, bytes proof) {             요청된 데이터를 컨트랙트를 반환할 때
        if (msg.sender != oraclize_cbAddress()) throw;   Oraclize가 호출하는 콜백
        ETHXBT = result;
        newKrakenPriceTicker(ETHXBT);             Oraclize가 요청된 데이터를
        update();                                 받아온 것을 로그로 남깁니다.
    }                         컨트랙트에서 ETHXBT를 계속 갱신하도록
                              업데이트 함수를 새로 호출합니다.

    function update() payable {
        if (oraclize.getPrice("URL") > this.balance) {    ETHXBT 값을 업데이트합니다.
            newOraclizeQuery("Oraclize query was NOT sent,   ETHXBT는 최종 사용자가 또는
    please add some ETH to cover for the query fee");        내부적으로 호출할 수 있습니다.
        } else {
            newOraclizeQuery("Oraclize query was sent,
    standing by for the answer..");
```

외부 데이터를 저장하는 상태 변수. 크라켄에서 가져오는 ETHXBT 환율

컨트랙트 생성 시 ETHXBT 상태 변수를 설정합니다.

Oraclize로 가져온 값으로 ETHXBT 상태를 업데이트합니다.

Oraclize에 데이터를 요청할 때 컨트랙트에 필요한 이더가 충분한지 확인

```
        oraclize_query(60, "URL",
    "json(https://api.kraken.com/0/public/Ticker?pair=ETHXBT).result.XETHXXB
    T.c.0");                   ←─ Oraclize에 대한
        }                        데이터 요청 쿼리
    }
}
```

오라클 데이터 요청

업데이트 함수에서 오라클라이즈 엔진에 데이터를 어떻게 요청하는지 자세히 살펴봅니다.

```
oraclize_query(60, "URL",
    "json(https://api.kraken.com/0/public/Ticker?pair=ETHXBT)
.result.XETHXXBT.c.0");
```

[그림 9-16]처럼 상속받은 usingOraclize 컨트랙트에 oraclize_query() 함수를 매개변수
와 함께 호출하여 데이터를 요청합니다.

- **요청 지연**

  데이터를 받기 위해 대기하는 시간. 나중에 절대 시간 타임스탬프로 사용할 수 있습니다.

  −절대 타임스탬프 예: 응답시간, 2020. 02. 20

  −상대 타임스탬프 예: 응답시간, 3일 전

- **데이터 소스 유형**

  오라클라이즈는 다양한 데이터 소스 유형을 지원하지만 주로 다음 유형을 사용합니다.

  −URL: 웹사이트나 HTTP API 엔드 포인트

  −IPFS: IPFS 파일키(콘텐츠 해시)

- **쿼리**

  이 값은 데이터 소스 유형에 따라 매개변수에 단일값 또는 배열로 입력합니다. 예를 들어 URL 유형으로 단
  일값(데이터 소스의 URL)만 제공하면 HTTP GET으로 호출합니다. 두 개의 매개변수를 보내면 두 번째는
  HTTP POST 요청의 본문이 됩니다. IPFS 유형은 IPFS 콘텐츠 해시만 보내면 됩니다.

그림 9-16 oraclize_query() 매개변수

```
oraclize_query(60, "URL", "json(https://api.kraken.com/0/public/Ticker?pair=ETHXBT).result.SETHXXBT.C.0");
```

요청 지연에 따라 60초 후에 URL에서 결과를 가져옵니다.

데이터 소스 유형

결과 파서가 가져온 결과를 JSON 객체로 만듭니다.

데이터 소스 URL

JSON 객체 속성을 반환합니다.

[그림 9–16]처럼 호출한 데이터 소스의 특성에 따라 결과 파서로 쿼리에서 결과가 추출됩니다. [표 9–4]에는 지원되는 파서가 요약되어 있습니다.

표 9-4 오라클라이즈 쿼리 결과 파서

파서	파서 식별자	설명
JSON 파서	json	결과를 JSON으로 변환하여 특정 속성을 추출할 수 있습니다.
XML 파서	xml	일반적으로 레거시 웹 서비스 데이터
HTML 파서	html	HTML 스크래핑에 유용
바이너리 헬퍼	binary	slice(offset, length)를 사용하여 바이너리 결과에서 항목 추출

결과 콜백 함수

데이터를 요청는 방법을 배웠으므로 오라클라이즈 엔진이 결과에 어떻게 응답하는지 살펴보겠습니다. [그림 9–15]에서 오라클라이즈 엔진은 요청을 처리할 때 데이터 소스에서 결과를 가져온 다음 결과 트랜잭션을 생성하여 이더리움 네트워크로 다시 보냅니다. 이 트랜잭션은 오라클라이즈 콜백 트랜잭션이라고도 합니다. 트랜잭션을 실행하는 동안 __callback 함수를 호출하는 오라클 컨트랙트를 콜백하기 때문입니다.

```
function __callback(bytes32 myid, string result, bytes proof) {
    if (msg.sender != oraclize_cbAddress()) throw;
    ETHXBT = result;
    newKrakenPriceTicker(ETHXBT);
    update();
}
```

결과 트랜잭션에서 __callback 함수를 호출하면 ETHXBT 상태 변숫값이 업데이트됩니다. 나머지 코드에서 상태 변수를 사용할 수 있습니다.

9.5.3 데이터를 가져온 컨트랙트 실행

[예제 9-3]에서 데이터를 가져온 컨트랙트를 실행하려면 오라클라이즈 리믹스 플러그인이 필요합니다. 플러그인은 깃허브의 오라클라이즈 컨트랙트(http://mng.bz/y1ry)를 포함하고 있는 oraclizeAPI.sol 파일을 직접 참조합니다.

다음과 같이 대화 상자가 나타납니다. "리믹스가 https://remix-plugin.oraclize.it에 있는 'Oraclize'를 설치합니다. 이 외부 플러그인을 설치하시겠습니까?" [OK]를 클릭합니다. 화면 왼쪽의 Gist 메뉴(Gist → KrakenPriceTicker)에서 이미 설정되어 있는 KrakenPriceTicker.sol을 사용합니다. 실행하기 전에 다음을 확인합니다.

- Solid Solidity Version 패널(Settings 탭)에서 컴파일러 버전이 0.4.24 + commit.e67f0147로 설정되어 있는지 확인합니다.
- [Run] 탭에서 환경 설정이 자바스크립트 VM으로 설정되어 있는지 확인합니다.

완료되면 다음을 진행합니다.

1 [Run] 탭을 열고 [Deploy]를 클릭합니다.

2 하단의 배포된 컨트랙트 패널에서 KrakenPriceTicker 드롭다운을 클릭합니다.

3 [Update]를 클릭합니다(컨트랙트 호출을 에뮬레이션하려는 경우 화면 상단의 입력 필드를 20 Finney로 설정할 수도 있지만 리믹스 내에서는 필요하지 않습니다). ETHXBT가 업데이트됩니다.

4 [ETHXBT] 버튼을 클릭하여 환율값을 확인합니다.

9.6 디앱 프레임워크와 IDE

디앱 개발주기를 개선할 수 있는 네 가지 도구 유형은 다음과 같습니다.

- 개발 IDE
- 개발 프레임워크

- 테스트 프레임워크

- 웹 UI 프레임워크

9.6.1 개발 IDE

개발 IDE와 개발 프레임워크는 개발주기를 단축하는 데 도움이 되는 도구입니다. IDE와 개발 프레임워크는 비슷한 기능을 제공하지만 전자는 코드 편집 및 컴파일에 약간 더 중점을 둔 반면 후자는 강력한 배포 기능을 제공합니다.

한동안 이더리움 스튜디오^{Ethereum Studio}는 이더리움 디앱을 개발하기 위한 사실상 IDE인 것처럼 보였습니다. 우수한 코드 편집 기능과 Web3 연계 그리고 원활한 컨트랙트 배포 기능을 제공했기 때문입니다. 그러나 이를 지원하던 회사인 ether.camp가 지원을 중단했습니다. 따라서 개발자는 서브라임, 아톰, 비주얼 스튜디오 코드, Vi 및 Emacs와 같은 일반 코드 편집 도구에 솔리디티 플러그인을 설치하여 사용하는 것이 좋습니다.

9.6.2 개발 프레임워크

이더리움 개발 프레임워크의 목표는 개발주기 간소화입니다. 코드 컴파일, 재배포, 테스트에 시간을 소비하지 않고 개발자가 코드 작성에 집중할 수 있도록 합니다. 이더리움 플랫폼 출시 이후 다양한 스마트 컨트랙트 프레임워크가 등장했습니다.

- 트러플

- 포풀루스

- 디앱(일명 Dapple)

- 임바크

트러플

트러플은 가장 진보한 이더리움 개발 프레임워크일 것입니다. 솔리디티 컨트랙트의 구축, 테스트, 패키징 및 배포를 단순화하는 데 주로 중점을 둡니다. Node.js 패키지로 배포되며 REPL 콘솔을 제공합니다.

트러플의 가장 큰 특징은 마이그레이션입니다. 이는 컨트랙트를 배포하는 스크립트와 설정을 관리하는 방식입니다. 다음 장에서 사용할 프레임워크입니다.

포풀루스

포풀루스Populus는 기능적으로 트러플과 유사합니다. 특정 폴더 구조로 구성된 스마트 컨트랙트 프로젝트를 수행하여 컴파일 테스트 배포주기를 단순화하도록 설계됐습니다. 가나슈와 같은 인-메모리 블록체인, 프라이빗 내부 네트워크, 퍼블릭 네트워크까지 개발 전체 과정을 원활하게 진행할 수 있도록 설정 관리 기능을 제공합니다. 포풀루스의 특징은 개발자가 파이썬으로 단위 테스트를 하거나 배포할 수 있다는 것입니다.

임바크

임바크Embark는 플랫폼에 구애받지 않는 디앱 프레임워크입니다. 어떤 유형의 디앱을 개발하든 개발과 배포를 단순화하는 것을 목표로 합니다. 이 프레임워크는 멀티 컨트랙트 디앱의 관리를 도와주고 코드가 변경되면 컨트랙트를 자동으로 배포하도록 구성할 수 있습니다. IPFS 프로토콜(및 스웜)을 통한 탈중앙화 스토리지와 위스퍼 프로토콜을 통한 탈중화 메시징을 지원합니다.

디앱

디앱 프레임워크는 리눅스 환경 기반이며 Nix 패키지 관리자를 통해 배포됩니다. 이 프레임워크는 이더리움 스마트 컨트랙트 패키징 스펙(https://github.com/ethereum/EIPs/issues/190)에 따른 컨트랙트 패키징과 9.4절에서 살펴본 IPFS 프로토콜로 컨트랙트 코드를 분산하는 것에 중점을 둡니다. 디앱은 ethrun 및 ds-test로 단위 테스트 기능을 제공합니다.

어떤 개발 프레임워크를 사용할지 결정하는 것이 어려울 수 있습니다. 살짝씩 다르지만 컴파일, 테스트, 배포 기능을 지원하는 것이 비슷하기 때문입니다. 당연한 소리지만 가장 좋은 방법은 전부 테스트해보는 것입니다.

이더리움 플랫폼이 자바스크립트에 좀 더 친화적인 것을 고려하면 자바스크립트 프레임워크가 이더리움 생태계에서 표준처럼 쓰이는 것은 당연해보입니다. 개발 환경에 자바스크립트 테스트 및 UI 프레임워크를 포함시켜야 하는 이유를 살펴보겠습니다.

9.6.3 프레임워크 비교

주요 개발 프레임워크(트러플 또는 임바크)가 제공하는 단위 테스트 기능과 달리 일반적인 자바스크립트 테스트 프레임워크를 사용하면 다음과 같은 장점이 있습니다.

- 좀 더 고급 단위 테스트 기능을 지원합니다. 예를 들면 비동기식 호출 지원, 지속적인 통합 시스템의 종료 상탯값, 시간 초과 처리, 테스트 케이스 메타데이터 생성, 향상된 자동화 테스트를 위한 assert 라이브러리 등이 있습니다.

- 프라이빗 또는 퍼블릭 테스트넷에서 엔드 투 엔드로 상호작용하는 테스트를 자동화할 수 있으며 컨트랙트와 통신과 관련해서 타임아웃, 재시도 등을 테스트할 수 있습니다.

디앱을 개발하는 데 가장 많이 사용되는 자바스크립트 단위 테스트 프레임워크는 모카와 자스민입니다. 다음 장에서 모카를 사용합니다. 이제 웹 UI 프레임워크로 넘어가겠습니다.

9.6.4 웹 UI 프레임워크

UI는 최종 사용자와 백엔드의 스마트 컨트랙트를 연결해주는 디앱의 중요한 요소입니다. 그러나 이더리움 플랫폼은 아직 이더리움 디앱의 화면을 개발하는 기술을 완벽하게 지원하지 않습니다. 일반 HTML5 웹 페이지의 자바스크립트 기반 web3.js를 참조할 수 있습니다. 웹 페이지로 디앱을 사용하는 것이 쉽다고 생각할 수 있습니다.

뛰어난 자바스크립트 UI 프레임워크가 많기 때문에 한 개의 프레임워크를 권장하기가 어렵습니다. 하지만 몇 가지를 소개하자면 미티어, 앵귤러, Vue가 있고 최근에는 리액트가 이더리움 커뮤니티에서 관심을 끌고 있습니다. 이 책에서는 단순한 HTML과 자바스크립트를 기반으로 최소한의 개발 방법으로 진행하지만 원하는 프레임워크로 UI 코드를 자유롭게 꾸며도 됩니다.

9.7 요약

- 이전 장에서는 이더리움 생태계를 보는 제한된 견해를 다음과 같이 소개했습니다.
  - **핵심 인프라 구성 요소**: Go 이더리움(geth) 클라이언트, 이더리움 지갑, 메타마스크 및 가나슈
  - **핵심 개발 도구**: 솔리디티(EVM 스마트 컨트랙트 언어), 리믹스(온라인 솔리디티 IDE), solc(솔리디티

컴파일러), JSON-RPC(저수준 이더리움 클라이언트 API), Web3.js(자바스크립트로 작성된 고수준 이더리움 클라이언트 API), Node.js(이더리움 전용 자바스크립트 런타임은 아님)

- 이더리움 생태계에는 다음과 같은 광범위한 인프라 구성 요소가 포함됩니다. ENS(탈중앙화 도메인), 스웜 및 IPFS(탈중앙화 콘텐츠 스토리지), 위스퍼(탈중앙화 메시지), 오라클(퍼블릭 웹 기반 데이터 가져오기), 인퓨라(이더리움 노드 서비스).

- 이더리움 네임 서비스(ENS)는 사람이 읽을 수 있는 도메인 이름으로 계정, 컨트랙트 주소와 같은 리소스 주소를 참조할 수 있습니다. 인터넷 DNS와 비슷한 목표를 가지고 있지만 탈중앙화되어 안전한 방법을 제공합니다.

- 블록체인에 비교적 큰 콘텐츠를 저장하는 것은 다루기 힘들고 비싸기 때문에 권장하지 않습니다. 더 나은 방법은 스웜 및 IPFS와 같은 탈중앙화 스토리지 시스템을 사용하는 것입니다.

- 스웜은 이더리움 기술을 기반으로 하며 이더리움 네트워크에서 작동합니다. 암호화 해시값으로 이더리움 블록체인에서 오프 체인에 저장된 콘텐츠를 참조할 수 있어 선호되는 방법입니다.

- IPFS는 콘텐츠 스토리지를 제공하는 애그노스틱 기술[1] 프로토콜입니다. 성능은 떨어지지만 잘 알려지고 검증된 솔루션을 제공합니다. 하지만 이더리움과의 통합이 느슨합니다.

- 오라클라이즈와 같은 오라클은 스마트 컨트랙트가 이더리움 네트워크 외부에서 데이터를 가져올 때 진위 여부를 함께 제공합니다.

- 이더리움 생태계에는 광범위한 개발 도구도 포함되어 있습니다. 스마트 컨트랙트 프레임워크인 트러플, 모카, 자스민과 같은 일반적인 자바스크립트 테스트 프레임워크, 앵귤러, 리액트JS 및 Meteor와 같은 자바스크립트 웹 UI 프레임워크를 포함합니다.

---

1 옮긴이_ agnostic technology. 작동 시스템에 대한 아무런 지식이 없더라도 사용할 수 있는 기술.

CHAPTER 10

모카로 컨트랙트 단위 테스트하기

> **이 장의 주요 내용**
>
> - 자바스크립트 유닛 테스트 프레임워크 모카 설치와 설정
> - 모카를 사용한 SimpleCoin 유닛 테스트
> - 네거티브 점검 테스트로 예상한 예외 처리가 실행되는지 확인
> - 포지티브 점검 테스트로 로직이 성공적으로 실행되는지 확인

이전 장에서는 플랫폼에서 제공하는 간단한 도구를 사용하여 이더리움 디앱을 개발하는 방법을 배웠습니다. 간단한 웹 UI와 스마트 컨트랙트 레이어(라이브러리 포함)를 포함한 엔드 투 엔드 디앱을 빌드하고 퍼블릭 테스트넷에 배포할 수 있었습니다. 리믹스나 일반 텍스트 편집기를 통해 솔리디티 및 Web3.js 코드를 작성했고 처음에는 geth 콘솔로 나중에는 Node.js로 간단한 배포 스크립트를 손수 작성했습니다.

이런 디앱을 개발 방법은 학습용입니다. 본격적으로 디앱 개발을 시작하면 이런 방법은 효율적이지 않습니다. 이더리움 생태계를 설명한 부분에서 배운대로 다양한 개발 도구를 활용해 코드 품질을 높여 컨트랙트 단위 테스트를 돕고 개발주기를 단축시킬 수 있습니다.

이 장에서는 컨트랙트 단위 테스트를 쉽게 자동화할 수 있는 자바스크립트 단위 테스트 프레임워크인 모카를 소개합니다. 다음 장에서는 트러플을 설정하는 방법을 배우고 디앱 빌드와 배포를 자동화합니다. 마지막으로 트러플에 모카 테스트를 통합하여 완전히 통합된 개발 환경으로 만듭니다.

SimpleCoin 유닛 테스트 묶음을 작성하며 모카를 배울 것입니다. 시작하기 전에 프레임워크를 설치하고 작업 디렉터리를 설정하는 방법을 간단히 설명하겠습니다.

10.1 모카 설치

모카는 Node.js로 실행되므로 npm을 사용하여 설치해야 합니다. 다양한 스마트 컨트랙트 테스트를 작성하므로 글로벌로 설치하는 것이 가장 좋습니다. 보안 설정에 따라 관리자 권한으로 실행해야 할 수도 있습니다. 설치 방법은 다음과 같습니다.

```
c:\>npm install --global mocha
```

이게 전부입니다. 다음은 SimpleCoin 테스트를 위한 작업 디렉터리를 준비합니다.

10.2 모카에 SimpleCoin 설정

Node.js로 설정한 작업 디렉터리에 이더리움 스마트 컨트랙트 테스트를 두고 Web3 및 가나슈와 같은 이더리움 패키지도 같이 설정합니다. 작성하려는 SimpleCoin 단위 테스트를 위한 작업 디렉터리를 작성합니다(C:\Ethereum\mocha\SimpleCoin). 이제 이 폴더에 Node.js에 대한 package.json 설정 파일을 작성하고 다음 예제에 표시된 대로 테스트 스크립트를 모카로 설정합니다.

예제 10-1 package.json

```
{
  "name": "simple_coin_tests",
  "version": "1.0.0",
  "description": "unit tests for simple coin",
  "scripts": {
    "test": "mocha"
  }
}
```

대화형으로 OS 셸을 열고 생성한 작업 디렉터리로 이동한 후 실행하여 만들 수도 있습니다.

```
C:\Ethereum\mocha\SimpleCoin>npm init
```

디렉터리와 설정 파일을 생성하면 모카가 테스트를 실행하는 방법을 빠르게 확인해볼 수 있습니다. 다음 예제를 참고하여 예제 테스트가 포함된 dummyTests.js 파일을 작성합니다.

예제 10-2 dummyTests.js

```
var assert = require('assert');          ◁─── 기본 assert 라이브러리를
describe('String', function() {               가져옵니다.
  describe('#length()', function() {  ◁──┤ 테스트 스위트 이름
    it('the length of the string "Ethereum" should be 8',  ◁──┤ 함수 이름 지정
      function() {
        assert.equal(8, 'Ethereum'.length);  ◁──┤ 특정 테스트 정의
      });
  });                                      │ 실제 테스트 수행
});
```

이 테스트 파일을 다음과 같이 실행할 수 있습니다.

```
C:\Ethereum\mocha\SimpleCoin>npm test dummyTests.js
```

그리고 다음 출력값을 확인할 수 있습니다.

```
> simple_coin_tests@1.0.0 test C:\Ethereum\mocha\SimpleCoin
> mocha "dummyTests.js"

String
  #length()
    √ the length of the string "Ethereum" should be 8

1 passing (9ms)
```

테스트 스크립트 맨 위에서 사용된 assert 라이브러리는 프레임워크가 제공하는 기본 assert 라이브러리입니다. 다음 assert 프레임워크를 설치하여 사용할 수도 있습니다.

- Should.js(https://shouldjs.github.io/)

- Expect.js(https://github.com/Automattic/expect.js/)

- Chai.js(www.chaijs.com/)

- Better-assert(https://github.com/tj/better-assert)
- Unexpected(https://github.com/unexpectedjs/unexpected)

테스트 작업 디렉터리가 거의 준비됐습니다. 스마트 컨트랙트를 테스트하는 데 사용하려면 solc, Web3, 가나슈와 같은 노드 패키지를 설치해야 합니다. 글로벌로 설치하지 않은 경우 다음과 같이 설치할 수 있습니다.

```
C:\>npm install -g solc
C:\>npm install -g web3@0.20.0
C:\>npm install -g ganache-cli@6.1.8
```

또는 다음과 같이 글로벌이 아닌 테스트 폴더에만 패키지를 설치할 수 있습니다.

```
C:\Ethereum\mocha\SimpleCoin>npm install solc
C:\Ethereum\mocha\SimpleCoin>npm install web3@0.20.0
C:\Ethereum\mocha\SimpleCoin>npm install ganache-cli@6.1.8
```

10.3 SimpleCoin 유닛 테스트 작성

SimpleCoin을 테스트하기 위한 모든 설정을 완료했습니다. 이제 모카에서 솔리디티 컨트랙트를 단위 테스트하는 방법을 소개하겠습니다. 그러나 이 절에서는 단위 테스트 튜토리얼을 제공하는 것은 아닙니다. 단위 테스트에 관한 기본 지식이나 경험이 있다고 가정합니다. 단위 테스트를 더 배우고 싶다면 라쎄 코스켈라[Lasse Koskela]가 쓴 『Effective Unit Testing』(한빛미디어, 2013), 로이 오셔로브[Roy Osherove]가 쓴 『The Art of Unit Testing』(Manning, 2013)을 추천합니다. 두 책 모두 훌륭하며 단위 테스트의 기초를 제공합니다.

5장에서 다시 구현했던 확장된 SimpleCoin에 있는 함수를 테스트합니다. 편의를 위해 다음 예제에 다시 생성했고 다음 경로에 파일을 둡니다(c:\Ethereum\mocha\SimpleCoin\SimpleCoin.sol).

```solidity
pragma solidity ^0.4.24;
contract SimpleCoin {
    mapping (address => uint256) public coinBalance;
    mapping (address => mapping (address => uint256)) public allowance;
    mapping (address => bool) public frozenAccount;
    address public owner;

    event Transfer(address indexed from, address indexed to, uint256 value);
    event FrozenAccount(address target, bool frozen);

    modifier onlyOwner {
        require(msg.sender == owner);
        _;
    }

    constructor(uint256 _initialSupply) public {
        owner = msg.sender;
        mint(owner, _initialSupply);
    }

    function transfer(address _to, uint256 _amount) public {
        require(coinBalance[msg.sender] > _amount);
        require(coinBalance[_to] + _amount >= coinBalance[_to] );
        coinBalance[msg.sender] -= _amount;
        coinBalance[_to] += _amount;
        emit Transfer(msg.sender, _to, _amount);
    }

    function authorize(address _authorizedAccount, uint256 _allowance)
        public returns (bool success) {
        allowance[msg.sender][_authorizedAccount] = _allowance;
        return true;
    }

    function transferFrom(address _from, address _to, uint256 _amount)
        public returns (bool success) {
        require(_to != 0x0);
        require(coinBalance[_from] > _amount);
        require(coinBalance[_to] + _amount >= coinBalance[_to] );
        require(_amount <= allowance[_from][msg.sender]);
        coinBalance[_from] -= _amount;
        coinBalance[_to] += _amount;
```

```
        allowance[_from][msg.sender] -= _amount;
        emit Transfer(_from, _to, _amount);
        return true;
    }

    function mint(address _recipient, uint256 _mintedAmount)
        public onlyOwner {
        coinBalance[_recipient] += _mintedAmount;
        emit Transfer(owner, _recipient, _mintedAmount);
    }

    function freezeAccount(address target, bool freeze)
        public onlyOwner {
        frozenAccount[target] = freeze;
        emit FrozenAccount(target, freeze);
    }
}
```

10.3.1 테스트 계획

솔리디티 컨트랙트 단위 테스트란 컨트랙트 생성자를 포함한 컨트랙트에서 제공하는 모든 퍼블릭 메서드가 유효하거나 유효하지 않은 값을 입력했을 때 예상대로 작동하는지 확인하는 것을 말합니다. 먼저 생성자가 예상대로 컨트랙트를 초기화하는지 확인하겠습니다. 컨트랙트 소유자와 배포 트랜잭션을 생성했던 계정의 초기 상태를 올바르게 설정하여 생성자 매개변수에 할당합니다.

그런 다음 컨트랙트 함수를 테스트하는 데 사용되는 일반적인 네거티브, 포지티브 테스트를 소개하겠습니다. **포지티브** 테스트는 성공적으로 로직이 실행되는지 검증합니다. 권한이 있는 사용자가 컨트랙트 함수를 실행합니다. 성공적으로 함수를 실행하기 위해서 함수에 정의된 함수 제어자의 제한 조건에 유효한 값을 입력합니다.

네거티브 테스트는 유효하지 않은 값이 입력되거나 권한이 없는 호출자가 호출한 경우 계획된 예외 처리가 발생하는지 확인합니다.

- 함수 제어자에서 호출자를 제한하는 컨트랙트 함수는 호출자에게 권한이 부여되지 않았을 때 예외를 발생시킵니다.

- 다른 함수 제어자에 정의된 제한 조건을 만족하지 않거나 require 조건에 맞지 않는 값을 컨트랙트 함수가 받는 경우 예외 처리를 발생합니다.

이러한 유형의 테스트에 한번 익숙해지면 모든 컨트랙트 함수를 테스트할 수 있는 코드를 작성할 수 있습니다. SimpleCoin의 생성자를 테스트할 수 있습니다. 이 부분을 살펴보면서 테스트를 초기화하고 설정하는 일반적인 방법도 소개하겠습니다.

10.3.2 생성자 단위 테스트

알다시피 코드를 테스트한다는 것은 테스트 환경에서 코드를 실행하고 어떤 일이 발생할지 가정하고 검증하는 것을 의미합니다. 컨트랙트 생성자의 코드는 오직 배포할 때만 점검할 수 있습니다. 따라서 생성자 테스트는 SimpleCoin을 반드시 배포하고 생성자가 올바르게 실행되는지 검증합니다. 특히 다음 두 가지를 확인합니다.

- 컨트랙트 소유자는 배포 트랜잭션을 보내는 계정과 같습니다.
- 컨트랙트 소유자의 토큰 잔고는 생성자에게 공급되는 초기 공급량과 같습니다.

단위 테스트는 일반적으로 개발하는 동안 여러 번 실행하게 되므로 가능한 한 빨리 실행돼야 합니다. 엔터프라이즈 애플리케이션은 대기 시간이 생기는 주요 원인이 파일 시스템, 데이터베이스, 네트워크와 같은 환경 리소스에 접근하는 데 있습니다. 이러한 대기 시간을 줄이거나 제거하는 가장 일반적인 방법은 격리된(또는 모의) 프레임워크를 사용하여 리소스에 접근하는 것을 에뮬레이션하는 것입니다. 자바 애플리케이션에서는 jMock, EasyMock이 있고 .net 애플리케이션은 Moq, NMock, Rhino Mocks가 있습니다.

이더리움 디앱에서 대기 시간이 발생하는 주요 원인은 트랜잭션 처리(채굴 및 블록 생성 포함)와 이더리움 네트워크 전체에 블록을 전파하는 시간입니다. 결과적으로 가나슈와 같은 모의 네트워크에서 컨트랙트 단위 테스트를 수행하는 것이 당연합니다. 가나슈는 이더리움 플랫폼의 인프라를 사용하지 않고 에뮬레이션합니다.

첫 번째 SimpleCoin 생성자 테스트 코드에서는 컨트랙트 소유권과 소유자의 계정을 확인하는 검사를 수행하기 전에 가나슈에 SimpleCoin을 배포해야 합니다. 실제로는 테스트 코드 간에 간섭이 발생하지 않도록 각 테스트 코드는 SimpleCoin을 처음부터 다시 배포합니다.

가나슈에 SimpleCoin 배포하는 것은 이미 8장에서 완료했습니다. 단위 테스트를 위해 [예제 8-5]를 조정합니다. SimpleCoinContractFactory를 인스턴스화하는 것까지 스크립트를 거의 변경하지 않고 유지할 수 있습니다. 다만 SimpleCoin.sol의 경로는 수정해야 합니다. 현재는 c:\Ethereum\mocha\SimpleCoin입니다. 스크립트는 다음과 같습니다.

```
const fs = require('fs');
const solc = require('solc');
const Web3 = require('web3');
const web3 = new Web3(
    new Web3.providers.HttpProvider("http://localhost:8545"));
var assert = require('assert');

const source = fs.readFileSync(                          simplecoin.sol의 위치는 현재
    'c:/Ethereum/mocha/SimpleCoin/SimpleCoin.sol',       c:/Ethereum/mocha/SimpleCoin에
    'utf8');                                             있습니다.
const compiledContract = solc.compile(source, 1);
const abi = compiledContract.contracts[':SimpleCoin'].interface;
const bytecode = '0x' + compiledContract.contracts[':SimpleCoin'].bytecode;
const gasEstimate = web3.eth.estimateGas({ data: bytecode }) + 100000;

const SimpleCoinContractFactory = web3.eth.contract(JSON.parse(abi));
```

첫 번째 테스트 코드의 인프라 부분을 처리했으므로 함수 테스트에 중점을 둘 수 있습니다. 그러나 이 스크립트의 앞부분에서는 아직 SimpleCoin을 배포하지 않았습니다. 단지 컨트랙트 팩토리를 인스턴스화했을 뿐입니다. [예제 10-2]처럼 다음과 같은 패턴으로 모카의 describe(), it() 문을 통해 첫 번째 테스트 목적을 정의할 수 있습니다.

```
describe('SimpleCoin', function() {              작성 중인 전체 테스트
  describe('SimpleCoin constructor', function() {  스위트를 정의합니다.
    it('Contract owner is sender', function(done) {   SimpleCoin의 생성자에
                                                       중점을 둔 첫 번째 테스트
    ...                                                섹션을 정의합니다.
    });                                  첫 번째 테스트를
  });                                    정의합니다
});
```

첫 번째 테스트 코드의 핵심 부분을 작성해야 합니다. 앞서 언급했듯이 컨트랙트 소유자가 배포 트랜잭션의 발신자와 같은 계정인지 확인합니다. AAA 레이아웃으로 테스트를 구성할 수 있습니다. 여기에는 [그림 10-1]에 표시된 대로 다음 세 가지를 포함합니다.

- **Arrange**: 테스트 중인 함수에 전달할 입력값을 설정하고 테스트에 필요한 객체를 인스턴스화합니다.
- **Act**: 테스트 중인 기능을 호출합니다.
- **Assert**: 가정한 테스트를 검증합니다.

```
describe('SimpleCoin', function() {
  this.timeout(5000);
  describe('SimpleCoin constructor', function() {
    it('Contract owner is sender', function(done) {
        //arrange
        let sender = web3.eth.accounts[1];      │ 이 테스트 입력값은 배포 트랜잭션의
        let initialSupply = 10000;              │ 보낸 계정과 초기 공급량입니다.

        //act
        let simpleCoinInstance =
            SimpleCoinContractFactory.new(initialSupply, {      ◁ 컨트랙트를 배포하여
            from: sender, data: bytecode, gas: gasEstimate},        테스트 중인 함수
            function (e, contract){                                  SimpleCoin의 생성자를
            if (typeof contract.address !== 'undefined') {           트리거합니다.
                //assert
                assert.equal(contract.owner(), sender);
                done();              ◁ 모카 테스트 종료
            }
        });
    });
  });
});
```

성공적으로 배포되면 컨트랙트 소유자가 트랜잭션 발신자인지 확인합니다.

그림 10-1 전형적인 AAA 단위 테스트 구조. Arrange(테스트 입력값과 테스트 대상 설정), Act(테스트 중인 함수 호출), Assert(테스트 예상 결과 확인)

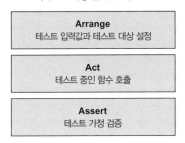

이제 첫 번째 단위 테스트를 실행할 준비가 됐습니다. 다음 예제에 전체 코드가 표시됩니다. 이 스크립트를 c:\Ethereum\mocha\SimpleCoin\SimpleCoinTests.js 파일에 옮깁니다.

예제 10-4 SimpleCoinTests.js

```
const fs = require('fs');
const solc = require('solc');
const Web3 = require('web3');
const web3 = new Web3(
    new Web3.providers.HttpProvider("http://localhost:8545"));
var assert = require('assert');

const source = fs.readFileSync(
    'c:/Ethereum/mocha/SimpleCoin/SimpleCoin.sol', 'utf8');
const compiledContract = solc.compile(source, 1);
const abi = compiledContract.contracts[':SimpleCoin'].interface;
const bytecode = '0x' + compiledContract.contracts[':SimpleCoin'].bytecode;
const gasEstimate = web3.eth.estimateGas({ data: bytecode }) + 100000;

const SimpleCoinContractFactory = web3.eth.contract(JSON.parse(abi));

describe('SimpleCoin', function() {
  this.timeout(5000);
  describe('SimpleCoin constructor', function() {
    it('Contract owner is sender', function(done) {
        //arrange
        let sender = web3.eth.accounts[1];
        let initialSupply = 10000;

        //act
        let simpleCoinInstance = SimpleCoinContractFactory.new(initialSupply, {
            from: sender, data: bytecode, gas: gasEstimate},
            function (e, contract){
            if (typeof contract.address !== 'undefined') {
                    //assert
                    assert.equal(contract.owner(), sender);
                    done();
            }
        });
    });
  });
});
```

스크립트를 실행하기 전에 새 콘솔을 열고 가나슈를 시작합니다.

```
c:\>ganache-cli
```

이제 더미 테스트를 실행한 콘솔로 돌아가서 새 테스트 스크립트를 실행합니다.

```
C:\Ethereum\mocha\SimpleCoin>npm test SimpleCoinTests.js
```

[그림 10-2]와 같은 결과가 표시됩니다.

그림 10-2 첫 번째 모카 테스트 결과, 테스트 스위트 이름, 테스트 섹션 이름 및 개별 테스트 설명이 표시된다. 테스트가 통과됐다!

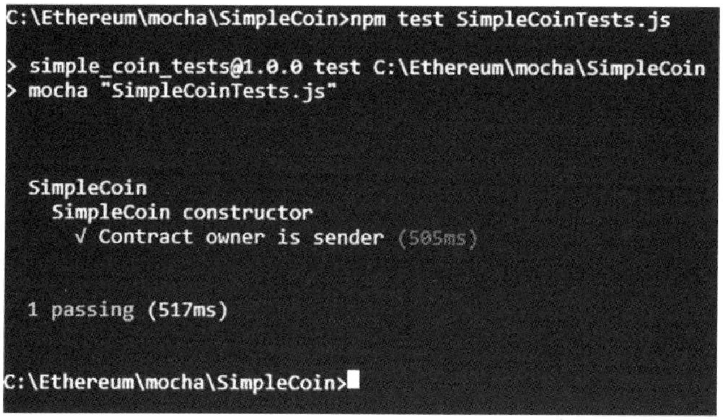

테스트를 통과했습니다. 즉, 컨트랙트 소유자는 실제로 배포 트랜잭션을 보낸 계정입니다. 좋습니다! 이제 다음 테스트를 진행하겠습니다. 생성자 테스트를 마무리하기 전에 컨트랙트 소유 계정의 잔고가 initialSupply 매개변수로 공급된 초기 공급량과 같은지 테스트해야 합니다. SimpleCoin 생성자와 관련된 describe( ) 섹션 내에 다음 it( ) 블록을 추가합니다.

```
it('Contract owner balance is equal to initialSupply', function(done) {
    //arrange
    let sender = web3.eth.accounts[1];
    let initialSupply = 10000;

    //act
    let simpleCoinInstance = SimpleCoinContractFactory.new(initialSupply, {
```

```
            from: sender, data: bytecode, gas: gasEstimate},
            function (e, contract){
                if (typeof contract.address !== 'undefined') {
                    //assert
                    assert.equal(
                      contract.coinBalance(contract.owner()),
                        initialSupply);                          ◁──┐  이전 테스트와 다른 유일한 부분입니다.
                    done();                                          컨트랙트 소유 계정 잔고가 초기 공급량과
                    }                                                같은지 확인합니다.
            });
    });
```

NOTE_ 이전 테스트 코드에 assert 코드를 추가하지 않았는지 궁금할 것입니다. 일반적으로 각 단위 테스트에서는 검증을 하나로 집중하는 것이 좋습니다. 이 테스트는 컨트랙트 소유권 확인과 아무런 관련이 없으므로 완전히 별도로 테스트를 작성했습니다. 앞에서 말했듯이 모든 테스트를 다른 테스트와 완전히 분리해야 합니다. 상호의존되어 관련 없는 테스트들이 무효화될 수 있는 부작용이 생길 수 있습니다. 그렇기 때문에 각 테스트마다 SimpleCoin을 다시 배포해야 합니다. 이로써 테스트가 정말로 격리됐다고 확신할 수 있습니다.

이제 테스트 스크립트를 다시 실행합니다.

```
C:\Ethereum\mocha\SimpleCoin>npm test SimpleCoinTests.js
```

[그림 10-3]에서 두 테스트 모두 통과했음을 알 수 있습니다. 또한 가나슈 콘솔을 살펴보면 이 테스트 세션을 실행하는 동안 [그림 10-4]에 표시된 대로 SimpleCoin이 각 테스트마다 한 번씩 총 두 번 배포되었는지 확인할 수 있습니다.

그림 10-3 생성자 테스트 2개를 포함하는 수정된 테스트 스위트. 둘 다 통과됐다.

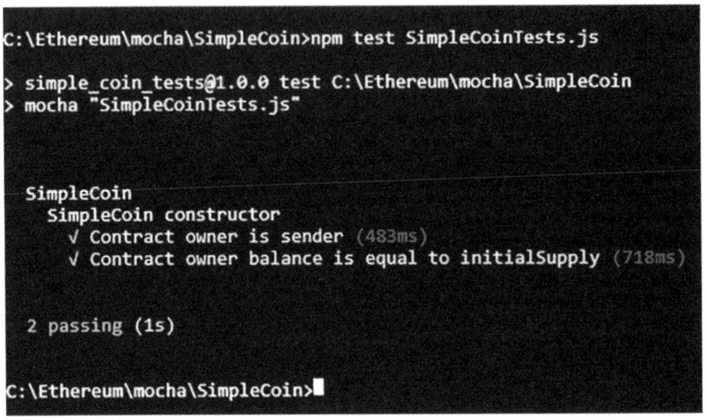

```
C:\Ethereum\mocha\SimpleCoin>npm test SimpleCoinTests.js

> simple_coin_tests@1.0.0 test C:\Ethereum\mocha\SimpleCoin
> mocha "SimpleCoinTests.js"


  SimpleCoin
    SimpleCoin constructor
      √ Contract owner is sender (483ms)
      √ Contract owner balance is equal to initialSupply (718ms)


  2 passing (1s)


C:\Ethereum\mocha\SimpleCoin>█
```

10.3.3 승인된 발신자만 함수를 호출할 수 있는지 테스트

이제는 일반적으로 컨트랙트 함수를 테스트하는 방법을 알아봅니다. [예제 10-3]을 보면 mint( ) 및 freezeAccount( )는 onlyOwner 함수 제어자로 컨트랙트 소유자만 실행할 수 있도록 합니다.

```
function mint(address _recipient, uint256 _mintedAmount)
    onlyOwner public {
        ...
function freezeAccount(address target, bool freeze)
    onlyOwner public {
```

그림 10-4 테스트 실행 중 가나슈 출력값. SimpleCoin은 각 테스트를 실행할 때마다 다시 배포된다.

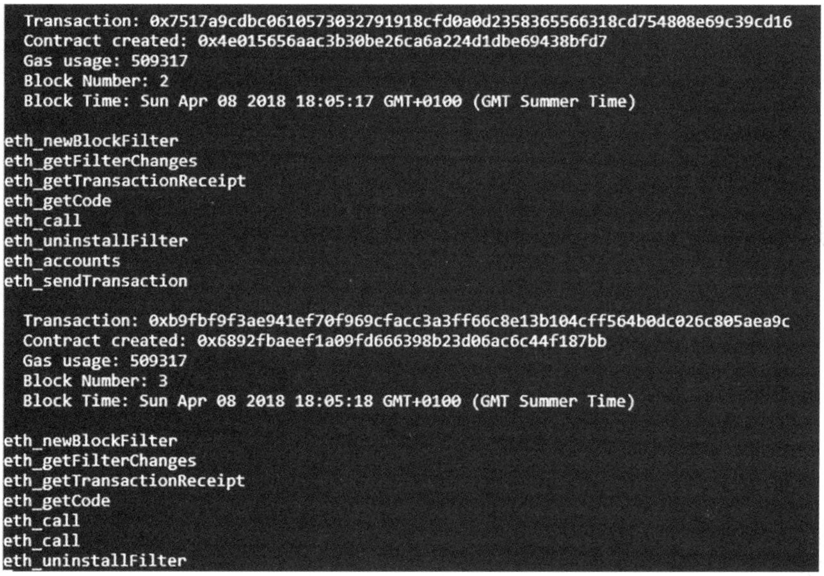

이렇게 각 함수마다 작성하는 테스트 코드는 컨트랙트 소유자가 아닌 계정에서 호출했을 때 예외가 발생하는지 확인하는 용도로 작성합니다. mint( ) 테스트 코드를 작성하는 방법은 다음과 같습니다.

```
describe('mint', function() {
    it('Cannot mint from non-owner account', function(done) {
```

```
                //arrange

    ┌─→  let sender = web3.eth.accounts[1];
    │     let initialSupply = 10000;
    │
    │     let minter = web3.eth.accounts[2];                              ←┐
    │     let recipient = wcb3.eth.accounts[3];                            │
    │     let mintedCoins = 3000;                                          │
    │                                                                      │
    │     let simpleCoinInstance = simpleCoinContractFactory              │
    │        .new(initialSupply, {                          mint()를 호출하는
    │            from: sender,                               계정은 컨트랙트
    │            data: bytecode,                             소유자가 아닙니다.
    └─→         gas: gasEstimate},
                function (e, contract){
                    if (typeof contract.address !== 'undefined') {
                        //act and assert
          ┌─→         assert.throws(
                        ()=> {
                            contract.mint(recipient, mintedCoins,
                              {from:minter,
                               gas:200000});                       ←┐
                            },                                       │
                            /VM Exception while processing transaction/
                        );
                        done();
                    }
                });
        });
    });
```

mint()를 호출하는 계정이
컨트랙트 소유자가 아니기
때문에 mint()가 호출될 때
예외가 발생했는지
확인합니다.

컨트랙드
트랜잭션 발신자
(컨트랙트 소유자)

다음 assert문으로 함수를 호출할 때 예외가 발생하는지 확인합니다.

```
assert.throws(
      ()=> contract.functionBeingTested(),
    /Expected exception/
);
```

다음 절에서 이 기술을 여러 번 사용할 것입니다.

10.3.4 입력값 제약 조건이 충족되는지 테스트

호출자가 함수를 호출할 권한이 있어도 반드시 유효한 값을 입력해야 합니다. 그렇지 않은 경우 함수 제어자나 require 조건을 만족하지 못하고 예외가 발생합니다. transfer() 함수는 토큰 전송을 실행하기 전에 다양한 require문을 통해 입력값의 유효성을 검사합니다.

```
function transfer(address _to, uint256 _amount) public {
    require(_to != 0x0);
    require(coinBalance[msg.sender] > _amount);
    require(coinBalance[_to] + _amount >= coinBalance[_to] );
    coinBalance[msg.sender] -= _amount;
    coinBalance[_to] += _amount;
    Transfer(msg.sender, _to, _amount);
}
```

이상적으로는 각 require문에 테스트 코드를 작성해야 합니다. 두 번째 require문에 해당하는 테스트 코드 작성법은 다음과 같습니다.

```
require(coinBalance[msg.sender] > _amount);
```

이 조건으로 발신자는 소유한 것보다 더 많은 토큰을 보낼 수 없습니다. 그러면 예외가 발생합니다. 앞에서 본 것과 동일한 assert.throws문을 사용하여 예외가 발생하는지 확인할 수 있습니다.

```
describe('transfer', function() {
  it('Cannot transfer a number of tokens higher than that of tokens owned',
    function(done) {
      //arrange
      let sender = web3.eth.accounts[1];
      let initialSupply = 10000;
      let recipient = web3.eth.accounts[2];          현재 잔액보다 높은
      let tokensToTransfer = 12000;               이체 금액을 설정

      let simpleCoinInstance =
        SimpleCoinContractFactory.new(initialSupply, {
          from: sender, data: bytecode, gas: gasEstimate},
          function (e, contract){
            if (typeof contract.address !== 'undefined') {
```

```
                   //act and assert
예외 발생 확인  ┌─┐→  assert.throws(
                     ()=>{
                       contract.transfer(recipient, tokensToTransfer, {
                       from:sender, gas:200000});
                     },
                     /VM Exception while processing transaction/   ←─┐ 예외
                   );
                   done();
                 }
               });
           });
       });
```

transfer() 함수에는 서로 다른 두 개의 require문이 있습니다. 비슷하게 테스트 코드를 작성하는 것이 좋습니다.

10.3.5 권한이 있는 계정에서 유효한 입력값으로 호출 테스트

테스트 코드를 작성한 뒤에 네거티브 검사를 수행했습니다. 권한이 없는 계정이나 유효하지 않은 입력값으로 함수를 호출할 수 있었습니다. 이번에는 포지티브 테스트를 수행합니다. 권한이 있는 계정과 유효한 입력값으로 함수를 호출하여 로직이 성공적으로 수행하는지 확인합니다. 예를 들어 성공적으로 토큰을 전송하는 transfer() 함수를 테스트하는 새로운 테스트 코드를 작성할 수 있습니다. 이 경우 보내는 계정 잔액이 보낸 금액만큼 감소했는지 확인하고 받은 계정은 전송된 금액만큼 증가했는지 확인해야 합니다.

```
it('Successful transfer: final sender and recipient balances are correct',
  function(done) {
    //arrange
    let sender = web3.eth.accounts[1];
    let initialSupply = 10000;
    let recipient = web3.eth.accounts[2];
    let tokensToTransfer = 200;        ←─┐ 전송 금액 설정

    let simpleCoinInstance =
      SimpleCoinContractFactory.new(initialSupply, {
        from: sender, data: bytecode, gas: gasEstimate},
```

```
            function (e, contract){
              if (typeof contract.address !== 'undefined') {
                //act
                contract.transfer(recipient, tokensToTransfer, {
                  from:sender,gas:200000});

                //assert
                const expectedSenderBalance = 9800;       전송 후 예상되는 보내는
                const expectedRecipientBalance = 200;      계정 및 받는 계정의 잔액

                    let actualSenderBalance =
                      contract.coinBalance(sender);      ◁     송금 후 실제 보내는
                    let actualRecipientBalance =               계정과 받는 계정의 잔액
                      contract.coinBalance(recipient);   ◁

                    assert.equal(actualSenderBalance,
                            expectedSenderBalance);      ◁
                    assert.equal(actualRecipientBalance,       실제 보내는 계정과 받는 계정의
                            expectedRecipientBalance);          잔액이 예상 잔고와 같은지 확인
                                                          ◁
                    done();
              }
          });
      });
```

transfer()를 검증하기 위해 작성했던 두 가지 테스트를 생성자 테스트 스크립트에 추가하고
다시 실행합니다.

```
C:\Ethereum\mocha\SimpleCoin>npm test SimpleCoinTests.js
```

[그림 10-5]에서 볼 수 있듯이 이제 테스트 출력에는 생성자 테스트와 transfer() 테스트의
두 섹션이 표시됩니다. 모든 테스트가 통과됐습니다.

그림 10-5 수정된 테스트 스위트의 출력값에 transfer() 함수 테스트 결과도 보인다. 이제 생성자 테스트와 transfer() 테스트 두 섹션을 볼 수 있다. 모든 테스트가 통과됐다.

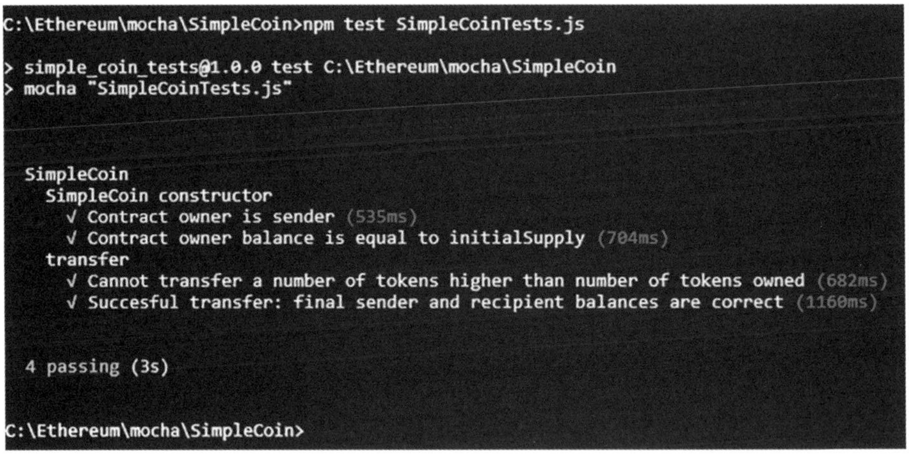

```
C:\Ethereum\mocha\SimpleCoin>npm test SimpleCoinTests.js

> simple_coin_tests@1.0.0 test C:\Ethereum\mocha\SimpleCoin
> mocha "SimpleCoinTests.js"



  SimpleCoin
    SimpleCoin constructor
      √ Contract owner is sender (535ms)
      √ Contract owner balance is equal to initialSupply (704ms)
    transfer
      √ Cannot transfer a number of tokens higher than number of tokens owned (682ms)
      √ Succesful transfer: final sender and recipient balances are correct (1160ms)


  4 passing (3s)

C:\Ethereum\mocha\SimpleCoin>
```

포지티브 검사를 수행하는 추가 테스트로 함수 제어자와 입력값 검증이 없는 authorize() 함수 테스트를 작성합니다.

```
function authorize(address _authorizedAccount, uint256 _allowance)
    public returns (bool success) {
    allowance[msg.sender][_authorizedAccount] = _allowance;
    return true;
}
```

따라서 가장 확실한 테스트 코드는 한도 설정을 확인하는 것입니다.

```
describe('authorize', function() {
  it('Successful authorization: the allowance of the authorized
     account is set correctly',
    function(done) {
      //arrange
      let sender = web3.eth.accounts[1];
      let initialSupply = 10000;
      let authorizer = web3.eth.accounts[2];
      let authorized = web3.eth.accounts[3];
      let allowance = 300;          ←─┐ 허용 금액 설정
```

```
   let simpleCoinInstance = SimpleCoinContractFactory.new(
     initialSupply, {
    from: sender, data: bytecode, gas: gasEstimate},
    function (e, contract){
        if (typeof contract.address !== 'undefined') {

            //act
          let result = contract.authorize(authorized, allowance, {
            from:authorizer,gas:200000});          ◁─── 특정 허용값을 사용하도록
                                                        계정에 권한 부여
          //assert
          assert.equal(contract.allowance(authorizer,
                  authorized), 300);         ◁─── 허용값이 권한이 있는
          done();                                 계정에 할당됐는지 확인
                }
        });
    });
});
```

10.3.6 작은 도전 과제

모든 일반적인 테스트를 다뤄봤습니다. transferFrom() 함수를 다시 떠올려봅니다. 이 함수를 사용하면 소유자 계정이 승인한 한도 내에서 계정이 다른 계정으로 금액을 이체할 수 있습니다.

```
function transferFrom(address _from, address _to, uint256 _amount)
    public returns (bool success) {
    require(_to != 0x0);
    require(coinBalance[_from] > _amount);
    require(coinBalance[_to] + _amount >= coinBalance[_to] );
    require(_amount <= allowance[_from][msg.sender]);
    coinBalance[_from] -= _amount;
    coinBalance[_to] += _amount;
    allowance[_from][msg.sender] -= _amount;
    Transfer(_from, _to, _amount);
    return true;
}
```

코드를 살펴보면 최소한 다음 네 가지 시나리오를 테스트할 수 있습니다.

- 승인된 계정에서 소유한 금액보다 초과하는 토큰은 전송할 수 없습니다.
- 어떤 계정에도 전송을 허용하지 않는 계정에서는 토큰을 전송할 수 없습니다.
- 허용값이 설정되어 있지 않은 계정에서 토큰을 전송할 수 없습니다.
- 승인된 계정은 설정된 허용값 안에서 전송할 수 있습니다. 승인된 계정의 잔액은 전송된 만큼 줄어듭니다. 수신한 계정의 잔액은 전송된 만큼 증가합니다.

이러한 테스트가 이미 작성해본 테스트 코드와 비슷하다는 것을 느꼈을 것입니다. 여기서 다시 반복하지 않겠습니다. 그러나 이러한 테스트를 직접 해본 다음 이 책에서 설명하는 테스트와 비교하는 것이 좋습니다. 부록 C의 예제 C-1에 나와 있습니다.

10.3.7 전체 테스트 스위트

부록 C의 예제 C-1에서 건너뛴 테스트를 포함하여 모든 테스트를 볼 수 있습니다. 제공된 코드 SimpleCoinTest.js 파일에서도 테스트를 찾을 수 있습니다. 이러한 테스트를 SimpleCoin Tests.js에 추가한 후 다음과 같이 전체 테스트를 실행할 수 있습니다.

```
C:\Ethereum\mocha\SimpleCoin>npm test SimpleCoinTests.js
```

[그림 10-6]의 결과는 섹션별로 훌륭하게 그룹화된 테스트를 보여줍니다. 이 절에서는 개발 중인 컨트랙트를 테스트하는 일반적인 아이디어를 제공합니다. [표 10-1]에서 요약된 내용을 볼 수 있습니다.

표 10-1 이번 절의 테스트 목적

함수	테스트	목적
생성자	컨트랙트 소유자는 발신자입니다.	컨트랙트 소유권 테스트
생성자	컨트랙트 소유자 잔액 = 초기 공급량	생성자 매개변수에서 올바른 상태 변수를 입력하는지 테스트
Mint	소유자 계정이 아닌 계정에서 mint를 수행할 수 없습니다.	권한이 없는 계정이 함수를 호출할 때 예외가 발생하는지 테스트
Transfer	소유한 것보다 더 많은 토큰을 전송할 수 없습니다.	유효하지 않은 값을 입력하면 함수 제어자나 require문에서 예외가 발생하는지 테스트
Transfer	전송 성공	유효한 계정에서 유효한 입력값으로 실행하여 성공적으로 전송한 뒤 컨트랙트 상태 변수를 확인하는 테스트

그림 10-6 전체 테스트 스위트 실행 결과는 테스트가 섹션별로 그룹화되어 있으며 모두 통과한 것을 보여준다.

```
C:\Ethereum\mocha\SimpleCoin>npm test SimpleCoinTests.js

> simple_coin_tests@1.0.0 test C:\Ethereum\mocha\SimpleCoin
> mocha "SimpleCoinTests.js"


  SimpleCoin
    SimpleCoin constructor
      √ Contract owner is sender (519ms)
      √ Contract owner balance is equal to initialSupply (720ms)
    transfer
      √ Cannot transfer a number of tokens higher than number of tokens owned (739ms)
      √ Succesful transfer: final sender and recipient balances are correct (1172ms)
    authorize
      √ Successful authorization: the allowance of the authorized account is set correctly (1173ms)
    transferFrom
      √ Cannot transfer number of tokens higher than that owned by authorizer (1664ms)
      √ Cannot transfer tokens from an account that has not authorized any account (1807ms)
      √ Cannot transfer tokens by an account that has not been authorized (1931ms)
      √ Succesful transfer from authorizer to authorized: final source and destination balances are correct and allowanc
e is reduced as expected (2342ms)
    mint
      √ Cannot mint from no owner account (916ms)
      √ Succesful minting: the recipient has the correct balance (1012ms)
    freezeAccount
      √ Cannot freezing from no owner account (898ms)
      √ Succesful freezing: verify the account has been frozen (945ms)


  13 passing (16s)
```

여기서 소개한 테스트 사례는 가장 확실한 사례이지만 모든 것을 포괄하고 있지는 않습니다. 프로그래밍과 마찬가지로 단위 테스트는 정밀한 기술이라기보다는 예술에 가깝습니다. 커버리지(컨트랙트 모든 함수가 테스트에 포함되는지, 모든 경우의 수가 테스트에 포함되는지)와 테스트의 정확성(각 함수의 모든 경계 조건이 테스트 되었는지)과 이에 따르는 비용(구현 및 유지보수)의 상충 관계를 항상 고려해야 합니다. 이상적으로는 최대한의 범위와 높은 정확도를 원하겠지만 필요한 모든 테스트를 구현하고 유지보수할 시간과 리소스가 충분하지 않을 수 있습니다. 이 경우 중요한 영역, 특히 이더와 관련된 기능에 중점을 두어야 합니다.

10.4 요약

- 일반적인 자바스크립트 테스트 프레임워크인 모카를 사용하여 이더리움 컨트랙트 단위 테스트를 비교적 쉽게 작성할 수 있습니다.

- Node.js 패키지 관리자인 npm을 사용하여 모카를 빠르게 설치할 수 있습니다.

- 모카 단위 테스트 패키지를 정의합니다. describe ( )로 그룹화하고 it ( )으로 개별 테스트를 정의합니다.

- 테스트는 네거티브 검사를 포함합니다. 권한이 없는 계정에서 함수가 호출되거나 유효하지 않은 값을 입력하

는 경우 예외가 발생했는지 확인합니다.

- 테스트는 포지티브 검사를 포함합니다. 권한이 있는 계정에서 함수가 호출되고 유효한 값을 입력하면 함수 로직으로 컨트랙트 상태 변수가 성공적으로 변경되는지 확인합니다.

- 컨트랙트 소유자와 컨트랙트 상태 변수가 올바르게 초기화되었는지 확인하기 위해 생성자 테스트를 작성해야 합니다.

CHAPTER 11

트러플로 개발주기 단축하기

> **이 장의 주요 내용**
>
> - 스마트 컨트랙트 프레임워크 트러플 설치
>
> - 트러플에서 이더리움 컨트랙트 설정 및 컴파일
>
> - 트러플 마이그레이션으로 컨트랙트 배포 간소화
>
> - 트러플로 컨트랙트 단위 테스트 간소화

이전 장에서는 모카를 사용하여 단위 테스트를 개발 환경에 통합했습니다. 그러나 단위 테스트 스크립트가 이상적이지 않다는 것을 느꼈을 것입니다. SimpleCoin을 컴파일하고 컨트랙트 팩 토리를 작성하는 등 직접 명령어를 활용해야 하는 설정이 복잡했습니다. 각 테스트는 컨트랙트 팩토리를 참조하는 명시적인 배포 구문을 포함했습니다. 인프라 관련 코드 때문에 단위 테스트의 주요 목적인 컨트랙트 기능 테스트에 집중할 수 없는 것이 가장 큰 단점이었습니다. 또 다른 컨트랙트를 테스트하기 위해 새로운 테스트 스위트를 작성하려면 이 모든 인프라 코드를 복제 해야 합니다.

컨트랙트를 단순하게 배포할 수 있다면 좋지 않을까요? 이더리움 컨트랙트 개발 프레임워크인 트러플은 배포 절차를 단순하게 합니다. 결과적으로 단위 테스트를 간단하게 합니다. 이 장에 서는 트러플을 설치합니다. 그리고 트러플을 사용하여 컴파일 → 배포 → 테스트 주기를 단축 할 것입니다. 트러플 사용법을 익히는 것이 주요 목적이기에 컨트랙트와 관련된 부분은 되도록 피하겠습니다. 이전에 작성한 SimpleCoin 컨트랙트를 다시 사용할 것이니 새롭게 개발하고 싶다면 조금만 기다려주세요. 다음 장에서 트러플로 새로운 디앱을 처음부터 개발하겠습니다.

11.1 트러플 설치하기

Node.js npm을 사용하여 트러플을 쉽게 설치하고 새 프로젝트를 만들 수 있습니다.

책에서 사용하는 버전 4.1.15를 다음과 같이 설치합니다.

```
C:>npm install -g truffle@4.1.15
```

WARNING_ 책의 예제를 원활하게 실행하려면 Truffle 5.0.0을 설치하면 안 됩니다. 책에서는 버전 4.1.15
로 작성되었으므로 버전 5.0.0에서 제대로 작동하지 않을 수 있습니다.

11.2 트러플 환경으로 SimpleCoin 옮기기

기초적인 것부터 시작하여 전체 개발 단계를 거치면서 트러플에 SimpleCoin을 통합하겠습니
다. 개발 단계는 다음과 같습니다.

- 트러플에서 SimpleCoin 설정
- 컨트랙트 작성
- 컨트랙트 배포
- 컨트랙트 단위 테스트

11.2.1 트러플로 SimpleCoin 가져오기

SimpleCoin을 가져올 트러플 프로젝트 작업 디렉터리를 생성합니다. 다음과 같이 만들었습
니다.

```
C:\Ethereum\Truffle\SimpleCoin
```

OS 셸을 열고 다음 디렉터리로 이동합니다.

```
C:\>cd Ethereum\Truffle\SimpleCoin
```

이제 트러플 프로젝트를 초기화할 수 있습니다.

```
C:\Ethereum\Truffle\SimpleCoin>truffle init
```

트러플은 다음과 같은 디렉터리 구조를 만들고 일부 파일을 미리 생성합니다.

```
/contracts
    Migrations.sol
/migrations
    1_initial_migration.js
/test
truffle.js
truffle-config.js
```

[표 11-1]은 각 디렉터리를 설명합니다.

표 11-1 트러플 디렉터리 구조

디렉터리/파일 이름	설명
/contracts	컴파일, 배포할 솔리디티 컨트랙트 파일 경로
/contracts/Migrations.sol	트러플에서 프로젝트 컨트랙트를 배포하는 데 사용하는 특별 컨트랙트
/migrations	마이그레이션하기 위한 자바스크립트 설정 파일(자세한 내용은 나중에 참조)
/test	트러플에서는 단위 테스트를 이 폴더에 위치시키고 솔리디티 컨트랙트 코드와 자바스크립트 애플리케이션 코드를 자동으로 테스트할 수 있습니다.
truffle.js	리눅스 또는 맥OS용 트러플 프로젝트 설정 파일
truffle-config.js	윈도우용 트러플 프로젝트 설정 파일

WARNING_ 윈도우는 truffle-config.js를 사용하고 truffle.js를 제거합니다. 리눅스 또는 맥OS는 truffle-config.js를 제거하고 truffle.js를 사용합니다. 책에서는 truffle.js를 참조합니다. 이유는 곧 설명합니다.

11.2.2 SimpleCoin 컴파일

SimpleCoin 최신 버전을 C:\Ethereum\mocha\SimpleCoin\SimpleCoin.sol에서 C:\Ethereum\Truffle\SimpleCoin\Contracts\SimpleCoin.sol로 복사합니다. 집필 시점에서 트러플 최신 버전은 solc 0.4.23을 사용합니다. 파일을 복사하고 SimpleCoin.sol에서 pragma 솔리디티를 0.4.23으로 버전을 낮춥니다.

트러플에서는 마이그레이션으로 컨트랙트를 배포합니다. 간략하게 설명하면 `truffle init` 명령어로 프로젝트를 생성하면 다음 예제처럼 컨트랙트 폴더에 마이그레이션 컨트랙트가 자동으로 생성됩니다. 이것으로 컨트랙트를 배포할 수 있습니다.

예제 11-1 contracts/Migrations.sol

```
pragma solidity ^0.4.23;

contract Migrations {
  address public owner;
  uint public last_completed_migration;

  constructor() public {
    owner = msg.sender;
  }

  modifier restricted() {
    if (msg.sender == owner) _;
  }

  function setCompleted(uint completed) public restricted {
    last_completed_migration = completed;
  }

  function upgrade(address new_address) public restricted {
    Migrations upgraded = Migrations(new_address);
    upgraded.setCompleted(last_completed_migration);
  }
}
```

이제 컴파일할 수 있습니다.

```
C:\Ethereum\Truffle\SimpleCoin>truffle compile
```

다음과 같은 출력값이 표시됩니다.

```
Compiling .\contracts\SimpleCoin.sol...
Writing artifacts to .\build\contracts
```

컴파일을 성공하면 트러플은 프로젝트 폴더에 새 디렉터리를 만듭니다(/build/contracts). 만들어진 폴더에는 배포 단계에서 사용하는 컴파일 파일이 있습니다. [표 11-2]에서 설명합니다.

표 11-2 컴파일 파일

컴파일 파일	목적
Migrations.json	Migrations.sol의 ABI 인터페이스 및 바이트코드
SimpleCoin.json	SimpleCoin.sol의 ABI 인터페이스 및 바이트코드

11.2.3 트러플 문제 해결

이 시점에서 문제가 발생했다면 윈도우에서 작업 중이거나 컴파일러 버전이 문제일 수 있습니다. 이 장을 완료하기 위해 해결 방안이 필요합니다. 다음 두 절에서 이 문제를 해결하기 위한 방안을 몇 가지 설명합니다.

윈도우에서 트러플 실행

윈도우에서 작업 중인 경우 트러플 명령어를 실행할 때 문제가 발생할 수 있습니다. 특히 윈도우 명령 셸에서 트러플 컴파일을 실행하는 경우 [그림 11-1]처럼 Microsoft JScript 런타임 오류가 발생할 수 있습니다.

그림 11-1 윈도우에서 트러플 명령어를 실행할 때 발생한 오류

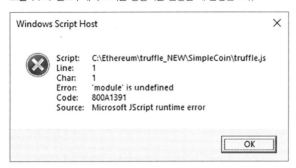

트러플을 윈도우에서 npm 폴더(일반적으로 C:\Users\YOURNAME\AppData\Roaming \npm)의 cmd 명령어 파일과 트러플 프로젝트 폴더의 truffle.js 파일을 올바르게 구분할 수 없어 오류가 발생합니다.

이 문제를 해결하기 위한 옵션은 네 가지입니다.

- 이전 절에서 말한 대로 truffle.js 대신 truffle−config.js라는 설정 파일을 사용합니다. 트러플 프로젝트 폴더에서 truffle.js를 제거합니다.

- 어떤 이유로든 truffle−config.js 대신 truffle.js 설정 파일을 사용하려면 표준 명령 셀 대신 깃 배시^{Git Bash}를 사용합니다.

- truffle.cmd를 명시적으로 호출합니다(예: `truffle.cmd compile`).

- truffle.cmd가 있는 디렉터리로 이동하여 다른 이름(truff.cmd)으로 복사합니다. 그런 다음 Truffle compile 대신 `truff compile`을 실행합니다. 이 방법을 사용한다면 나머지 장에서는 Truffle 대신 truff를 입력합니다.

트러플 컴파일 에러 해결하기

컴파일 오류가 발생한다면 이전 버전의 컴파일러를 실행 중이거나 최근에 버전을 올렸더라도 트러플이 이전 버전의 컴파일러를 참조하고 있기 때문입니다. 특히, 트러플 컴파일 명령을 실행하고도 컴파일 오류 메시지가 표시될 수 있습니다. 이는 solc 0.4.22 버전부터 도입된 새로운 생성자 문법 때문입니다. 이 문제는 두 가지 방법으로 해결할 수 있습니다. 먼저 가장 좋은 방법은 트러플을 제거한 후 다음과 같이 글로벌로 다시 설치하는 것입니다.

```
C:\Ethereum\Truffle\SimpleCoin>npm uninstall truffle -g
```

삭제가 완료되면 다음과 같이 재설치합니다.

```
C:\Ethereum\Truffle\SimpleCoin>npm install truffle@4.1.15 -g
```

이제 트러플 컴파일을 다시 실행하면 마이그레이션 컨트랙트(contracts\Migrations.sol 파일에 존재) 관련 경고가 나타납니다. 실행 중인 트러플의 버전에 따라 기존 생성자 문법으로 구현할 수 있습니다. 트러플 4.1.15 이상을 사용하는 경우 아무런 문제가 없습니다. Migrations.sol 파일은 [예제 11-1]과 같이 자동 생성되어야 합니다. 예전 버전을 사용하고 있어서 경고를 없애고 싶다면 다음과 같이 합니다.

```
constructor() public {
  owner = msg.sender;
}
```

이 구문을 다음 구문으로 바꿉니다.

```
function Migrations() public {
  owner = msg.sender;
}
```

다시 컴파일하면 더 이상 경고가 표시되지 않습니다.

```
C:\Ethereum\truffle\SimpleCoin>truffle compile
Compiling .\contracts\Migrations.sol...
Writing artifacts to .\build\contracts
```

컴파일 문제를 해결하는 두 번째 방법은 프로젝트 폴더에만 solc를 다시 설치하는 것입니다.

```
C:\Ethereum\Truffle\SimpleCoin>npm install solc@0.4.24
```

11.2.4 마이그레이션으로 SimpleCoin을 모의 네트워크 클라이언트에 배포

마이그레이션은 배포 스크립트입니다. 이전에 본 것처럼 마이그레이션 스크립트는 migrations 디렉터리에 있습니다. 2_deploy_contracts.js의 콘텐츠를 다음 예제에 있는 스크립트로 바꿉니다.

예제 11-2 2_deploy_contracts.js. SimpleCoin의 마이그레이션 스크립트

```
                    artifacts.require는 Node.js의 require와 유사하며 컨트랙트
                    이름(컨트랙트 파일 이름이 아님)으로 초기화해야 합니다.
var SimpleCoin = artifacts.require("SimpleCoin")

                                                   배포 객체를 받아들이는 함수로
module.exports = function(deployer) {             module.exports 속성을 설정합니다.
    deployer.deploy(SimpleCoin, 10000);          SimpleCoin은 최초로 발행된 토큰
};                                               10,000개와 함께 배포됩니다.
```

첫 번째 마이그레이션을 실행할 때 마이그레이션 컨트랙트도 배포해야 합니다. 이 컨트랙트는 C\Ethereum\Truffle\SimpleCoin\migrations\1_initial_migration.js 파일에 포함된 자체 마이그레이션 스크립트를 통해 배포됩니다.

예제 11-3 1_initial_migration.js. Migrations의 마이그레이션 스크립트

```
var Migrations = artifacts.require("Migrations")

module.exports = function(deployer) {
    deployer.deploy(Migrations);
};
```

마이그레이션 스크립트를 마이그레이션 디렉터리에 배치한 후 별도의 OS 셸을 열고 프로젝트 폴더로 이동합니다.

```
C:\>cd Ethereum\Truffle\SimpleCoin
```

8장과 10장에서 이미 봤던 모의 이더리움 클라이언트 가나슈에 SimpleCoin을 배포하려고 합니다. 가나슈 트러플 프레임워크의 일부입니다. 아직 설치하지 않았다면 npm으로 설치할 수 있습니다.

```
C:\Ethereum\truffle\SimpleCoin>npm install -g ganache-cli@6.1.8
```

설치가 완료된 후 가나슈를 시작합니다.

```
C:\>cd Ethereum\Truffle\SimpleCoin>ganache-cli
```

truffle.js(윈도우는 truffle-config.js)가 퍼블릭 테스트넷이 아닌 Truffle Develop과 연결되었는지 확인합니다. 다음 예제에 표시된 대로 내용을 수정합니다.

예제 11-4 truffle.js(또는 truffle-config.js). 테스트 Develop과 트러플 연결

```
module.exports = {
  networks: {
    development: {
      host: "localhost",
      port: 8545,
      network_id: "*" // Match any network id
    }
  }
};
```

특정 계정에서 배포

트러플에서 컨트랙트는 트랜잭션을 보내는 계정인 account[0]에서 배포됩니다. 다른 계정에서 배포 트랜잭션을 보내려면 다음과 같이 truffle.js 파일에서 from 속성에 계정 주소를 지정합니다.

```
module.exports = {
  networks: {
    development: {
      host: "localhost",
      port: 8545,                                    가나슈 시작 화면에 표시된
      from: "0xf17f52151ebef6c7334fad080c5704d77216b732",    가나슈 account[1]
      network_id: "*" // Match any network id
    }
  }
};
```

이전 콘솔로 돌아가서 다음 명령어를 실행합니다.

```
C\Ethereum\Truffle\SimpleCoin>truffle migrate
```

그러면 다음과 같이 출력됩니다.

```
Using network 'development'.

Running migration: 1_initial_migration.js
  Deploying Migrations...
  ... 0x5823254426b34ec4220be899669e562d4691a72fa68fa1956a8eb87f9f431982
  Migrations: 0x8cdaf0cd259887258bc13a92c0a6da92698644c0
Saving successful migration to network...
  ... 0xd7bc86d31bee32fa3988f1c1eabce403a1b5d570340a3a9cdba53a472ee8c956
Saving artifacts...
Running migration: 2_deploy_contracts.js
  Deploying SimpleCoin...
  ... 0x21c4120f9f231ea5563c2a988de55440139ba087651d3d292f06ae65434580f7
  SimpleCoin: 0x345ca3e014aaf5dca488057592ee47305d9b3e10
Saving successful migration to network...
  ... 0xf36163615f41ef7ed8f4a8f192149a0bf633fe1a2398ce001bf44c43dc7bdda0
Saving artifacts...
```

가나슈 모의 네트워크에 SimpleCoin이 성공적으로 배포됐습니다. 동일한 OS 셸에서 모의 네트워크 클라이언트와 트러플 명령을 실행하려면 Truffle Develop이라는 별도의 콘솔을 사용할 수 있습니다. 자세한 내용을 보려면 Truffle Develop을 소개하는 상자글을 참고하세요. 이 책의 나머지 부분에서는 가나슈를 실행하는 콘솔과 트러플 명령을 실행하는 콘솔 두 개를 계속 사용합니다.

Truffle Develop의 콘솔에서 트러플 명령 실행

다음과 같이 트러플 프로젝트 폴더에서 Truffle Develop을 시작할 수 있습니다.

```
C\Ethereum\Truffle\SimpleCoin>truffle develop
```

그러면 가나슈(또는 TestRPC)와 유사한 모의 네트워크 클라이언트가 시작됩니다. 그러나 포트 9545에서 실행되기 때문에 가나슈를 실행 중이더라도 종료할 필요가 없습니다.

Truffle Develop 시작 화면

```
Command Prompt - truffle.cmd  develop                                    —    □    ×

C:\Ethereum\truffle_NEW\SimpleCoin>truffle.cmd develop
Truffle Develop started at http://127.0.0.1:9545/

Accounts:
(0) 0x627306090abab3a6e1400e9345bc60c78a8bef57
(1) 0xf17f52151ebef6c7334fad080c5704d77216b732
(2) 0xc5fdf4076b8f3a5357c5e395ab970b5b54098fef
(3) 0x821aea9a577a9b44299b9c15c88cf3087f3b5544
(4) 0x0d1d4e623d10f9fba5db95830f7d3839406c6af2
(5) 0x2932b7a2355d6fecc4b5c0b6bd44cc31df247a2e
(6) 0x2191ef87e392377ec08e7c08eb105ef5448eced5
(7) 0x0f4f2ac550a1b4e2280d04c21cea7ebd822934b5
(8) 0x6330a553fc93768f612722bb8c2ec78ac90b3bbc
(9) 0x5aeda56215b167893e80b4fe645ba6d5bab767de

Private Keys:
(0) c87509a1c067bbde78beb793e6fa76530b6382a4c0241e5e4a9ec0a0f44dc0d3
(1) ae6ae8e5ccbfb04590405997ee2d52d2b330726137b875053c36d94e974d162f
(2) 0dbbe8e4ae425a6d2687f1a7e3ba17bc98c673636790f1b8ad91193c05875ef1
(3) c88b703fb08cbea894b6aeff5a544fb92e78a18e19814cd85da83b71f772aa6c
(4) 388c684f0ba1ef5017716adb5d21a053ea8e90277d0868337519f97bede61418
(5) 659cbb0e2411a44db63778987b1e22153c086a95eb6b18bdf89de078917abc63
(6) 82d052c865f5763aad42add438569276c00d3d88a2d062d36b2bae914d58b8c8
(7) aa3680d5d448a8283413f7a108367c7299ca73f553735860a87b08f39395618b7
(8) 0f62d96d6675f32685bbdb8ac13cda7c23436f63efbb9d0770d8669ff12b7c4
(9) 8d5366123cb560bb606379f90a0bfd4769eecc0557f1b362dcae9012b548b1e5

Mnemonic: candy maple cake sugar pudding cream honey rich smooth crumble sweet treat

truffle(develop)>
```

그러나 Truffle Develop을 사용하려면 포트 9545를 사용하도록 truffle.js 구성을 변경해야 합니다.

```
module.exports = {
  networks: {
    development: {
      host: "localhost",
      port: 9545,
      network_id: "*" // Match any network id
    }
  }
};
```

이제 Truffle Develop 콘솔에서 마이그레이션과 같은 트러플 명령을 실행할 수 있습니다.

```
Truffle(develop)>migrate
```

이전과 같은 결과가 나타납니다.

11.2.5 퍼블릭 테스트 또는 운영 네트워크에 SimpleCoin 배포

이 장에서는 가나슈(또는 TestRPC)에 컨트랙트를 배포하지만 언젠가는 공개 테스트 또는 프로덕션 네트워크에 배포해야 합니다. truffle.js(또는 trufflc config.js) 파일을 수정하고 다음과 같이 테스트 또는 운영 네트워크와 연결하기 위한 설정을 해야 합니다.

```
module.exports = {
    networks: {
        development: {
        host: "localhost",
        port: 8545,
        network_id: "*"
    },
        live: {
        host: "localhost",
        port: 80,
        network_id: 1,
    },
        ropsten: {
        host: "localhost",
        port: 80,
        network_id: 3,
    }
}};
```

이 설정은 로컬 geth 노드(호스트가 로컬 호스트를 가리키고 있음)를 실행하고 기본 Web3 공급자는 다음과 같이 트러플로 인스턴스화되었다고 가정합니다.

```
new Web3.providers.HttpProvider("http://<host>:<port>")
```

그러나 Ropsten 인퓨라 네트워크와 연결된 HDWalletProvider 같은 다른 공급자를 사용한다면 provider 속성을 사용하여 명시적으로 설정해야 합니다.

```
networks: {
  ...
  ropsten: {
    provider: new HDWalletProvider(mnemonic, "https://ropsten.infura.io/"),
    network_id: '3',
```

```
        },
        ...
```

또한 퍼블릭 네트워크에 배포할 때 가스 한도, 가스 가격, 컨트랙트를 배포하는 계정 등을 설정할 수 있습니다. [표 11-3]처럼 관련 설정을 추가할 수 있습니다. 하지만 계속 진행하기 전에 공식 설명서(http://mng.bz/mmgy)를 먼저 살펴보길 권합니다.

표 11-3 truffle.js 구성 특성

속성	목적
gas:	가스 한도(초깃값=4712388)
gasPrice:	가스 가격(초깃값=100,000,000,000 wei)
from:	배포 트랜잭션의 보낸 사람 주소(및 컨트랙트 소유자)
provider:	앞에서 설명한 대로 기본값은 web3입니다.

truffle.js(또는 truffle-config.js)를 적절하게 설정하면 다음과 같이 Ropsten 네트워크에 배포할 수 있습니다.

```
C:\Ethereum\Truffle\SimpleCoin>truffle migrate --network ropsten
```

메인넷에는 다음과 같이 배포합니다.

```
C:\Ethereum\Truffle\SimpleCoin>truffle migrate --network live
```

11.2.6 SimpleCoin 테스트

트러플은 클린룸 테스트를 지원합니다. 컨트랙트가 가나슈에 배포된 경우 각 테스트 파일을 시작할 때 상태를 다시 초기화합니다. 컨트랙트가 퍼블릭 네트워크에 배포됐다면 각 테스트 파일을 시작할 때, 테스트 실행 전에 마이그레이션을 다시 실행하여 컨트랙트를 처음부터 다시 배포합니다. 일반적으로 개발 중에는 Test Develop으로 단위 테스트를 실행하는 것이 좋습니다(최대 90퍼센트 더 빠름).

디앱에서 실제 네트워크와 통신하는 부분을 확인하기 위해 개발주기 막바지에는 프라이빗 네트워크에서, 최종으로는 퍼블릭 네트워크에서 테스트를 실행하는 것이 좋습니다. 트러플을 사용하여 두 가지의 클래스 테스트를 작성할 수 있습니다.

- **솔리디티 테스트**

  테스트 컨트랙트에서 컨트랙트 로직 테스트

- **자바스크립트 테스트**

  실제 호출한 것처럼 동일한 인프라를 사용하는 외부 Web3.js 호출로 컨트랙트를 테스트

트러플 프로젝트의 테스트 디렉터리에 솔리디티나 자바스크립트로 작성된 모든 테스트 스크립트를 배치해야 합니다. 우리는 자바스크립트 테스트에 중점을 둡니다. 솔리디티 테스트는 컨트랙트와 컨트랙트의 상호작용을 테스트하는 것을 의미합니다. 솔리디티 테스트는 고급 주제여서 이 책의 범위를 벗어나지만 기본 사항을 몇 가지 소개합니다.

11.2.7 솔리디티 테스트

프로젝트 테스트 디렉터리에 .sol 파일을 옮기고 커스텀 테스트 컨트랙트로 솔리디티 테스트를 구현합니다. 솔리디티 테스트는 다음과 같은 환경에서 사용 가능합니다.

- 트러플이 제공하는 assert 라이브러리
- 다른 assert 라이브러리
- 가나슈(또는 TestRPC)
- geth뿐만 아니라 모든 이더리움 클라이언트 및 네트워크 유형(프라이빗, 퍼블릭)

[예제 11-5]처럼 TestSimpleCoin.sol과 같은 구조로 솔리디티 테스트 컨트랙트를 구성합니다. 그리고 다음 지침과 규칙을 따라야 합니다.

- 일치, 불일치, 공백값을 확인하려면 assert 라이브러리를 가져와야 합니다. 트러플이 제공하는 기본 assert 라이브러리는 Truffle/Assert.sol입니다.
- 테스터가 마이그레이션으로 배포된 컨트랙트 주소에 접근할 수 있도록 Truffle/DeployedAddresses.sol 라이브러리를 가져와야 합니다. 클린룸 테스트를 위해 배포된 주소 라이브러리는 테스트 컨트랙트가 실행될 때마다 다시 컴파일됩니다.
- 테스트 중인 컨트랙트를 가져와야 합니다.

- 테스트 컨트랙트 이름은 Test(대문자 T)로 시작해야 테스터가 쉽게 알 수 있습니다.

- 테스트 함수 이름은 test(소문자 t)로 시작해야 합니다.

- 테스트 함수는 불값을 반환해야 합니다. 일반적으로 `Assert.equal( )`과 같은 assert 함수로 반환됩니다.

예제 11-5 TestSimpleCoin.sol 테스트 컨트랙트

```solidity
pragma solidity ^0.4.2;

import "Truffle/Assert.sol";          ← assert 라이브러리 가져오기
import "Truffle/DeployedAddresses.sol";    ← DeployedAddresses 컨트랙트 가져오기
import "../contracts/SimpleCoin.sol";      ← 테스트할 컨트랙트 가져오기 (SimpleCoin)

contract TestSimpleCoin {          ← 테스트 컨트랙트

  function testInitialBalanceUsingDeployedContract() public {
    SimpleCoin simpleCoin = SimpleCoin(
      DeployedAddresses.SimpleCoin());   ← 배포된 주소의 SimpleCoin 인스턴스

    uint expected = 10000;

    Assert.equal(simpleCoin.coinBalance(tx.origin), expected,
      "Owner should have 10000 SimpleCoin initially");   ← 테스트 항목 검증
  }
}
```

먼저 TestSimpleCoin.sol을 테스트 폴더에 위치하고 Test Develop(또는 TestRPC)이 아직 실행 중인지 확인합니다. 실행 중이 아닌라면 별도의 콘솔에서 다시 시작합니다. 그리고 다음 명령어로 솔리디티 테스트를 수행할 수 있습니다.

```
C:\Ethereum\Truffle\SimpleCoin>truffle test
```

다음과 같은 결과를 확인할 수 있습니다.

```
Using network 'development'.

Compiling .\contracts\SimpleCoin.sol...
Compiling .\test\TestSimpleCoin.sol...
Compiling Truffle/Assert.sol...
```

```
Compiling Truffle/DeployedAddresses.sol...

  TestSimpleCoin
  √ testInitialBalanceUsingDeployedContract （48ms）

1 passing （530ms）
```

> **WARNING_** solc 컴파일러 버전에 따라 경고 메시지가 나타날 수 있습니다. 특히 이벤트를 발생할 때 나타
> 날 수 있습니다.

앞서 언급했듯이 컨트랙트와 컨트랙트 연계 테스트는 이 책의 범위를 벗어나는 고급 주제이므
로 솔리디티 테스트는 더 이상 다루지 않습니다. 다음 절부터는 트러플 자바스크립트 테스트만
설명하겠습니다.

11.2.8 자바스크립트 테스트 작성

모카로 테스트했던 것을 기억하시나요? 노력이 헛되지 않았습니다. 트러플은 모카 자바스크립
트 테스트를 지원하고 이더리움과 긴밀하게 연계됩니다.

- web3.js와 같은 이더리움 라이브러리의 테스트 파일을 require문으로 작성할 필요가 없습니다.
- 컨트랙트를 컴파일하고 수동으로 배포할 필요 없이 마이그레이션으로 배포된 컨트랙트를 참조할 수 있습
  니다.
- 이더리움 주소를 하드코딩하지 않고도 암시적으로 계정을 참조할 수 있습니다.
- 트러플 내에서 테스트를 실행하고 트러플로 통합 작업을 지속할 수 있습니다.

이전에 모카에서 작성한 자바스크립트 테스트를 트러플로 실행하려면 클린룸 모드로 실행하기
위해 수정이 약간 필요합니다.

- describe（）를 contract（） 호출로 바꾸면 모든 컨트랙트가 이더리움 클라이언트에 다시 배포되어 깨끗
  한 컨트랙트 상태로 테스트를 진행할 수 있습니다.
- 앞서 마이그레이션 스크립트를 작성할 때처럼 artifacts.require（）로 솔리디티 컨트랙트를 참조합니다.
- 모카 테스트에서 수행한 비동기 배포 호출 내의 콜백을 프로미스 문법으로 바꾸세요. 여기서 첫 번째 프로미
  스는 배포된 컨트랙트 프로미스이며 프로미스는 then（）문으로 결과를 받습니다.

몇 가지 테스트 코드를 다시 작성하는 방법을 설명하겠습니다. 첫 번째로 SimpleCoin의 생성자 테스트부터 시작합니다. 다음 예제에서는 편의상 모카에서 작성한 원래 테스트 코드를 다시 사용했습니다. 페이지를 앞뒤로 넘기며 찾을 필요가 없습니다.

예제 11-6 컨트랙트 소유권을 검증하는 생성자 모카 테스트

```
var assert = require('assert');

const source = fs.readFileSync('c:/Ethereum/mocha/SimpleCoin/SimpleCoin.sol',
    'utf8');
const compiledContract = solc.compile(source, 1);
const abi = compiledContract.contracts[':SimpleCoin'].interface;
const bytecode = '0x' + compiledContract.contracts[':SimpleCoin'].bytecode;
const gasEstimate = web3.eth.estimateGas({ data: bytecode }) + 100000;

const SimpleCoinContractFactory = web3.eth.contract(JSON.parse(abi));

describe('SimpleCoin', function() {
  this.timeout(5000);
  describe('SimpleCoin constructor', function() {
    it('Contract owner is sender', function(done) {
        //arrange
        let sender = web3.eth.accounts[1];
        let initialSupply = 10000;

        //act
        let simpleCoinInstance = SimpleCoinContractFactory.new(initialSupply,
    {
            from: sender, data: bytecode, gas: gasEstimate},
            function (e, contract){
            if (typeof contract.address !== 'undefined') {
                //assert
                assert.equal(contract.owner(), sender);
                done();
            }
            });
    });
  });
});
```

이제 testSimpleCoin.js라는 파일을 생성하고 테스트 디렉터리에 위치합니다. 다음 예제에 표시된 코드를 추가합니다.

예제 11-7 컨트랙트 소유권을 검증하는 트러플 생성자 테스트

```
const SimpleCoin = artifacts.require(          ←── SimpleCoin 참조
    "./SimpleCoin.sol");

contract('SimpleCoin', function(accounts) {    ←── 테스트 스위트 이름
    contract('SimpleCoin.Constructor',
        function(accounts) {                    ←── 테스트 섹션 이름
        it("Contract owner is sender",
            function() {
            return SimpleCoin.deployed()         ←── 이전에 설정한 마이그레이션으로 배포된 SimpleCoin
            .then(function(instance) {              컨트랙트 인스턴스를 프로미스 문법으로 호출
                return instance.owner();         ←── SimpleCoin 인스턴스 프로미스가
            })                                      완료되면 새로운 함수로 연결
            .then(function(contractOwner) {      ←── SimpleCoin 인스턴스 소유자
                assert.equal(contractOwner.valueOf(),   프로미스가 완료되면 새로운
                accounts[0],                            함수에 연결
                "accounts[0] wasn't the contract owner");  ←── 마지막 프로미스로 실행된
            });                                              함수는 테스트 assertion을 수행
        });                             ↑ 테스트 실패 시
    });                                   표시되는 오류 메시지
});
```

단일 테스트 설명 → `function() {`

SimpleCoin 인스턴스 소유자를 프로미스 문법으로 호출 → `return instance.owner();`

> **NOTE_** 배포 관련 절에서 언급했듯이 트러플로 컨트랙트를 배포하는 경우 기본적으로 account[0]에서 배포됩니다. 테스트에서 컨트랙트 소유자인 contractOwner.valueOf()의 주소를 account[0]과 비교하는 이유입니다.

[표 11-4]와 같이 모카 테스트와 트러플 테스트는 차이점이 몇 가지 있습니다.

표 11-4 모카 테스트와 트러플 테스트 차이

모카 테스트	트러플 테스트
모카 테스트 스크립트는 비교적 긴 설정이 필요합니다. SimpleCoin을 배포하기 위해 필요한 모든 저수준 절차를 수행합니다.	트러플 테스트는 설정이 거의 없으며 배포 프레임워크를 통해 배포된 SimpleCoin 인스턴스를 즉시 참조합니다.

모카 테스트 실행은 SimpleCoin 인스턴스 배포로 발생하는 콜백을 기반으로 합니다. SimpleCoin 인스턴스를 생성하고 응답(또는 프로미스 응답)을 받으면 모카의 테스트 코드가 짧고 명료해집니다.

트러플 테스트 실행은 배포된 SimpleCoin 인스턴스의 프로미스로 시작하는 프로미스 체인을 기반으로 합니다. SimpleCoin 인스턴스를 얻은 후 트러플 코드는 다양한 단계를 거쳐 컨트랙트 소유자를 파악한 뒤 컨트랙트와 예상 컨트랙트를 비교합니다.

요약하면 트러플은 마이그레이션 프레임워크 덕분에 SimpleCoin 인스턴스에 접근하기 위한 설정을 많이 할 필요가 없습니다. 반면에 SimpleCoin 인스턴스가 생성된 이후에는 모카 테스트가 트러플 테스트보다 명료해보입니다. 테스트를 실행해봅시다. 트러플 테스트 명령어로 다시 실행하면 솔리디티 및 자바스크립트 테스트가 모두 실행되고 다음과 같은 결과가 나타납니다.

```
C:\Ethereum\Truffle\SimpleCoin>Truffle test
Using network 'development'.

Compiling .\contracts\SimpleCoin.sol...
Compiling .\test\TestSimpleCoin.sol...
Compiling Truffle/Assert.sol...
Compiling Truffle/DeployedAddresses.sol...

  TestSimpleCoin
    √ testInitialBalanceUsingDeployedContract (49ms)

  Contract: SimpleCoin
    Contract: SimpleCoin.Constructor
      √ Contract owner is sender

  2 passing (1s)
```

소유자 잔액이 초기 공급량과 같은지 확인하는 생성자 테스트를 다시 작성할 수 있습니다. testSimpleCoin.js에 다음 it() 블록을 추가합니다.

```
it("Contract owner balance is equal to initialSupply", function() {
    return SimpleCoin.deployed()
    .then(function(instance) {
        return instance.coinBalance(accounts[0]);
    }).then(function(contractOwnerBalance) {
```

```
        assert.equal(contractOwnerBalance.valueOf(),
          10000,
          "the contract owner balance is not equal to the full supply of
⇨ 10000");
    });
});
```

> **NOTE_** 기억하겠지만 SimpleCoin의 마이그레이션 스크립트(2_deploy_contracts.js 및 예제 11-2)에 표시된 대로 초기 공급량을 10,000으로 설정했습니다. 따라서 컨트랙트 소유자 잔액을 10,000개 비교합니다.

다시 테스트합니다.

```
C:\Ethereum\Truffle\SimpleCoin>Truffle test

  TestSimpleCoin
    √ testInitialBalanceUsingDeployedContract (49ms)

  Contract: SimpleCoin
    Contract: SimpleCoin.Constructor
      √ Contract owner is sender
      √ Contract owner balance is equal to initialSupply

  3 passing (1s)
```

async/await로 자바스크립트 테스트 개선

이 책 원서 웹사이트에서 제공하는 testSimpleCoin_ALL_sync.js 파일은 이전에 모카로 작성한 테스트 스위트와 같은 기능을 하는 전체 트러플 테스트 스위트입니다. 테스트를 자세히 살펴보고 관련 테스트 코드를 서로 비교해보면 좋습니다. 두 프레임워크의 장점을 가져오면 테스트를 위한 가장 이상적인 구조가 될 것입니다. 트러플에서 제공하는 간단한 테스트 설정과 모카에서 콜백을 사용하는 명료한 코드를 결합합니다. 자바스크립트의 async/await 구문을 사용하여 결합하는 방법이 있습니다.

다음은 컨트랙트 소유권을 확인하는 첫 번째 생성자 테스트를 async/await로 구현한 모습입니다.

```javascript
const SimpleCoin = artifacts.require("./SimpleCoin.sol");

contract('SimpleCoin', function(accounts) {
  contract('SimpleCoin.Constructor', function(accounts) {
    it("Contract owner is sender", async function() {

      let simpleCoinInstance =          배포된 SimpleCoin 인스턴스를
        await SimpleCoin.deployed();     가져옵니다.
      let contractOwner =
        await simpleCoinInstance.owner();     컨트랙트 소유자를 가져옵니다.

      assert.equal(contractOwner.valueOf(),
        accounts[0],                          컨트랙트 소유자가 예측값과
        "accounts[0] wasn't the contract owner");   같은지 확인합니다.
    });
  });
});
```

예제와 같이 초기 테스트 버전의 프로미스 문법을 async/await 명령으로 바꾸면 코드가 일반 동기식 프로그래밍처럼 명료해집니다. 그러면 다음과 같이 원하는 바를 정확하게 얻을 수 있습니다.

- 최소한의 SimpleCoin 컨트랙트 환경 설정
- 간단한 테스트 코드

이 테스트 코드를 새 파일(예를 들면 testSimpleCoin_asyncawait.js)에 붙여 넣습니다. 그리고 테스트 폴더에 넣고 실행합니다(테스트 폴더에서 testSimpleCoin.js와 TestSimpleCoin.sol을 삭제하여 실행되지 않도록 합니다).

```
C:\Ethereum\Truffle\SimpleCoin>truffle test
```

다음 결과가 출력됩니다.

```
Using network 'development'.

  Contract: SimpleCoin
    Contract: SimpleCoin.Constructor
    √ Contract owner is sender

1 passing (53ms)
```

프로미스 문법을 async/await로 소유자 잔액이 초기 공급량과 같은지 확인하는 두 번째 생성자 테스트 코드를 구현해봅시다. 먼저 스스로 구현해보고 책과 비교해보세요. 구현한 테스트가 다음과 비슷합니까?

```
it("Contract owner balance is equal to initialSupply", async function() {
    let simpleCoinInstance = await SimpleCoin.deployed();
    let contractOwnerBalance =
        await simpleCoinInstance.coinBalance(accounts[0]);

    assert.equal(contractOwnerBalance.valueOf(),
        10000,
        "the contract owner balance is not equal to the full supply of
➡ 10000");
});
```

async/await 문법으로 변환하면 좋은 점을 아직 느끼지 못하겠다면 더 극적인 비교를 보여주 겠습니다. transfer() 함수를 테스트하는 프로미스 문법으로 작성된 테스트 코드는 다음과 같습니다.

```
contract('SimpleCoin.transfer', function(accounts) {
  it("Succesful transfer: final sender and recipient balances are correct",
    function() {
    //arrange
    let sender = web3.eth.accounts[0];
    let recipient = web3.eth.accounts[1];
    let tokensToTransfer = 200;

    const expectedSenderBalance = 9800;
    const expectedRecipientBalance = 200;

    //act
    return SimpleCoin.deployed()           ◁── 배포된 SimpleCoin 인스턴스를
    then(function(instance) {                   프로미스로 호출합니다.
      simpleCoin = instance;
        return simpleCoin.transfer(recipient,    ◁── 테스트 중인 전송 작업을 수행한
                tokensToTransfer, {from: sender});    후 SimpleCoin 인스턴스를
    }).then(function() {                              프로미스로 호출합니다.
        return simpleCoin.coinBalance(sender);
    }).then(function(balance) {
      sender_ending_balance = balance.toNumber();   ◁── 호출자 변수에
      return simpleCoin.coinBalance(recipient);          잔액을 할당합니다.
    }).then(function(balance) {
      recipient_ending_balance = balance.toNumber();   ◁── 받는 주소 잔액을
                                                            변수에 할당합니다.
    //assert
    assert.equal(sender_ending_balance,
        expectedSenderBalance,
          "Amount wasn't correctly taken from the sender");
    assert.equal(recipient_ending_balance,
        expectedRecipientBalance,
          "Amount wasn't correctly sent to the receiver");
    });
  });
});
```

호출자 잔액을 프로미스로 호출합니다.

받는 주소 잔액에 대한 프로미스 결과를 얻습니다.

예제와 같이 잔액이 변수에 할당하기 전에 프로미스로 잔액을 참조하면 테스트 코드가 다소 복잡해집니다. 같은 테스트 코드를 async/await로 구현하면 다음과 같습니다.

```
contract('SimpleCoin.transfer', function(accounts) {
  it("Succesful transfer: final sender and recipient balances are correct",
```

```
async function() {
    //arrange
    let sender = web3.eth.accounts[0];
    let recipient = web3.eth.accounts[1];
    let tokensToTransfer = 200;

    const expectedSenderBalance = 9800;
    const expectedRecipientBalance = 200;

    let simpleCoinInstance = await SimpleCoin.deployed();

    //act
    await simpleCoinInstance.transfer(recipient,
        tokensToTransfer, {from: sender});
    let sender_ending_balance =
        await simpleCoinInstance.coinBalance(sender);
    let recipient_ending_balance =
        await simpleCoinInstance.coinBalance(recipient);

    //assert
    assert.equal(sender_ending_balance.valueOf(),
        expectedSenderBalance,
        "Amount wasn't correctly taken from the sender");
    assert.equal(recipient_ending_balance.valueOf(),
        expectedRecipientBalance,
        "Amount wasn't correctly sent to the receiver");

    });
});
```

더 명료하지 않습니까? 코드에 주석을 달아 설명하지 않아도 테스트 코드를 이해할 수 있다
고 확신합니다. Node.js 8(또는 그 이상)이 설치되어 있다면 테스트를 프로미스 문법이 아닌
async/await로 작성하는 것을 고려해야 합니다. testSimpleCoin_ALL_sync.js 파일에 있는
프로미스 문법으로 작성된 트러플 테스트를 async/await 문법을 사용하여 변환해보세요.

11.3 요약

- 모카 테스트를 작성할 때는 일반적으로 스크립트 맨 위에 상당히 복잡한 초기화 코드를 작성해야 합니다. 컨트랙트를 배포하는 데 solc 컴파일을 포함한 여러 단계가 필요합니다. 테스트 코드는 컨트랙트를 배포하면 호출되는 콜백 함수에 위치하게 됩니다.

- 트러플은 컨트랙트 컴파일, 배포, 테스트를 단순화하는 컨트랙트 개발 환경입니다.

- 트러플은 간단히 설정하고 마이그레이션으로 컨트랙트를 배포합니다.

- 트러플 테스트를 작성할 때는 컨트랙트를 컴파일하고 배포하기 위한 초기화 코드를 작성할 필요가 없습니다. 프로미스 문법을 활용하여 비동기 프로그래밍 방식으로 테스트를 작성해야 합니다.

- 트러플 테스트 코드를 async/await를 사용하여 작성하면 가독성이 높아집니다. 그렇게 하려면 Node.js 8 이상으로 업그레이드해야 합니다.

CHAPTER 12

투표 디앱 개발하기: 총정리

이 장의 주요 내용

- 함수 제어자, 이벤트 등 대부분의 솔리디티 기능을 활용하여 투표 컨트랙트 설계 및 구현

- 투표 컨트랙트를 트러플로 구현하여 컴파일, 테스트, 배포 과정 통합

- 트러플 컨트랙트 자바스크립트 라이브러리로 컨트랙트와 완벽하게 연결된 비동기 웹 UI 구현

- 트러플로 퍼블릭 테스트넷에 배포

이전 장에서는 개발 수명주기를 개선하기 위해 트러플을 사용하고 다음과 같은 트러플의 장점을 알아봤습니다.

- 트러플 컴파일 명령어로 간단히 실행할 수 있어 컨트랙트 컴파일이 쉬워졌습니다. 나중에 배포할 때 재사용하기 위해서 출력값을 특정 파일로 푸시하도록 solc 컴파일러에 명시적으로 설정하지 않아도 됩니다.

- 최소한의 설정으로 트러플 마이그레이션 기능을 사용하여 컨트랙트 배포가 예전보다 훨씬 쉬워졌습니다. 트러플은 보이지 않는 곳에서 컴파일 출력값을 패키징하고 컨트랙트 ABI 및 바이트코드를 배포 트랜잭션에 할당해주는 모든 어려운 일을 해줍니다. 더 이상 긴 텍스트를 손수 복사하고 붙여 넣지 않아도 됩니다!

- 또한 모카로 테스트할 때보다 훨씬 테스트가 간단해졌습니다. 테스트마다 컨트랙트를 배포하기 위해서 복잡하게 초기화하지 않아도 됩니다. async/await 문법을 활용하여 비동기식 자바스크립트 프로그래밍으로 테스트 로직을 구현할 수 있었습니다.

SimpleCoin으로 트러플을 소개했습니다. 컨트랙트에 새로운 개념을 소개하기보다는 트러플의 기능 면에 집중했습니다. 또한 트러플에서 모카로 작성한 SimpleCoin 단위 테스트를 다시 작성해봄으로써 다른 프레임워크와 비교하여 장단점을 더 명확하게 비교할 수 있었습니다.

이 장에서는 한 걸음 더 나아갑니다. 트러플에 대해 잘 알고 있으므로 이제 이 프레임워크를 활

용하여 스마트 컨트랙트, 단위 테스트, 웹 UI를 포함한 완전히 새로운 디앱을 처음부터 구축할 준비가 됐습니다. 천천히 시작하겠습니다. 투표 컨트랙트가 제공해야 하는 기능에 관한 배경 지식을 제공하고 이를 설계하고 구현하는 데 도움을 주겠습니다. 컨트랙트를 구현한 후에는 개발 환경에서 컨트랙트를 배포하고 단위 테스트를 하는 일반적인 단계를 설명합니다. 그런 다음 트러플로 컴파일하면 생성되는 파일에서 ABI를 가져와 이더리움 디앱 웹 UI를 단순화하는 방법을 보여 설명하겠습니다. 더 이상 ABI와 주소를 복사하여 붙여 넣지 않아도됩니다.

이 장의 내용이 많지만 특히 더 배우고 싶다면 끝까지 완주하기를 바랍니다. 이 장을 마치면 처음부터 끝까지 디앱를 개발하는 데 필요한 대부분의 도구를 배우게 됩니다. 이제 시작하겠습니다.

12.1 투표 디앱 요구 사항 정의

투표 디앱은 제공하려는 선거의 요구 사항에 따라 간단하거나 복잡해집니다. 사전에 선별된 소수의 제안(또는 후보자)에 투표하거나 또는 유권자가 자유롭게 제안하여 다수의 제안에 투표할 수 있습니다.

유권자는 선거를 운영하는 조직에서 소수의 개인으로 구성되거나 특정 행정 구역 또는 전체 국가의 모든 주민을 포함할 수 있습니다. 후자의 경우 선거 절차를 효율적이고 투명하게 운영하기 위해서는 등록 절차가 필요할 수 있습니다. 결과는 단순하게 다수결로 결정할 수 있습니다. 더 많은 표를 얻는 제안이 승리합니다. 또는 자격을 갖춘 과반수(또는 정족수)가 필요할 수 있습니다. 제안은 사전에 정의한 최소 투표율을 얻은 경우에만 통과됩니다. 투표 용지는 비공개되거나 공개됩니다. 투표는 다른 개인에게 위임되는 간접 투표 또는 직접 투표가 있습니다. 이들은 다양한 투표 유형의 일부일 뿐입니다. 기술을 통해 투표 프로세스가 더욱 정교해질 수 있습니다. 예를 들어 투표를 조각으로 나누고 유권자는 각기 다른 제안에 투표합니다. 또는 비슷하게 나누지만 각 조각을 다른 투표자에게 위임할 수도 있습니다.

야심차게 모든 가능성을 만족시킬 수 있는 범용 애플리케이션을 설계하려고 할 수 있습니다. 하지만 학습 목적에 맞고 이 장의 분량을 적절하게 유지하기 위해 다음과 같이 요구 사항을 제한하여 디앱을 설계합니다.

- 작은 조직 내에서 사용하는 투표 디앱을 구현합니다. 조직은 유권자 정보를 가지고 이더리움 주소를 화이트 리스트에 등록합니다. 제안 기간에는 새로운 제안을 제출할 수 있고 투표 기간에는 제출된 제안에 투표할 수 있습니다.

- 투표는 비밀 투표가 아닙니다. 모든 유권자는 다른 사람의 투표를 볼 수 있습니다.

- 단순하게 다수결로 결정됩니다. 더 많은 표를 얻는 제안을 선택합니다.

1장에서 설명했듯이 간단한 투표 디앱도 중앙화된 투표 방식보다 나은 점이 있습니다. 디앱은 탈중앙화된 투표 처리와 저장으로 중앙화된 투표 애플리케이션보다 조작 가능성이 훨씬 낮습니다. [그림 12-1]은 전체 투표 절차의 워크플로를 보여줍니다. 빠르게 살펴보겠습니다.

1 투표 관리자는 유권자의 이더리움 주소를 화이트 리스트에 등록합니다.

2 투표 관리자가 제안서 등록 세션을 시작합니다.

3 등록된 유권자는 등록 세션이 진행되는 동안 제안서를 등록할 수 있습니다.

4 투표 관리자가 제안 등록 세션을 종료합니다.

5 투표 관리자가 투표 세션을 시작합니다.

6 등록된 유권자는 자신이 좋아하는 제안에 투표합니다.

7 투표 관리자가 투표 세션을 종료합니다.

8 투표 관리자가 투표를 집계합니다.

9 누구나 선출된 제안의 세부 사항을 확인할 수 있습니다.

더욱 범용적인 투표 디앱 개발을 위해 마지막 부분에서 최신 전자 투표를 개발하는 데 도움이 되는 몇 가지 포인트를 소개합니다. 하지만 지금은 설정한 제약 조건을 유지하겠습니다.

그림 12-1 투표 프로세스 워크플로. 일부 단계는 관리자가 수행하고 다른 단계는 유권자가 수행한다.

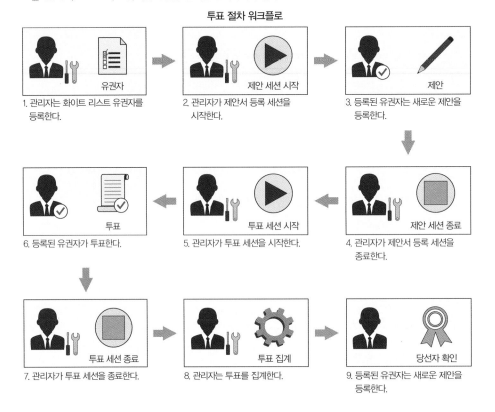

12.2 개발 계획

개발을 시작하기 전에 투표 디앱을 만드는 데 필요한 모든 단계를 설명합니다. [그림 12-2]에서 개발 단계를 시각적으로 표현하고 있지만 개발 절차를 목록으로 보면 다음과 같습니다.

1 새로운 트러플 프로젝트를 생성합니다.

2 초기 요구 사항에 따라 투표 컨트랙트 SimpleVoting을 설계하고 구현합니다.

3 가나슈로 SimpleVoting을 컴파일하고 배포합니다.

4 SimpleVoting 단위 테스트를 작성하고 실행합니다.

5 트러플 출력값에서 ABI와 컨트랙트 주소를 읽어 투표 컨트랙트와 연결하는 웹 UI를 만듭니다.

6 웹 UI로 투표 워크플로를 실행합니다.

7 디앱을 퍼블릭 테스트 네트워크에 배포합니다.

그림 12-2 트러플 프로젝트 생성부터 퍼블릭 테스트 네트워크에 최종 배포하기까지 모든 단계를 포함한 디앱 개발 계획

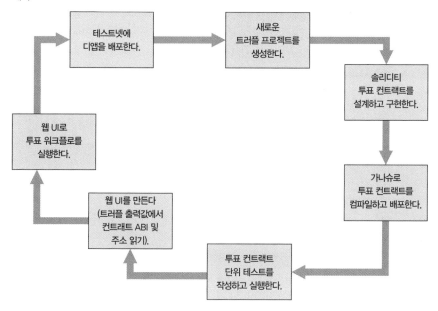

12.3 트러플 프로젝트 시작하기

설명은 충분하니 이제 시작하겠습니다. 이더리움 프로젝트 폴더에 새 디렉터리(C:\
Ethereum\truffle\SimpleVoting)를 만든 다음 OS 셸을 열고 트러플 프로젝트를 초기화합
니다.

```
C:\Ethereum\truffle\SimpleVoting>truffle init
```

[그림 12-3]처럼 출력값이 표시됩니다.

```
C:\Ethereum\truffle\SimpleVoting>truffle init
Downloading...
Unpacking...
Setting up...
Unbox successful. Sweet!

Commands:

  Compile:        truffle compile
  Migrate:        truffle migrate
  Test contracts: truffle test

C:\Ethereum\truffle\SimpleVoting>_
```

윈도우에서 작업 중이면 truffle.js를 삭제해야 합니다. 또는 truffleconfig.js를 삭제합니다. 처음에는 이전 장에서와 같이 가나슈에 배포하기 때문에 truffle.js(또는 truffle-config.js)가 다음과 같이 구성되어 있는지 확인합니다.

```
module.exports = {
  networks: {
    development: {
      host: "localhost",
      port: 8545,
      network_id: "*" // Match any network id
    }
  }
};
```

이제 투표 컨트랙트를 작성할 준비가 되었습니다.

12.4 투표 컨트랙트 구현

앞서 설명한 요구 사항에 따라 여러분 스스로 컨트랙트를 구현할 수 있다고 믿습니다. 한번 시도해본 뒤에 다시 책으로 돌아오는 것은 어떨까요? 벌써 돌아 왔나요? 그럼 계속하겠습니다. 선거에서 가장 중요한 것은 투표 대상(제안), 투표자, 투표 절차일 것입니다. 이를 모델링하는 방법을 살펴보겠습니다.

12.4.1 제안, 투표자, 투표 절차 모델링

등록된 투표자는 제안서를 작성하여 제안서 등록 기간 동안 기존 제안서 목록에 추가합니다. 제안 유형은 작성자가 작성한 설명(string)과 투표 수(uint)를 표시해야 합니다. 익명을 유지하고 싶을 수 있으므로 작성자는 저장하지 않아도 됩니다.

```
struct Proposal {
    string description;
    uint voteCount;
}
```

투표자의 어떤 데이터를 저장하고 싶습니까? 투표자가 등록된 유권자인지(화이트 리스트 계정만 투표 가능), 투표를 했는지 안 했는지(이중 투표 방지), 투표를 했다면 어떤 제안에 투표했는지 저장하고 싶은가요?

```
struct Voter {
    bool isRegistered;
    bool hasVoted;
    uint votedProposalId;
}
```

이 절의 앞부분에서 설명한 투표 절차를 다음 열거형으로 쉽게 나타낼 수 있습니다.

```
enum WorkflowStatus {
    RegisteringVoters,
    ProposalsRegistrationStarted,
    ProposalsRegistrationEnded,
    VotingSessionStarted,
    VotingSessionEnded,
    VotesTallied
}
```

12.4.2 컨트랙트 상태

많은 컨트랙트 중에서 컨트랙트 배포 트랜잭션을 보낼 관리자 이더리움 주소를 어떻게 정할지 궁금할 것입니다. 이 주소는 생성자에서 투표 관리자로 지정됩니다.

```
address public administrator;
```

선거를 시작하면 두 가지 주요 절차가 있습니다. 먼저 제안 등록 세션입니다. 이 기간 동안에
등록된 투표자들은 제안서를 제출할 수 있습니다. 그리고 투표 세션입니다. 투표 세션은 제안
등록이 끝나면 곧바로 시작합니다. 투표 관리자는 사전에 합의된 시각에 각 세션을 시작하고
종료합니다. 다음 상태 변수에 투표 절차 상태를 저장합니다.

```
WorkflowStatus public workflowStatus;
```

투표자와 제안과 관련된 컨트랙트 상태 변수가 가장 중요합니다.

  1 투표자 매핑은 투표자 주소(식별자)를 투표자 객체와 연결합니다.

```
mapping(address => Voter) public voters;
```

  2 제안 배열은 등록된 제안을 저장합니다.

```
Proposal[] public proposals;
```

제안서 ID 배열에서 암시적으로 인덱스를 나타냅니다. 투표가 집계되면 선출된 제안 ID를 저
장합니다.

```
uint private winningProposalId;
```

이 상태 변수는 디앱 사용자에게 직접 노출되어서는 안 됩니다. 투표가 완료된 후에만 getter
함수로 값을 가져올 수 있도록 합니다.

12.4.3 함수 제어자

어떤 계정이 함수를 호출했는지, 투표 워크플로는 어떤 상태인지 확인할 수 있는 상태 변수가

필요합니다. 알다시피 함수 제어자로 함수를 호출하는 조건을 확인할 수 있습니다. 호출자가 투표 관리자인지 확인하는 함수 제어자는 다음과 같습니다.

```
modifier onlyAdministrator() {
    require(msg.sender == administrator,
      "the caller of this function must be the administrator");
    _;
}
```

또는 등록된 투표자인 경우의 함수 제어자는 다음과 같습니다.

```
modifier onlyRegisteredVoter() {
    require(voters[msg.sender].isRegistered,
      "the caller of this function must be a registered voter");
    _;
}
```

등록된 투표자인지 확인하기 위한 함수 제어자는 다음과 같습니다.

```
modifier onlyDuringVotersRegistration() {
    require(workflowStatus == WorkflowStatus.RegisteringVoters,
      "this function can be called only before proposals registration has
⇒ started");
    _;
}
```

제안서 등록 세션인지 확인하는 함수 제어자는 다음과 같습니다.

```
modifier onlyDuringProposalsRegistration() {
    require(workflowStatus == WorkflowStatus.ProposalsRegistrationStarted,
      "this function can be called only during proposals registration");
    _;
}
```

마찬가지로 제안 등록 세션이 종료되었는지(AfterAfterProposalsRegistration), 투표 세션이 시작되었는지(VoringVotingSession), 종료되었는지(AfterAfterVotingSession) 또

는 이미 투표를 집계했는지(AfterAfterVotesTallied) 확인하기 위한 함수 제어자를 구현할 수 있습니다. 이 모든 제어자는 다음에 구현할 함수를 단순하게 구현할 수 있도록 합니다.

12.4.4 이벤트

블록체인에서 작업이 시작되고 완료되는 데 시간이 걸립니다. 사용자 관점에서 사용자가 실행할 수 있는 시점이 되면 알림을 주는 것이 좋습니다. 따라서 모든 단계를 마치면 투표 컨트랙트가 컨트랙트 상태 변수를 변경하는 이벤트를 일으킵니다. 워크플로 상태가 바뀔 때마다 이벤트를 발생시켜 UI와 같은 클라이언트가 상태에 맞게 화면을 업데이트할 수 있도록 합니다. 컨트랙트는 다음과 같은 이벤트를 발생시킵니다.

```
event VoterRegisteredEvent (address voterAddress);
event ProposalsRegistrationStartedEvent ();
event ProposalsRegistrationEndedEvent ();
event ProposalRegisteredEvent(uint proposalId);
event VotingSessionStartedEvent ();
event VotingSessionEndedEvent ();
event VotedEvent (address voter, uint proposalId);
event VotesTalliedEvent ();

event WorkflowStatusChangeEvent (
    WorkflowStatus previousStatus,
    WorkflowStatus newStatus
);
```

12.4.5 생성자

컨트랙트 생성자에서는 컨트랙트 트랜잭션을 보낸 계정을 투표 관리자로 지정해야 합니다. 또 초기 워크플로 상태도 설정해야 합니다.

```
constructor() public {
    administrator = msg.sender;
    workflowStatus = WorkflowStatus.RegisteringVoters;
}
```

12.4.6 함수

[그림 12-1]의 투표 프로세스 워크플로를 다시 살펴보면 투표 관리자가 투표자 등록을 담당한다는 것을 알 수 있습니다.

```
function registerVoter(address _voterAddress)
    public onlyAdministrator onlyDuringVotersRegistration {

    require(!voters[_voterAddress].isRegistered,
      "the voter is already registered");

    voters[_voterAddress].isRegistered = true;
    voters[_voterAddress].hasVoted = false;
    voters[_voterAddress].votedProposalId = 0;

    emit VoterRegisteredEvent(_voterAddress);
}
```

또한 투표 관리자는 제안서 등록 세션의 시작과 종료, 투표 세션의 시작과 종료에 책임이 있습니다.

```
function startProposalsRegistration()
    public onlyAdministrator onlyDuringVotersRegistration {
    workflowStatus = WorkflowStatus.ProposalsRegistrationStarted;

    emit ProposalsRegistrationStartedEvent();
    emit WorkflowStatusChangeEvent(
        WorkflowStatus.RegisteringVoters, workflowStatus);
}

function endProposalsRegistration()
    public onlyAdministrator onlyDuringProposalsRegistration {
    workflowStatus = WorkflowStatus.ProposalsRegistrationEnded;

    emit ProposalsRegistrationEndedEvent();
    emit WorkflowStatusChangeEvent(
        WorkflowStatus.ProposalsRegistrationStarted, workflowStatus);
}
```

예제와 같이 앞에서 정의한 함수 제어자로 코드를 간단하게 줄일 수 있습니다. 로직 한 줄과 이벤트 정의가 전부입니다. 제안서 등록 세션 동안 등록된 투표자는 이 함수로 제안서를 제출합니다.

```
function registerProposal(string proposalDescription)
    public onlyRegisteredVoter
        onlyDuringProposalsRegistration {          호출자가 등록된 사용자인지 확인하고
    proposals.push(Proposal({                      제안 등록 세션인지 확인
        description: proposalDescription,
        voteCount: 0                               제안을 작성하여 제안 배열에 추가
    }));

    emit ProposalRegisteredEvent(proposals.length - 1);
}
```

이 경우에도 함수 제어자는 함수 호출자가 등록된 투표자인지, 제안 등록 세션이 활성화되어 있는지 확인하는 어려운 작업을 수행합니다. 함수 자체의 로직은 최소화할 수 있습니다. 제안서 설명을 포함하여 새 제안서를 작성하고 제안서 배열에 추가합니다. 투표 세션이 시작되면 등록된 투표자는 이 함수로 투표할 수 있습니다.

```
function vote(uint proposalId)
    onlyRegisteredVoter                            호출자가 등록된 유권자이고
    onlyDuringVotingSession public {               투표 세션이 진행 중인지 확인
    require(!voters[msg.sender].hasVoted,
        "the caller has already voted");
                                                   호출자 투표 여부를 플래그에
    voters[msg.sender].hasVoted = true;            저장하고 투표내역을 기록
    voters[msg.sender].votedProposalId = proposalId;

    proposals[proposalId].voteCount += 1;          선택한 제안에 투표 할당(이더리움에는 새 블록이
                                                   생성될 때 채굴자의 EVM에서 트랜잭션이
    emit VotedEvent(msg.sender, proposalId);       순차적으로 처리되므로 동시성 문제가 없습니다.)
}
```

호출자가 아직 투표하지 않았는지 확인

관리자가 투표 세션을 종료한 후 다음 함수로 투표를 집계할 수 있습니다. 이 함수는 선출된 제안의 ID를 찾아서 앞에서 정의한 상태 변수에 할당합니다.

```
function tallyVotes()
    onlyAdministrator
    onlyAfterVotingSession
    onlyBeforeVotesTallied public {          투표 세션이 종료된 후에만 관리자가 함수를 호출하고
    uint winningVoteCount = 0;               이전에는 호출된 적이 없다는 것을 증명합니다.
    uint winningProposalIndex = 0;

                                             투표 수가 높은 제안을 찾기 위한
    for (uint i = 0; i < proposals.length; i++) {   반복문입니다.
        if (proposals[i].voteCount > winningVoteCount) {
            winningVoteCount = proposals[i].voteCount;
            winningProposalIndex = i;
        }
    }
                                             선정된 제안 인덱스를
                                             상태 변수에 지정합니다.
    winningProposalId = winningProposalIndex;
    workflowStatus = WorkflowStatus.VotesTallied;     투표 집계 완료 플래그
    emit VotesTalliedEvent();
    emit WorkflowStatusChangeEvent(                   워크플로 상태 변경
        WorkflowStatus.VotingSessionEnded, workflowStatus);   이벤트를 호출합니다.
}
```

지금까지 가장 투표수가 높았던 제안 인덱스를 저장합니다.

UI 또는 기타 클라이언트가 사용할 수 있도록 일련의 뷰(현재 컨트랙트 상태 일부를 반환하는 읽기 전용 함수)를 생성하면 편리합니다. 예를 들어 제안서 등록 세션 중이거나 이후에 다음과 같은 읽기 전용 함수로 제출된 제안의 개수와 각 제안의 설명을 확인할 수 있습니다.

```
function getProposalsNumber() public view
    returns (uint) {
        return proposals.length;
}

function getProposalDescription(uint index) public view
    returns (string) {
        return proposals[index].description;
}
```

투표가 집계된 후 다음 함수로 최종 결과(선출된 제안서 ID, 설명, 득표 수)를 검색할 수 있습니다.

```
function getWinningProposalId() onlyAfterVotesTallied
    public view
```

```
        returns (uint) {
        return winningProposalId;
}

function getWinningProposalDescription() onlyAfterVotesTallied
    public view
        returns (string) {
        return proposals[winningProposalId].description;
}

function getWinningProposalVoteCounts() onlyAfterVotesTallied
    public view
        returns (uint) {
        return proposals[winningProposalId].voteCount;
}
```

관리자나 유권자뿐만 아니라 누구나 선출된 제안을 확인할 수 있도록 함수 제어자는 필요하지 않습니다. 호출자를 확인하기 위한 별도 함수를 생성하는 것이 편리합니다. 예를 들어 주소가 등록된 투표자인지 관리자인지 확인하는 함수를 작성할 수 있습니다. 먼저 등록된 투표자인지 확인하는 함수입니다.

```
function isRegisteredVoter(address _voterAddress) public view
    returns (bool) {
    return voters[_voterAddress].isRegistered;
}
```

관리자인지 확인하는 함수입니다.

```
function isAdministrator(address _address) public view
    returns (bool){
    return _address == administrator;
}
```

또한 현재 투표 워크플로 상태를 조회하는 함수도 유용할 수 있습니다.

```
function getWorkflowStatus() public view
    returns (WorkflowStatus) {
    return workflowStatus;
}
```

12.4.7 전체 투표 컨트랙트

부록 D의 D.1에서 전체 컨트랙트를 확인할 수 있습니다. 트러플로 진행하기 전에 리믹스에 입력한 후 실행해보는 것이 좋습니다.

12.5 SimpleVoting 컴파일 및 배포

C:\Ethereum\truffle\SimpleVoting\contracts 폴더에 있는 SimpleVoting.sol이라는 파일에 D.1(웹사이트에서 다운) 코드를 복사합니다. 이제 마이그레이션 폴더 C:\Ethereum\truffle\SimpleVoting\migrations로 이동합니다. 2_deploy_contracts.js라는 새 파일을 생성하고 여기에 SimpleCoin을 배포하기 위해 작성한 마이그레이션 설정을 조금 변경한 다음 코드를 복사하여 넣습니다.

예제 12-1 2_deploy_contracts.js. SimpleVoting 마이그레이션 설정

```
var SimpleVoting = artifacts.require("SimpleVoting");

module.exports = function(deployer) {
  deployer.deploy(SimpleVoting);
};
```

이제 컴파일을 시작할 수 있습니다.

```
C:\Ethereum\Truffle\SimpleVoting>truffle compile
```

다음과 비슷한 결과가 나타납니다.

```
Compiling .\contracts\SimpleVoting.sol...
Writing artifacts to .\build\contracts
```

> **NOTE_** 컴파일하는 동안 문제가 생기면 11.2.3절 "트러플 컴파일 에러 해결하기"를 참조하십시오

컴파일이 성공하면 새 OS 콘솔에서 가나슈를 시작합니다.

```
C:\Ethereum\truffle\SimpleVoting>ganache-cli
```

그런 다음 트러플 명령어를 실행했던 OS 콘솔로 돌아서 마이그레이션을 수행합니다.

```
C:\Ethereum\truffle\SimpleVoting>truffle migrate
```

다음과 같은 결과가 나타납니다.

```
Using network 'development'.

Running migration: 1_initial_migration.js
  Deploying Migrations...
  ... 0xf3ab00eef045a34e2208f6f4dfa218950f7d1a0d30f3f32982febdff55db6a92
  Migrations: 0x2f90a477697c9a0144acf862ab7dd98372dd7b33
Saving successful migration to network...
  ... 0x7af1903172cab2baac3c05f7ff721c8c54aa0f9f34ad64c3a26495bb591c36c9
Saving artifacts...
Running migration: 2_deploy_contracts.js
  Deploying SimpleVoting...
  ... 0x37ecb76d6cd6051c5d122df53db0063d1336e5b3298150b50d62e8ae845e9bbb
  SimpleVoting: 0xaf18e4e373b90709cc08a231ce24015a0da4f8cc
Saving successful migration to network...
  ... 0x19ac99d629c4053bf699c34c83c47288666afe6fa8994b90438d0e78ec204c96
Saving artifacts...
```

12.6 단위 테스트 작성하기

이제는 트러플에서 단위 테스트를 작성하는 방법을 알아야 합니다. 그러나 12.1절에서 설명한 대로 SimpleVoting의 워크플로는 SimpleCoin보다 복잡합니다. 예를 들어 제안서를 등록하거나 투표하는 것은 관리자가 관련 세션을 시작해야 가능합니다. 일부 테스트는 이러한 제약 조건을 검증하게 해야 합니다. [표 12-1]은 테스트에서 다루어야 할 예시를 보여줍니다.

표 12-1 SimpleVoting을 단위 테스트할 때 확인할 테스트 항목 예시

테스트 예시
관리자만 투표자를 등록할 수 있습니다.
같은 투표자를 두 번 등록할 수 없습니다.
관리자만 제안 등록 세션을 시작할 수 있습니다.
제안 등록 세션을 시작한 후에는 관리자만 종료할 수 있습니다.
등록된 투표자만 제안서를 제출할 수 있습니다.
등록된 투표자는 관리자가 제안서 등록 세션을 시작한 후에 제안서를 제출할 수 있습니다.
투표 세션이 시작되기 전에 등록된 투표자가 투표할 수 없습니다.

테스트 예시는 일반적으로 적어도 하나의 네거티브와 포지티브 테스트가 필요합니다. 네거티브 테스트는 기본 조건이 충족되지 않으면 예외가 발생하는 것을 확인합니다. 포지티브 테스트는 모든 제약 조건을 만족할 때 기능이 예상대로 작동하는지 확인합니다. 예를 들어 '관리자만 제안 등록 세션을 시작한 후 종료 할 수 있습니다'라는 테스트를 하려면 다음 테스트를 작성해야 합니다(예제 12-2 코드 사용).

- 관리자가 아닌 투표자가 제안 등록 세션을 종료하려고 하면 예외가 발생하는 네거티브 테스트

- 관리자가 제안서 등록 세션이 시작되지 않은 경우 제안 등록 세션을 종료할 수 없는지 확인하는 네거티브 테스트

- 제안서 등록 세션을 시작한 후 관리자가 성공적으로 종료할 수 있는지 확인하는 포지티브 테스트

예제 12-2 testSimpleVoting.js. 제안서 등록 세션 종료 기능 단위 테스트

```
const SimpleVoting = artifacts.require("./SimpleVoting.sol");

contract('SimpleVoting', function(accounts) {
  contract('SimpleVoting.endProposalRegistration -
    onlyAdministrator modifier ',
    function(accounts) {
      it("The voting administrator should be able to end the proposal
  registration session only after it has started",
        async function() {              ◁──── 첫 번째 네거티브 테스트
        //arrange
        let simpleVotingInstance = await SimpleVoting.deployed();
        let votingAdministrator = await simpleVotingInstance.administrator();
```

```javascript
        let nonVotingAdministrator = web3.eth.accounts[1];

        try {
            //act
            await simpleVotingInstance.endProposalsRegistration(
              {from: nonVotingAdministrator});
            assert.isTrue(false);
        }
        catch(e) {
            //assert
            assert.isTrue(votingAdministrator != nonVotingAdministrator);
            assert.equal(e, "Error: VM Exception while processing
```
→ transaction: revert - the caller of this function
→ must be the administrator");

⟵┐ 이 행에 도달하면 예외가 발생하지
  │ 않았으므로 테스트가 실패했음을
  │ 의미합니다.

⟵┐ 예상된 예외가 처리되면
  │ 테스트를 통과합니다.

```javascript
      }
    });
  });

  contract('SimpleVoting.endProposalRegistration -
    onlyDuringProposalsRegistration modifier',
    function(accounts) {
      it("An account that is not the voting administrator must not be able
```
→ to end the proposal registration session",
```javascript
        async function() {
```
⟵┐ 두 번째 네거티브 테스트
```javascript
        //arrange
        let simpleVotingInstance = await SimpleVoting.deployed();
        let votingAdministrator = await simpleVotingInstance.administrator();

        try {
          //act
            await simpleVotingInstance.endProposalsRegistration(
              {from: votingAdministrator});
            assert.isTrue(false);
        }
        catch(e) {
            //assert
            assert.equal(e, "Error: VM Exception while processing
```
→ transaction: revert - this function can be called only
→ during proposals registration");

⟵┐ 이 행에 도달하면 예외가 발생하지
  │ 않았으므로 테스트가 실패했음을
  │ 의미합니다.

⟵┐ 예상된 예외가 처리되면
  │ 테스트를 통과합니다.

```javascript
      }
    });
  });

  contract('SimpleVoting.endProposalRegistration - successful',
```

```
          function(accounts) {
          it("An account that is not the voting administrator must
➡ not be able to end the proposal registration session",
              async function() {
              //arrange
              let simpleVotingInstance = await SimpleVoting.deployed();
              let votingAdministrator = await simpleVotingInstance.administrator();

              await simpleVotingInstance.startProposalsRegistration(
                  {from: votingAdministrator});
              let workflowStatus = await simpleVotingInstance.getWorkflowStatus();
              let expectedWorkflowStatus = 1;

              assert.equal(workflowStatus.valueOf(), expectedWorkflowStatus,
                  "The current workflow status does not correspond
➡ to proposal registration session started");

              //act
              await simpleVotingInstance.endProposalsRegistration(
                  {from: votingAdministrator});
              let newWorkflowStatus = await simpleVotingInstance
                  .getWorkflowStatus();
              let newExpectedWorkflowStatus = 2;

              //assert
              assert.equal(newWorkflowStatus.valueOf(), newExpectedWorkflowStatus,
                  "The current workflow status does not correspond
                      to proposal registration session ended");
          });
      });
  });
```

성공 결과를 확인하는 포지티브 테스트

워크플로 상태가 예상했던 값으로 변경되면 테스트를 통과합니다.

이러한 단위 테스트를 실행하려면 [예제 12-2] 코드를 테스트 폴더 testSimpleVoting.js 파일(C:\Ethereum\truffle\SimpleVoting\test)에 복사합니다(웹사이트에서 파일을 다운 받아 사용하는 것이 좋습니다). 그리고 다음과 같은 테스트를 실행합니다.

```
C:\Ethereum\truffle\SimpleVoting>truffle
```

[그림 12-4]와 같이 익숙한 출력을 볼 수 있을 것입니다.

그림 12-4 제안서 등록 세션 종료 시 SimpleVoting 단위 테스트를 한 결과

```
C:\Ethereum\truffle\SimpleVoting>truffle test
Using network 'development'.


  Contract: SimpleVoting
    Contract: SimpleVoting.endProposalRegistration - onlyAdministrator modifier
      √ The voting administrator should be able to end the proposal registration session only after it has started (208m
s)
    Contract: SimpleVoting.endProposalRegistration - onlyDuringProposalsRegistration modifier
      √ An account that is not the voting administrator must not be able to end the proposal registration session (47ms)
    Contract: SimpleVoting.endProposalRegistration - successful
      √ An account that is not the voting administrator must not be able to end the proposal registration session (170m
)


  3 passing (660ms)
```

12.7 웹 UI 생성하기

투표 웹사이트에는 웹 페이지 두 개가 필요합니다. 하나는 투표 관리자용이고 다른 하나는 투표자용입니다. 다음 단계로 웹사이트를 만듭니다.

1 자바스크립트 라이브러리 및 smartcontract ABI json 파일과 같이 종속성을 준비합니다.

2 웹 서버를 설정하면 웹 페이지에서 로컬 JSON 파일을 읽을 수 있습니다.

3 관리자 페이지 HTML을 작성합니다.

4 관리자 페이지 자바스크립트를 작성합니다.

5 투표 페이지 HTML을 작성합니다.

6 투표 페이지 자바스크립트를 작성합니다.

7 관리자 및 투표 웹 페이지를 실행합니다.

12.7.1 UI 종속성 준비

우선 새 OS 명령 셸을 열고 투표 웹 UI를 위한 새 디렉터리(예: C:\Ethereum\Simple VotingWebUI)를 만듭니다. 8장에서 Bower를 글로벌로 설치하지 않았다면 다음 디렉터리에 로컬로 설치합니다.

```
C:\Ethereum\SimpleVotingWebUI>npm install bower
```

이제 8장과 같이 Web3.js 및 제이쿼리 라이브러리를 현재 디렉터리로 가져옵니다. 이번에는 truffle compile 출력값에서 ABI와 컨트랙트 주소를 완벽하게 가져올 수 있는 라이브러리인 truffle-contract도 설치합니다.

```
C:\Ethereum\SimpleVotingWebUI>bower install web3#0.20.6

C:\Ethereum\SimpleVotingWebUI>bower install jquery

C:\Ethereum\SimpleVotingWebUI>bower install truffle-contract
```

알다시피 Bower는 이러한 라이브러리를 bower_components 폴더 내의 각 디렉터리에 다운로드합니다.

```
bower_components
    |-- web3
    |-- jquery
    |-- truffle-contract
```

이제 자바스크립트 코드에서 Web3.js, 제이쿼리, truffle-contract의 로컬 사본을 참조할 수 있습니다.

웹 UI에서 SimpleVoting 컨트랙트를 호출하려면 ABI를 참조해야 합니다. 트러플에서는 컨트랙트를 컴파일하면 C:\Ethereum\truffle\SimpleVoting\build\contracts 폴더에 SimpleVoting.json이라는 파일로 ABI를 생성합니다. 웹 UI 디렉터리 내에 컨트랙트 폴더 (C:\Ethereum\SimpleVotingWebUI\contract)를 생성하고 SimpleVoting.json을 이곳에 복사합니다.

SimpleCoin 웹 UI를 만들 때 ABI를 자바스크립트 페이지에 손수 복사한 것을 기억할 것입니다.

```
var abi = "[{\"constant\":false,\"inputs\":[{\"name\":\"_to…
var SimpleCoinFactory = web3.eth.contract(JSON.parse(abi));
var simpleCoinInstance = SimpleCoinFactory.at('0x773dc5fc8fc3e...');
```

웹 UI 구축 프로세스를 개선하기 위해 노력하고 있습니다. 이제는 SimpleVoting.json에서 직접 컨트랙트 ABI를 가져오려 합니다. 그러나 웹 브라우저에서 하드 드라이브에 있는 JSON 파일을 읽을 수 없습니다. 따라서 하드 드라이브에서 직접 로드하려고 하면 다음 자바스크립트는 실행되지 않습니다.

```
window.onload = function() {
    $.getJSON("./contracts/SimpleVoting.json", function(json) {
        SimpleVoting = TruffleContract( json );
        ...
```

웹 서버를 통해 브라우저에서 파일을 가져오면 자바스크립트가 잘 작동합니다. 디앱 웹 UI는 기존 웹 서버를 통해 제공되므로 실제 배포를 준비하려면 이를 설정해야 합니다.

> **WARNING_** 컨트랙트를 수정하는 경우(예: 새로운 함수를 추가)에는 다시 컴파일(**truffle compile**)과 마이그레이션(**truffle migrate**)을 한 후 트러플의 build\contracts 폴더에서 SimpleVoting.json을 웹 프로젝트 contracts 폴더로 다시 복사해야 합니다. 가나슈를 종료하고 다시 시작할 때 배포된 SimpleVoting 인스턴스가 존재하지 않습니다. **truffle migrate--reset**을 사용하여 새로운 마이그레이션을 강제로 실행하는 것이 가장 좋습니다. 그런 다음 SimpleVoting.json 파일을 웹 프로젝트에 복사합니다.

12.7.2 Node.js로 최소한의 웹 서버 설정

스택 오버플로에 게시된 「Using node.js as a simple web server」(http://mng.bz/oNR2)에서 설명하듯, Connect와 ServerStatic 두 개의 Node.js 패키지만 사용하여 일반 HTML 및 자바스크립트를 포함하는 정적 페이지만을 처리하는 간단한 웹 서버를 쉽게 설정할 수 있습니다.

우선 웹 UI 디렉터리에 패키지를 설치합니다.

```
C:\Ethereum\SimpleVotingWebUI>npm install connect serve-static
```

그런 뒤 다음 코드를 사용하여 webserver.js라는 파일을 작성합니다.

```
var connect = require('connect');
var serveStatic = require('serve-static');
connect().use(serveStatic(__dirname)).listen(8080, function(){
    console.log('Web server running on 8080...');
});
```

마지막으로 웹사이트를 시작하십시오.

```
C:\Ethereum\SimpleVotingWebUI>node webserver.js
```

초기화 메시지가 나타납니다.

```
Server running on 8080...
```

이제 포트 8080으로 로컬 호스트를 통해 HTTP 연결로 SimpleVotingWebUI 폴더에 있는 HTML 페이지를 찾아볼 수 있습니다. 예를 들어 다음 마크업으로 test.html이라는 더미 페이지를 작성합니다.

```
<html>
<table><tr><td><b>test</b></td></tr></table>
</html>
```

그런 다음 브라우저로 접속합니다(http://localhost:8080/test.html).

웹 서버를 설정했으므로 SimpleVoting 웹사이트를 만들 준비가 됐습니다. 관리자 페이지에서 시작합니다.

12.7.3 관리자 페이지 HTML 작성

관리자 웹 페이지는 이더리움 주소로 사용자를 인증해야 합니다. 투표 관리자 주소로만 페이지를 사용할 수 있습니다.

투표 관리자는 관리자 페이지로 다음을 실행할 수 있습니다.

- 투표자 등록

- 제안서 등록 세션 시작 및 종료

- 투표 세션 시작 및 종료

- 투표 집계

이 페이지의 레이아웃은 [그림 12-5]를 참고 바랍니다.

그림 12-5 관리자 페이지. 투표 관리자는 관리자 페이지를 사용하여 투표자를 등록하고 제안 등록 세션을 시작, 종료한다. 또 투표 세션을 시작, 종료하고 투표를 집계한다.

원서 사이트에서 웹 페이지 전체 HTML을 볼 수 있습니다. SimpleVotingWebUI 폴더에서 코드를 다운로드하여 실행해보기를 권장합니다. 관리자 페이지와 투표 페이지에서 자주 반복되는 요소를 정리했습니다.

- 자바스크립트 파일

- 현재 투표 워크플로 상태를 보여주는 표

- 관리자 주소 및 비밀번호 필드

- 투표 등록을 위한 주소 필드와 같은 입력 필드

- 스마트 컨트랙트 함수를 호출하는 버튼

- 입력값을 검증하는 자바스크립트 로직 또는 컨트랙트가 리턴하는 오류 메시지를 표시하는 피드백 메시지 칸

자바스크립트 파일

다음은 admin.html 페이지에서 사용하는 자바스크립트 파일입니다.

```html
<head>
    <script src="bower_components/web3/dist/web3.min.js"></script>
    <script src="bower_components/jquery/dist/jquery.min.js"></script>
    <script src="bower_components/truffle-contract/dist/trufflecontract.js">
    </script>
    <script src="./simplevoting.js"></script>
</head>
```

관리자 페이지는 각각의 Bower 다운로드 폴더로 Web3.js, 제이쿼리, truffle-contract를 참 조합니다. 중복을 피하고 간단하게 코드를 유지하기 위해 관리자 페이지와 투표 페이지에 필요한 모든 자바스크립트를 simplevoting.js라는 파일에서 관리합니다. 다음 절에서 소개하겠습니다.

현재 워크플로 상태를 표시하는 텍스트

웹 페이지 맨 위에는 현재 투표 절차를 표시합니다. 예를 들어 '투표자 등록' 또는 '제안 등록 세션 시작'과 같이 표시합니다.

```html
<table border="0" cellpadding="0" id='currentStatus'>
    <tr>
        <td><b>Current status:</b></td>
                <td id='currentWorkflowStatusMessage'></td>
        <td></td>
```

```
        <td></td>
    </tr>
</table>
```

이 상태 표시는 두 가지 관점에서 유용합니다.

- 사용자가 볼 때 현재 어떤 투표 단계인지 알 수 있어 올바르지 않은 작업을 하지 못하게 합니다.

- 기술 면에서는 페이지가 로드될 때 투표 컨트랙트가 투표 단계를 반환하기 때문에 렌더링되는 값으로 컨트랙트가 예상대로 잘 실행되고 있음을 확인할 수 있습니다.

관리자 주소와 비밀번호 입력 필드

이 페이지는 입력 필드로 관리자 주소와 비밀번호를 받아옵니다.

```
<table border="0" cellpadding="0" id='user'>
    <tr>
        <td><b>Admin address:</b></td>
        <td><input type="text" id="adminAddress" width="400" /></td>
        <td><b>password:</b></td>
        <td><input type="text" id="adminPassword" width="400" /></td>
        <td><button onclick="unlockAdmin()">Unlock account</button></td>
        <td id='adminMessage'></td>
    </tr>
</table>
```

이 입력 필드는 다음 목적으로 사용됩니다.

- [Unlock Account] 버튼을 클릭하여 관리자 계정을 잠금 해제합니다(암호가 올바른 경우 지정된 계정은 잠금이 해제됩니다. 관리자는 3분 동안 작업할 수 있습니다. 시간이 지나면 다시 계정이 잠깁니다).

- 관리자가 계정을 인증하고 인증된 사용자는 웹 페이지 기능을 사용할 수 있습니다.

- 웹 페이지와 관련된 컨트랙트 함수를 호출한 주소를 가져옵니다. 웹 페이지는 모두 관리자 계정으로 제한되므로 권한을 부여받을 수 있습니다.

> **NOTE_** 가나슈와 연결하는 경우 웹 페이지에서 작업하기 위해 관리자 계정을 잠금 해제할 필요가 없습니다. 하지만 테스트 네트워크와 연결된 경우는 필요합니다.

다른 입력 필드

입력 필드는 투표자 등록과 같이 페이지에서 제공하는 기능을 위해 특정 입력값을 받습니다. 예를 들어 투표자 주소 필드는 다음과 같습니다.

```
<td>Voter address:</td>
<td><input type="text" id="voterAddress" width="400" /></td>
```

스마트 컨트랙트 함수를 호출하는 버튼

투표자 등록 버튼처럼 일부 버튼은 자바스크립트 함수(여기서는 registerVoter())를 호출합니다. 관련된 입력값(여기서는 투표자 주소)을 포함하여 관리자 주소와 함께 컨트랙트를 호출합니다.

```
<td><button onclick="registerVoter()">Register</button></td>
```

투표 세션 시작 버튼은 자바스크립트 함수(startVotingSession())를 바로 호출합니다. 이와 비슷한 기능을 하는 버튼들은 함수를 호출할 때 어떤 입력값도 받지 않습니다. 다만 관련된 컨트랙트를 호출하기 위해 관리자 주소는 필요합니다.

```
<table border="0" cellpadding="0" id='proposalsRegistration'>
    <tr>
        <td><button
    onclick="startProposalsRegistration()">Start</button></td>
        <td><button onclick="endProposalsRegistration()">End</button></td>
        <td id='proposalsRegistrationMessage'></td>
    </tr>
</table>
```

처리 결과 메시지 칸

대부분 버튼 옆에는 성공, 실패 메시지를 보여주는 칸이 있습니다. 입력값을 검증하기 위한 자바스크립트 로직 또는 컨트랙트에서 보낸 메시지를 표시합니다.

```
<td id='voterRegistrationMessage'></td>
```

앞에서 언급했듯이 이 책 원서 웹사이트에서 admin.html 페이지 전체 HTML을 찾을 수 있습니다. 한번 확인 후에 코드를 실행하길 바랍니다.

12.7.4 관리자 페이지 자바스크립트 작성

이 절을 시작하기 전에 비동기식 호출로 자바스크립트 코드를 작성하는 다음 두 가지 이유를 설명하겠습니다.

- 웹 프로그램에서는 비동기식으로 자바스크립트를 작성하는 것이 가장 좋습니다.
- 보안 관점에서 권장하는 미스트나 메타마스크에서 Web3을 사용하려는 경우 이더리움 컨트랙트를 호출할 때 비동기 호출만 지원합니다.

> **NOTE_** 비동기식 자바스트립트 문법 익숙하지 않더라도 이 절을 이해할 수 있어야 합니다. 그래도 어렵게 느껴진다면 동기식 코드도 이 책 원서 웹사이트에서 찾을 수 있습니다.

관리자가 투표자 주소를 등록할 때 필요한 자바스트립트 로직만 소개하겠습니다. 대부분 관리자용 작업에 필요한 공통 기능에 사용되기 때문에 다음과 같은 사례에 적절합니다.

- 페이지로드 시 컨트랙트에 연결
- 페이지로드 시 투표 워크플로 상태 표시
- 관리자 계정 잠금 해제
- 사용자 입력값 검증. 예를 들어 관리자 주소가 유효한지 또는 관리자가 수행하려는 작업이 현재 워크플로 상태에 맞는지 확인
- 컨트랙트 트랜잭션 실행
- 컨트랙트 이벤트 처리

이 사례를 이해하면 나머지 관리자 기능을 직접 구현할 수 있습니다. 그런 뒤에 원서 웹사이트에서 제공하는 코드와 비교하는 것이 좋습니다. 하나씩 살펴봅시다.

투표 컨트랙트에 연결

웹 페이지를 투표 컨트랙트에 연결하는 자바스크립트 코드는 8장에서 SimpleCoin과 연결하기 위해 작성한 코드와 비슷합니다. 그러나 truffle-contract 덕분에 컨트랙트 ABI는 하드 코딩할 필요 없이 트러플 컴파일이 생성해주는 SimpleVoting.json에서 직접 가져옵니다. 컨트랙트 주소도 더 이상 하드 코딩하지 않고 네트워크 경로에 있는 SimpleVoting.json에서 읽어옵니다. 가나슈는 다시 시작할 때마다 새 네트워크 항목을 추가하는 반면 트러플 마이그레이션은 실행할 때마다 컨트랙트 주소가 업데이트됩니다.

```
"networks": {
    "1526138147842": { "events": {},
      "links": {},
      "address": "0xaf18e4e373b90709cc08a231ce24015a0da4f8cc",
      "transactionHash":
        "0x37ecb76d6cd6051c5d122df53db0063d1336e5b3298150b50d62e8ae845e9bbb"
    },
    ...
    "1526683622193": {          ⟵  가나슈를 재시작할 때
      "events": {},                   생성한 네트워크 항목
      "links": {},
      "address":
        "0xdaef7d6211bc0c0639178f442c68f468494b7ea2",
      "transactionHash":
        "0xea66f69e35ccc77845405dbc183fc0c3ce831cd977f74c5152d6f97a55ebd8af"
    }
```

컨트랙트를 마이그레이션(배포)할 때 컨트랙트 주소를 업데이트했습니다.

다음 코드를 참고합니다.

```
var SimpleVoting;          ⟵  배포한 투표 컨트랙트 인스턴스를
                                참조 값으로 저장하는 변수

window.onload = function() {
    $.getJSON("./contracts/SimpleVoting.json",
      function(json) {                                    SimpleVoting.json에서 컨트랙트
        SimpleVoting = TruffleContract( json );     ⟵   ABI로 가져온 트러플 컨트랙트로
                                                          SimpleVoting을 참조합니다.

        SimpleVoting.setProvider(
          new Web3.providers.HttpProvider(           ⟵   로컬 이더리움 클라이언트(현재 가나슈)와
            "http://localhost:8545"));                    연결되도록 Web3을 설정합니다.
```

SimpleVoting.json을 읽습니다.

앞서 12.7.1절에서 언급했듯이 디스크에서 직접 admin.html 페이지를 실행하면 Simple Voting.json을 읽는 제이쿼리 명령어를 사용할 수 없습니다. 하지만 앞에서 작성한 다음 웹사이트에서 실행하면 잘 실행됩니다.

```
http//localhost:8080/admin.html
```

투표 워크플로 상태 표시

페이지를 로드하면 투표 워크플로 상태(투표자 등록, 제안 등록 시작 등)가 표시되고 다음 자바스크립트 함수에 의해 각 상태가 변경될 때마다 새로 고쳐집니다.

```
function refreshWorkflowStatus()
{
    SimpleVoting.deployed()              ← 배포된 컨트랙트 참조              컨트랙트에서 워크플로
    .then(instance => instance.getWorkflowStatus())   ←  상태 ID를 가져옵니다.
    .then(workflowStatus => {
      var workflowStatusDescription;

      switch(workflowStatus.toString())    ← 상태 설명을 결정합니다.
      {
         case '0':
            workflowStatusDescription = "Registering Voters";
            break;
         case '1':
            workflowStatusDescription = "Proposals Registration Started";
            break;
         …
         default:
            workflowStatusDescription = "Unknown Status";
      }

    $("#currentWorkflowStatusMessage").html(    상태 설명을 표시하는
      workflowStatusDescription);            HTML 테이블 셀에 바인딩합니다.
      });                                  ←
  }
```

컨트랙트 함수 getWorkflowStatus()는 읽기 전용 함수인 view입니다. view는 일반적인 호출로 블록체인 트랜잭션을 생성하지 않습니다. 따라서 호출자를 확인하거나 가스 한도 설정과

같은 트랜잭션 세부 정보를 설정할 필요가 없습니다.

두 군데에서 워크플로 상태 함수를 호출할 수 있습니다. 첫 번째는 페이지를 로드할 때 투표 컨트랙트 인스턴스를 참조하여 SimpleVoting을 설정하는 코드 가장 마지막 부분에 있습니다.

```
$.getJSON("./contracts/SimpleVoting.json", function(json) { ...


    ...
    refreshWorkflowStatus();
});
```

다른 하나는 단계가 변경될 때마다 투표 컨트랙트가 호출하는 WorkflowStatusEvent 이벤트 핸들러에서 호출할 수 있습니다. 나중에 살펴보겠습니다.

관리자 계정 잠금 해제

컨트랙트 상태를 변경하고 블록체인 트랜잭션을 생성하는 컨트랙트 함수를 호출하려면 호출자(트랜잭션을 보내는) 계정이 잠겨 있지 않아야 합니다. 웹 페이지에서 투표자를 등록하거나 버튼을 클릭하여 투표 세션 시작처럼 상태를 변경하는 작업을 수행하기 전에 관리자 계정을 잠금 해제해야 합니다. 다음 함수로 잠금 해제할 수 있습니다.

```
function unlockAdmin()
{
    var adminAddress = $("#adminAddress").val();
    var adminPassword = $("#adminPassword").val();

    var result = web3.personal.unlockAccount(       계정을 3분간
        adminAddress, adminPassword, 180);          잠금 해제합니다.
    if (result)
            $("#adminMessage").html('The account has been unlocked');
    else
            $("#adminMessage").html('The account has NOT been unlocked');
}
```

계정 잠금을 해제하는 버튼에 함수를 실행하는 이벤트를 등록했었습니다.

```
<td><button onclick="unlockAdmin()">Unlock account</button></td>
```

상태가 바뀌는 어떠한 작업을 수행하기 전에 해제 버튼을 클릭해야 합니다. 그러나 버튼을 없애고 트랜잭션을 생성하는 컨트랙트를 호출하기 직전에 이 함수를 호출하도록 할 수도 있습니다. 예를 들어 자바스크립트 registerVoter() 함수에서 컨트랙트를 호출하는 instance.registerVoter() 앞에 위치할 수 있습니다.

```
function registerVoter()
{
...
unlockAdmin(adminAddress, adminPassword);
SimpleVoting.deployed()
.then(instance => instance.registerVoter(voterToRegister, ...
```

사용자 입력값 검증

중앙 집중식 애플리케이션에서는 잘못된 입력값으로 예외가 발생하지 않도록 외부 함수를 호출하기 전에 사용자가 입력한 값을 검증합니다. 이를 위해 자바스크립트 함수 registerVoter()에서 처음 몇 줄은 HTML에서 입력값을 가져와서 검증하는 데 사용합니다.

```
function registerVoter() {

    $("#voterRegistrationMessage").html('');

    var adminAddress =
        $("#adminAddress").val();          ┌──  HTML에서 관리자 및
    var voterToRegister =                  │    유권자 주소를 가져옵니다.
        $("#voterAddress").val();          └──

    SimpleVoting.deployed()
    .then(instance => instance.isAdministrator(
        adminAddress))
    .then(isAdministrator => {             ◁──┐ 지정된 주소가 관리자인지 확인
        if (isAdministrator)
        {
            return SimpleVoting.deployed()
            .then(instance =>
                    instance.isRegisteredVoter(
                        voterToRegister))
                .then(isRegisteredVoter => {   ◁──┐ 지정된 주소가 등록된 유권자인지 확인
```

```
                if (isRegisteredVoter)
                  $("#voterRegistrationMessage")
                      .html(
                        'The voter is already registered');
                else
                {
                  ...
                }
            });
        }
        else
        {
          $("#voterRegistrationMessage")
                .html(
                  'The given address does not correspond
                    to the administrator');
        }
    });
}
```

유효성 검사 오류
메시지를 표시합니다.

유효성 검사 오류
메시지를 표시합니다.

컨트랙트에 읽기 전용 view 함수를 호출하여 입력을 검증한 다음 트랜잭션 생성 함수에 보냅니다.

워크플로 중 투표 등록 세션 단계에서 자바스크립트 registerVoter() 함수가 잘 호출되는지 검증하고 싶을 수 있습니다. 이미 제안 등록 세션이 시작되었는데 투표자를 등록하려고 하면 발생하는 에러를 피하기 위해서 말입니다. 다음 예제를 살펴봅시다.

```
return SimpleVoting.deployed()
        .then(instance => instance.getWorkflowStatus())
        .then(workflowStatus => {
            if (workflowStatus > 0)
                $("#voterRegistrationMessage")
                .html('Voters registration has already ended');
            else
        {
        ...
```

실질적인 검증을 수행했습니다. 이제 컨트랙트 registerVoter()를 호출할 때 예외가 발생하지 않을 것이라 확신할 수 있습니다.

트랜잭션을 생성하는 컨트랙트 함수 호출

instance.registerVoter()처럼 컨트랙트 트랜잭션을 실행하는 자바스크립트 코드를 더 자세히 설명하겠습니다. 알다시피 컨트랙트 상태를 변경하는 함수를 호출하면 블록체인 트랜잭션이 생성됩니다. 이때 다음 항목을 제공해야 합니다.

- 트랜잭션 발신자

- 트랜잭션 세부 항목(최소 가스 한도)

- 성공적으로 완료되지 않을 경우 오류를 처리하기 위한 콜백 함수 또는 성공적으로 완료된 경우 결과 객체

registerVoter()를 호출할 때 이러한 세부 사항을 모두 볼 수 있습니다.

```
                                      ┌── 배포한 컨트랙트 참조
SimpleVoting.deployed()        ◁──┘
 .then(instance => instance.registerVoter(
          voterToRegister,                        거래 발신자와 가스 한도를 지정합니다.
             {from:adminAddress, gas:200000}))    일반적으로 트랜잭션을 지속적으로 처리할 수
 .catch(e => $("#voterRegistrationMessage")       있는 최저 금액으로 설정합니다. 테스트를 진행
   .html(e));              ◁── 컨트랙트 호출 오류 처리   하면서 적절한 값을 찾을 수 있습니다.
```

registerVoter 함수 호출

컨트랙트 이벤트 핸들링

관리자 페이지의 자바스크립트 로직을 다루는 이 절을 마치기 전에 컨트랙트에서 워크플로 상태를 변경하는 이벤트를 처리하는 방법을 소개합니다. 예를 들어 페이지 상단에서 현재 워크플로 상태 설명을 업데이트하고 관리자가 추가한 투표자가 등록된 것을 확인할 수 있습니다. 먼저 컨트랙트 WorkflowStatusChangeEvent 이벤트를 참조할 변수를 선언합니다.

```
var workflowStatusChangeEvent;
```

변수는 컨트랙트를 참조하고 페이지를 로드할 때 인스턴스화합니다.

```
window.onload = function() {
    $.getJSON("./contracts/SimpleVoting.json", function(json) {
    ...
    SimpleVoting.deployed()
    .then(instance => instance                       컨트랙트
        .WorkflowStatusChangeEvent())                WorkflowStatusChangeEvent
    .then(workflowStatusChangeEventSubscription => {  이벤트 참조
            workflowStatusChangeEvent =
                workflowStatusChangeEventSubscription;

        workflowStatusChangeEvent                     컨트랙트 이벤트에
            .watch(function(error, result){           핸들러 등록
            if (!error)
                refreshWorkflowStatus();              이벤트가 처리되면 클라이언트 함수를
            else                                      호출하여 UI를 새로 고침
                console.log(error);
        });
    });
    ...
```

워크플로 상태가 변경될 때마다 상태 설명을 새로 고치는 기능을 호출합니다. 투표자가 등록되면 호출되는 VoterRegisteredEvent() 이벤트는 클라이언트에서 함수를 호출하지 않고 곧바로 UI가 업데이트되는 것만 차이가 있습니다.

```
SimpleVoting.deployed()
.then(instance => instance.VoterRegisteredEvent())
.then(voterRegisteredEventSubscription => {
    voterRegisteredEvent = voterRegisteredEventSubscription;

    voterRegisteredEvent.watch(function(error, result) {
    if (!error)
        $("#voterRegistrationMessage")
        .html('Voter successfully
            registered');               voterRegistrationMessage
                                        레이블 새로 고침
```

```
        else
            console.log(error);
        });
    });
```

12.7.5 투표 페이지 HTML 작성

[그림 12-6]처럼 투표 페이지는 관리자 페이지와 많은 요소를 같이 공유합니다. 앞에서 말했듯이 투표 페이지는 제안을 등록하고 투표하는 것이 목적입니다. 제안서 테이블은 강조하는 것이 좋습니다. 제안서 테이블은 투표자가 새로운 제안을 추가할 때마다 동적으로 추가됩니다.

```
<tr><table border="0" cellpadding="0" width="600" id='proposalsTable'>
    </table></tr>
```

그림 12-6 투표 페이지

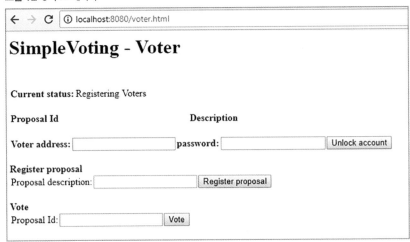

12.7.6 투표 페이지 자바스크립트 작성

제안서 테이블이 어떻게 업데이트 되는지 살펴봅시다. simplevoting.js에서 register Proposal() 함수를 살펴보면 앞에서 살펴본 registerVoter()와 비슷한 점이 많습니다. 가장 큰 차이는 컨트랙트가 제안서 등록 단계에서 발생시키는 이벤트 핸들러입니다.

ProposalRegisteredEvent()는 HTML 레이블을 새로 고쳐 등록된 제안서를 보여줍니다. 그리고 동적 HTML 테이블을 생성하는 함수를 호출하여 지금까지 등록된 제안서를 보여줍니다.

```
...
proposalRegisteredEvent.watch(function(error, result) {
    if (!error)
    {
        $("#proposalRegistrationMessage")
          .html('The proposal has been
             registered successfully');
        loadProposalsTable();
    }
    else
        console.log(error);
});
```

제안 등록 확인 레이블을
새로 고칩니다.

지금까지 등록된 모든
제안 목록 테이블을 새로 고칩니다.

제안서 테이블을 동적으로 새로 고침하는 방법은 다음과 같습니다.

```
function loadProposalsTable() {
    SimpleVoting.deployed()
    .then(instance => instance.getProposalsNumber())
    .then(proposalsNumber => {

        var innerHtml = "<tr><td><b>Proposal
    ID</b></td><td><b>Description</b></td></tr>";

        j = 0;
        for (var i = 0; i < proposalsNumber; i++) {
            getProposalDescription(i)
            .then(description => {
                innerHtml = innerHtml + "<tr><td>" + (j++) +
                    "</td><td>" + description + "</td></tr>";
                $("#proposalsTable").html(innerHtml);
            });
        }
    });
}

function getProposalDescription(proposalId)
{
    return SimpleVoting.deployed()
```

```
        .then(instance => instance.getProposalDescription(proposalId));
}
```

12.7.7 관리자 및 투표 페이지 실행

이제 두 웹 페이지의 코드를 모두 이해했으므로 실행할 차례입니다. 전체 투표 워크플로를 소개하며 처음부터 끝까지 애플리케이션이 어떻게 작동하는지 확인하겠습니다.

준비 사항

시작하기 전에 가나슈가 콘솔에서 실행 중인지 확인합니다. 출력값을 로그 파일로 연결하는 명령어로 시작하면 좋습니다. 로그 정보는 나중에 유용하게 쓰입니다.

```
C:\Ethereum\truffle\SimpleVoting>ganache-cli > c:\temp\ganache.lo
```

가나슈를 다시 시작했으므로 SimpleVoting을 별도의 콘솔에 다시 배포해야 합니다.

```
C:\Ethereum\truffle\SimpleVoting>truffle migrate --reset
```

그런 다음 트러플의 build\contracts 폴더에 있는 SimpleVoting.json을 웹사이트의 contracts 폴더로 복사합니다. 이제 다른 콘솔에서 웹사이트를 다시 시작할 수 있습니다.

```
C:\Ethereum\SimpleVotingWebUI>node webserver.js
Server running on 8080…
```

투표자 등록

관리자 페이지를 살펴봅니다.

```
http://localhost:8080/admin.html
```

[그림 12-5]에서 본 화면이 표시됩니다. [그림 12-7]처럼 현재 '투표자 등록'으로 최초 상태가 표시됩니다.

그림 12-7 시작할 때 관리 웹 페이지에 표시되는 초기 워크플로 상태

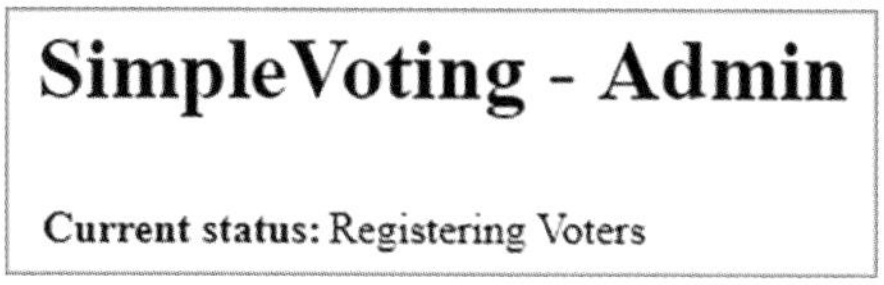

SimpleVoting - Admin

Current status: Registering Voters

truffle.js에 특정 계정에서 마이그레이션을 실행하도록 설정하지 않으면 accounts[0] 계정으로 실행합니다. 이 계정이 투표 관리자가 됩니다. 가나슈에 배포하고 있으므로 출력값을 리디렉션하려는 ganache.log 파일을 확인합니다.

```
Ganache CLI v6.1.0 (ganache-core: 2.1.0)

Available Accounts
==================
(0) 0xda53708da879dced568439272eb9a7fab05bd14a
(1) 0xf0d14c6f6a185aaaa74010d510b975ca4caa1cad
(2) 0x5d6449a4313a5d2dbf7ec326cb8ad204c97413ae
...
```

account(0) 주소를 관리자 주소를 입력하는 텍스트 상자에 복사합니다. 가나슈로 실행 중이므로 [그림 12-8]처럼 비밀번호 입력 상자는 비워둡니다. 그런 다음 투표자 주소를 등록할 수 있습니다.

그림 12-8 관리자 계정을 텍스트 상자에 복사

Admin address: `0xda53708da879dced56843` **password:** [　　　　　] [Unlock account]

투표 기능을 사용해야 하므로 가나슈 시작 화면에서 acoount(1), (2), (3)…을 투표자로 등록합니다. account(1)을 등록할 때 [그림 12-9]처럼 주소를 투표자 입력 상자에 입력합니다.

그림 12-9 유권자 주소 입력

Register voter

Voter address: `0xf0d14c6f6a185aaaa74010` `Register`

투표자를 등록하는 트랜색선을 보내기 전에 관리자 계정을 잠금 해제해야 합니다. 잠금 해제를 클릭합니다. 계정 잠금이 해제되었다는 메시지가 나타납니다. 그런 다음 등록을 클릭합니다. 모두 제대로 되었다면 등록 버튼 옆에 확인 메시지가 나타납니다. 그렇지 않으면 오류 메시지가 나타납니다. 가나슈 로그 파일에서 다른 계정 주소를 사용하여 투표자를 몇 명 등록합니다. 3분 내에 등록한다면 관리자 계정을 다시 해제할 필요가 없습니다.

> **NOTE_** 앞서 언급했듯 가나슈에서 실행할 때는 관리자 암호를 입력할 필요가 없습니다. 또 계정이 한 번 잠금 해제되면 다시 잠기지 않아 다시 해제할 필요도 없습니다. 그러나 나중에 퍼블릭 테스트 네트워크로 원활하게 넘어가기 위해서 계정 잠금을 해제하는 작업에 익숙해지면 좋습니다.

계정이 실제로 잘 등록되었는지 확인하려면 등록 확인을 사용하면 됩니다. 예를 들어 account(1)이 잘 등록됐는지 확인하려면 주소 입력 상자에 확인하려는 주소를 입력하고 등록 확인을 클릭합니다. [그림 12-10]처럼 확인 메시지가 표시돼야 합니다.

그림 12-10 계정이 유권자로 등록되었는지 확인

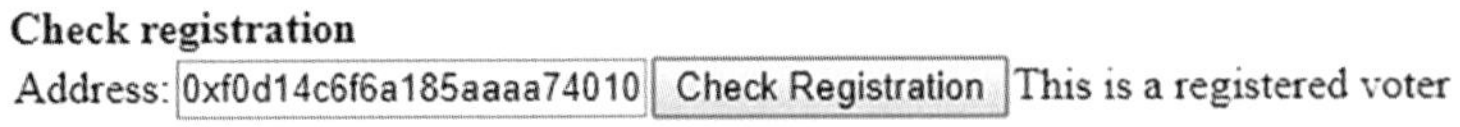

Check registration

Address: `0xf0d14c6f6a185aaaa74010` `Check Registration` This is a registered voter

다음 단계로 넘어가기 전에 관리자 주소 입력란에 다른 계정(예: account(4))으로 투표자를 등록하면 어떻게 되는지 확인해보세요. 지금 단계에서는 수행할 수 없는 집계 버튼을 클릭하면 오류 메시지가 나타납니다.

제안서 등록 세션 시작

투표자를 등록하고 화면에서 시작 버튼을 클릭하면 제안서 등록 세션을 시작할 수 있습니다. 자바스크립트는 startProposalsRegistration() 함수를 호출합니다. 이 함수는 컨트랙트에 있는 startProposalsRegistration() 함수를 호출합니다. 컨트랙트 함수는 WorkflowStatus ChangeEvent 이벤트를 발생시킵니다. 이벤트는 클라이언트에 있는 자바스크립트 refresh

WorkflowStatus( ) 함수를 호출하고 [그림 12-11]처럼 워크플로 상태가 '제안서 등록 시작'으로 변경됩니다.

그림 12-11 제안서 등록 세션을 시작하면 상태 설명과 함께 현재 상태 레이블이 새로 고쳐진다.

SimpleVoting - Admin

Current status: Proposals registration Started

제안서 등록

이 단계에서는 투표자들은 제안서를 등록할 수 있습니다. 새로운 브라우저 탭에서 투표 페이지를 엽니다(http://localhost:8080/voter.html).

약간 차이가 있지만 [그림 12-6]과 비슷한 화면이 나타납니다. 관리자 페이지처럼 현재 단계는 '제안서 등록 시작'으로 표시됩니다. 이것으로 페이지가 투표 컨트랙트에 바르게 연결된 것을 확인할 수 있습니다.

등록된 투표자인 Ganache account(1)로 제안서를 등록합니다. 투표자 입력 상자에 주소를 입력하고 관리자를 입력할 때와 마찬가지로 비밀번호는 비워둡니다. 그런 다음 제안서 설명(예: 제안서 0)을 입력합니다. 등록을 마치기 전에 투표 버튼을 눌러보면 제안서 ID = 0과 같은 오류 메시지가 나타납니다.

이제 등록 버튼을 클릭합니다. 버튼 옆에 확인 메시지가 나타납니다. 또한 [그림 12-12]처럼 화면 상단에 컨트랙트에서 반환한 ID와 함께 입력한 설명이 표시됩니다.

그림 12-12 새로운 제안서 등록

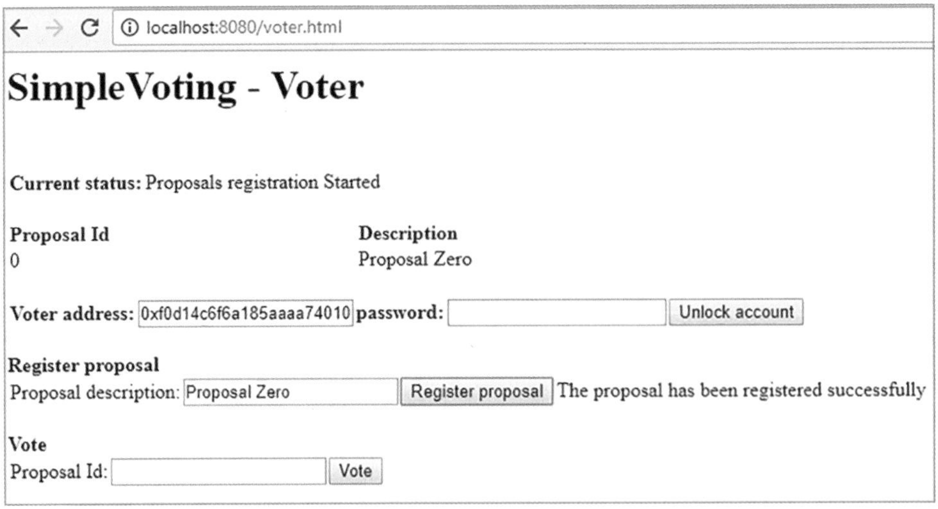

투표자로 등록한 모든 계정으로 제안서를 더 등록해봅니다. 특별한 제한 사항이 없으므로 동일한 계정으로 제안서를 여러 개 등록할 수 있습니다. 관리자 계정이나 등록하지 않은 일부 계정으로 제안서를 등록하면 어떻게 되는지 확인할 수도 있습니다.

제안서 등록 세션 종료

어느 정도 제안서를 등록했다면 제안서 등록 세션을 종료할 수 있습니다. 관리자 페이지로 돌아갑니다. 관리자 계정 주소가 여전히 입력 상자에 있으면 제안서 등록 세션 종료를 클릭합니다. [그림 12-13]처럼 버튼 옆에 확인 메시지가 나타나고 현재 상태에 새로운 워크플로 상태가 표시됩니다.

그림 12-13 제안서 등록 세션 종료

이번 단계에서 수행할 수 없는 작업을 수행해보겠습니다. 예를 들어 투표 세션을 종료합니다.

투표 세션 시작

투표 세션을 시작할 시간입니다! 투표 세션 시작을 클릭하면 화면 상단의 현재 상태가 '투표 세션 시작'으로 변경됩니다.

투표

투표자 화면으로 돌아갑니다. 화면 상단의 진행 상태가 '투표 세션 시작됨'으로 변경된 것을 확인할 수 있습니다. `startVotingSession()` 함수 마지막에 호출된 `WorkflowStatusChange Event`가 진행 상태를 바꾸고 투표자 페이지 자바스크립트가 상태를 처리했습니다. 이제 투표를 시작할 수 있습니다.

투자자 주소 입력 상자에 투표자 주소 중 하나를 입력합니다. 그리고 화면 상단에 있는 제안서 ID 입력 상자에 투표할 제안서 ID를 입력합니다. 그런 다음 투표 버튼을 클릭합니다. 투표 버튼 옆에 확인 메시지가 표시됩니다. 투표를 다시하려고 시도하면 투표 컨트랙트에서 중복 투표를 막는 예외 처리 메시지를 확인할 수 있습니다. 그럼 이전에 등록했던 투표자 계정으로 여러 제안서에 투표를 해봅니다.

투표 세션 종료

등록된 여러 계정으로 투표를 하고 나면 시작과 같은 방법으로 투표 세션을 종료할 수 있습니다. 관리자 페이지로 돌아가서 '투표 등록'으로 마우스를 이동한 후 종료를 클릭합니다. 화면 상단에 확인 메시지와 상태가 변경되어 표시됩니다. 이제 투표 페이지로 돌아갑니다. 등록된 계정으로 투표해보면 더 이상 투표를 할 수 없습니다.

투표 집계

진실의 순간이 왔군요. 투표를 집계할 시간입니다! 관리자 페이지에서 투표 집계를 클릭합니다. 확인 메시지와 투표 단계 설명이 나타나고 화면 하단에 투표가 집계되어 결과 테이블이 나타납니다. `WorkflowStatusChangeEvent` 이벤트 핸들러에서 집계된 투표 상태 ID를 확인하여 결과 테이블을 생성합니다. 투표 페이지로 돌아가면 [그림 12-14]처럼 화면 하단에 결과 테이블이 표시됩니다.

두 페이지 모두 같은 이벤트를 사용하기 때문에 같은 결과가 나타납니다.

그림 12-14 투표가 모두 집계된 후 투표 페이지

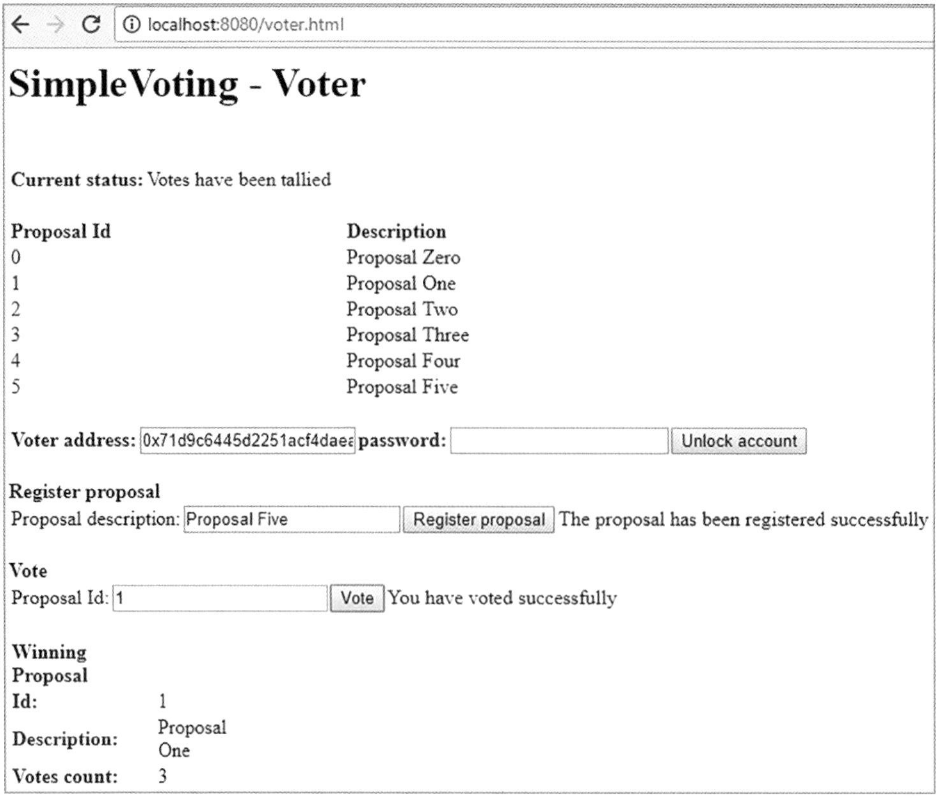

이것으로 투표 디앱 전체를 설계부터 구현, 테스트, 실행까지 했습니다. 정말 중요한 과업을 이뤘습니다. 스마트 컨트랙트에서 웹 UI까지 모든 계층을 포함하여 처음으로 (책에서) 처음부터 끝까지 완전한 디앱을 구축했습니다. 1장부터 시작해 먼 길을 달려왔습니다. 블록체인과 디앱과 같은 새로운 개념을 간단한 SimpleCoin을 만들며 배우기 시작했습니다. 스마트 컨트랙트의 개념부터 솔리디티로 컨트랙트를 작성하고 Web3.js를 활용한 통신, 간단한 웹 UI로 컨트랙트를 활용하는 방법 등을 알아봤습니다. 이 장을 마치기 전에 디앱을 퍼블릭 테스트 네트워크에 배포하고 모든 것이 잘 작동하는지 확인합니다.

12.7.8 퍼블릭 네트워크에 배포

퍼블릭 테스트 네트워크인 Ropsten에 SimpleVoting을 배포하는 단계는 다음과 같습니다.

1   가나슈를 중지합니다.

2   geth를 시작하고 Ropsten과 연결합니다.

3   Ropsten 네트워크와 연결하고 Ropsten 계정에서 배포하도록 트러플을 설정합니다.

4   배포에 사용할 Ropsten 계정을 잠금 해제합니다.

5   Ropsten으로 트러플 마이그레이션을 수행합니다.

6   UI가 잘 작동하는지 확인합니다.

가나슈 중지

거의 모든 작업을 이제는 스스로 할 수 있어야 합니다. 하지만 만일을 위해 배포를 함께 진행하겠습니다.

쉬운 것부터 시작하겠습니다. [Ctrl] + [C]를 누르거나 가나슈 창을 종료합니다.

geth로 Ropsten과 연결하기

이 작업을 벌써 두 번이나 해봤습니다. 테스트 네트워크에 오랫동안 연결하지 않았다면 다시 연결합니다. 다음 코드에서는 Ropsten을 시드 노드로 빠르게 동기화하는 옵션을 사용하여 연결하는 명령어를 볼 수 있습니다. 또한 마지막 두 매개변수는 포트 8545에서 RPC로 geth 통신을 열고 CORS$^{cross-origin\ resource\ sharing}$를 허용하여 웹 페이지에 있는 자바스크립트 코드가 geth와 직접 통신할 수 있도록 합니다.

```
C:\Program Files\geth>geth --testnet --bootnodes
"enode://145a93c5b1151911f1a232e04dd1a76708dd12694f952b8a180ced40e8c4d25a908
➥a292bed3521b98bdd843147116a52ddb645d34fa51ae7668c39b4d1070845@188.166.147
➥.175:30303,enode://2609b7ee28b51f2f493374fee6a2ab12deaf886c5daec948f122bc837
➥16aca27840253d191b9e63a6e7ec77643e69ae0d74182d6bb64fd30421d45aba82c13bd@13
➥.84.180.240:30303,enode://94c15d1b9e2fe7ce56e458b9a3b672ef11894ddedd0c6f247e
➥0f1d3487f52b66208fb4aeb8179fce6e3a749ea93ed147c37976d67af557508d199d9594c35f
➥09@188.166.147.175:30303"
--verbosity=4 --syncmode "fast" --cache=1024 --rpc --rpcport 8545
--rpccorsdomain "http://localhost:8080" --rpcapi "eth,net,web3,personal"
```

트러플을 설정하여 Ropsten과 연결

이전 장에서 트러플을 테스트 또는 운영 네트워크와 연결하는 방법을 설명했습니다. truffle.js(또는 truffle-config.js) 파일을 다음과 같이 수정하십시오.

```
module.exports = {
  networks: {
    development: {
      host: "localhost",
      port: 8545,
      network_id: "*" // Match any network id
    },
    ropsten: {
      host: "localhost",
      port: 8545,
      network_id: 3,
      from:
      "0x70e36be8ab8f6cf66c0c953cf9c63ab63f3fef02",
      gas: 4000000
    }
  }
};
```

앞서 언급했듯이 RPC 통신을 위해 geth에서 설정한 포트와 같습니다.

이 계정을 배포에 사용하려는 Ropsten 계정으로 바꿉니다.

SimpleVoting을 배포하기에 충분한 가스를 설정합니다.

배포 계정 잠금 해제

배포에 사용할 Ropsten 계정을 잠금 해제하려면 먼저 새 콘솔을 열고 geth에 연결합니다.

```
C:\Program Files\geth>geth attach ipc:\\.\pipe\geth.ipc
```

geth 자바스크립트 콘솔이 시작되면 다음과 같이 배포 계정 주소를 300초 동안 잠금 해제합니다.

```
> web3.personal.unlockAccount("0x70e36be8ab8f6cf66c0c953cf9c63ab63f3fef02",
    "YOUR_PASSWORD", 300);
true
```

Ropsten으로 트러플 마이그레이션 수행

개발 네트워크가 아닌 다른 네트워크에 마이그레이션하려면 새 콘솔창에서 --network 옵션을
사용합니다.

```
C:\Ethereum\truffle\SimpleVoting>truffle migrate --network ropsten
```

> **WARNING_** 이 작업을 시작하기 전에 geth 클라이언트가 Ropsten과 완전히 동기화되어 있는지 확인합니
> 다. https://ropsten.etherscan.io/에서 최신 Ropsten 블록과 클라이언트 콘솔에 표시되는 블록을 비교합
> 니다.

geth 클라이언트가 Ropsten에 잘 연결되어 있고 올바르게 설정이 되었다면 배포가 완료되었
다는 출력값을 확인할 수 있습니다.

```
Running migration: 1_initial_migration.js
  Deploying Migrations...
  ... 0x8ec9c0b3e1d996dcd2f6f8b0ca07f8ce5e5d15bd0cc2eea3142f351f53070499
  Migrations: 0xeaf67f4ce8a26aa432c106c2d59b7dbeaa3108d8
Saving successful migration to network...
  ... 0xadffddd1afe362a802fc6a80d9c60dc2e4a85f9e850ff3c252307ec9255988af
Saving artifacts...
Running migration: 2_deploy_contracts.js
  Deploying SimpleVoting...
  ... 0xbe1ca60296cc8fb94a6e97c74bf6c20547b2ed7705e8db84d51e17f38904fa09
  SimpleVoting: 0x3a437f22d092b6ae37d543dcb765de4366c00ecc
Saving successful migration to network...
  ... 0x37f90733539ba00f946ef18b456b5f7d6b362f93e639583d789acd36c033e5d2
Saving artifacts...
```

UI 기능 확인

simplevoting.js의 첫 줄을 다시 살펴보면 초기화할 때 localhost:854로 web3을 검색합니다. geth는 가나슈와 같은 포트 번호를 RPC에 제공하므로 모든 것이 잘 작동해야 합니다. 하나씩 살펴보겠습니다. 우선 트러플의 build\contracts에서 새로운 SimpleVoting.json을 웹사이트 contracts 폴더로 복사합니다. 그런 다음 admin.html을 열어봅니다(웹사이트가 여전히 실행 중인지 확인하세요. 그렇지 않다면 node webserver.js로 다시 시작합니다). 다음을 입력합니다.

```
http://localhost:8080/admin.html
```

페이지가 올바르게 로드되고 예상대로 '투표자 등록' 상태가 표시됩니다. 이제 가나슈에서 실행할 때와 마찬가지로 투표자 등록에서 투표 집계에 이르는 전체 워크플로를 진행할 수 있습니다. 그 전에 테스트넷 관리자 및 투표자 계정에 관련 작업을 수행하기에 충분한 이더가 있는지 확인합니다.

> **NOTE_** 테스트넷에서 작업할 때는 각 작업에서 관련 계정을 잠금 해제해야 합니다. 또한 관리자 계정이나 투표자 계정 중 하나에서 작업할 때마다 관련 트랜잭션이 채굴될 때까지 기다려야 합니다. 확인받는 데는 약 15초가 걸립니다.

> **WARNING_** UI가 응답하지 않거나 작업이 완료되었다는 확인 메시지가 표시되지 않으면 브라우저 개발 도구 콘솔에서 오류가 발생했는지 확인합니다. 예를 들어 크롬에서는 [F12]를 누른 다음 최상위 메뉴에서 콘솔을 선택할 수 있습니다. 계정이 잠금 해제가 안 된 경우 잠금과 관련된 Web3 변경이 원인일 수 있습니다. 이 경우 계정 잠금 해제 버튼을 사용하지 않고 이전 장에서 보았듯이 연결된 geth 콘솔로 관리자 또는 투표자 계정을 잠금 해제할 수 있습니다.

12.8 생각할 거리

이 장이 이전에 배운 내용을 모두 이해하는 데 도움이 되었기를 바랍니다. 이제 자신만의 디앱을 구축할 수 있다는 자신감을 가지고 새로운 도전을 시작해야 합니다. 컨트랙트 설계와 보안 관련 주제로 넘어가기 전에 새로 습득한 기술을 조금 더 다듬어 보겠습니다. SimpleVoting을 개선하기 위한 발판으로 삼을 수 있는 것을 몇 가지 준비했습니다. 두 가지 개선 사항이 있습니다.

- 기술 개선
- 기능 개선

12.8.1 기술 개선

이더리움 디앱 개발 수명주기 전체를 한 번에 보여주기 위해 SimpleVoting을 디자인했습니다. 주로 큰 그림에 초점을 맞추기 위해 최대한 간단하게 유지하려고 했습니다. 또한 모든 독자가 웹 개발이나 지속적 통합과 관련한 배경과 경험을 가지고 있지 않기 때문에 이러한 영역에 상대적으로 고급 기술을 도입하지 않았습니다. 웹 UI는 다음 두 가지를 포함하여 다양한 측면에서 개선할 수 있습니다.

- 표준 Web3 provider 사용
- 웹 빌드 도구를 사용하여 빌드 및 배포 자동화

표준 Web3 Provider 사용

개발한 디앱은 일반 웹 브라우저가 아니라 미스트 또는 메타마스크와 같은 강화된 보안을 제공하는 표준 Web3 Provider를 통해 서비스됩니다. 이러한 Provider는 컨트랙트 함수를 비동기적으로 호출해야 합니다. SimpleVoting.js를 비동기식 프로그래밍으로 다시 구현하는 것도 이런 이유입니다. 이에 따라 자바스크립트 코드를 다시 구현하고 다음 코드를 바꾸어 표준 Provider를 찾을 수 있습니다.

```
SimpleVoting.setProvider(
  new Web3.providers.HttpProvider(
  "http://localhost:8545"));
```

이어서 다음 예제를 활용합니다.

```
var web3Provider;
```

```
if(typeof web3 != 'undefined')
    web3Provider = new Web3(web3.currentProvider);
else
    web3Provider = new Web3(
        new Web3.providers.HttpProvider(
        "http://localhost:8545"));

SimpleVoting.setProvider(web3Provider);
```

가능하다면 표준 Provider
(예: 메타마스크 또는 미스트)를
사용합니다.

사용할 수 있는 Provider가 없으면
기본으로 설정된 Provider를 사용합니다.

표준 Provider를 어떻게 설정할까요? 먼저 로그인합니다. 그런 다음 3장에 설명한 대로 메타
마스크 브라우저 플러그인을 설치했다면 제시된 코드를 SimpleVoting.js 상단에서 변경하고
관리자 또는 투표 페이지에 들어갑니다. 이렇게 하면 Web3 Provider가 메타마스크로 설정됩
니다.

웹 빌드 도구로 빌드 및 배포 자동화

웹 빌드 도구를 사용한 적이 있다면 트러플의 build\contracts 폴더에서 SimpleVoting.
json이 변경될 때마다 웹 프로젝트 contracts 폴더로 복사하는 것이 번거로울 수 있습니다.
이쯤에서 트러플이 빌드 파이프라인을 지원하는지 궁금할 것입니다. 웹팩Webpack 또는 그런트
Grunt같이 선호하는 빌드 도구를 연결할 수 있습니다. 트러플 공식 문서에 웹팩으로 개발된 템
플릿 프로젝트인 웹팩 트러플 박스Webpack Truffle Box(https://truffleframework.com/boxes/
webpack)가 포함되어 있습니다. 웹팩으로 빌드하거나 최소한 어떻게 작동하는지 이해하는
데 도움이 될 것입니다.

12.8.2 기능 개선

현재 투표 디앱의 기능을 의도적으로 제한했습니다. 관리자가 투표자(하나 이상)를 등록하면
투표자들은 제안서를 등록한 후 그중 하나에 투표할 수 있습니다. 단순하게 과반수로 제안서를
결정합니다. 가장 많은 표를 얻은 제안서가 선택됩니다. 또한 투표자가 제안서에 투표한 내역
을 기록하므로 익명성이 없습니다. 투표 디앱의 기능을 강화할 수 있는 몇 가지 방법은 다음과
같습니다.

- 관리자가 투표자를 대량으로 등록합니다.

- 투표자가 다른 투표자에게 투표를 위임합니다.

- 의사 결정에 필요한 최소한의 인원으로 제안서를 결정합니다.

- 토큰을 사용하여 투표 기능을 구현합니다.

- 익명 투표를 구현합니다.

대량 투표자 등록

관리자는 한 번에 대량으로 투표자 등록이 가능하며 관리 시간과 거래 비용을 절약할 수 있습니다. 함수에 주소 배열을 받을 수 있도록 하면 개선 가능합니다.

투표 위임

투표자는 자신의 표를 다른 투표자에게 위임할 수 있습니다. 그러면 위임한 사람은 투표할 수 없고 위임받은 사람은 위임받은 만큼 투표할 수 있습니다. 다음은 이를 구현하는 힌트입니다.

- 다음과 같이 투표자 구조체를 변경할 수 있습니다.

```
Voter
{
    HasVoted: boolean,
    CanVote: Boolean,
    NumVotes: int
}
```

- 호출자가 자신의 투표를 다른 투표자에게 위임할 수 있도록 새 함수를 추가할 수 있습니다. 이는 다른 계정에 허용값을 할당하는 SimpleCoin의 권한 부여 함수와 유사합니다.

```
delegateVote(address delegatedVoter)
```

- 함수는 위임하는 사람(CanVote = false)과 위임받은 사람의 상태(NumVotes +=1)를 변경해야 합니다.

- 투표자가 투표권을 가지고 있는지 쉽게 확인하기 위해 CanVote 속성에 canvote 함수 제어자를 구현할 수 있습니다.

정족수 기준으로 결정하기

정족수 개념을 도입할 수 있습니다. 정족수는 의사 결정에 필요한 최소한의 인원을 말합니다. 제안이 선출되기 위해서는 미리 정의된 정족수에 도달해야 합니다. 이는 최소 투표율입니다.

- 생성자에 정족수를 정의하는 새로운 변수를 정의합니다.

```
uint quorum
```

- 정족수에 도달하면 제안서가 선출되도록 tallyVotes() 함수를 수정했습니다.

토큰 기반 투표 구현

현재 투표 디앱에서는 투표자 계정은 제안서에 한 번만 투표할 수 있습니다. 투표자와 투표한 제안서에 강한 연결고리가 존재하게 됩니다. 이는 위임으로 조금 완화할 수 있었습니다. 또한 위임받은 투표자는 위임받은 표를 하나의 제안서에 투표하게 됩니다. 토큰 기반 투표라는 흥미로운 개념이 암호화 커뮤니티에 등장합니다. 다음과 같이 작동합니다.

- 투표자에게 SimpleCoin과 비슷한 투표 동전이나 토큰이 할당됩니다.
- 그런 다음 투표자는 투표 토큰을 제안서 주소로 전송하여 투표합니다.

투표는 소비되어 이중 투표를 막을 수 있습니다. 조금 더 정교화하기 위해서 투표자는 다음 중 하나를 수행할 수 있습니다.

- SimpleCoin처럼 전송으로 투표 토큰 전체 또는 일부를 다른 투표자에게 전송합니다(이를 원래 투표 디앱의 위임 기능으로 볼 수 있습니다).
- 하나 이상의 제안서에 토큰을 나누어서 투표할 수 있습니다.

투표 토큰(SimpleCoin을 참고하여)을 구현합니다. 그리고 크라우드세일 컨트랙트에 크라우드세일 토큰을 통합한 것처럼 투표 토큰을 투표 컨트랙트에 통합하여 토큰 기반 투표 디앱을 구축할 수 있습니다.

익명 투표

투표자 구조체의 votedProposalId 속성에 투표한 제안서 ID를 기록하고 있습니다.

선택한 제안서 ID나 투표 수를 집계할 때 기록하지 않는 방법으로 익명 투표를 구현할 수 있다는 생각은 틀립니다. 알다시피 투표는 트랜잭션으로 이루어집니다. 트랜잭션은 모두 블록체인에 기록되고 조회할 수 있습니다. 누가 어떤 제안에 투표했는지 쉽게 알 수 있습니다.

익명 투표는 가능하지만 트랜잭션을 익명으로 처리할 수 있는 손쉬운 기능이 없기 때문에 어렵습니다. 이를 위해서는 **영지식 증명**^{zero-knowledge proof}과 같은 고급 암호화 개념을 다뤄야 합니다. Zcoin, Zcash, Monero와 같이 널리 사용되는 암호화폐에서 사용되고 있습니다.

영국 뉴캐슬 대학에서 Open Vote Network라는 프로토콜을 기반으로 이더리움 익명 투표 디앱을 구현했습니다. 깃허브[1]에 논문과 코드가 공개되어 있습니다. 비디오 강의와 많은 학술 참고 자료를 제공하고 있으니 이 자료를 참고하기 바랍니다.

12.9 요약

- SimpleVoting 디앱 스마트 컨트랙트에서는 이벤트와 함수 제어자를 활용하여 정의된 요구 사항을 효과적으로 구현했습니다.

- truffle-contract를 활용하여 웹 UI를 구축할 수 있습니다. truffle-contract는 자바스크립트 라이브러리로 트러플로 배포된 컨트랙트와 웹 페이지를 쉽게 연결해줍니다.

- truffle-contract 라이브러리는 컴파일로 생성된 JSON 파일에서 컨트랙트 ABI와 주소를 읽어옵니다.

- JSON 파일에서 컨트랙트 ABI와 주소를 읽어오려면 웹 서버로 웹 페이지를 렌더링해야 합니다. Node.js 패키지(Connect, ServerStatic)로 간단하게 웹 서버를 설정할 수 있습니다.

- 디앱을 구현, 유닛 테스트, 배포한 뒤 모의 이더리움 클라이언트인 가나슈에서 실행을 성공하면 퍼블릭 테스트 네트워크에 배포할 수 있습니다.

---

1 http://mng.bz/nQze

Part

IV

디앱 배포

4부에서는 자신만의 디앱을 구축하고 운영 이더리움 네트워크인 메인넷에 배포하려는 독자를 대상으로 합니다. 13장에서는 이벤트 로깅과 컨트랙트 업그레이드와 같은 운영에 중요한 면을 다룹니다. 또 버그나 보안 취약점을 발견했을 때 배포된 컨트랙트를 수정할 수 있는 다양한 기술을 살펴봅니다. 14장은 보안에 중점을 두고 설명합니다. 일반적인 취약점과 스마트 컨트랙트를 공격하는 전형적인 사례를 설명합니다. 15장은 이더리움과 블록체인 기술 전반을 배우고자 하는 모든 독자를 대상으로 합니다. 그리고 이더리움을 엔터프라이즈용으로 구현하는 방법을 소개합니다. 또 다른 블록체인 및 분산 원장 플랫폼도 간략하게 소개합니다.

CHAPTER 13

디앱 운영 준비하기

이 장의 주요 내용

- 이벤트 로그 생성하는 방법
- 라이브러리를 배포한 후 업그레이드하는 방법
- 컨트랙트를 배포한 후 업그레이드하는 방법

이전 장에서는 디앱을 처음부터 끝까지 구축해봤습니다. 책 전체에서 배운 지식과 사용할 수 있는 이더리움 개발 도구로 엔드 투 엔드 디앱을 개발했습니다. 이 과정은 이더리움을 개발하는 능력을 통합하는 데 도움이 됐습니다. 하지만 디앱을 실제 운영 네트워크에 배포하기는 아직 부족합니다. 배포하기 전에 실제 운영에서 요구하는 사항에 대처할 수 있도록 첫 번째 디앱을 좀 더 발전시킬 필요가 있습니다. 이벤트 로그를 생성하고 블록체인에서 조회하거나 블록체인에 저장하며 배포된 라이브러리와 컨트랙트를 업그레이드할 수 있습니다.

이미 일부를 앞서 간략히 살펴봤지만 이 장에서는 조금 더 자세히 다룰 것입니다. 실용적인 프로그래밍 방식을 유지하면서 예제와 코드를 안내하겠습니다. 그러나 업그레이드 가능한 라이브러리 또는 컨트랙트를 설계하려면 고급 솔리디티 문법이 필요합니다. 책의 범위를 벗어나지만 이러한 개념도 알고 있어야 합니다. 컨트랙트나 시퀀스 다이어그램으로 개념을 설명하겠습니다.

여기에 보안을 포함하지 않았다는 것에 놀랄 수 있습니다. 중요한 주제이기 때문에 다음 장 전체에서 설명하도록 하겠습니다.

13.1 이벤트 로깅

스마트 컨트랙트에서 이벤트를 선언하고 발생시키는 방법은 이미 배웠습니다. 이전 장에서는 웹 UI에서 컨트랙트 이벤트를 처리하는 방법을 살펴봤습니다.

예를 들면 새로운 투표 단계로 넘어갈 때마다 관리자나 투표 페이지 상단에 위치한 단계 상태를 업데이트했습니다. 또 투표자가 제안서를 새로 등록할 때마다 투표자 페이지 상단에 있는 제안서 목록을 새로 고쳤습니다. 제안서를 등록하는 전체 흐름과 관련된 이벤트 처리 방법은 [그림 13-1]과 같습니다. 1장의 [그림 1-8]과 비슷하다는 것을 알 수 있습니다. 1장에서 완전하게 이해하지 못했다면 반드시 이해하고 넘어가길 바랍니다.

이벤트 기반 프로그래밍이나 반응형 프로그래밍을 경험한 적이 있다면 컨트랙트가 이벤트를 일으키고 웹 페이지와 같은 클라이언트에서 이벤트를 받아 처리하는 것에 특별한 점을 못 느낄 수 있습니다. 하지만 차이가 큽니다. 대부분의 언어에서 이벤트는 처리되면 사라지는 일시적인 개체지만 이더리움에서 이벤트는 블록체인에 영구적으로 기록됩니다. 따라서 UI 클라이언트를 실행하기 전에 발생한 이벤트도 검색할 수 있습니다. 궁금한가요? 그럼 계속 따라오세요.

13.1.1 과거 이벤트 검색

eventFilter.watch를 사용하여 자바스크립트에 컨트랙트 이벤트 리스너를 등록하는 방법을 이미 살펴봤습니다. 워크플로 상태를 변경하는 이벤트에 콜백을 등록하기 위해 Simple Voting.js의 맨 위에 다음 코드를 작성했습니다(약간 단순화했습니다).

```
var workflowStatusChangeEvent =
    contractInstance.WorkflowStatusChangeEvent();

workflowStatusChangeEvent
    .watch(function(error, result) {
    if (!error)
        refreshWorkflowStatus();
    else
        console.log(error);
});
```

WorkflowStatusChangeEvent 이벤트 유형을 수신하는 이벤트 필터를 설정합니다.

이벤트 필터에 콜백을 등록합니다.

그림 13-1 투표 페이지 이벤트 처리. 웹 페이지에서 투표 컨트랙트로 새로운 제안서를 보낸다. 그런 다음 컨트랙트는 제안서 등록을 완료하면 `ProposalRegisteredEvent` 이벤트를 발생시킨다. 웹 페이지가 통신하는 노드에 도달할 때까지 네트워크 전체에 이벤트를 전파하고 마지막으로 웹 페이지가 이벤트를 처리하여 제안서 테이블에 새 항목을 추가한다.

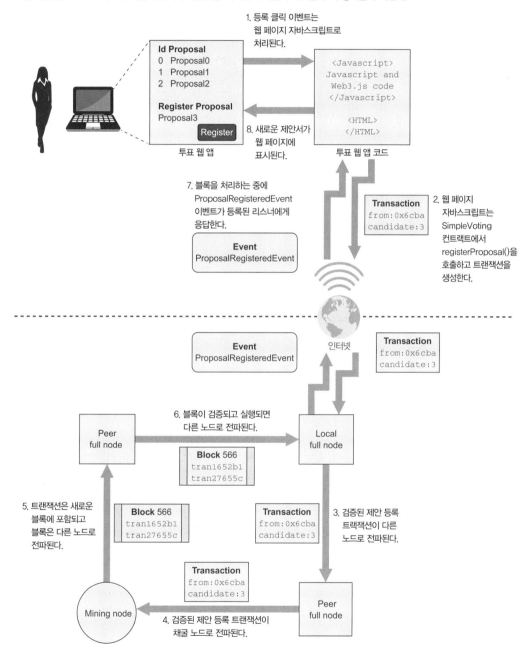

workflowStatusChangeEvent 변수는 수신할 이벤트(여기서는 모든 WorkflowStatusChange
Event 이벤트 유형)를 정의하므로 이벤트 필터라고 합니다. 필터 정의를 조금 더 제한할 수도
있습니다.

eventFilter.watch로 이벤트 필터에 콜백을 등록하면 웹 페이지가 열린 순간부터 발생하는
이벤트를 처리합니다. 예를 들어 모든 워크플로 상태가 올바른 순서로 변경되었는지 확인하기
위해 과거 이벤트를 확인하려면 watchFilter와 비슷한 콜백을 사용하는 eventFilter.get으
로 조회할 수 있습니다. 우선 필터를 약간 다른 방식으로 정의해야 합니다. 이벤트를 검색할 시
작 블록과 마지막 블록을 지정합니다.

```
var pastWorkflowStatusChangeEvent =
    contractInstance.WorkflowStatusChangeEvent(
        {},
        {fromBlock: 5000, toBlock: 'latest'});          5000번 블록 이후
                                                        이벤트만 가져옵니다.
```

그런 다음 watch 대신 get을 사용하여 콜백을 이벤트 필터에 등록합니다.

```
pastWorkflowStatusChangeEvent.get(
    function(error, logs) {              과거 이벤트를 가져옵니다.
    if (!error)
        logs.forEach(log => console.log(log.args));     콘솔에 과거 이벤트 내용을
    else                                                표시합니다.
      console.log(error);
});
```

WorkflowStatusChangeEvent 이벤트뿐만 아니라 컨트랙트가 전파한 과거 이벤트 모두를 검
색하려면 다음과 같이 allEvents 함수를 사용하여 이벤트 필터를 작성할 수 있습니다.

```
var allEventPastEvents = contractInstance.allEvents(
    {}, {fromBlock: 1000000, toBlock: 'latest'});       1000000번 블록 이후 컨트랙트가
                                                        발생시킨 모든 이벤트 로그를 필터링합니다.
```

그런 다음 get으로 콜백을 등록할 수 있습니다.

```
allEventPastEvents.get((error, logs) => {
  logs.forEach(log => console.log(log.args))
});
```

특정 투표자가 등록한 제안서처럼 과거 이벤트 중 일부만 검색하려는 경우 해당 이벤트의 일부 매개변수를 색인화하여 더욱 효율적으로 검색을 수행할 수 있습니다.

13.1.2 이벤트 색인화

컨트랙트에서 이벤트를 선언할 때 매개변수를 최대 3개까지 색인화할 수 있습니다. 이러한 매개변수를 사용하는 이벤트 필터는 성능이 훨씬 더 좋습니다. SimpleCoin으로 예를 들면 3.5.1절에서 Transfer 이벤트를 다음과 같이 정의했습니다.

```
event Transfer(address indexed from, address indexed to, uint256 value);
```

이 코드로 이벤트 로그를 검색하면 특정 소스나 대상 주소의 전송 이벤트를 효율적으로 조회할 수 있습니다.

```
var specificSourceAccountAddress =
    '0x8062a8850ef59dCd3469A83E04b4A40692a873Ba';
var transactionsFromSpecificAccount =
    simpleCoinInstance.Transferred(
    {from: specificSourceAccountAddress},
    {fromBlock: 5000, toBlock: 'latest'});
transactionsFromSpecificAccount.get((error, logs) => {
    logs.forEach(log => console.log(log.args));
});
```

SimpleVoting은 ProposalRegisteredEvent 이벤트가 다음과 같이 정의되어 있습니다.

```
event ProposalRegisteredEvent(uint proposalId);
```

이 이벤트는 로그로 바로 사용할 수 없습니다. 유용한 정보를 제공하기 위해 쿼리를 어떻게 수정 하면 좋을까요? 다음과 같이 수정할 수 있습니다.

```
event ProposalRegisteredEvent(
    address author, uint proposalId, string proposalDescription);
```

연습 예제로 다음 질문이 있습니다. 특정 주소에서 등록된 모든 제안서를 효율적으로 검색하기 위해서 이벤트를 어떻게 색인할까요? 작성자 매개변수를 인덱스하면 됩니다.

```
event ProposalRegisteredEvent(
    address indexed author,
    uint proposalId, string proposalDescription);
```

이제 운영 관점에서 중요하게 여기는 완전히 다른 주제로 넘어갑시다. 컨트랙트에 문제가 생겼을 때 어떻게 해야 할까요? 라이브러리나 마이크로서비스와 같이 기존 소프트웨어 구성 요소처럼 수정하고 다시 배포하면 될까요? 다음 절에서 질문의 답을 살펴보겠습니다.

13.2 업그레이드 가능한 라이브러리 디자인

새로운 컨트랙트를 개발할 때 일부 요구 사항은 다른 개발자가 이미 블록체인에 배포한 다른 컨트랙트와 비슷할 수 있습니다. 7장에서 라이브러리에 공통 기능을 배치하여 다양한 컨트랙트에서 이를 참조할 수 있도록 했습니다. 같은 기능을 개발할 필요가 없고 코드 중복을 피할 수 있었습니다. 이를테면 OpenZeppelin의 SafeMath 라이브러리로 안전하게 연산을 수행하는 방법을 연습했습니다. 그러나 이 방법 역시 아주 이상적이지 않습니다. 배포한 OpenZeppelin 라이브러리는 블록체인에 존재하는 많은 인스턴스 중 하나일 수 있습니다. 다른 개발자 역시 해당 라이브러리를 자신의 솔루션에 포함했을 수 있으며 [그림 13-2]처럼 배포를 수행했을 수 있습니다.

그림 13-2 OpenZeppelin 라이브러리의 중복 배포. 하나의 컨트랙트가 개인적으로 배포된 라이브러리를 각각 사용한다.

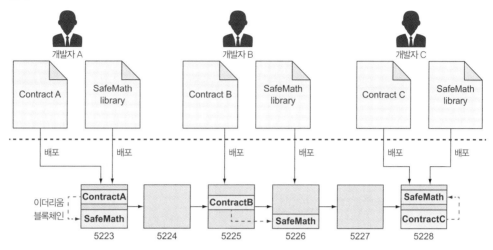

각각의 컨트랙트는 자체 개발한 SafeMath의 개별 인스턴스를 참조한다. 중복이면 개발자마다 추가로 배포 비용을 지불해야 한다.

테스트넷과 메인넷에 얼마나 많은 OpenZeppelin 라이브러리 인스턴스가 있을지 상상됩니다. 이 방법의 단점은 다음과 같습니다.

- **불필요한 비용**: 동일한 라이브러리를 각자 배포하면 배포 트랜잭션 가스비를 지불해야 합니다.

- **불필요한 바이트코드 복제**: 동일한 바이트코드가 블록체인상의 서로 다른 배치 주소와 연결됩니다(노드는 사실 중복 바이트코드를 삭제합니다).

- **조정되지 않은 유지보수**: 라이브러리에 문제가 생기면 한 곳에서 해결할 수 없습니다. 각 컨트랙트 인스턴스 관리자가 알아서 패치해야 합니다.

이 문제를 해결하는 가장 좋은 방법은 블록체인에 라이브러리의 공식 인스턴스를 하나 생성하는 것입니다. 7.5.2절에서 간략히 살펴본 것처럼 모든 클라이언트가 공식 주소에서 라이브러리를 참조합니다. 이 솔루션에는 한 가지 큰 단점이 있습니다. 라이브러리를 배포한 후에는 새로운 패치를 할 수 없다는 것입니다. 문제가 발생하면 [그림 13-3]과 같이 모든 클라이언트 컨트랙트를 새로운 라이브러리 주소로 다시 지정하고 배포해야 합니다. 이 역시 이상적인 솔루션으로 보기 어렵습니다.

그림 13-3 공유 라이브러리를 수정하면 새 주소로 라이브러리를 다시 배포해야 하고 클라이언트 컨트랙트를 모두 수정하고 다시 배포해야 한다.

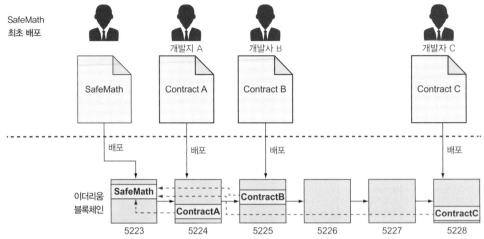

모든 컨트랙트는 같은 SafeMath 인스턴스를 참조한다. SafeMath에 버그가 없다면 이것은 좋은 방안이다.

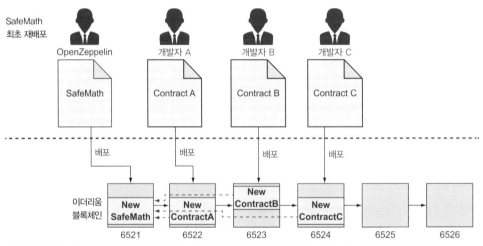

버그 수정 후 SafeMath를 새 주소로 재배포해야 한다. 이를 참조하고 있는 모든 컨트랙트는 새 인스턴스를 참조하도록 수정한다.

Zeppelin의 CTO인 마누엘 아라오스Manuel Araoz가 미디엄Medium[1]에 발표한 아름다운 솔루션이 있습니다. 라이브러리에 프록시를 작성하는 것입니다. 이 솔루션은 [그림 13-4]처럼 라이브러리를 사용하는 클라이언트 컨트랙트와 라이브러리 사이에서 연계 역할을 하는 라이브러리 프록시 컨트랙트를 활용합니다.

....
1 http://mng.bz/Xgd1

그림 13-4 라이브러리에 프록시를 도입하면 클라이언트 컨트랙트에서 더 이상 라이브러리 인스턴스를 직접 참조하지 않는다. 대신 프록시(또는 라이브러리 디스패처)로 통신한다. 프록시는 다른 컨트랙트에서 최신 라이브러리 주소를 가져와 해당 주소를 호출한다.

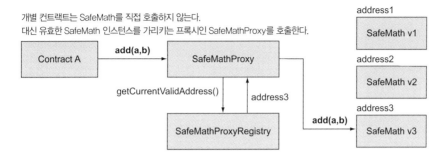

다음은 프록시 라이브러리 솔루션을 구성하는 요소입니다.

- **클라이언트 컨트랙트**는 라이브러리 인스턴스를 직접 참조하지 않고 라이브러리 프록시(또는 디스패처 dispatcher) 컨트랙트 주소를 참조합니다.

- **라이브러리 프록시**(SafeMathProxy)는 라이브러리 프록시 레지스트리 컨트랙트에서 유효한 최신 라이브러리 인스턴스의 주소를 검색한 다음 최신 라이브러리 인스턴스를 호출하는 컨트랙트입니다.

- **라이브러리 프록시 레지스트리 컨트랙트**(SafeMathProxyRegistry)는 여러 버전의 라이브러리 주소를 포함하는 컨트랙트입니다. 또한 주소의 기본값을 저장하는 상태 변수를 포함하며 일반적으로는 목록에 추가된 최신 주소입니다. 라이브러리 소유자는 라이브러리를 새로 배포할 때마다 주소 목록과 기본 주소를 업데이트합니다.

클라이언트 컨트랙트가 라이브러리 함수를 호출하면 라이브러리 프록시에서 대신 호출(delegatecall)합니다. 그러면 클라이언트 컨트랙트가 라이브러리 프록시 레지스트리에서 올바른 라이브러리 주소를 검색합니다. 그런 다음 라이브러리 인스턴스로 delegatecall을 수행합니다. 클라이언트 컨트랙트 관점에서 이러한 일련의 호출 절차는 일반 라이브러리 함수를 호출하는 것과 동일합니다.

> **NOTE_** 라이브러리 함수는 delegatecall(EVM 옵코드)로 암시적으로 호출됩니다. 이는 3.2.5절에서 설명한 대로 호출자 컨텍스트에서 실행됩니다. 자세한 설명은 14장에서 하겠습니다.

요약하자면 사용하려는 라이브러리가 프록시를 제공하고 있다면 배포된 특정 인스턴스에 직접 참조하는 대신 프록시를 사용합니다. 이는 유지보수에 좋습니다. 여기서 컨트랙트 소유자가 원래 라이브러리와 아무 관련이 없는 다른 라이브러리를 악의적으로 호출하지 않을 것이라 신뢰해야 한다는 점이 중요합니다.

라이브러리를 업그레이드할 수 있도록 설계한다는 것에 관심이 있고 더 자세한 내용을 알고 싶다면 코드 샘플을 찾을 수 있는 아라오스의 미디엄 글을 참고하면 좋습니다.

> **WARNING_** 프록시 라이브러리 기술을 구현하기 전에 완전히 이해할 필요가 있습니다. 악의적인 공격에 취약한 점이 발견됐습니다. 파트리시오 파야디노Patricio Palladino의 미디엄 게시물 「Malicious backdoors in Ethereum Proxies」를 읽고 약점을 파악하는 것이 좋습니다(http://mng.bz/vNzI).

13.3 업그레이드 가능한 컨트랙트 설계

짐작했겠지만 컨트랙트에는 라이브러리와 같은 제한이 있습니다. 컨트랙트는 한 번 배포하면 수정할 수 없습니다. 패닉 버튼 기능을 포함하여 개발했다면 버그나 보안 취약점을 발견했을 때 컨트랙트를 중단하거나 파기할 수 있습니다. 최선의 방법은 최악의 시나리오를 미리 계획하고 업그레이드 기능을 고려하여 컨트랙트를 설계하는 것입니다.

이 방법을 사용하면 프록시 라이브러리처럼 사용자 측면에서 컨트랙트를 안전하게 수행할 수 있지만 코드를 분석하기가 어려워집니다. 보안에 예민한 사용자는 우리가 개발한 의도를 신뢰하지 않을 수 있습니다. 클라이언트 호출을 악의적인 컨트랙트malicious contract로 리디렉션하는 것을 우려할 수 있습니다.

컨트랙트를 업그레이드할 수 있는 주요 기술을 두 가지 설명하겠습니다.

- 라이브러리처럼 프록시 기술을 사용합니다.
- 상태 변수와 로직을 분리하여 두 개의 컨트랙트로 나눠서 개발합니다. 두 컨트랙트는 모두 업그레이드 가능한 추상 컨트랙트를 상속받도록 합니다.

13.3.1 프록시로 업그레이드된 컨트랙트에 연결하기

6장과 7장에서 개발한 SimpleCrowdsale의 멋진 SimpleCoin 컨트랙트를 사용하려는 많은 컨트랙트가 있다고 상상해보십시오. 물론 여러분은 컨트랙트를 사용하려는 사람들의 고민을 덜어주기 위해 SimpleCoinProxy 컨트랙트로 SimpleCoin을 업그레이드하게 할 것입니다. [그림 13-5]처럼 SafeMath와 같은 방법을 사용합니다.

그림 13-5 SimpleCoinProxy로 SimpleCoin을 업그레이드할 수 있게 한다. SimpleCrowdsale과 같은 클라이언트 컨트랙트는 SimpleCoinProxy 함수를 호출하여 배포된 특정 버전의 SimpleCoin(일반적으로 최신 버전)으로 전달한다.

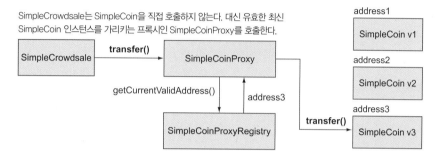

13.3.2 Upgradable 추상 컨트랙트 상속

ENS를 개발한 닉 존슨은 컨트랙트 업그레이드에 약간 다른 접근 방식을 취했습니다.[2] 그는 컨트랙트의 상태 변수(스토리지, 이더)와 로직을 두 개의 컨트랙트로 분리할 것을 제안했습니다. 이 두 컨트랙트는 Upgradable 추상 컨트랙트를 상속받습니다.

- **디스패처**

  상태 변수를 저장하고 솔리디티 delegatecall( ) 함수(EVM delegatecall 옵코드를 명시적으로 실행)로 모든 호출을 타깃 컨트랙트로 전달합니다. 결과적으로 함수는 디스패처의 컨텍스트에서 실행됩니다. delegatecall( )는 14장에서 자세히 살펴볼 것입니다.

- **타깃 컨트랙트**

  나중에 업그레이드할 모든 기능을 이 컨트랙트에 위임합니다. 이 컨트랙트는 업그레이드 프로세스를 통제합니다.

---

2 http://mng.bz/y1Yo

이는 [그림 13-6]에서 설명합니다. 타깃 컨트랙트가 업그레이드되더라도 디스패처의 상태 변수는 변경되지 않습니다. 디스패처는 최신 타깃 컨트랙트를 호출합니다.

그림 13-6 컨트랙트를 두 개로 분할하여 업그레이드할 수 있다. 두 컨트랙트는 추상 Upgradeable 컨트랙트를 동일하게 상속받는다. 디스패처는 상태 변수를 저장하고 타깃 컨트랙트는 수행에 필요한 함수를 가지고 있다. 디스패처는 타깃 컨트랙트를 호출한다. 업그레이드가 되면 디스패처는 변경되지 않은 상태 변수로 최신 타깃 컨트랙트를 호출한다.

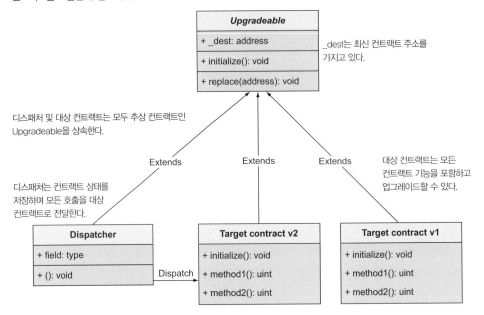

이 방법을 시도해보고 싶다면 http://mng.bz/4OZD에서 닉의 코드를 살펴보기 바랍니다. 라이브러리나 컨트랙트 업그레이드를 더 배우고 싶다면 잭 태너[Jack Tanner]의 미디엄 글을 참고하세요. 「Summary of Ethereum Upgradeable Smart Contract R&D」는 자신의 연구 결과와 현재 알려진 모든 기술을 요약하고 있습니다(http://mng.bz/QQmR).

> **WARNING_** 닉의 기술을 사용하여 업그레이드 가능한 컨트랙트를 설계하기 위해서는 이 책의 범위는 아니지만 EVM 및 EVM 어셈블리의 내부 원리를 철저하게 이해해야 합니다. 또한 앞에서 설명한 것처럼 업그레이드 가능한 컨트랙트를 사용하면 위험에 노출될 수 있습니다.

13.4 요약

- 대부분의 프로그래밍 언어에서 이벤트는 처리되면 시스템에서 사라지지만 이더리움 이벤트는 블록체인에 영구적으로 기록됩니다.

- 이벤트 필터에 watch가 아닌 get을 사용하여 과거 이벤트를 조회하거나 재생할 수 있습니다.

- 이벤트를 정의할 때 일부 이벤트 매개변수를 색인화하면 과거 이벤트를 검색할 때 성능을 향상시킬 수 있습니다.

- 프록시를 사용하여 라이브러리를 업그레이드할 수 있습니다. 클라이언트 컨트랙트는 더 이상 라이브러리의 인스턴스를 직접 참조하지 않고 프록시(또는 라이브러리 디스패처)와 통신합니다. 프록시는 최신 라이브러리 주소를 레지스트리 컨트랙트에서 가져와 유효한 인스턴스를 호출합니다.

- 라이브러리처럼 프록시 컨트랙트를 사용해서 컨트랙트를 업그레이드하게끔 설계할 수 있습니다. 또는 상태 변수와 로직을 두 개의 컨트랙트에 나누고 추상 Upgradeable 컨트랙트를 상속받도록 하는 방법도 있습니다.

- 한편으로는 컨트랙트를 업그레이드할 수 있도록 만드는 것은 더욱 안전한 방법입니다. 배포 후에 발견한 문제를 해결하고 해결된 컨트랙트를 호출하도록 할 수 있습니다. 하지만 적절하게 구현되지 않으면 보안 위험이 발생할 수 있습니다.

- 업그레이드 가능한 라이브러리를 사용하면 보안 문제가 발생할 수 있습니다. 컨트랙트 사용자의 관점에서 의도하지 않은 기능으로 연결되는 것을 우려할 수 있습니다.

보안 고려 사항

이 장의 주요 내용

- 솔리디티 취약점과 외부 호출 관련 위험 요소 이해
- 안전한 외부 호출 수행
- 알려진 보안 공격 방어
- 일반 보안 지침

이전 장에서는 운영 네트워크에 디앱을 배포하기 전에 살펴봐야 할 부분을 설명했습니다. 보안은 중요한 주제이므로 다른 주제와 구분해야 했습니다. 14장 전체에서 보안에 관련된 주제를 다룹니다.

우선 솔리디티에서 놓치면 보안 취약점이 될 수 있는 몇 가지 제한 사항을 설명하겠습니다. 이러한 제한 사항 중 특히 외부 호출을 중점적으로 설명합니다. 외부에서 호출할 때 발생할 수 있는 다양한 위험요인을 설명하고 이러한 위험을 피하거나 최소화하는 몇 가지 팁을 제공합니다. 마지막으로 이더리움 디앱에서 발생할 수 있는 고전 공격을 소개합니다. 이더가 위험에 노출되는 값비싼 실수를 하지 않을 수 있습니다.

14.1 일반적인 보안 취약점 이해

솔리디티 언어에서 특정한 제한 사항은 주의해야 합니다. 알 수 없는 개발자가 공격할 수 있는 첫 번째 지점이 되기 때문입니다.

- **데이터 프라이버시**

  프라이버시가 필요하면 데이터를 평문이 아닌 암호화된 형태로 저장해야 합니다.

- **무작위성**

  베팅 게임과 같은 일부 디앱은 무작위로 작동해야 하고 모든 노드에서 같은 동작을 처리하도록 해야 합니다. 의사 난수 발생기pseudo-random generator의 난수를 예측하여 조작할 수 있는 위험을 피해야 합니다.

- **뷰 함수**

  5.3.5절에 언급된 것처럼 뷰로 정의된 함수가 상태 변수를 수정할 수도 있다는 점에 유의해야 합니다.

- **가스 한도**

  트랜잭션의 가스 한도를 설정할 때 주의해야 합니다. 가스 한도가 높거나 낮은 것을 이용하여 공격할 수 있습니다.

난수와 관련된 취약점은 이더를 잃을 수 있는 심각한 결과를 초래할 수 있습니다. 가스 한도와 같은 취약점은 이보다 덜 심각한 결과를 초래합니다. 예를 들면 일시적으로 서비스를 할 수 없도록 서비스 거부 공격에 악용될 수 있습니다. 심각성과 관계없이 이러한 모든 취약점을 과소평가해서는 안 됩니다.

14.1.1 개인 정보

블록체인에 저장된 데이터는 저장된 컨트랙트 상태 변수의 접근 수준에 관계없이 항상 공개됩니다. 프라이빗으로 선언해도 모든 사람은 여전히 컨트랙트 상태 변수의 값을 볼 수 있습니다.

프라이버시가 필요하면 9.3.2절에서 설명한 대로 메인넷 ENS 도메인 등록에서 사용하는 것과 같이 해시 **커밋-리빌**을 활용합니다. 예를 들면 경매에서 입찰을 숨기고 싶다면 원본을 보내지 않아야 합니다. 대신 입찰 과정은 [그림 14-1]처럼 두 단계로 구성해야 합니다.

1 **해시 커밋**: 원본 데이터와 보내는 사람을 식별할 수 있는 값을 해시해야 합니다.
2 **리빌**: 경매가 마감되고 낙찰자를 결정해야 하는 단계에서 원본 데이터를 공개합니다.

그림 14-1 비밀 경매에 사용되는 해시 커밋-리빌 체계

1. 커밋 단계에서 발신자 주소, 입찰 가격, 입찰값 대신 공개할 비밀 문자를 해시하여 커밋한다. 2. 리빌 단계에서 입찰값과 비밀 문자를 함께 공개한다. 3. 가장 높은 입찰가를 찾아 낙찰자가 결정된다. 그런 다음 발신자 주소, 입찰 가격 및 비밀 문자로 해시를 계산하고 이전에 제출한 해시와 비교해 결과를 확인한다.

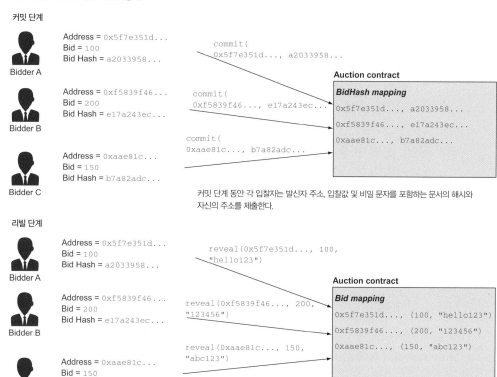

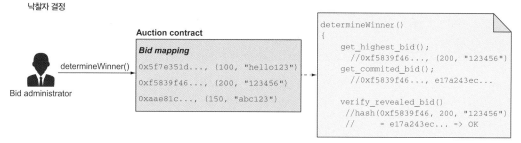

낙찰자는 최고 입찰가를 찾은 다음 해시가 입찰자가 이전에 커밋한 해시와 일치하는지 확인한 뒤 결정된다.

14.1.2 랜덤

디앱에서 상태 변수가 랜덤 함수를 활용한다면 이전 절에서 개인 정보를 숨기는 것과 동일한 어려움을 마주하게 됩니다. 주요 고민은 채굴자의 무작위성 조작 방지와 컨트랙트 조직이 모든 노드에서 동일한 방식으로 정확하게 실행되도록 하는 것입니다. 따라서 디앱에서 랜덤을 처리하는 방법은 커밋-리빌과 유사해야 합니다. 이를테면 [그림 14-2]처럼 탈중앙화 룰렛 게임에서 다음과 같은 상황이 발생합니다.

1. 모든 플레이어는 특정 번호, 색상, 홀수 또는 짝수로 베팅합니다.

2. 난수 생성기는 난수를 제공하도록 요청받으면 마지막 순간까지 생성된 숫자를 비밀로 해야 합니다. 따라서 난수 생성자는 단방향 해시 알고리즘으로 해시된 숫자를 반환(커밋)합니다.

3. 베팅 및 생성된 난수를 포함하는 완료된 트랜잭션은 모든 노드에서 동일하게 처리됩니다. 해시된 원래 번호를 난수 생성자에서 조회합니다. 생성자는 원래 난수를 공개하고 승자가 결정됩니다. 생성자가 처음 제출한 해시와 다른 숫자를 제공하면 룰렛 트랜잭션은 실패합니다.

14.1.3 뷰 함수 호출

함수를 뷰로 정의한다고 해서 실행되는 동안 컨트랙트 상태 변수를 수정할 수 없는 것은 아닙니다. 컴파일러는 이런 검사를 하지 않고(솔리디티 컴파일러 버전 0.5.0 이상인 경우 검사를 수행함) EVM 역시 확인하지 않습니다. 컴파일러는 경고 메시지만 반환합니다. 예를 들어 SimpleCoin의 authorize() 함수를 다음과 같이 정의하면

```
function authorize(address _authorizedAccount, uint256 _allowance)
    public view returns (bool success) {
    allowance[msg.sender][_authorizedAccount] = _allowance;
    return true;
}
```

허용량 매핑 상태 변수가 수정되므로 다음 경고가 표시됩니다.

```
Warning: Function declared as view, but this expression (potentially)
    modifies the state...
```

그림 14-2 재현 가능한 무작위성을 제공하는 데 사용되는 해시 커밋–리빌 체계

1. 모든 참여자는 베팅한다. 2. 랜덤 생성자는 룰렛 스핀을 에뮬레이션하여 생성된 난수를 해시하여 커밋한다. 3. 베팅과 난수 해시를 포함한 트랜잭션이 처리된다. 모든 노드는 랜덤 생성자를 조회하여 난수를 찾아볼 수 있고 당첨과 낙첨이 결정된다.

해시 커밋–리빌 체계에 기반한 룰렛 게임

커밋 단계

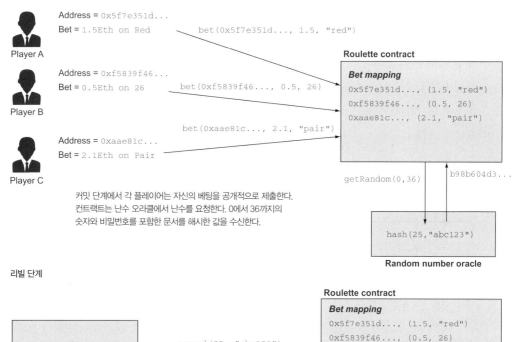

Address = 0x5f7e351d...
Bet = 1.5Eth on Red

bet(0x5f7e351d..., 1.5, "red")

Player A

Address = 0xf5839f46...
Bet = 0.5Eth on 26

bet(0xf5839f46..., 0.5, 26)

Player B

Address = 0xaae81c...
Bet = 2.1Eth on Pair

bet(0xaae81c..., 2.1, "pair")

Player C

Roulette contract

Bet mapping
0x5f7e351d..., (1.5, "red")
0xf5839f46..., (0.5, 26)
0xaae81c..., (2.1, "pair")

getRandom(0,36)   b98b604d3...

hash(25,"abc123")

Random number oracle

커밋 단계에서 각 플레이어는 자신의 베팅을 공개적으로 제출한다.
컨트랙트는 난수 오라클에서 난수를 요청한다. 0에서 36까지의
숫자와 비밀번호를 포함한 문서를 해시한 값을 수신한다.

리빌 단계

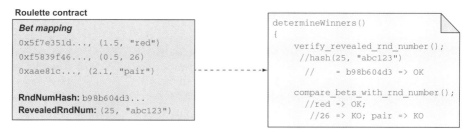

Random number oracle

reveal(25, "abc123")

Roulette contract

Bet mapping
0x5f7e351d..., (1.5, "red")
0xf5839f46..., (0.5, 26)
0xaae81c..., (2.1, "pair")

RndNumHash: b98b604d3...
RevealedRndNum: (25, "abc123")

리빌 단계에서는 게임이 종료되면 난수 오라클은 난수와 비밀번호를 공개한다.

게임 당첨자 결정

Roulette contract

Bet mapping
0x5f7e351d..., (1.5, "red")
0xf5839f46..., (0.5, 26)
0xaae81c..., (2.1, "pair")

RndNumHash: b98b604d3...
RevealedRndNum: (25, "abc123")

```
determineWinners()
{
    verify_revealed_rnd_number();
     //hash(25, "abc123")
       //    = b98b604d3 => OK

    compare_bets_with_rnd_number();
      //red => OK;
      //26 => KO; pair => KO
}
```

오라클이 공개한 난수를 이전에 제출된 해시값과 비교하여 검증한다. 검증되면 배팅과 난수를 비교한다.

컨트랙트 상태 변수가 수정되면 간단한 호출과 다르게 트랜잭션이 실행되고 가스가 소비됩니다. 공격자는 컨트랙트 소유자가 함수에서도 가스가 소비되는 것을 고려하지 않았다는 점을 이용합니다. 지속적인 DoS 공격으로 트랜잭션을 처리하지 못하는 결과를 초래할 수 있습니다. 이러한 실수를 피하려면 컴파일러 경고에 주의를 기울이고 적절하게 코드를 수정해야 합니다.

14.1.4 가스 한도

트랜잭션이 성공적으로 처리되려면 발신자가 설정한 가스 한도를 초과해서는 안됩니다. 가스 한도에 도달하여 트랜잭션을 실패하면 컨트랙트 상태는 원복되지만 발신자는 거래 비용을 환불받지 못합니다.

거래 발신자가 설정한 가스 한도는 사용 방법에 따라 보안에 유리하거나 불리할 수 있습니다. 다음은 [그림 14-3]에 나와 있는 극단적인 두 사례입니다.

- **높은 가스 한도**

  가스가 부족하지 않아 트랜잭션이 완료될 가능성이 높습니다. 가스 한도를 초과하게 하여 트랜잭션을 실패시키려는 공격에 더 안전합니다. 반면 악의적인 공격자는 높은 가스 한도로 트랜잭션을 더 쉽게 조작할 수 있습니다. 더 많은 리소스와 연산력을 활용하여 예정된 트랜잭션 절차를 변경할 수 있기 때문입니다.

- **낮은 가스 한도**

  특히 예상하지 못한 일이 발생하면 가스가 부족하여 트랜잭션이 완료되지 않을 가능성이 높아집니다. 결과적으로 가스 한도를 소진시켜 거래를 실패시키려는 공격에 더 취약합니다. 반면 가스 한도가 낮으면 악의적인 공격자가 트랜잭션을 조작할 수 있는 방법이 제한됩니다.

그림 14-3 높은 가스 한도와 낮은 가스 한도의 장단점

일반적인 조언은 예상되는 로직을 완료하여 실제 트랜잭션을 완료할 수 있는 가능한 한 최저의 가스 한도를 설정하는 것입니다. 그러나 트랜잭션도 성공하면서 보안에도 안전할 수 있는 합리적인 가스 한도를 계산하는 것은 어렵습니다.

예를 들어 트랜잭션을 실행하는 로직에 반복문이 포함된 경우 트랜잭션 발신자는 많은 반복문 결과를 처리하기 위해 상대적으로 높은 가스 한도를 설정할 수 있습니다. 그러나 반복문이 동적으로 결정되거나 상태 변수에 따라 달라지는 경우 가스가 한도에 도달하는지 미리 파악하기 어렵습니다. 상태 변수 중 하나라도 사용자 입력값에 영향을 받는다면 공격자는 대량의 반복문으로 가스를 소진하도록 변수를 조작할 수 있습니다. 매우 높은 가스 한도로 이 문제를 우회하려고 해도 한계 자체의 목적이 무효화되어 올바른 해결책이 될 수 없습니다. 다음 절에서 올바른 방법을 모색하겠습니다.

14.2 외부 호출과 관련된 위험

외부 컨트랙트를 호출하면 애플리케이션에 여러 가지 잠재 위험이 발생합니다. 이 절에서는 이를 피하거나 최소화하는 데 도움이 됩니다. 첫 번째는 대체 솔루션을 사용할 수 있는 경우 외부 컨트랙트를 최대한 호출하지 않는 것입니다. 외부로 호출하게 되면 간접적이지만 신뢰할 수 없는 악의적인 사람에게 로직을 전송하게 됩니다. 예를 들면 호출하는 외부 컨트랙트가 악의적이지 않더라도 컨트랙트의 함수는 [그림 14-4]처럼 악의적인 컨트랙트를 호출할 수 있습니다.

그림 14-4 개발한 컨트랙트와 직접 연결된 컨트랙트가 안전하다고 확신하더라도 외부 악의적인 컨트랙트로 조작될 수 있다.

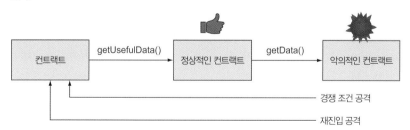

실행한 로직을 직접 제어할 수 없기 때문에 경쟁 조건 공격 및 재진입 공격에 노출될 수 있습니다. 이는 나중에 더 살펴보겠습니다. 또 외부 호출이 완료된 후에는 반환값을 주의 깊게 처리해야 합니다. 특히 예외가 발생했을 때는 더욱 주의해야 합니다. 그러나 상황에 따라 위험하지만 외부 컨트랙트를 호출해야 하는 경우도 있습니다. 예를 들면 새로운 프로젝트를 초기에 빠르게 진행하기 위해서 이미 검증된 요소들을 이용하고 싶은 경우입니다. 이때 가장 안선한 방법은 잠재적인 위험 요소를 인지하고 배운 다음 코드를 작성하는 것입니다.

14.2.1 외부 호출로 실행하는 유형

외부 호출로 외부 컨트랙트 함수를 호출하거나 이더를 외부 컨트랙트에 보낼 수 있습니다. 이더를 전송하면서 동시에 코드 실행하도록 할 수도 있습니다. [표 14-1]은 외부 호출을 수행하는 방법의 특성을 요약한 것입니다.

> **WARNING_** send( ), call( )은 솔리디티 컴파일러 버전 0.5부터는 사용되지 않습니다.

표 14-1 각 외부 호출 유형의 특성

호출 실행 유형	목적	호출된 외부 함수	예외 처리	실행 컨텍스트	메시지 객체	가스 한도
externalContractAddress.send(etherAmount)	Raw 호출로 이더 전송	폴백	아니요	해당 없음	해당 없음	2,300
externalContractAddress.transfer(etherAmount)	Safe 호출로 이더 전송	폴백	예	해당 없음	해당 없음	2,300
externalContractAddress.call.(bytes4(sha3("externalFunction()")))	외부 함수 컨텍스트에서 Raw 호출하는 함수	지정된 함수	아니요	외부 컨트랙트	원본 메시지	원본 호출의 가스 한도
externalContractAddress.callcode.(bytes4(sha3("externalFunction()")))	호출자 컨텍스트에서 Raw 호출하는 함수	지정된 함수	아니요	호출 컨트랙트	호출자에서 생성된 새로운 메시지	원본 호출의 가스 한도
externalContractAddress.delegatecall.(bytes4(sha3("externalFunction()")))	호출자 컨텍스트에서 Raw 호출하는 함수	지정된 함수	아니요	호출 컨트랙트	원본 메시지	원본 호출의 가스 한도

ExternalContract(external ContractAddress) .externalFunction()	Safe 호출 하는 함수	지정된 함수	예	외부 컨트랙트	원본 메시지	원본 호출의 가스 한도

call(), callcode(), delegatecall()을 사용하면 다음과 같이 value 키워드로 이더 금액을 지정하여 호출과 동시에 이더를 전송할 수 있습니다.

```
externalContractAddress.call.value(etherAmount)(
    bytes4(sha3("externalFunction()")
```

다음과 같이 함수를 호출하지 않고 이더만 전송할 수도 있습니다.

```
externalContractAddress.call.value(etherAmount)()
```

이렇게 이더를 보내는 방법은 장단점이 있습니다. 수신자가 좀 더 복잡한 폴백 함수를 사용할 수 있는 반면 발신자는 같은 이유로 악의적인 조작에 노출될 수 있습니다. [표 14-1]에서 알 수 있듯이 외부 호출의 다양한 측면이 외부 호출을 수행할 때 보안에 영향을 줄 수 있습니다.

- 어떤 외부 함수를 호출할 수 있습니까?
- 외부 호출이 실패할 경우 예외가 발생합니까?
- 어떤 상황에서 외부 호출이 실행됩니까?
- 어떤 메시지를 수신합니까?
- 가스 한도는 어느 정도입니까?

하나씩 살펴보도록 하겠습니다.

14.2.2 어떤 외부 함수를 호출할 수 있는가

호출하는 방법을 두 가지로 구분할 수 있습니다. 이더만 전송하는 것과 모든 함수를 호출하는 것입니다.

이더만 전송하는 경우

send( ) 및 transfer( ) 호출은 다음과 같이 암시적으로 외부 컨트랙트 fallback( ) 함수만 호출할 수 있습니다.

```
contract ExternalContract {
    ...
    function payable() { }        ◁──┐  폴백 함수로 5.3.2절에 설명한 바와 같이
}                                    │  암시적으로 send()를 호출합니다.

contract A {
    ...
    function doSomething()
    {
        ...
        externalContractAddress.send(etherAmount);
    }
}
```

일반적으로 폴백 함수에는 복잡한 로직이 포함될 수 있습니다. 그러나 send( ) 및 transfer( )는 2300을 가스 한도로 설정하여 외부 함수를 호출합니다. 이더 전송을 제외하고 폴백 기능이 로깅 작업만 수행할 수 있을 정도로 가스 한도가 낮습니다.

낮은 가스 한도는 발신자가 잠재적인 재진입 공격에 안심할 수 있도록 합니다(이는 곧 설명하겠습니다). 제어 흐름이 폴백 함수로 넘어갈 때 외부 컨트랙트에서 이더를 이체하는 것 이외의 작업을 수행할 수 없기 때문입니다. 따라서 이더 결제와 더불어 실질적인 로직을 실행해야 할 때는 send( ) 및 transfer( )를 사용할 수 없습니다. 아직 완전히 이해되지 않더라도 걱정하지 마십시오. 다음 페이지에서 재진입 공격을 배우면 명확해집니다.

커스텀 함수 호출

다른 실행 유형은 이더를 외부 컨트랙트로 전송하면서 외부 커스텀 함수를 호출할 수 있습니다. 이런 유연성은 보안 취약점이 되기도 합니다. 충분한 가스 한도 덕분에 이더를 전송하고 다른 복잡한 로직을 실행하면서 외부 호출을 통한 악의적인 조작에 노출될 위험이 있습니다. 결과적으로 이더를 도난당할 가능성도 높아집니다.

앞에서 설명했듯이 다음과 같이 함수를 호출하지 않고 이더만 전송할 수도 있습니다.

```
externalContractAddress.call.value(etherAmount)()
```

이더를 이렇게 보내는 방법은 장단점이 있습니다. call()은 가스 한도를 무제한으로 설정하여 호출합니다. 수신자는 컨트랙트 상태 변수에 접근할 수 있는 더 복잡한 폴백 함수를 정의할 수 있지만 같은 이유로 발신자는 잠재적으로 악의적인 외부 조작에 노출됩니다.

> **TIP_** 이더를 전송하는 가장 안전한 방법은 send() 또는 transfer()입니다. 즉 비즈니스 로직에서 완전히 분리하는 것입니다.

14.2.3 외부 호출이 실패할 경우 예외가 발생하는가

동작 관점에서 외부 호출 시 오류가 발생할 때 호출 유형을 RAW와 SAFE로 나눌 수 있습니다. RAW와 SAFE를 설명하고 호출이 실행되는 다양한 컨텍스트를 설명하겠습니다.

RAW 호출

호출 실행 유형은 대부분 RAW입니다. 외부 함수가 예외를 발생시키면 불 false 값을 반환하지만 컨트랙트는 자동으로 상태를 원복하지 않습니다. 따라서 호출에 실패하고 적절한 조치를 하지 않으면 호출한 컨트랙트 상탯값이 올바르지 않을 수 있습니다. 또 어떠한 결과도 얻지 못했지만 함께 보낸 이더도 돌려받지 못하게 됩니다. 다음은 예외 처리가 되지 않은 호출 예시입니다.

```
externalContractAddress.send(etherAmount);
```

send()가 실패하고 처리되지 않으면 etherAmount가 손실됩니다. 외부 폴백 함수로 전송된 2300개의 가스가 손실됩니다.

```
externalContractAddress.call.value(etherAmount)();
```

```
externalContractAddress.call.value(etherAmount)(
    bytes4(sha3("externalFunction()");
```

externalFunction이 실패하면 전송된 etherAmount가 반환되지 않고 손실됩니다. externalFunction으로 전송된 모든 가스도 손실됩니다.

call()이 실패하고 처리되지 않으면 etherAmount가 손실됩니다. 모든 가스는 외부 폴백 기능으로 전달되어 손실됩니다.

외부 호출 시 호출이 실패하는 경우 컨트랙트 상태를 되돌리는 방법은 두 가지입니다. require 또는 revert()를 사용할 수 있습니다. 오류가 발생했을 때 수동으로 상태를 되돌리는 첫 번째 방법은 일부 상태 변수에 require() 조건을 정의하는 것입니다. 외부 호출이 실패하면 require() 조건에 따라 실패하도록 설계하므로 다음 예제처럼 컨트랙트 상태가 자동으로 되돌아갑니다.

```
contract ExternalContract {
    …
    function externalFunction payable (uint _input) {
    …
    }

}
contract A {
    …
    function doSomething ()
    {
        uint stateVariable;

        uint initialBalance = this.Balance;
        uint commission = 60;
        externalContractAddress.call.value(commission)(
            bytes4(sha3("externalFunction()")), 10);

        require(this.Balance == initialBalance - commission);
        require(stateVariable == expectedValue);
    }
}
```

여기서 문제가 발생하고 externalFunction에서 예외가 발생합니다.

외부 함수가 호출되고 실패하면 불 false 값이 반환됩니다.

두 개의 require() 조건을 이더 잔액과 컨트랙트 상태에 설정합니다. 조건이 충족되지 않으면 이더 잔액과 컨트랙트 상태가 모두 되돌아갑니다.

두 번째 방법은 다음 코드와 같이 명시적으로 성공 여부를 확인한 후 실패하면 revert()를 호출하는 것입니다.

```
contract ExternalContract {
    ...

    function externalFunction payable (uint _input) {
        ...            여기에 문제가 발생하고
        }              externalFunction에서
}                      예외가 발생합니다.

contract A {
    uint stateVariable;

    ...
    function doSomething ()
    {
        uint initialBalance = this.Balance;
        uint commission = 60;

        if (!externalContractAddress.call.value(commission)(
            bytes4(sha3("externalFunction()")), 10))
            revert();
    }
    ...
```

SAFE 호출

두 가지 유형의 외부 호출은 안전합니다. 외부 호출이 실패하면 예외가 호출 코드로 전파되어 컨트랙트 상태 변수와 이더 밸런스를 되돌립니다. 첫 번째로 안전한 호출 유형은 다음과 같습니다.

```
externalContractAddress.transfer(etherAmount);        transfer()가 실패하면 외부 호출. 실패가 로컬
                                                      예외 처리를 발생시켜 호출한 컨트랙트 상태 및
                                                      잔액을 되돌립니다.
```

두 번째 유형은 외부 컨트랙트를 고수준으로 호출합니다.

```
ExternalContract(externalContractAddress)
    .externalFunction();
```

externalFunction이 실패하면 로컬 예외 처리를 발생시켜 호출한 컨트랙트 상태 및 잔액을 되돌립니다.

> **TIP_** 이더를 전송할 때는 transfer( )를 사용하고 로직을 실행할 때는 고수준 컨트랙트 함수로 호출하는 것이 좋습니다. 이더를 전송하기 위해 send( )를 사용하거나 로직을 실행하기 위해 call( )을 사용하는 것은 안전하지 않습니다. Safe 호출은 호출이 실패하면 컨트랙트 상태가 깨끗하게 원복되지만 Raw 호출은 실패하면 직접 에러를 처리하고 상태를 원복해야 합니다.

14.2.4 외부 호출은 어떤 컨텍스트에서 실행되는가

호출한 컨트랙트 컨텍스트에서 호출할 수 있습니다. 이 경우 호출한 컨트랙트 상태 변수를 참조하게 됩니다. 또한 외부 컨트랙트 컨텍스트에서 호출을 실행할 수 있습니다. 이 경우 외부 컨트랙트의 상태 변수를 참조하게 됩니다.

외부 컨트랙트 컨텍스트에서 실행

[표 14-1]에서 실행되는 컨텍스트 열을 보면 대부분 호출은 외부 컨트랙트 컨텍스트에서 실행되는 것을 알 수 있습니다. 다음 코드는 외부 컨트랙트에서 실행되는 외부 호출을 보여줍니다.

예제 14-1 외부 컨트랙트 컨텍스트에서 실행되는 예시

```
contract A {
    uint value;
    address msgSender;          상태 변수
    address externalContractAddress = 0x5;

    function setValue(uint _value)
    {
        externalContractAddress.call.(
            bytes4(sha3("setValue()")), _value);     ExternalContract.setValue()로
    }                                                 외부 호출
}
```

```
contract ExternalContract {

    uint value;
    address msgSender;          │  Contract A에 정의된 상태 변수

    function setValue(uint _value) {        │  ExternalContract.value를
        value = _value;           ◁──      │  수정하고 _value로 설정
        msgSender = msg.sender;   ◁─       │  ExternalContract.msgSender를
    }                                       │  수정하고 Contract A로 전송된 원래
}                                           │  msg.sender로 설정
```

[그림 14-5]의 예를 통해 [예제 14-1]에 구현된 외부 호출에 따라 ContractA와 External Contract 상태가 어떻게 변경되는지 알아보겠습니다.

그림 14-5 외부 컨트랙트 컨텍스트에서 실행되는 예시

외부 컨트랙트 컨텍스트에서 실행

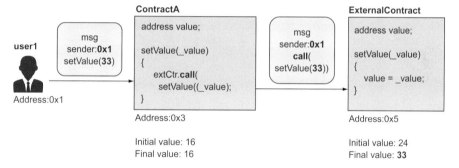

call()로 외부 함수를 호출하면 외부 컨트랙트(ExternalContract) 컨텍스트에서 실행된다.
이는 ExternalContract.setValue() 함수가 ExternalContract의 상태를 수정하는 것을 의미한다.

이 예시에 사용된 사용자 및 컨트랙트 계정의 주소는 [표 14-2]에 요약되어 있습니다.

표 14-2 사용자 및 컨트랙트 계정 주소

계정	주소
user1	0x1
user2	0x2
ContractA	0x3
ContractB	0x4
ExternalContract	0x5

외부 호출을 하기 전 컨트랙트의 초기 상태를 [표 14-3]에 요약했습니다. 컨트랙트 상태는 [표 14-4]에 표시된 상태로 변경됩니다.

표 14-3 컨트랙트 초기 상태 변수

	ContractA	ExternalContract
Value	16	24

이제 user1이 ContractA에서 다음 호출을 수행한다고 가정하겠습니다. 12장에서 보았듯이 웹 UI에서 Web3.js를 통해 다음과 같이 호출합니다.

```
ContractA.setValue(33)
```

표 14-4 외부 호출한 후 컨트랙트 및 msg 객체의 상태

	ContractA	ExternalContract
Value	16	**33**
msg sender	0x1	**0x1**

요약하자면 ContractA의 상태는 변경되지 않았지만 ExternalContract의 상태는 [표 14-4]에 표시된 것처럼 수정됐습니다. ExternalContract가 처리하는 msg 객체는 ContractA를 호출하는 동안 user1이 생성한 msg 객체입니다.

호출한 컨트랙트 컨텍스트에서 delegatecall로 실행

delegatecall 호출은 호출한 컨트랙트 컨텍스트에서 이루어집니다. 다음 예제의 코드는 외부 컨트랙트에서 실행되는 외부 호출을 보여줍니다.

예제 14-2 delegatecall로 호출한 컨트랙트 컨텍스트에서 실행 예시

```
contract A {
    uint value;
    address msgSender;          상태 변수
    address externalContractAddress = 0x5;
```

```
  function setValue(uint _value)
  {
    externalContractAddress.delegatecall.(        ┐ ContractA.value를 수정하고
      bytes4(sha3("setValue()")), _value);       ⟵─┘ _value로 설정
  }
}

contract ExternalContract {

  uint value;                      ┐ ContractA에서
  address msgSender;               ┘ 정의된 상태 변수

  function setValue(uint _value) {        ┐ ExternalContract.setValue()에서
    value = _value;               ⟵──────┘ 수행된 외부 호출
    msgSender = msg.sender;       ⟵─┐ ContractA.msgSender를
  }                                 │ 수정하고 ContractA로 전송된 원래
}                                   └ msg.Sender로 설정
```

[그림 14-6]으로 [예제 14-2]와 같이 구현한 외부 호출에 따라 ContractA와 External Contract의 상태가 어떻게 변경되는지 확인합니다.

외부 호출을 하기 전 컨트랙트 초기 상태는 [표 14-5]에 요약되어 있습니다.

그림 14-6 호출한 컨트랙트 컨텍스트에서 delegatecall을 호출하는 예시

delegatecall로 호출한 컨트랙트 컨텍스트에서 실행

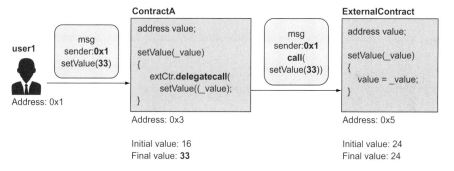

delegatecall()로 외부 함수를 호출하면 호출한 컨트랙트(ContractA)의 컨텍스트에서 실행된다.
이는 ExternalContract.setValue() 함수가 ContractA의 상태를 수정하는 것을 의미한다.

표 14-5 컨트랙트 초기 상태

	ContractA	ExternalContract
Value	16	24

이제 user1이 웹 UI에서 ContractA에서 나음 호출을 한다고 가성합니다.

```
ContractA.setValue(33)
```

[표 14-6]처럼 ContractA 상태가 수정된 반면 ExternalContract 상태는 변경되지 않았습니다. ExternalContract가 처리하는 msg 객체는 여전히 user1이 ContractA를 호출하는 동안 생성한 원래 msg 객체입니다.

표 14-6 delegatecall로 외부 호출한 후 컨트랙트와 msg 객체 상태

	ContractA	ExternalContract
Value	33	24
msg sender	0x1	0x1

호출한 컨트랙트 컨텍스트에서 callcode로 실행

마지막으로 확인하는 케이스는 다음과 같이 ContractA.setValue()를 delegatecall 대신 callcode로 사용하는 경우입니다.

```
function setValue(uint _value)
{
    externalContractAddress.callcode.(bytes4(sha3("setValue()")), _value);
}
```

[그림 14-7]처럼 user1이 호출한 후에도 초기 상태가 전과 같다면 컨트랙트 상태는 [표 14-7]과 같은 것입니다.

그림 14-7 호출 컨트랙트 컨텍스트에서 callcode를 실행하는 예시

callcode로 호출한 컨트랙트 컨텍스트에서 실행

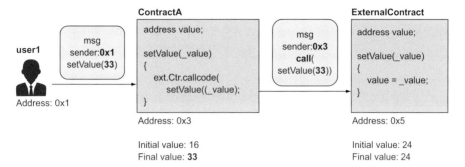

외부 함수를 callcode()로 호출하면 호출하는 컨트랙트(ContractA) 컨텍스트에서 실행된다.
ExternalContract.setValue()는 ContractA의 상태 변수를 수정한다. callcode는 delegatecall처럼
user1에서 원본 msg 객체를 ExternalContract로 전파하지 않지만 발신자가 ContractA인 새로운 msg객체를 생성한다.

표 14-7 callcode로 외부 호출한 후 컨트랙트 상태

	ContractA	ExternalContract
Value	33	24
msg sender	0x1	0x3

보다시피, callcode를 호출하는 외부 함수는 여전히 delegatecall를 사용하는 것처럼 호출자의 컨텍스트에서 실행됩니다. 그러나 ContractA는 외부 호출이 발생할 때 메시지 발신자가 ContractA인 새 msg객체를 생성합니다.

보안 관점에서 볼 때 외부 컨트랙트 컨텍스트에서 실행되는 것은 호출자 컨트랙트 컨텍스트에서 실행되는 것보다 안전합니다. callcode 또는 delegatecall를 사용하여 외부 함수를 호출하면 호출한 컨트랙트 컨텍스트에서 실행됩니다. 호출자는 외부 컨트랙트가 자신의 상태 변수를 읽거나 쓰는 것을 허용합니다. 이런 방법은 제한된 상황에서만 허용하는 것이 좋습니다. 특히 외부 컨트랙트를 직접 통제할 수 있을 때(본인이 컨트랙트 소유자인 경우) 활용하는 것이 안전합니다. [표 14-8]에서 각 호출 유형에 사용된 컨텍스트 및 msg 객체를 확인할 수 있습니다.

표 14-8 각 호출 유형의 실행 컨텍스트 및 msg 객체 요약

호출 유형	실행 컨텍스트	msg 객체
call	외부 컨트랙트	원본 msg 객체
delegatecall	호출 컨트랙트	원본 msg 객체
callcode	호출 컨트랙트	호출한 컨트랙트에서 생성된 msg 객체

TIP_ call()을 사용해야 한다면 외부 컨트랙트 컨텍스트보다는 호출 컨트랙트 컨텍스트에서 call()을 사용하는 것이 좋습니다. 하지만 솔리디티 0.5 버전부터 call() 함수를 지원하지 않는다는 점을 주의하세요.

14.2.5 어떤 msg 객체를 수신했는가

메시지 객체는 일반적으로 작성 시점부터 외부 호출 체인에서 호출된 마지막 컨트랙트까지 흐릅니다. 여러 컨트랙트를 거칠 수 있습니다. 새로운 메시지 객체를 생성하는 callcode를 제외한 모든 외부 호출 유형으로 외부 호출하는 경우입니다. 이는 callcode와 delegatecall 외부 호출을 비교한 것에서 확인했습니다. callcode를 사용하면 원치않은 메시지가 생성되는 버그를 수정할 때 delegatecall 옵코드를 사용합니다. 따라서 callcode는 최대한 사용하지 않는 것이 좋습니다.

TIP_ 가능하면 callcode 대신 delegatecall을 사용하세요.

14.2.6 가스 한도는 무엇인가

send() 및 transfer()는 외부 호출할 때 가스 한도를 2300개로 설정하기 때문에 이더를 전송하고 로그 작업을 수행할 수 있습니다. 하지만 다른 외부 호출 유형은 외부 호출 시 가스 한도를 컨트랙트에 설정된 최대치로 설정합니다. 앞에서 설명했듯이 가스 하한과 상한은 모두 보안에 영향을 줍니다. 하지만 이더 전송 면에서는 외부에서 예치된 이더를 조작할 위험성을 줄이기 위해 가스 한도를 최소한으로 설정하는 것이 좋습니다.

TIP_ 가스 한도를 높게 설정하는 것보다 낮게 설정하는 것이 좋습니다.

14.3 외부 호출을 더욱 안전하게 수행하는 방법

외부 호출 유형들의 특성과 장단점을 잘 알고 있어야 요구 사항에 가장 적합한 방법을 선택할 수 있습니다. 올바른 호출 방법을 선택했더라도 적절하게 사용하지 않으면 결국 문제가 생길 수 있습니다. 이 절에서는 외부 호출을 안전하게 수행하는 기술을 몇 가지 소개합니다. 안전하고 걱정 없이 이더를 전송를 전송하기 위해 transfer()를 사용하더라도 전체 시나리오를 고려하지 않으면 값비싼 실수를 하게됩니다.

14.3.1 풀 지불 구현

경매 디앱을 개발했다고 상상해봅시다. 다음 목록에 보이는 코드처럼 ConsenSys에서 발표한 「Ethereum Smart Contract Best Practices」 가이드[1]를 따라서 컨트랙트를 개발했습니다. 다음 예제를 잘 살펴보세요. 이번 장에서 자주 활용할 것입니다.

예제 14-3 잘못 구현된 Auction 컨트랙트

```
contract Auction {//INCORRECT CODE //DO NOT USE!//UNDER APACHE LICENSE 2.0
    // Copyright 2016 Smart Contract Best Practices Authors
    address highestBidder;
    uint highestBid;

    function bid() payable {
        require(msg.value >= highestBid);          현재 입찰가가 가장 높지 않으면
                                                   트랜잭션을 되돌립니다.

        if (highestBidder != 0) {
            highestBidder.transfer(highestBid);    현재 입찰가가 가장 높은 경우
        }                                          이전 최고 입찰자에게 환불합니다.

        highestBidder = msg.sender;        최고 입찰 및 입찰자의
        highestBid = msg.value;            세부 정보를 업데이트합니다.
    }
}
```

---

[1] http://mng.bz/MxXD

다음 예제처럼 입찰자 중 한 명이 폴백 함수를 구현하여 최고 입찰가보다 더 높은 입찰가를 제출하면 어떻게 될까요?

예제 14-4 Auction 컨트랙트를 호출하는 악의적인 컨트랙트

```
contract MaliciousBidder {
    address auctionContractAddress = 0x123;
    function submitBid() public {
        auctionContractAddress.call.value(
            100000000000)(bytes4(sha3("bid()")));
    }

    function payable() {
        revert ();        ←── 이 컨트랙트는 이더가 지불될 때마다
    }                          상태를 되돌리고 예외를 발생시킵니다.
    ...
    }
```

MaliciousBidder 컨트랙트가 submitBid()로 최고 입찰가를 제출하면 Auction.bid()는 이전 최고 입찰자에게 환불해주고 최고 입찰자의 주소와 가격을 MaliciousBidder의 주소와 입찰가로 설정합니다. 여기까지는 좋습니다. 다음은 어떻게 될까요? 새로운 입찰자가 다시 더 높은 가격으로 입찰합니다. Auction.bid()는 MaliciousBidder에게 환불하려고 하지만 다음 코드는 실패합니다. 새 입찰자는 아무런 잘못을 하지 않았고 bid() 함수 로직에도 문제는 없어 보입니다.

```
highestBidder.transfer (highestBid);
```

현재의 highBidder는 여전히 MaliciousBidder의 주소이며 highBidder.transfer()가 호출하는 폴백에서 예외를 던지기 때문에 이 코드는 실패하게 됩니다. 생각해보면 새로운 입찰자는 누구든 해당 코드를 통과할 수 없습니다. 그전에 MaliciousBidder에게 환불해야 하기 때문입니다. 또 highBidder.transfer() 호출은 [그림 14-8]처럼 최고 입찰자의 주소와 가격을 업데이트하기 전에 계속 실패하게 됩니다. 그래서 MaliciousBidder는 말 그대로 악의적입니다!

그림 14-8 악의적인 컨트랙트가 최고 입찰자가 되면 경매 컨트랙트는 사실상 기능을 못한다. 악의적인 컨트랙트로 환불하려고 할 때마다 실패하여 새로운 최고 입찰자를 설정할 수 없기 때문이다.

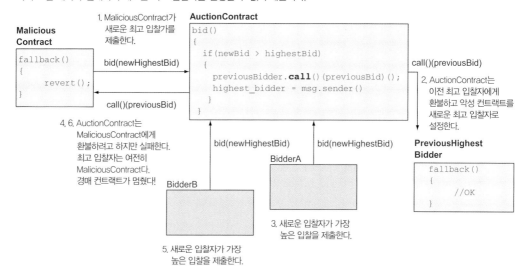

transfer()를 send()로 바꾸면 어떨까요? send()로 호출을 실패하고 bid() 함수에서 예외가 발생합니다. 결과적으로 다음 코드처럼 transfer()를 send()로 사용해도 문제는 해결되지 않습니다.

```
require(highestBidder.send(highestBid));
```

악의적은 외부 입찰자가 존재하지 않더라도 현재 구현된 bid()에서 문제가 발생할 수 있습니다. 또 fallback()에 결함 있는 외부 입찰 컨트랙트 때문에 의도치 않은 예외가 발생하면 역시 문제가 발생할 수 있습니다. 예를 들면 transfer()나 send()의 가스 한도를 모르는 개발자가 다음 코드처럼 복잡한 폴백 함수를 구현했을 수 있습니다. 자체 컨트랙트 상태 변수를 수정하여 환불받아 처리합니다. 결과적으로 transfer()만으로 2300개의 가스 한도를 소진하고 거의 즉시 '가스 부족' 예외가 발생합니다.

```
function () payable() {
    refunds += msg.value;
}
```
refund 상태 변수가 업데이트되는 순간 함수가 실행될 때 transfer()에 할당된 2300개의 가스를 소진하고 실패합니다.

보다시피 현재 bid( ) 함수는 정직하고 유능한 외부 컨트랙트 개발자를 상대하고 있다고 가정하고 있습니다. 하지만 항상 그럴 수는 없습니다. 입찰받는 안전한 방법은 최고 입찰자를 업데이트하는 로직과 이전 최고 입찰자에게 환불하는 로직을 분리하는 것입니다. 그러면 더 이상 이전 최고 입찰자에게 자동으로 환불되지 않지만 다음 코드처럼 별도 요청으로 환불해주게 됩니다(이 방법은 앞서 언급한 ConsenSys 가이드에서도 소개합니다).

예제 14-5 올바른 Auction 컨트랙트 구현

```
//UNDER APACHE LICENSE 2.0
//Copyright 2016 Smart Contract Best Practices Authors
//https://consensys.github.io/smart-contract-best-practices/
contract Auction {
    address highestBidder;
    uint highestBid;
    mapping(address => uint) refunds;

    function bid() payable external {
        require(msg.value >= highestBid);

        if (highestBidder != 0) {
            refunds[highestBidder] += highestBid;
        }

        highestBidder = msg.sender;
        highestBid = msg.value;
    }

    function withdrawRefund() external {
        uint refund = refunds[msg.sender];
        refunds[msg.sender] = 0;
        msg.sender.transfer(refund);
        }
    }
}
```

이제 이 함수는 환불 매핑에 새로운 입찰자가 생기면 환불 금액만 저장합니다. 이더는 전송하지 않습니다.

새로운 최고 입잘자와 입찰 가격을 업데이트할 수 있습니다. bid() 함수는 더 이상 중간에 조작될 수 있는 transfer() 호출과 같은 외부 로직을 포함하지 않습니다.

악의적인 입찰자 때문에 전송이 실패하더라도 경매 컨트랙트의 상태 변수에는 영향을 미치지 않습니다.

풀pull 지불은 반복문에서 여러 지불을 수행할 때도 유용합니다. 다음 예제처럼 크라우드세일이 실패한 경우 투자자 계정으로 환불하는 함수를 예로 들 수 있습니다.

예제 14-6 여러 번 지불하는 함수의 잘못된 구현

```
contract Crowdsale {
    address[] investors;
    mapping(address => uint) investments;

    function refundAllInvestors() payable onlyOwner external {
        //INCORRECT CODE //DO NOT USE!

        for (int i =0; i< investors.length; ++i) {
            investors[i].send(investments[investors[i]]);
        }
    }
}
```

공격자가 매우 많은 수의 계정으로 매우 적은 금액을 투자하는 경우 투자자 배열에 항목 수가 많아지게 됩니다. 반복문 단계마다 가스 비용이 고정되어 있기 때문에 for 루프에서 가스를 모두 소진할 수 있습니다. 이는 가스 한도를 이용하는 DoS 공격의 한 형태입니다. 더 안전한 방법은 refundAllInvestors()로 환불 금액을 할당하고 이더를 전송하는 작업은 풀 지불 함수인 withdrawalRefund()에서 수행하도록 분리하는 것입니다. 다음 예제에서 경매 컨트랙트를 구현한 것과 비슷합니다.

예제 14-7 개선된 refundAllInvestors() 함수 구현

```
contract Crowdsale {
    address[] investors;
    mapping(address => uint) investments;
    mapping(address => uint) refunds;

    function refundAllInvestors() payable onlyOwner external {

        for (int i =0; i< investors.length; ++i) {
            refunds[investors [i]] = investments[i];
            investments[investors[i]] = 0;
        }
    }

    function withdrawRefund() external {
        uint refund = refunds[msg.sender];
        refunds[msg.sender] = 0;
        msg.sender.transfer(refund);
    }
}
```

14.3.2 최소 폴백 함수 구현

이더를 이체해야 하는 컨트랙트 관점에서 풀 지불 방식은 좋은 해결책입니다. 이번에는 입찰자의 입장에서 고려해보겠습니다. 경매 컨트랙트와 같은 외부 컨트랙트에서 이더를 받아야 하고 [예제 14-7]처럼 외부 컨트랙트에는 안전한 풀 지불 기능이 없다고 가정합니다. 대신 [예제 14-6]처럼 외부 컨트랙트가 차선책으로 개발되어 있다고 가정합니다. 가장 처음에 구현된 로직입니다. 이 경우 transfer()나 send()로 환불하기 위해 다음과 같이 최소의 폴백 함수를 제공해야 합니다. 로직이 비어 있거나 단일 로그를 기록하는 로직을 추가할 수 있습니다.

```
function() public payable {}
```

14.3.3 selfdestruct()에서 전송되는 이더 주의하기

불행히도 알려지지 않은 출처에서 전송되는 이더를 받지 못하도록 컨트랙트를 개발할 수는 없습니다. 다음 예제처럼 컨트랙트가 호출되면 항상 예외를 발생시키거나 컨트랙트 상태를 되돌리는 폴백이 있으면 원하지 않는 이더가 수신되는 것을 막기 충분하다고 생각할 수 있습니다.

```
function() public payable {revert ();}
```

그러나 수신하는 곳에 지불 함수가 없거나 폴백 함수가 있더라도 이더를 전송하는 방법이 있습니다. 바로 calling입니다.

```
selfdestruct(recipientAddress);
```

selfdestruct() 함수는 응급 상황에서 컨트랙트를 파기하고 동시에 컨트랙트 계정과 관련된 모든 이더를 지정된 주소로 전송하기 위해 도입됐습니다. 일반적으로 중대한 버그가 발견되거나 컨트랙트가 해킹됐을 때 실행됩니다.

불행히도 selfdestruct() 함수도 잘못 사용될 수 있습니다. 외부 컨트랙트가 적어도 1 Wei를 가지고 있고 내 컨트랙트 주소를 타깃으로 selfdestruct() 로직이 설정되어 있다면 우리가 막을 수 있는 방법은 많지 않습니다. 원치 않는 이더를 받는 것이 심각한 문제는 아니라고 생각할 수도 있습니다. 하지만 컨트랙트 로직으로 예를 들면 require( )문으로 이더 잔액을 검증하거나 확인하는 경우 문제가 생길 수 있습니다.

14.4 알려진 보안 공격 회피하기

솔리디티에서 외부 호출과 관련되고 알려진 보안 취약점을 검토했으므로 이제 이러한 취약점을 악용하여 발생한 공격을 분석할 차례입니다. 공격자의 공격 목표에 따라 솔리디티 컨트랙트 공격을 세 가지 범주로 분류할 수 있습니다. 공격 목표는 다음과 같습니다.

- 개별 트랜잭션 결과 조작
- 특정 트랜잭션을 다른 트랜잭션보다 우선하기
- 컨트랙트 기능 마비

[표 14-9]에는 각 공격 범주와 연관된 조작 기술이 요약되어 있습니다. 다음 절에서는 표에 정의된 공격 기술을 정의하고 자세히 설명하겠습니다.

표 14-9 보안 공격, 전략과 기술

공격 목표	공격 전략	공격 기술
개별 트랜잭션 조작하기	경쟁 조건	재진입, 교차함수 경쟁 조건
다른 트랙잭션보다 특정 트랜잭션을 우선하기	프런트 러닝	프런트 러닝
컨트랙트를 사용하지 못하도록 하기	서비스 거부	가스 한도를 소진시켜 revert( )를 호출하는 폴백

WARNING_ 이번 절에서는 가장 일반적인 공격 방법을 다루며 주로 악의적인 참여자가 컨트랙트를 조작하는 방법을 소개합니다. 또한 새로운 공격 방법이 지속적으로 나타나기 때문에 공식 솔리디티 설명서 또는 해당 주제를 다루는 웹사이트 또는 블로그를 참조하여 최신 보안 위반에 대해 배우고 지속적으로 최신 정보를 익혀야 합니다. 14.5절에서 사례를 몇 가지 소개합니다.

14.4.1 재진입 공격

재진입 공격은 외부 호출을 포함하는 함수가 대상입니다. 외부 호출에서 발생할 수 있는 시간 지연으로 함수를 동시 호출하는 경쟁 조건을 이용합니다. 공격의 목표는 일반적으로 컨트랙트 상태를 조작하는 것입니다. 공격자가 외부 호출을 중간에 가로채서 기다리게 한 뒤 목표한 함수를 동시에 최대한 많이 호출하여 이더 잔액 또는 다른 토큰 잔액을 조작합니다. 앞서 설명한 디앱 경매의 예를 들면 공격자는 [그림 14-9]처럼 `withdrawRefund()`의 잘못된 로직을 이용해 환불 요청을 가로채고 동시에 최대한 많은 환불 요청을 유발하여 재진입 공격을 할 수 있습니다.

그림 14-9 만약 `Auction.withdrawRefund()`를 올바르지 않게 구현했다고 해보자. 예를 들어 이더 전송이 완료돼야만 호출자 잔액을 청산하도록 구현한 경우다. 이때 공격자는 동시에 컨트랙트를 호출하고 `fallback()` 함수를 활용하여 각각의 호출을 중간에 가로채서 응답을 지연시킬 수 있다. 이러한 동시 다발적인 이더 전송 중 일부가 완료되어 호출자의 잔액이 청산되기 전까지 불법적인 환불이 발생할 수 있다.

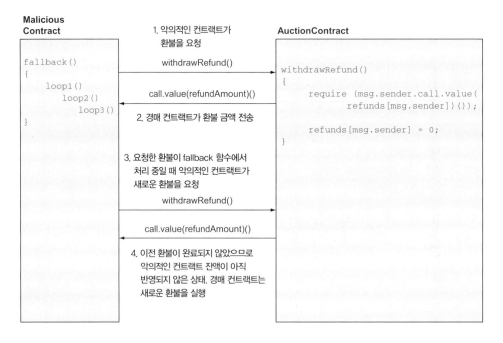

다음 코드는 컨트랙트를 위험에 빠뜨릴 수 있는 `withdrawRefund()`를 잘못 구현한 사례입니다 (ConsenSys 가이드에서도 확인 가능).

```
function withdrawRefund() external { {//INCORRECT CODE //DO NOT USE!
    // UNDER APACHE LICENSE 2.0
    // Copyright 2016 Smart Contract Best Practices Authors
    uint refund = refunds[msg.sender];
    require (msg.sender.call.value(refund)());
    refunds[msg.sender] = 0;
}
```

비교적 오랜 시간이 걸릴 수 있는
외부 컨트랙트 폴백 함수를 호출합니다.

이전 외부 호출이
완료되면 실행합니다.

앞에서 언급했듯이 공격자 컨트랙트는 withdrawRefund()를 여러 번 호출할 수 있습니다. 다음과 같이 외부에서 호출한 지불을 가능하게 하는 폴백 함수를 가로챕니다.

```
contract ReentrancyAttacker {
    function() payable public () {
        uint maxUint = 2 ** 256 - 1;
        for (uint I = 0; i < maxUint; ++i)
        {
            for (uint j =0; j < maxUint; ++j)
            {
                for (uint k =0; k < maxUint; ++k)
                {
                    ...
                }
            }
        }
}
```

폴백에는 완료를 지연시키는 코드만 포함
되어 있습니다. 이 작업이 완료되기 전에
공격자는 withdrawRefund()를 여러 번
호출합니다.

이더 전송을 느리게 하면 withdrawRefund()가 호출자 안의 잔액을 청산하는 코드를 오랫동안 실행할 수 없도록 합니다.

```
refunds[msg.sender] = 0;
```

이 코드가 도달할 때까지 각 호출자에게 원래 지불해야 할 금액으로 이더 전송이 여러 번 발생할 수 있습니다. 결과적으로 [그림 14-10]의 시퀀스 다이어그램에 표시된 것처럼 발신자는 지불한 금액보다 더 많은 이더를 환불받을 수 있습니다.

그림 14-10 공격자가 잘못된 `withdrawRefund()` 구현을 병렬로 호출한 시퀀스 다이어그램

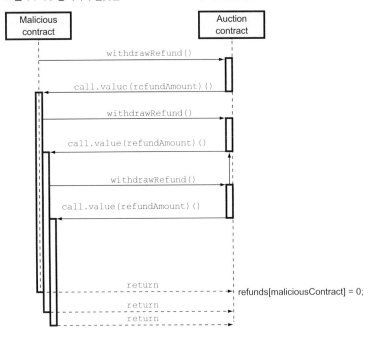

몇 가지 방법으로 이러한 공격을 방지할 수 있습니다.

- `call.value()()` 대신 `transfer()`나 `send()`를 사용하면 2300으로 가스 한도가 설정되어 공격자는 `fallback()` 함수에서 전송을 지연시키는 코드를 구현할 수 없습니다.

- 이더를 전송하는 외부 호출을 마지막 작업으로 배치하면 [예제 14-8]처럼 호출하기 전에 이더 잔액을 지울 수 있습니다. 공격자가 `withdrawRefund()`를 다시 호출하려고 하면 `refunds[msg.sender]`가 0이 되어 0이더를 환불합니다. 새로운 이더 지불에는 아무런 영향을 미치지 않습니다.

예제 14-8 올바른 `withdrawRefund` 함수 구현

```
function withdrawRefund() external {
    uint refund = refunds[msg.sender];
    refunds[msg.sender] = 0;
    require (msg.sender.call.value(refund)());
}
```

이제 잔액이 지워진 후에 이체가 진행되므로 withdrawRefund()를 다시 호출하는 것은 효과가 없습니다.

14.4.2 교차 함수 경쟁 조건

재진입 공격은 동일한 함수의 동시 호출 간 경쟁 조건을 이용합니다. 그러나 공격자는 컨트랙트 상태를 예를 들면 특정 계정의 이더 잔액을 수정할 수 있는 분리된 함수에도 동시 호출을 통한 경쟁 조건을 악용할 수 있습니다.

교차 함수 경쟁 조건은 SimpleCoin에서도 발생할 수 있습니다. SimpleCoin의 transfer() 함수를 떠올려봅시다.

```
function transfer(address _to, uint256 _amount) public {
    require(coinBalance[msg.sender] > _amount);
    require(coinBalance[_to] + _amount >= coinBalance[_to] );
    coinBalance[msg.sender] -= _amount;
    coinBalance[_to] += _amount;
    emit Transfer(msg.sender, _to, _amount);
}
```

withdrawFullBalance() 함수를 제공하기로 했다고 가정합니다. 이 함수는 호출자의 SimpleCoin 계정을 닫고 해당 금액을 이더로 돌려보냅니다. 이 함수를 다음과 같이 구현하면 컨트랙트가 잠재적인 교차 함수 경쟁 조건에 노출됩니다.

```
function withdrawFullBalance() public {//INCORRECT CODE //DO NOT USE!
    uint amountToWithdraw = coinBalance[msg.sender] * exchangeRate;
    require(msg.sender.call.value(
        amountToWithdraw)());          ←┐ 공격자 컨트랙트는 withdrawFullBalance()
    coinBalance[msg.sender] = 0;          실행 시점에서 transfer()를 호출합니다.
}
```

교차 함수 경쟁 조건 공격은 앞에서 설명한 재진입 공격과 유사한 방식으로 작동합니다. 공격자는 먼저 drawFullBalance()를 호출하고 다음 코드와 같이 폴백 함수에서 외부 호출을 가로챕니다. withdrawBalance()가 잔액을 지우기 전에 transfer()를 호출하여 SimpleCoin 잔액 전체를 공격자들이 소유한 다른 주소로 전송합니다. 이런 방법으로 공격자들은 SimpleCoin 전체 잔액을 유지하면서 전체 잔액만큼 이더를 인출할 수 있습니다.

```
contract RaceConditionAttacker {
    function() payable public () {
```

```
    uint maxUint = 2 ** 256 - 1;
        for (uint I = 0; i < maxUint; ++i)
        {
            for (uint j =0; j < maxUint; ++j)
            {
                for (uint k =0; k < maxUint; k++)
                {
                    ...
        }
    }
```

재진입 공격 때와 마찬가지로 해결 방법은 call.value()()를 send() 또는 transfer()로 바꾸는 것입니다. 또한 발신자 잔액을 0으로 지우고 함수의 마지막에서 잔액을 출금하는 외부 호출을 수행하는지 확인해야 합니다.

```
function withdrawFullBalance() public {
    uint amountToWithdraw = coinBalance[msg.sender];
    coinBalance[msg.sender] = 0;
    require(msg.sender.call.value(
        amountToWithdraw)());          ←── 이제 호출자 잔액을 지우고
}                                           외부 호출을 수행합니다.
```

더 복잡한 재진입 사례는 여러 컨트랙트에 걸쳐 호출하는 경우입니다. 권장 사항은 항상 함수 마지막에 외부 호출하거나 외부 호출을 포함하는 함수를 호출하는 것입니다.

14.4.3 프런트 러닝 공격

지금까지 본 경쟁 조건을 기반으로 하는 공격은 일반적으로 외부에서 실행되는 부분을 가로 채서 예상 실행 흐름을 변경해 트랜잭션 결과를 조작합니다.

다른 공격 전략은 상위 수준에서 작동하며 트랜잭션 실행 순서가 중요한 디앱을 대상으로 합니다. 공격자는 특정 트랜잭션의 우선 순위를 변경하여 트랜잭션을 실행하는 타이밍과 순서에 영향을 미칩니다. 예를 들어 악의적인 채굴자는 탈중앙화된 주식 시장을 조작할 수 있습니다. 메모리 풀에서 특정 주식을 대량으로 매수하는 주문을 감지하면 채굴자는 자신이 생성한 매수 트랜잭션을 새로운 블록에 포함시킵니다. 그래서 [그림 14-11]처럼 메모리 풀에 존재하는 다른

주문보다 자신이 먼저 주문할 수 있습니다. 채굴자의 작업 증명이 성공하면 구매 주문이 확정됩니다. 결과적으로 주문이 제출되었지만 아직 실행되지 않은 많은 구매 주문으로 주가가 상승할 것입니다. 채굴자는 즉각적인 차익을 얻을 수 있습니다.

그림 14-11 프런트 러닝 공격의 예시. 악의적인 채굴자는 주식 시장 디앱에서 대량 매수 또는 매도 주문이 메모리 풀에 전송되는 것을 감지할 수 있다. 그런 다음 대량 주문을 무시하고 자신의 주문을 먼저 새로운 블록에 생성하는 프런트 러닝 공격을 할 수 있다. 이런 거래가 포함된 블록이 채굴되면 불공정한 이익을 얻을 수 있다.

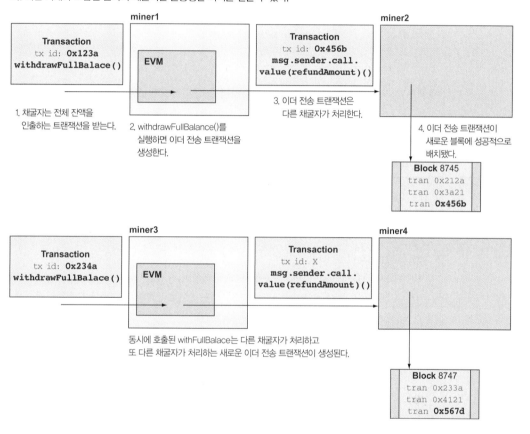

이런 조작 방식은 프런트 러닝의 사례로 고객의 주문보다 먼저 자신의 주문을 실행하는 악의적인 증권 중개인의 관행입니다. 이 공격을 피하는 방법은 주문 청산 로직을 건별로 실행하기보다는 일괄로 처리하는 것입니다. 일괄 경매와 비슷하게 구현하면 됩니다. 이 방식은 경매 컨트랙트가 모든 입찰을 수집한 뒤 단일 수행으로 낙찰자를 결정합니다. 또 다른 해결책은 주문 정보를 숨길 수 있도록 앞부분에서 설명한 커밋-리빌 체계를 구현하는 것입니다.

14.4.4 폴백 revert() 함수를 통한 서비스 거부 공격

일부 공격은 컨트랙트를 완전히 중단시키는 것을 목표로합니다. 이를 서비스 거부(DoS) 공격이라고 합니다. 이 장의 시작 부분인 경매 컨트랙트에서 이미 소개했습니다. 공격자는 다음과 같은 폴백을 구현하고 지불하는 방식으로 목표하는 컨트랙트를 호출하여 사용할 수 없도록 합니다.

```
function payable() {          이 컨트랙트는 이더를 받을 때
    revert ();             ←  마다 상태를 되돌리고 예외를
}                              발생시킵니다.
```

목표 컨트랙트가 다음과 같이 함수를 구현하면 이더를 공격자에게 보내자마자 사용할 수 없게 됩니다.

```
function bid() payable {//INCORRECT CODE//DO NOT USE!
    //UNDER APACHE LICENSE 2.0
    //Copyright 2016 Smart Contract Best Practices Authors

    require(msg.value >= highestBid);        현재 입찰가가 현재 최고 입찰가보다
                                          ←  높은지 확인합니다.

    if (highestBidder != 0) {
        highestBidder.transfer(highestBid));     이전 최고 입찰자에게 환불되지만 이전
    }                                         ←  최고 입찰자가 악의적인 컨트랙트인 경우
                                                 전송을 실패하고 새로운 입찰자와 입찰가를
    highestBidder = msg.sender;                  더 이상 설정할 수 없습니다.
    highestBid = msg.value;
}                              새로운 입찰자와
                               입찰가를 설정합니다.
```

이미 알고 있듯이 자동화된 지불 방식 대신 풀 지불 기능을 구현하여 공격을 피할 수 있습니다 (자세한 내용은 14.3.1절을 참조하세요).

14.4.5 가스 한도를 이용한 서비스 거부 공격

풀 지불 관련 부분에서 잘못 구현된 함수 사례를 살펴봤습니다. 크라우드세일이 실패한 경우 투자자의 모든 계정에 환불해주는 함수였습니다.

```
contract Crowdsale {
    address[] investors;
    mapping(address => uint) investments;

    function refundAllInvestors() payable onlyOwner external {
        //INCORRECT CODE //DO NOT USE!
        for (int i =0; i< investors.length; ++i) {
            investors[i].send(investments[investors[i]]);
        }
    }
}
```

이미 이러한 구현은 매우 많은 수의 계정에서 매우 적은 투자를 하는 공격자 때문에 조작될 수 있다고 경고했습니다. 대규모 투자 배열을 실행하는 for 루프는 컨트랙트를 영구적으로 손상시킬 수 있습니다. 함수를 실행하면서 가스 한도를 모두 소진시키기 때문입니다. 이는 가스 한도를 이용하는 DoS 공격의 한 형태입니다. 풀 지불 함수로 환불하게 되면 이러한 공격을 방지할 수 있습니다.

외부 호출과 관련된 공격과 가장 일반적인 형태의 공격을 피하는 방법을 배웠습니다. 이제 여러 출처에서 수집한 보안 권장 사항을 공유하며 이 장을 마치겠습니다.

14.5 일반 보안 지침

솔리디티 공식 문서에는 보안 고려 사항과 및 권장 사항에 관한 부분이 있습니다.[2] 컨트랙트를 퍼블릭 네트워크에 배포하기 전에 참고하길 권장합니다. ConsenSys의 Diligence(https://consensys.net/diligence/) 부서에서 제안한 오픈 소스 Ethereum Smart Contract Best Practices 가이드(http://mng.bz/dP4g)와 같은 다른 우수한 자료들을 사용할 수도 있습니다. 보안에 중점을 두고 이 분야 우수 사례를 소개하여 인식을 높이는 것을 목표로 합니다. 이 장의 여러 곳에서 이야기한 가이드는 이더리움 보안과 관련한 주요 참고 자료입니다. 여기에서 다룬 내용을 더 자세히 알고 싶을 때 개념을 쉽게 찾을 수 있도록 용어를 채택하기로 결정했습니다.

---

2   http://mng.bz/a7o9

[표 14-10]에는 ConsenSys Diligence가 만든 이더리움 보안과 관련된 유용한 무료 자료가 추가로 나열되어 있습니다. 이더리움 솔리디티 책임자인 크리스티안 라이트비스너[Christian Reitwiessner]의 발표와 게시물도 반드시 읽어야 합니다.[3]

표 14-10 ConsenSys Diligence에서 배포한 이더리움 보안 자료

자료	설명
안전한 스마트 컨트랙트 철학[1] EIP 1470: SWC[2]	ConsenSys Diligence에서 작성한 스마트 컨트랙트 보안을 설명한 미디엄 글 표준화된 스마트 컨트랙트 취약점 분류. 툴 벤더 및 보안 전문가는 더욱 일관된 방식으로 취약점을 분류할 수 있습니다.
0x 보안 감사 리포트[3]	ConsenSys Diligence가 수행했던 ConsenSys 0x 스마트 컨트랙트 보안 감사. 이를 통해 철저한 보안 감사로 발견된 약점을 알 수 있습니다.
보안 감사 준비 가이드[4]	스마트 컨트랙트 보안 감사를 준비하는 방법

1. http://mng.bz/ed5G

2. https://github.com/ethereum/EIPs/issues/1469, http://mng.bz/pgVR

3. http://mng.bz/O2Ej

4. http://mng.bz/YPqj

언급한 자료에서 공통적으로 설명하지만 가장 중요한 요점을 짧게 요약하겠습니다. 그러나 http://hackingdistributed.com, https://cryptonews.com, https://cryptoslate.com 과 같은 사이트에서 최신 보안 취약점과 발견된 취약점을 지속적으로 확인하는 것이 중요합니다.

- **컨트랙트를 간단하게 디자인합니다.**

  일반적으로 객체 지향 클래스에 적용되는 디자인 권장 사항은 스마트 컨트랙트에도 적용할 수 있습니다. 하나의 기능에만 중점을 두어 단순하게 컨트랙트를 개발합니다. 상태 변수를 많이 선언하지 않고 기능 단위로 구현합니다. 이런 개발 방식은 실수를 방지하고 동료 개발자가 코드를 이해하는 데 도움이 될 것입니다.

- **컴파일러에서 경고가 발생하는 코드는 수정합니다.**

  컴파일러 경고 메시지를 이해하고 그에 따라 코드를 수정합니다. 가능하다면 모든 경고 메시지를 제거하는 것을 목표로 합니다. 특히 사용하지 않는 기능에서 발생한 경고 메시지는 반드시 제거합니다. 보안상 문제로 솔리디티 문법은 자주 변경됩니다. 따라서 경고 메시지를 진지하게 받아들여야 합니다.

- **외부 컨트랙트는 가능한 마지막에 호출합니다.**

  재진입 공격 관련 절에서 배운 바와 같이 외부 호출을 하고 컨트랙트 상태 변수가 변경되는 것을 피해야 합니다. 이 호출은 중간에 가로채 갈 수 있습니다. 호출 후 안전하지 않은 응답이 올 수도 있습니다. check-

---

3 http://mng.bz/GWxA, http://mng.bz/zMx6

effects-interaction 패턴을 권장합니다. 다음 순서대로 함수를 구성하면 됩니다.

- Check: 인증된 메시지 발신자인지, 유효한 함수 입력 매개변수인지, 전송된 이더는 유효한지 확인합니다. 일반적으로 require문으로 직접 수행하거나 함수 제어자로 간접적으로 수행할 수 있습니다.

- Effects: 검증된 입력값으로 컨트랙트 상태 변수를 변경합니다.

- Interaction: 새로운 컨트랙트 상태 변수를 사용하여 외부 컨트랙트 또는 라이브러리를 호출합니다.

- **비상 계획을 세웁니다.**

  이전 장에서 배운 대로 컨트랙트는 배포되면 수정할 수 없습니다. 버그를 발견하거나 보안 결함이 발견되어 이더가 위험에 처한 경우 기존의 중앙 집중식 애플리케이션처럼 긴급 패치를 할 수 없습니다. 따라서 이런 상황을 미리 계획하고 SimpleCrowdsale을 배포할 때 6장과 7장에서 다룬 freeze( ) 또는 selfDestruct( )와 같은 비상 함수를 컨트랙트 소유자에게 제공해야 합니다. 이 함수들은 결함을 파악할 때까지 일시적으로 컨트랙트를 비활성화하거나 영구적으로 비활성화할 수 있습니다. 일부 개발자는 더 능동적인 접근 방식을 사용합니다. 컨트랙트 함수에서 상태 변수를 사전에 또는 사후에 조건을 확인하여 자동 동결(또는 오류 방지)하는 기능을 구현했습니다. 조건이 충족되지 않으면 컨트랙트 모든 함수 또는 대부분의 함수가 비활성화되는 안전 모드로 바뀝니다. 대화형이든 자동으로 컨트랙트를 멈추게 하든 13장에서 논의한 대로 업그레이드 전략을 계획해두면 이상적입니다.

- **린터를 사용합니다.**

  린터linter는 정적 코드 분석 도구입니다. 권장하는 스타일, 효율적인 구현, 알려진 보안 취약점 위반을 제시하고 알려줍니다. 가장 잘 알려진 솔리디티 린터는 Solium(현재 Ethlint(https://github.com/duaraghav8/Solium))과 Solint(https://github.com/SilentCicero/solint)입니다. 둘 다 아톰, 서브라임 텍스트, VSCode, JetBrains IDEA와 같은 일반적인 코드 편집기에 플러그인하여 사용할 수 있습니다. 보안 취약점을 강조해주는 것뿐만 아니라 코딩 스타일, 일반적 모범 사례에 대한 피드백을 제공하므로 솔리디티를 빠르게 학습할 수 있습니다.

- **보안 분석 프레임워크를 사용하세요.**

  여유가 있다면 린터에 만족하지 말고 다양한 정적 및 동적 분석기를 결합한 Mythril 플랫폼[4]과 같은 프레임워크를 사용하여 보안 점검을 개발주기에 통합하는 것을 목표로 해보세요.

- **집단 지성을 활용합니다.**

  연결하려는 스마트 컨트랙트가 안전한지 확실하지 않다면 Panvala[5]에서 등급을 알아볼 수 있습니다. Panvala는 스마트 컨트랙트 보안 수준을 사용자에게서 수집하여 공유하는 시스템입니다.

- **정식 보안 감사를 의뢰합니다.**

  스마트 컨트랙트가 암호화폐나 토큰과 같이 자산을 처리하는 경우 실제로 운영하기 전에 이 분야에 특화된 전문가에게 보안 감사를 의뢰하는 것이 좋습니다.

---

4 http://mng.bz/0WmE

5 http://mng.bz/K1Mg

14.6 요약

- 공격자는 일반적으로 솔리디티 언어, EVM, 블록체인의 한계를 악용합니다. 데이터 프라이버시, 난수, 정수 오버플로, 가스 한도 등에 부주의한 개발자는 첫 번째 공격 대상이 됩니다.

- 외부 호출을 잘 활용하지 못하면 악의적인 참여자가 컨트랙트를 조작할 수 있습니다. 예를 들면 일부 외부 호출은 예외를 발생시키는지만 아닌 경우도 있습니다. 또 어떤 컨트랙트는 호출자 컨텍스트에서 실행되지만 호출된 컨트랙트에서 실행되는 함수도 있습니다. 각 유형의 위험성을 이해하고 그에 따라 반환값과 컨트랙트 상태를 처리해야 합니다.

- 더 안전하게 외부 호출을 수행하고 외부에서 조작할 가능성을 줄이는 다양한 기술을 사용할 수 있습니다. 예를 들어 자동 지불 방식이 아닌 풀 지불 기능이 있습니다. 또 이더를 transfer( )나 send( )로 전송하면 가스 한도로 외부 폴백 함수를 제한할 수 있습니다.

- 최소한의 방어선은 적어도 재진입 공격, 프런트 라인 공격, 서비스 거부(DoS) 공격과 같이 잘 알려진 공격에 대비하는 것입니다.

- 솔리디티 공식 문서 및 다양한 온라인 보안 가이드, 사이트, 블로그는 최신 공격과 이를 피하는 방법을 소개하고 있습니다.

CHAPTER 15

결론

이 장의 주요 내용

- 이더리움 진화
- 이더리움 대체 플랫폼
- 이더리움 블록체인 이외의 기능

드디어 책의 마지막까지 도달했습니다. 많은 것을 배웠으므로 이제 스스로 여행을 계속할 준비가 됐습니다. 그래도 이더리움과 그 주변 환경은 끊임없이 변화하고 있기 때문에 여기에 만족해서는 안됩니다.

작별 인사를 하기 전에 자신만의 디앱을 제작할 때 특히 주의해야 할 점을 간략히 설명하겠습니다. 또한 일반적인 방법으로 구현할 수 없는 경우를 대비하여 주류 이더리움의 대체 플랫폼을 간단히 소개합니다. 마지막으로 현재의 전반적인 블록체인 환경을 간략하게 살펴보겠습니다.

이 장은 추가 학습을 위한 아이디어를 제공할 것이기 때문에 관련 주제를 자세히 다루지는 않겠습니다. 당신의 마음과 열정을 자극하기 위해 노력할 것입니다.

15.1 이더리움 진화

책 전체에서 여러 번 소개했듯이 이더리움은 계속 발전하고 있습니다. 여기서는 EVM, 솔리디티 언어, Web3.js 라이브러리, 합의 알고리즘, 생태계의 일부 요소 등이 어떻게 발전할 것인지에 관한 아이디어를 제공합니다. 하지만 온라인 자료를 접하면서 지속적으로 업데이트하는 것이 좋습니다.

15.1.1 EVM의 진화

현재 EVM 구현은 다이나믹 점프(스택의 인수로 주소를 사용할 수 있음)를 지원하지만 제어 흐름이나 데이터 흐름 분석을 복잡하고 느리게 만듭니다. 이더리움 개선 제안 615[1]는 EVM(버전 1.5)을 부분적으로 재설계하는 것을 목표로 합니다. 서브 루틴을 도입하고(정적 점프와 return 활용) 다이나믹 점프와 스택을 다른 용도로 사용하는 것을 허용하지 않습니다. 이러한 변화는 솔리디티에서 컴파일 향상, 더 빠른 해석, 네이티브 코드 최적화, 정적 분석과 공식 검증 도구가 더 좋아지는 등의 이점을 가져다줍니다. 또한 eWASM에서 더 나은 컴파일을 허용합니다.

eWASM이 무엇인지 궁금한가요? WASM은 WebAssembly(https://webassembly.org/)의 약자입니다. W3C가 공개 표준으로 설계한 새로운 바이너리 명령 형식입니다. 이 표준은 명령어 세트, 중간 소스 형식(WAST) 및 바이너리 인코딩 형식(WASM)을 정의합니다. Node.js, 크롬, 에지, 파이어폭스를 포함한 대부분의 주류 자바스크립트 엔진은 WebAssembly를 기본적으로 지원합니다. eWASM(https://github.com/ewasm)은 이더리움 스마트 컨트랙트를 지원하기 위해 설계된 WASM의 하위 집합입니다. 궁극적인 목표는 C와 러스트에서 이더리움 컨트랙트를 작성하기 위한 라이브러리와 가이드를 제공하는 것입니다.

15.1.2 솔리디티의 진화

이 책을 MEAP 버전[2]으로 읽는 독자라면 처음 읽기 시작했을 때부터 솔리디티가 자주 변경되는 것을 보았을 것입니다. 솔리디티 개발자는 종종 새로운 키워드를 출시하고 기존 키워드를 사용하지 않습니다. 이러한 지속적인 발전은 특히 보안 관점에서 솔리디티를 강력한 언어로 만들고 있습니다. 가장 큰 변화는 send() 및 call() 사용이 중단된 것인데 transfer()를 대신 사용하는 것이 좋습니다.

---

1 http://mng.bz/9OMq
2 편집자_ Manning Early Access Program. 매닝 출판사 웹사이트에서 장별로 완성된 원고 초안을 미리 볼 수 있다.

15.1.3 Web3.js의 진화

이 책 전체에서 Web3.js 버전 0.24는 현재 모든 도구와 안정적으로 작동하기 때문에 참조하고 있지만 가능한 한 빨리 버전 1.0으로 이동해야 합니다. 작성 당시에는 아직 베타 버전이지만 후보 릴리스가 곧 제공될 예정입니다.

15.1.4 합의 알고리즘의 진화

퍼블릭 프로덕션 네트워크인 메인넷은 여전히 PoW$^{Proof\ of\ Work}$ 합의 알고리즘을 기반으로 합니다. 기억하겠지만 PoW 알고리즘은 많은 채굴자가 암호화 퍼즐을 푸는 것과 동시에 블록체인에 새로운 블록을 추가하기 위해 경쟁하도록 설계됐습니다. 올바른 해시를 생성하는 논스를 찾을 때까지 새 블록을 계속 해시합니다(예: 앞자리에 0이 많은 해시). 해싱 프로세스는 CPU를 많이 사용하므로 에너지를 많이 사용합니다. 이더리움 네트워크 전체에서 초당 수조 회에 걸쳐 수행되는 새로운 블록을 해시하는 것은 에너지 낭비로 비난받고 있습니다. 개발자는 이 문제를 극복하기 위해 몇 가지 대안 합의 알고리즘인 PoS$^{Proof\ of\ Stake}$ 및 PoA$^{Proof\ of\ Authority}$를 실험하고 있습니다.

지분 증명

지분 증명 알고리즘[3]은 채굴자 한 명이 특정 기간 동안에 새로운 블록을 추가할 수 있도록 설계됐습니다. 결과적으로 새로운 블록은 초당 1조 번이 아니라 네트워크 전체에서 몇 초마다 한 번만 처리되므로 전력 소비 문제가 해결됩니다. 짐작하듯이 '채굴자'라는 용어는 이 알고리즘에서 더 이상 사용되지 않습니다. [그림 15-1]처럼 블록을 추가할 수 있는 후보를 검증자라고 부릅니다.

---

3 http://mng.bz/jO48

그림 15-1 PoS 대 PoW. PoW에서는 많은 채굴자가 블록을 추가하기 위해 동시에 작업하고 전력을 소비하는 반면 PoS에서는 검증자라 부르는 하나의 노드만이 특정 시간대에 새로운 블록 생성한다.

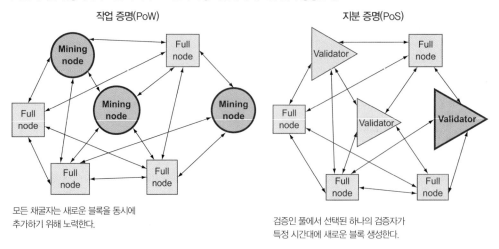

모든 채굴자는 새로운 블록을 동시에
추가하기 위해 노력한다.

검증인 풀에서 선택된 하나의 검증자가
특정 시간대에 새로운 블록 생성한다.

검증자는 가중치를 고려하여 난수 추출기나 라운드 로빈 함수로 검증자를 선출하고 선출된 검증자는 새로운 블록을 생성합니다. 그런 다음 PoS 알고리즘 구현에 따라 검증자는 생성한 블록을 2차 검증자에게 보내 승인받습니다. 2차 검증자들은 지분에 따라 투표합니다. 결과가 승인되면 새로운 블록은 블록체인에 추가되고 검증자는 이더를 보상으로 받습니다. 반면에 생성한 블록이 잘못된 것으로 나타나면 블록을 제출한 검증자는 블랙리스트에 오르고 예치금을 잃게 됩니다. 2차 검증자 역시 정직해야 합니다. [그림 15-2]에서 볼 수 있듯이 2차 검증자의 투표가 동료의 투표와 너무 차이가 많이 나면 벌금을 물고 예치금의 일부를 잃을 수 있습니다.

보상과 벌칙을 가지고 있는 PoS 알고리즘은 고급 하드웨어에 네트워크가 종속되는 것을 줄입니다. 또 채굴자가 중앙화되어 발행하는 위험과 51퍼센트의 공격 가능성(훨씬 비싼 공격 비용)을 낮추는 다양한 이점을 제공할 수 있습니다. PoS 알고리즘의 프로젝트 이름을 캐스퍼라고 하며 프로젝트는 2018년 1월에 테스트 네트워크를 출시했습니다.

권위 증명

많은 실무자와 연구원은 검증자의 총 보유량을 고려하지 않기 때문에 잠재적으로 불균형해질 수 있는 PoS의 인센티브 구조를 비판합니다. 예를 들어 정부가 후원하는 검증자가 일정량의 이더를 예치합니다. 이 예치금은 알고리즘 설계자가 생각하기에 충분히 많은 양이었습니다. 하지만 검증자가 가진 총 자산(암호화폐 및 재래식 자산을 포함한)의 가치보다 보증 금액이 상대적으로 적다면 검증자에게 정직하게 행동하도록 유인하기는 부족할 것입니다.

권위 증명[4]은 여전히 검증자 풀을 기반으로하는 대안적인 합의 알고리즘 형태입니다. 이 경우 각 검증자는 이더가 아닌 평판을 예치합니다. 검증자 풀에 참여하려는 노드는 공식적인 프로세스를 통해 참여할 수 있습니다. 이들은 실제 신원을 공개하며 공증 절차가 기존과 동일하게 이뤄집니다. 노드가 유효성 검증자로 승인되면 Authority(PoA 알고리즘 이름)가 됩니다. 예치금의 가치보다는 평판과 블록 검증 프로세스를 연결하는 것이 [그림 15-3]처럼 더 강력할 수 있다는 아이디어입니다.

현재 두 개의 퍼블릭 테스트 네트워크(Rinkeby, Kovan)가 PoA를 지원하고 있습니다. 2018년 8월 마이크로소프트는 애저^Azure 플랫폼 위에 이더리움 PoA를 출시했습니다. 개인 및 허가 네트워크 컨소시엄을 대상으로 합니다(허가 네트워크에 대한 자세한 내용은 15.2절을 참조하십시오).

---

4 https://en.wikipedia.org/wiki/Proof-of-authority

그림 15-2 PoS 알고리즘. 먼저 검증자는 보증금을 예치한다. 그런 다음 선출된 검증자가 새 블록을 제안하고 이를 승인받기 위해 2차 검증자에 블록을 제출한다. 2차 검증자가 블록이 정확하다고 판단하면 블록체인에 추가한다. 선출된 검증자 또는 2차 검증자의 부정이 드러나면 예치한 이더를 돌려받지 못한다.

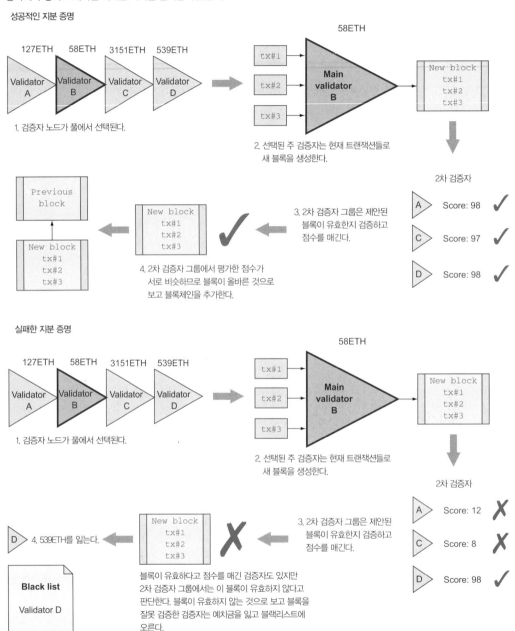

그림 15-3 PoA 대 PoS. PoS에서 노드가 악의적인 행동으로 예치한 이더를 잃어도 이들은 새로운 노드를 설정하고 악의적인 행동을 계속할 수 있다. PoA에서는 authority가 악의적인 것으로 감지되면 노드 스폰서(및 모든 관련 ID)가 네트워크에 다시 들어가지 못하게 된다.

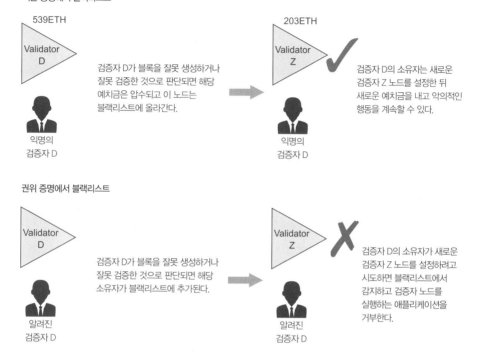

지분 증명에서 블랙리스트

539ETH

Validator D

검증자 D가 블록을 잘못 생성하거나 잘못 검증한 것으로 판단되면 해당 예치금은 압수되고 이 노드는 블랙리스트에 올라간다.

익명의 검증자 D

203ETH

Validator Z

검증자 D의 소유자는 새로운 검증자 Z 노드를 설정한 뒤 새로운 예치금을 내고 악의적인 행동을 계속할 수 있다.

익명의 검증자 D

권위 증명에서 블랙리스트

Validator D

검증자 D가 블록을 잘못 생성하거나 잘못 검증한 것으로 판단되면 해당 소유자가 블랙리스트에 추가된다.

알려진 검증자 D

Validator Z

검증자 D의 소유자가 새로운 검증자 Z 노드를 설정하려고 시도하면 블랙리스트에서 감지하고 검증자 노드를 실행하는 애플리케이션을 거부한다.

알려진 검증자 D

15.1.5 생태계의 진화

9장에서 소개한 이더리움 생태계의 많은 구성 요소가 발전하고 있습니다. ENS 웹사이트 (https://ens.domains/)에서 로드맵을 확인할 수 있습니다. 현재 커밋-리빌 경매를 기반으로 하는 운영 ENS 레지스트라가 몇 개월 내에 단순화된 버전으로 업데이트되는 것을 알 수 있습니다. 또한 스웜팀은 탈중앙화 파일 시스템의 향후 개발을 위한 로드맵[5]을 발표했습니다. Zeppelin이 극적으로 발전하고 있습니다. 오픈소스 이더리움 스마트 컨트랙트 라이브러리로 시작했지만 지금은 스마트 컨트랙트를 위한 완전한 운영체제인 ZeppelinOS(https://zeppelinos.org/)가 됐습니다.

---

5 https://github.com/ethersphere/swarm/wiki/roadmap

15.2 이더리움 대체 플랫폼

기술 자체는 매력적일지라도 기업에서 일하면 이더리움을 채택하기 어렵다고 생각할 수 있습니다. 그 이유 중 하나는 대부분의 엔터프라이즈 애플리케이션에 필요한 확장성, 권한 관리, 데이터 보호를 쉽게 지원받을 수 없기 때문입니다. 엔터프라이즈 이더리움 얼라이언스Enterprise Ethereum Alliance(이더리움 기업 연합)는 이러한 기능을 지원할 수 있도록 퍼블릭 이더리움을 확장하려는 조직입니다.

15.2.1 엔터프라이즈 이더리움 얼라이언스(EEA)

EEA(https://entethalliance.org/)는 2017년 3월 창립 멤버 30명과 500개 기업으로 구성된 비영리 컨소시엄입니다. IT기업(마이크로소프트, 인텔), 연구소(도요타 리서치 인스티튜트), 컨설팅회사(딜로이트Deloitte, 액센츄어Accenture, 삼성SDS), 금융기관(산탄데르 은행, ING)이 참여하고 있습니다. 컨소시엄의 사명은 엔터프라이즈 기능 및 요구 사항에 로드맵을 제안하고 추진하는 것입니다. 오픈소스 기술을 라이선싱하기 위한 거버넌스 모델을 형성합니다. 또 이더리움을 배우고 이를 산업에서 활용할 수 있도록 도움이 되는 자료를 제공합니다.

EEA는 네트워크 계층에서 애플리케이션 계층에 이르기까지 엔터프라이즈 이더리움 생태계를 표준화하여 제공하는 엔터프라이즈 이더리움 아키텍처 스택Enterprise Ethereum Architecture Stack(EEAS)을 발표했습니다. 이는 [표 15-1]에 설명되어 있으며 퍼블릭 이더리움 블록 생성과 엔터프라이즈 이더리움 블록 생성을 비교합니다(공식 문서보다 포괄적인 내용을 확인할 수 있습니다).

표 15-1 퍼블릭 이더리움 대 엔터프라이즈 이더리움 블록 생성 비교

단계	퍼블릭 이더리움	엔터프라이즈 이더리움
권한 및 자격 증명	키 관리	허가 및 인증
통합 및 배포 도구	통합 라이브러리	엔터프라이즈 관리 시스템
프라이버시	온 체인	프라이빗 트랜잭션 및 오프 체인 트랜잭션
스토리지	온 체인 퍼블릭 상태 변수 및 스토리지, 오프 체인 스토리지	온 체인 프라이빗 상태 변수
실행	EVM	신뢰할 수 있는 실행
합의 알고리즘	퍼블릭 합의 알고리즘	프라이빗 합의 알고리즘
네트워크	DevP2P	엔터프라이즈 P2P

2018년 5월 배포된 첫 번째 엔터프라이즈 이더리움 클라이언트 명세^{Enterprise Ethereum Client} ^{Specification}(EECS) 버전에서는 엔터프라이즈 배포에 필요한 권한 관리, 데이터 보호, 확장성을 지원에 도움이 되는 자세한 퍼블릭 이더리움 블록체인 익스텐션을 확인할 수 있습니다. 이는 EEA 웹사이트에서 다운로드할 수 있습니다. 광범위한 요구 사항을 [표 15-2]에 요약했습니다. EECS 목적은 다양한 공급업체에서 구현할 수 있도록 유연한 표준을 제시하는 것입니다. 예를 들어 사양서에는 노드 간의 연결, 권한 관리, 트랜잭션 기밀성이 필요한 정도에 따라 다양한 프라이버시 수준을 A, B, C로 구분합니다. 공급업체에서는 어떤 레벨을 목표로 해 인증받을지 결정할 수 있습니다.

표 15-2 EECS의 광범위한 요구 사항

요구 사항	설명
허가형	블록체인 시스템은 네트워크가 공개되지 않은 경우 허가형 블록체인으로 정의합니다. 제한된 알려진 참가자 집단이 노드를 소유합니다.
프라이버시	트랜잭션 내용은 거래 관련 당사자에게만 공개되어야 합니다.
확장성	블록체인 인프라 성능이 트랜잭션 수가 증가해도 저하되지 않아야 합니다. 신용카드 거래를 처리하는 시스템과 같이 주요 엔터프라이즈 시스템의 성능과 동일해야 합니다.

15.2.2 쿼럼

최초의 엔터프라이즈 이더리움 중 하나는 쿼럼^{Quorum}(www.jpmorgan.com/global/Quorum)입니다. 쿼럼은 2016년 EEA의 두 멤버인 AMIS(타이완 금융기관 합작투자회사)와 JP모건^{JP Morgan} 은행이 만든 이더리움 포크^{fork}입니다. 쿼럼은 프라이빗 이더리움 네트워크와 권한 및 데이터 보호를 처리하는 Constellation 네트워크를 결합하여 기능을 확장했습니다. [그림 15-4]와 같이 둘 이상의 참여자 간에 트랜잭션이 발생하면 Constellation 네트워크는 트랜잭션 구성원에게만 관련 스마트 컨트랙트를 배포합니다. 트랜잭션 내용은 트랜잭션 관리자에 의해 암호화되어 오프체인으로 저장되고 해시값은 공유되는 이더리움 블록체인에 저장됩니다.

쿼럼은 다음을 제공하는 최초의 이더리움 기반 플랫폼입니다.

- geth로 접속하여 합의 알고리즘을 설정할 수 있습니다.
- zk-SNARKs의 암호화 프라이버시 기술을 사용하여 스마트 컨트랙트 트랜잭션에 영지식 검증을 제공합니다. 이는 무엇이 연산되었는지 알 필요 없이 트랜잭션의 정확성을 검증하는 것을 의미합니다. 프로젝트 참여자

는 이 기술을 사용하여 영지식 보안 계층 zero-knowledge security layer (ZSL)을 구축했습니다. 쿼럼에서는 블록체인 디지털 자산 중 어떤 정보도 공개하지 않고 전송할 수 있어 프라이버시를 완벽히 보장합니다.

> **NOTE_** zk-SNARKs는 ZCash를 완전히 익명 암호화폐로 만드는 기술입니다. 비트코인은 이와 다르게 트랜잭션을 추적할 수 있습니다.

그림 15-4 쿼럼은 constellation 네트워크로 권한 및 개인 정보를 처리할 수 있다. 스마트 컨트랙트는 트랜잭션과 관련된 당사자에게만 배포된다. 트랜잭션은 암호화되어 오프체인으로 저장되고 해시값은 공유 이더리움 블록체인에 저장된다.

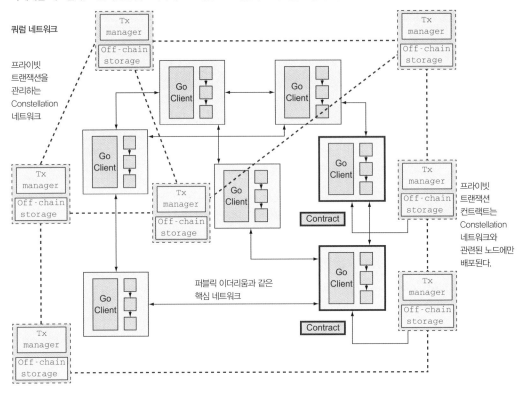

15.3 이더리움 블록체인을 넘어서

알다시피 블록체인 기술은 소유권을 증명하거나 자산을 추적하는 것과 관련된 문제를 해결하는 데 적합합니다. 그러나 앞에서 배운 대로 이더리움과 같은 퍼블릭 블록체인은 [표 15-2]에 나열된 것과 같이 기업용으로 고려되지 않았습니다. 따라서 이러한 문제를 해결하기 위해 설계된 엔터프라이즈 애플리케이션에는 적합하지 않습니다. EEA가 이더리움 블록체인의 다양한 확장 기능으로 이러한 요구 사항에 맞추려고 노력하고 있지만(쿼럼은 그 예시 중 하나) 다른 조직에서는 완전히 다른 접근 방식을 선택했습니다. 이러한 공급업체들은 탈중앙화된 데이터베이스가 모든 솔루션의 핵심 요소라는 것은 동의했지만 아키텍처 측면에서 이를 구현하는 방법은 많은 부분이 달랐습니다.

- **탈중앙화 데이터베이스 기술**

  반드시 블록체인을 기반으로 할 필요는 없으며 더 일반 용어인 분산 원장 기술(DLT)을 제안합니다.

- **권한 관리**

  공급업체는 알려진 참여자로 구성된 제한된 네트워크를 통해서 분산 원장에 안전하게 접근하거나 확장할 수 있습니다.

- **합의**

  블록체인 분야에서 합의는 PoW, PoS, PoA로 발전했습니다. PoW는 대규모 익명 채굴자 집단에서 같은 트랜잭션을 처리합니다. PoS는 보증금을 낸 소규모 검증자가 서로 다른 트랜잭션을 나누어 처리합니다. PoA는 잘 알려진 제한된 검증자가 트랜잭션을 처리합니다. 이러한 접근 방식의 공통점은 두 가지 네트워크 역할이 기본적으로 존재한다는 것입니다. 트랜잭션 제출자(모든 노드)와 검증자(또는 채굴자)를 가리킵니다. 반면에 분산 원장에서의 합의는 저장된 데이터의 무결성을 손상시키지 않으면서 더 나은 확장성을 제공하기 위해 역할 간에 더욱 복잡한 상호작용을 포함할 수 있습니다.

- **암호화폐**

  분산 원장의 합의 알고리즘은 블록체인을 기반으로 하지 않습니다. PoW 또는 PoS를 기반으로 하지 않으므로 암호화폐가 필요하지 않지만 일부 플랫폼에서는 필요하다면 여전히 암호화폐 또는 토큰으로 가치를 쉽게 교환할 수 있습니다.

상당한 관심을 모은 두 가지 분산 원장 프로젝트는 하이퍼레저^{Hyperledger}와 코다^{Corda}입니다. 분산 원장에서 발생하는 상황을 더 잘 이해할 수 있도록 제공하는 기능을 간략하게 설명하겠습니다.

15.3.1 하이퍼레저

2015년 12월경 리눅스 재단은 하이퍼레저라는 프로젝트를 시작했습니다. 이 프로젝트의 전략적 목표는 분산 원장을 개발하여 산업 간 협업을 촉진하는 것입니다. 분산 원장 프레임워크가 자금 및 기술을 지원하며 약 250개의 회원이 후원하는 프로젝트입니다. 이 프로젝트 위에서 다양한 분산 원장 프레임워크가 테스트됐습니다. 이더리움 가상머신의 자체 구현을 포함하는 하이퍼레저 버로우^{Hyperledger Burrow}와 모바일 애플리케이션에 중점을 둔 하이퍼레저 이로하^{Hyperledger Iroha}가 그 두 가지 예입니다.

히이퍼레저 프로젝트 중 가장 인기 있는 하이퍼레저 패브릭^{Hyperledger Fabric}(www.hyperledger.org/projects/fabric)은 엔터프라이즈 블록체인 애플리케이션을 위한 프레임워크를 구축하기 위해 시작됐습니다. 하이퍼레저 패브릭의 코드베이스는 얼마 전에 열린 해커톤에서 IBM, 블록체인 기업인 디지털 애셋^{Digital Asset}, 블록스트림^{Blockstream}이 개발한 코드입니다. 하이퍼레저 패브릭은 블록체인 기술을 기반으로 하지만 개방형 플러그 앤 플레이 프레임워크를 기반으로 설계됐습니다. 아키텍처의 많은 구성 요소를 변경하고 커스터마이즈할 수 있기 때문에 플랫폼을 여러 산업에서 사용할 수 있게 조정 가능합니다. 예를 들어 함의 알고리즘 설계 시 선택할 수 있으며 자바, 자바스크립트, Go와 같은 다양한 주류 언어로 스마트 컨트랙트를 작성할 수 있습니다. 공식 문서(https://hyperledger-fabric.readthedocs.io)에서는 플랫폼의 아키텍처부터 세부 구현 정보까지 정보를 포괄적으로 제공합니다.

다음은 이더리움과 같은 기존 블록체인 시스템과 차별화된 하이퍼레저 패브릭의 주요 특징입니다.

- 최대 4개의 역할이 트랜잭션에 참여하고 합의[6]를 할 수 있습니다.

  - **제출 클라이언트**: 트랜잭션을 보내는 노드입니다.

  - **보증인(또는 보증 피어)**: 전자서명을 검증하고 트랜잭션이 원장에 커밋되기 전에 보증 정책에 따라 승인합니다. 보증인은 일반적으로 트랜잭션을 승인해야 하는 모든 당사자입니다.

  - **주문자**: 트랜잭션이 요구할 때 주문 및 배달 보증을 제공하는 메시징 서비스를 실행하는 노드입니다.

  - **커미터(또는 피어)**: 트랜잭션을 커밋하고 원장 사본을 보유하는 노드입니다.

- 트랜잭션 세부 내용은 이해관계자에게 공개됩니다. 이는 왓츠앱그룹처럼 권한이 부여된 많은 참여자에게만 격리된 기밀 통신을 제공하는 서브네트워크 채널을 통해 이루어집니다.

---

6 http://mng.bz/Wadl

하이퍼레저에서 개발되는 또 다른 흥미로운 블록체인 프레임워크는 다음과 같은 혁신적인 기능을 소개하는 하이퍼레저 소투스Hyperledger Sawtooth[7]입니다.

- **트랜잭션 병렬 실행**

  대부분의 블록체인 시스템은 트랜잭션을 순차적으로만 처리할 수 있습니다.

- **온 체인 거버넌스**

  참여자는 스마트 컨트랙트 기반 투표로 네트워크를 적극적으로 구성할 수 있습니다.

- **이더리움과 호환**

  하이퍼레저 버로우와 마찬가지로 소투스는 솔리디티 컨트랙트를 실행할 수 있는 호환 EVM을 제공합니다.

- **합의 알고리즘 변경**

  패브릭의 플러그인 합의 알고리즘 디자인을 넘어서서 합의 알고리즘을 바로 변경할 수 있습니다.

- **광범위한 스마트 컨트랙트 언어 지원**

  패브릭이 지원하는 언어 외에도 소투스는 파이썬도 지원합니다.

15.3.2 코다

R3은 2015년에 설립된 컨소시엄입니다. 초창기에는 주로 금융 부문에서 시작하여 다른 산업에서 확장되었고 약 200명의 회원사를 둔 컨소시엄으로 성장했습니다. 2016년에 오픈 소스 프로젝트로 코다를 시작했습니다.

그들이 코다를 만들기 위해 취한 접근 방식은 EEA 및 하이퍼레저 이니셔티브와 다릅니다. 우선 기술 스택은 자바 가상머신, 관계형 데이터베이스, 메시지 대기열과 같은 표준 상용 기술로 구성됩니다. 다음으로 코다는 하이퍼레저의 채널처럼 이해관계자 그룹이 아닌 개별 트랜잭션 수준에서만 데이터를 공유하여 개인 정보를 보호합니다. 특히 둘 이상의 노드가 하나 이상의 팩트를 공유할 수 있으며 각 노드는 해당 팩트의 자체 로컬 사본을 유지합니다. [그림 15-5]와 공식 문서[8]에 광범위하게 설명되어 있는 바와 같이 모든 팩트를 저장하는 중앙화된 데이터베이스는 없습니다. 데이터 공유는 공증인을 통해 제공됩니다. 공증인은 네크워크 역할을 하며 트랜잭션 순서와 타임스탬프를 제공합니다.

---

7 http://mng.bz/Ee2X

8 https://docs.corda.net/key-concepts-ledger.html

그림 15-5 코다 네트워크에서 팩트를 공유하는 방법. 각 노드는 고유한 팩트 사본을 유지하지만 다른 팩트와 일부 팩트를 공유할 수 있다. 예를 들어 팩트 1과 5는 노드 A와 B 사이에서 공유된다. 팩트 4는 노드 C, D, E에서는 확인할 수 있지만 A, B에서는 확인할 수 없다.

코다 네크워크에서 팩트 공유

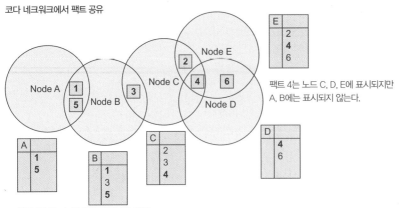

팩트 4는 노드 C, D, E에 표시되지만 A, B에는 표시되지 않는다.

팩트 1과 5는 노드 A와 B에만 표시된다.

보다시피 블록체인 세상은 끊임없이 진화하고 또 문제를 해결하는 여러 가지 방법이 나타나고 있습니다. 끝까지 놓치지 말고 더 많은 혁신을 기대하세요!

15.4 요약

- EVM은 eWASM을 지원하는 더 일반적인 버전으로 업그레이드되어 궁극적으로 러스트 및 C로 컴파일된 코드를 실행할 수 있습니다.

- send( ) 및 call( ) 지원을 중단하고 transfer( )를 권장하는 등 솔리디티 문법은 지속적으로 개선되고 있습니다.

- 작성 당시 베타 버전이었던 Web3.js 버전 1.0[9]은 이더리움 생태계에서 사용되는 공식 버전이 될 것입니다. 출시되면 바로 사용해보는 것을 추천합니다.

- 대체 이더리움 네트워크 일부는 작업 증명과 다른 합의 알고리즘을 사용합니다. Kovan 및 Rinkeby는 권위 증명을 사용하고 캐스퍼 프로젝트는 지분 증명을 도입합니다.

- 쿼럼과 같은 기업용 이더리움 플랫폼은 확장성, 권한 부여, 데이터 보호와 같은 기업용 디앱에서 필요한 것을 지원합니다.

- 하이퍼레저나 코다 같은 다른 분산 원장 플랫폼은 기업용 이더리움에 대안이 될 수 있습니다.

---

9 옮긴이_ 2020년 2월 기준으로 버전 1.2.6까지 나왔습니다.

appendix

부록

Ownable를 상속받아 리팩터링한 SimpleCoin

예제 A-1 Ownable를 상속받아 리팩터링한 SimpleCoin 컨트랙트

```solidity
pragma solidity ^0.4.16;
pragma solidity ^0.4.24;

import "./Listing6_4_Ownable.sol";

contract SimpleCoin is Ownable {
    mapping (address => uint256) public coinBalance;
    mapping (address => mapping (address => uint256)) public allowance;
    mapping (address => bool) public frozenAccount;

    event Transfer(address indexed from, address indexed to, uint256 value);
    event FrozenAccount(address target, bool frozen);

    constructor(uint256 _initialSupply) public {
        owner = msg.sender;

        mint(owner, _initialSupply);
    }

    function transfer(address _to, uint256 _amount) public {
        require(_to != 0x0);
        require(coinBalance[msg.sender] > _amount);
        require(coinBalance[_to] + _amount >= coinBalance[_to] );
        coinBalance[msg.sender] -= _amount;
        coinBalance[_to] += _amount;
        emit Transfer(msg.sender, _to, _amount);
    }
```

소유자 상태 변수 및 onlyOwner 함수제어자는 Ownable 컨트랙트에서 상속받습니다.

```solidity
function authorize(address _authorizedAccount, uint256 _allowance)
  public returns (bool success) {
  allowance[msg.sender][_authorizedAccount] = _allowance;
  return true;
}

function transferFrom(address _from, address _to, uint256 _amount)
  public returns (bool success) {
  require(_to != 0x0);
  require(coinBalance[_from] > _amount);
  require(coinBalance[_to] + _amount >= coinBalance[_to] );
  require(_amount <= allowance[_from][msg.sender]);
  coinBalance[_from] -= _amount;
  coinBalance[_to] += _amount;
  allowance[_from][msg.sender] -= _amount;
  emit Transfer(_from, _to, _amount);
  return true;
}

function mint(address _recipient, uint256 _mintedAmount)
  onlyOwner public {

  coinBalance[_recipient] += _mintedAmount;
  emit Transfer(owner, _recipient, _mintedAmount);
}

function freezeAccount(address target, bool freeze)
  onlyOwner public {

  frozenAccount[target] = freeze;
  emit FrozenAccount(target, freeze);
}
}
```

전체 SimpleCrowdsale 애플리케이션

예제 B-1 크라우드세일과 코인 컨트랙트를 포함한 전체 SimpleCrowdsale 애플리케이션

```solidity
pragma solidity ^0.4.24;

import "./Listing5_8_SimpleCoin.sol";
import "./Listing6_4_Ownable.sol";

interface ReleasableToken {
    function mint(address _beneficiary, uint256 _numberOfTokens) external;
    function release() external;
    function transfer(address _to, uint256 _amount) external;
}

contract ReleasableSimpleCoin is ReleasableToken, SimpleCoin {
    bool public released = false;

    modifier canTransfer() {
        if(!released) {
            revert();
        }
        _;
    }

    constructor(uint256 _initialSupply)
        SimpleCoin(_initialSupply) public {}

    function release() onlyOwner public {
        released = true;
    }

    function transfer(address _to, uint256 _amount)
```

```
            canTransfer public {
                super.transfer(_to, _amount);
        }

        function transferFrom(address _from, address _to,
            uint256 _amount)
            canTransfer public returns (bool) {
                super.transferFrom(_from, _to, _amount);
        }
    }

    contract FundingLimitStrategy{
        function isFullInvestmentWithinLimit(uint256 _investment,
            uint256 _fullInvestmentReceived)
            public view returns (bool);
    }

    contract CappedFundingStrategy is FundingLimitStrategy {
        uint256 fundingCap;

        constructor(uint256 _fundingCap) public {
            require(_fundingCap > 0);
            fundingCap = _fundingCap;
        }

        function isFullInvestmentWithinLimit(uint256 _investment,
            uint256 _fullInvestmentReceived)
            public view returns (bool) {

            bool check = _fullInvestmentReceived + _investment < fundingCap;
            return check;
        }
    }

    contract UnlimitedFundingStrategy is FundingLimitStrategy {
        function isFullInvestmentWithinLimit(uint256 _investment,
            uint256 _fullInvestmentReceived)
            public view returns (bool) {
            return true;
        }
    }

    contract SimpleCrowdsale is Ownable {
        uint256 public startTime;
```

```solidity
uint256 public endTime;
uint256 public weiTokenPrice;
uint256 public weiInvestmentObjective;

mapping (address => uint256) public investmentAmountOf;
uint256 public investmentReceived;
uint256 public investmentRefunded;

bool public isFinalized;
bool public isRefundingAllowed;

ReleasableToken public crowdsaleToken;

FundingLimitStrategy internal fundingLimitStrategy;

constructor(uint256 _startTime, uint256 _endTime,
 uint256 _weiTokenPrice, uint256 _etherInvestmentObjective)
 payable public
{
    require(_startTime >= now);
    require(_endTime >= _startTime);
    require(_weiTokenPrice != 0);
    require(_etherInvestmentObjective != 0);

    startTime = _startTime;
    endTime = _endTime;
    weiTokenPrice = _weiTokenPrice;
    weiInvestmentObjective = _etherInvestmentObjective
        * 1000000000000000000;

    crowdsaleToken = createToken();
    isFinalized = false;
    fundingLimitStrategy = createFundingLimitStrategy();
}

event LogInvestment(address indexed investor, uint256 value);
event LogTokenAssignment(address indexed investor, uint256 numTokens);
event Refund(address investor, uint256 value);

function invest() public payable {
    require(isValidInvestment(msg.value));

    address investor = msg.sender;
    uint256 investment = msg.value;
```

```
    investmentAmountOf[investor] += investment;
    investmentReceived += investment;

    assignTokens(investor, investment);
    emit LogInvestment(investor, investment);
}

function createToken()
    internal returns (ReleasableToken) {
        return new ReleasableSimpleCoin(0);
}

function createFundingLimitStrategy()
    internal returns (FundingLimitStrategy);

function isValidInvestment(uint256 _investment)
    internal view returns (bool) {
    bool nonZeroInvestment = _investment != 0;
    bool withinCrowsalePeriod = now >= startTime && now <= endTime;

    return nonZeroInvestment && withinCrowsalePeriod
        && fundingLimitStrategy.isFullInvestmentWithinLimit(
        _investment, investmentReceived);
}

function assignTokens(address _beneficiary,
    uint256 _investment) internal {

    uint256 _numberOfTokens = calculateNumberOfTokens(_investment);
    crowdsaleToken.mint(_beneficiary, _numberOfTokens);
}

function calculateNumberOfTokens(uint256 _investment)
    internal returns (uint256) {
    return _investment / weiTokenPrice;
}

function finalize() onlyOwner public {
    if (isFinalized) revert();

    bool isCrowdsaleComplete = now > endTime;
    bool investmentObjectiveMet = investmentReceived
        >= weiInvestmentObjective;
```

```
        if (isCrowdsaleComplete)
        {
            if (investmentObjectiveMet)
                crowdsaleToken.release();
            else
                isRefundingAllowed = true;

            isFinalized = true;
        }
    }

    function refund() public {
        if (!isRefundingAllowed) revert();

        address investor = msg.sender;
        uint256 investment = investmentAmountOf[investor];
        if (investment == 0) revert();
        investmentAmountOf[investor] = 0;
        investmentRefunded += investment;
        emit Refund(msg.sender, investment);

        if (!investor.send(investment)) revert();
    }
}

contract TranchePricingCrowdsale is SimpleCrowdsale {

    struct Tranche {
        uint256 weiHighLimit;
        uint256 weiTokenPrice;
    }

    mapping(uint256 => Tranche) public trancheStructure;
    uint256 public currentTrancheLevel;

    constructor(uint256 _startTime, uint256 _endTime,
     uint256 _etherInvestmentObjective)
     SimpleCrowdsale(_startTime, _endTime,
        1, _etherInvestmentObjective)
     payable public
    {
        trancheStructure[0] = Tranche(3000 ether, 0.002 ether);
        trancheStructure[1] = Tranche(10000 ether, 0.003 ether);
        trancheStructure[2] = Tranche(15000 ether, 0.004 ether);
```

```
            trancheStructure[3] = Tranche(1000000000 ether, 0.005 ether);
            currentTrancheLevel = 0;
    }


    function calculateNumberOfTokens(uint256 investment)
        internal returns (uint256) {
        updateCurrentTrancheAndPrice();
        return investment / weiTokenPrice;
    }


    function updateCurrentTrancheAndPrice()
        internal {
        uint256 i = currentTrancheLevel;

        while(trancheStructure[i].weiHighLimit < investmentReceived)
            ++i;

        currentTrancheLevel = i;

        weiTokenPrice =
            trancheStructure[currentTrancheLevel].weiTokenPrice;
    }
}

contract FixedPricingCrowdsale is SimpleCrowdsale {

    constructor(uint256 _startTime, uint256 _endTime,
      uint256 _weiTokenPrice, uint256 _etherInvestmentObjective)
      SimpleCrowdsale(_startTime, _endTime,
      _weiTokenPrice, _etherInvestmentObjective)
      payable public {
    }

    function calculateNumberOfTokens(uint256 investment)
        internal returns (uint256) {
        return investment / weiTokenPrice;
    }
}

contract UnlimitedFixedPricingCrowdsale is FixedPricingCrowdsale {

    constructor(uint256 _startTime, uint256 _endTime,
      uint256 _weiTokenPrice, uint256 _etherInvestmentObjective)
      FixedPricingCrowdsale(_startTime, _endTime,
```

```solidity
     _weiTokenPrice, _etherInvestmentObjective)
      payable public {
      }

    function createFundingLimitStrategy()
        internal returns (FundingLimitStrategy) {
        return new UnlimitedFundingStrategy();
    }
}

contract CappedFixedPricingCrowdsale is FixedPricingCrowdsale {

    constructor(uint256 _startTime, uint256 _endTime,
     uint256 _weiTokenPrice, uint256 _etherInvestmentObjective)
     FixedPricingCrowdsale(_startTime, _endTime,
     _weiTokenPrice, _etherInvestmentObjective)
     payable public {
     }

    function createFundingLimitStrategy()
        internal returns (FundingLimitStrategy) {

        return new CappedFundingStrategy(10000);
    }
}

contract UnlimitedTranchePricingCrowdsale is TranchePricingCrowdsale {

    constructor(uint256 _startTime, uint256 _endTime,
     uint256 _etherInvestmentObjective)
     TranchePricingCrowdsale(_startTime, _endTime,
     _etherInvestmentObjective)
     payable public {
     }

    function createFundingLimitStrategy()
        internal returns (FundingLimitStrategy) {

        return new UnlimitedFundingStrategy();
    }
}

contract CappedTranchePricingCrowdsale is TranchePricingCrowdsale {
```

```
constructor(uint256 _startTime, uint256 _endTime,
 uint256 _etherInvestmentObjective)
 TranchePricingCrowdsale(_startTime, _endTime,
 _etherInvestmentObjective)
 payable public {
}

function createFundingLimitStrategy()
    internal returns (FundingLimitStrategy) {

    return new CappedFundingStrategy(10000);
}
}
```

SimpleCoin 모카 단위 테스트 스위트

예제 C-1 SimpleCoinTests.js

```javascript
const fs = require('fs');
const solc = require('solc');
const Web3 = require('web3');
const web3 = new Web3(
    new Web3.providers.HttpProvider("http://localhost:8545"));
var assert = require('assert');

const source =
    fs.readFileSync('c:/Ethereum/mocha/SimpleCoin/SimpleCoin.sol',
    'utf8');
const compiledContract = solc.compile(source, 1);
const abi = compiledContract.contracts[':SimpleCoin'].interface;
const bytecode = '0x' + compiledContract.contracts[':SimpleCoin'].bytecode;
const gasEstimate = web3.eth.estimateGas({ data: bytecode }) + 100000;

const SimpleCoinContractFactory = web3.eth.contract(JSON.parse(abi));

describe('SimpleCoin', function() {
  this.timeout(5000);
  describe('SimpleCoin constructor', function() {
    it('Contract owner is sender', function(done) {
        //arrange
            let sender = web3.eth.accounts[1];
            let initialSupply = 10000;

        //act
        let simpleCoinInstance =
            SimpleCoinContractFactory.new(initialSupply, {
                from: sender, data: bytecode, gas: gasEstimate},
```

```
                    function (e, contract){
                    if (typeof contract.address !== 'undefined') {
                            //assert
                            assert.equal(contract.owner(), sender);
                            done();
                    }
            });
});


    it('Contract owner balance is equal to initialSupply', function(done) {
        //arrange
            let sender = web3.eth.accounts[1];
            let initialSupply = 10000;

            //act
            let simpleCoinInstance =
                SimpleCoinContractFactory.new(initialSupply, {
                    from: sender, data: bytecode, gas: gasEstimate},
                    function (e, contract){
                    if (typeof contract.address !== 'undefined') {
                            //assert

    assert.equal(contract.coinBalance(contract.owner()), initialSupply);
                            done();
                }
            });
    });
});

describe('transfer', function() {
  it('Cannot transfer a number of tokens higher than number of tokens
➡ owned', function(done) {
        //arrange
            let sender = web3.eth.accounts[1];
            let initialSupply = 10000;
            let recipient = web3.eth.accounts[2];
            let tokensToTransfer = 12000;

            let simpleCoinInstance =
                SimpleCoinContractFactory.new(initialSupply, {
                    from: sender, data: bytecode, gas: gasEstimate},
                    function (e, contract){
                    if (typeof contract.address !== 'undefined') {
                            //act and assert
```

```
                           assert.throws(
                               ()=> {
                                       contract.transfer(
                                           recipient, tokensToTransfer, {
                                           from:sender,gas:200000});
                                   },
                                   /VM Exception while processing transaction/
                               );
                               done();
                       }
                   });
           });
       it('Successful transfer: final sender and recipient balances are
➡ correct', function(done) {
           //arrange
               let sender = web3.eth.accounts[1];
               let initialSupply = 10000;
               let recipient = web3.eth.accounts[2];
               let tokensToTransfer = 200;

               let simpleCoinInstance =
                   SimpleCoinContractFactory.new(initialSupply, {
                       from: sender, data: bytecode, gas: gasEstimate},
                       function (e, contract){
                       if (typeof contract.address !== 'undefined') {

                           //act
                           contract.transfer(recipient, tokensToTransfer, {
                               from:sender,gas:200000});

                           //assert
                           const expectedSenderBalance = 9800;
                           const expectedRecipientBalance = 200;

                           let actualSenderBalance =
                               contract.coinBalance(sender);
                           let actualRecipientBalance =
                               contract.coinBalance(recipient);

                           assert.equal(actualSenderBalance,
                               expectedSenderBalance);
                           assert.equal(actualRecipientBalance,
                               expectedRecipientBalance);
```

```
                            done();
                    }
                });
        });
    });


    describe('authorize', function() {
        it('Successful authorization: the allowance of the authorized account
➡ is set correctly', function(done) {
            //arrange
                let sender = web3.eth.accounts[1];
                let initialSupply = 10000;
                let authorizer = web3.eth.accounts[2];
                let authorized = web3.eth.accounts[3];
                let allowance = 300;

                let simpleCoinInstance =
                    SimpleCoinContractFactory.new(initialSupply,
                        {from: sender, data: bytecode, gas: gasEstimate},
                        function (e, contract){
                        if (typeof contract.address !== 'undefined') {
                                //act
                                let result = contract.authorize(authorized,
                                        allowance,
                                        {from:authorizer,gas:200000});

                                //assert
                                assert.equal(contract.allowance(
                                    authorizer, authorized), 300);

                                done();
                        }
                });
        });
    });

    describe('transferFrom', function() {
        it('Cannot transfer number of tokens higher than that owned by
➡ authorizer', function(done) {
            //arrange
                let sender = web3.eth.accounts[1];
                let initialSupply = 10000;
                let authorizer = web3.eth.accounts[2];
                let authorized = web3.eth.accounts[3];
```

```
                let toAccount = web3.eth.accounts[5];
                let allowance = 300;
                let initialBalanceOfAuthorizer = 400;
                let tokensToTransferFromAuthorizerToAuthorized = 450;

                let simpleCoinInstance =
                    SimpleCoinContractFactory.new(initialSupply,
                        {from: sender, data: bytecode, gas: gasEstimate},
                        function (e, contract){
                            if (typeof contract.address !== 'undefined') {

                                //arrange
                                contract.authorize(authorized, allowance, {
                                    from:authorizer,gas:200000});

                                contract.transfer(authorizer,
                                    initialBalanceOfAuthorizer,
                                 from:sender,gas:200000});

                                //act and assert
                                assert.throws(
                                    ()=> {
                                        contract.transferFrom(authorizer,
                                            toAccount,
                                            tokensToTransferFromAuthorizerToAuthorized,
                                            {from:authorized,gas:200000});
                                    },
                                    /VM Exception while processing transaction/
                                );

                                done();
                            }
                    });
        });

    it('Cannot transfer tokens from an account that has not authorized any
    account', function(done) {
            //arrange
            let sender = web3.eth.accounts[1];
            let initialSupply = 10000;
            let authorizer = web3.eth.accounts[2];
            let authorized = web3.eth.accounts[3];
            let toAccount = web3.eth.accounts[5];
            let allowance = 300;
```

```
        let initialBalanceOfAuthorizer = 400;

        let fromAccount = web3.eth.accounts[4];
        let initialBalanceOfFromAccount = 400;

        let tokensToTransfer = 250;

        let simpleCoinInstance =
            SimpleCoinContractFactory.new(initialSupply, {
              from: sender, data: bytecode, gas: gasEstimate},
            function (e, contract){
              if (typeof contract.address !== 'undefined') {

                //arrange
                contract.authorize(authorized, allowance,
                    {from:authorizer,gas:200000});

                contract.transfer(fromAccount,
                    initialBalanceOfFromAccount,
                    {from:sender,gas:200000});

                //act and assert
                assert.throws(
                    ()=> {
                      contract.transferFrom(fromAccount,
                        toAccount,
                        tokensToTransfer,
                        {from:authorized,gas:200000});
                      },
                      /VM Exception while processing transaction/
                );

                done();
              }
          });
  });
    it('Cannot transfer tokens by an account that has not been
 authorized', function(done) {
        //arrange
          let sender = web3.eth.accounts[1];
          let initialSupply = 10000;
          let authorizer = web3.eth.accounts[2];
          let authorized = web3.eth.accounts[3];
          let toAccount = web3.eth.accounts[5];
```

```
            let allowance = 300;
            let initialBalanceOfAuthorizer = 400;

            let transferExecuter = web3.eth.accounts[4];

            let tokensToTransfer = 250;

            let simpleCoinInstance =
                  SimpleCoinContractFactory.new(initialSupply,
                     {from: sender, data: bytecode, gas: gasEstimate},
                     function (e, contract){
                        if (typeof contract.address !== 'undefined') {

                           //arrange
                           contract.authorize(authorized, allowance, {
                              from:authorizer,gas:200000});

                           contract.transfer(authorizer,
                              initialBalanceOfAuthorizer,
                              {from:sender,gas:200000});

                           //act and assert
                           assert.throws(
                              ()=> {
                                 contract.transferFrom(authorizer,
                                    toAccount, tokensToTransfer,
                                    {from:transferExecuter,gas:200000});
                                 },
                                 /VM Exception while processing transaction/
                           );

                           done();
                        }
                     });
      });

   it('Successful transfer from authorizer to authorized: final source
➥ and destination balances are correct and allowance is reduced as
➥ expected', function(done) {
         //arrange
            let sender = web3.eth.accounts[1];
            let initialSupply = 10000;
            let authorizer = web3.eth.accounts[2];
            let authorized = web3.eth.accounts[3];
```

```
            let toAccount = web3.eth.accounts[5];
            let allowance = 300;
            let initialBalanceOfAuthorizer = 400;

            let tokensToTransfer = 250;

            let simpleCoinInstance =
                    SimpleCoinContractFactory.new(initialSupply,
                        {from: sender, data: bytecode, gas: gasEstimate},
                        function (e, contract){
                          if (typeof contract.address !== 'undefined') {

                              //arrange
                              contract.authorize(authorized, allowance,
                                      {from:authorizer,gas:200000});

                              contract.transfer(authorizer,
                                  initialBalanceOfAuthorizer,
                              {from:sender,gas:200000});

                              //act
                              contract.transferFrom(authorizer, toAccount,
                                  tokensToTransfer,
                                  {from:authorized,gas:200000});

                              //assert
                              assert.equal(150,
                                  contract.coinBalance(authorizer));
                              assert.equal(250,
                              contract.coinBalance(toAccount));
                              assert.equal(50,
                                  contract.allowance(authorizer, authorized));

                              done();
                          }
                      });
      });
  });


describe('mint', function() {
  it('Cannot mint from nonowner account', function(done) {
        //arrange
        let sender = web3.eth.accounts[1];
        let initialSupply = 10000;
```

```
          let minter = web3.eth.accounts[2];
          let recipient = web3.eth.accounts[3];
          let mintedCoins = 3000;

          let simpleCoinInstance =
                SimpleCoinContractFactory.new(initialSupply,
                   {from: sender, data: bytecode, gas: gasEstimate},
                   function (e, contract){
                      if (typeof contract.address !== 'undefined') {
                         //act and assert
                         assert.throws(
                           ()=> {
                               contract.mint(recipient, mintedCoins,
                               {from:minter,gas:200000});
                           },
                           /VM Exception while processing transaction/
                         );

                         done();
                      }
                });
      });

   it('Successful minting: the recipient has the correct balance',
       function(done) {
          //arrange
          let sender = web3.eth.accounts[1];
          let initialSupply = 10000;

          let recipient = web3.eth.accounts[3];
          let mintedCoins = 3000;

          let simpleCoinInstance =
                SimpleCoinContractFactory.new(initialSupply,
                   {from: sender, data: bytecode, gas: gasEstimate},
                   function (e, contract){
                      if (typeof contract.address !== 'undefined') {
                         //act
                         contract.mint(recipient, mintedCoins,
                            {from:sender,gas:200000});

                         //assert
                         assert.equal(contract.coinBalance(recipient),
                            mintedCoins);
```

```
                    done();
                }
            });
        });
    });
});

describe('freezeAccount', function() {
    it('Cannot freeze from nonowner account', function(done) {
        //arrange
        let sender = web3.eth.accounts[1];
        let initialSupply = 10000;

        let freezer = web3.eth.accounts[2];
        let frozen = web3.eth.accounts[3];

        let simpleCoinInstance =
            SimpleCoinContractFactory.new(initialSupply,
              {from: sender, data: bytecode, gas: gasEstimate},
              function (e, contract){
               if (typeof contract.address !== 'undefined') {
                   //act and assert
                   assert.throws(
                      ()=> {
                         contract.freezeAccount(frozen, true,
                         {from:freezer,gas:200000});
                      },
                      /VM Exception while processing transaction/
                   );

                   done();
                }
            });
    });
    it('Successful freezing: verify the account has been frozen',
     function(done) {
        //arrange
        let sender = web3.eth.accounts[1];
        let initialSupply = 10000;

        let frozen = web3.eth.accounts[3];

        let simpleCoinInstance =
            SimpleCoinContractFactory.new(initialSupply,
              {from: sender, data: bytecode, gas: gasEstimate},
```

```
            function (e, contract){
              if (typeof contract.address !== 'undefined') {
                //act
                contract.freezeAccount(frozen, true,
                    {from:sender,gas:200000});
                //assert
                assert.equal(contract.frozenAccount(frozen),
                    true);
                done();
              }
            });
        });
    });

});
```

Ownable를 상속받는
SimpleCoin

예제 D-1 SimpleVoting.sol. 전체 투표 컨트랙트

```solidity
pragma solidity ^0.4.22;

contract SimpleVoting {

    struct Voter {
        bool isRegistered;
        bool hasVoted;
        uint votedProposalId;
    }

    struct Proposal {
        string description;
    uint voteCount;
    }

    enum WorkflowStatus {
        RegisteringVoters,
        ProposalsRegistrationStarted,
        ProposalsRegistrationEnded,
        VotingSessionStarted,
        VotingSessionEnded,
        VotesTallied
    }

    WorkflowStatus public workflowStatus;
    address public administrator;
    mapping(address => Voter) public voters;
    Proposal[] public proposals;
    uint private winningProposalId;
```

```solidity
    modifier onlyAdministrator() {
        require(msg.sender == administrator,
        "the caller of this function must be the administrator");
        _;
    }

    modifier onlyRegisteredVoter() {
    require(voters[msg.sender].isRegistered,
        "the caller of this function must be a registered voter");
        _;
    }

    modifier onlyDuringVotersRegistration() {
        require(workflowStatus == WorkflowStatus.RegisteringVoters,
            "this function can be called only before proposals registration
 has started");
        _;
    }

    modifier onlyDuringProposalsRegistration() {
        require(workflowStatus ==
            WorkflowStatus.ProposalsRegistrationStarted,
            "this function can be called only during proposals
 registration");
        _;
    }

    modifier onlyAfterProposalsRegistration() {
        require(workflowStatus == WorkflowStatus.ProposalsRegistrationEnded,
            "this function can be called only after proposals registration
 has ended");
        _;
    }

    modifier onlyDuringVotingSession() {
        require(workflowStatus == WorkflowStatus.VotingSessionStarted,
            "this function can be called only during the voting session");
        _;
    }

    modifier onlyAfterVotingSession() {
        require(workflowStatus == WorkflowStatus.VotingSessionEnded,
            "this function can be called only after the voting session
 has ended");
```

```
        _;
    }

    modifier onlyAfterVotesTallied() {
        require(workflowStatus == WorkflowStatus.VotesTallied,
            "this function can be called only after votes have been
tallied");
        _;
    }

    event VoterRegisteredEvent (
            address voterAddress
    );

    event ProposalsRegistrationStartedEvent ();

    event ProposalsRegistrationEndedEvent ();

    event ProposalRegisteredEvent(
        uint proposalId
    );

    event VotingSessionStartedEvent ();

    event VotingSessionEndedEvent ();

    event VotedEvent (
        address voter,
        uint proposalId
    );

    event VotesTalliedEvent ();

    event WorkflowStatusChangeEvent (
        WorkflowStatus previousStatus,
        WorkflowStatus newStatus
    );

    constructor() public {
        administrator = msg.sender;
        workflowStatus = WorkflowStatus.RegisteringVoters;
    }

    function registerVoter(address _voterAddress)
```

```
    public onlyAdministrator onlyDuringVotersRegistration {

    require(!voters[_voterAddress].isRegistered,
        "the voter is already registered");

    voters[_voterAddress].isRegistered = true;
    voters[_voterAddress].hasVoted = false;
    voters[_voterAddress].votedProposalId = 0;

    emit VoterRegisteredEvent(_voterAddress);
}

function startProposalsRegistration()
    public onlyAdministrator onlyDuringVotersRegistration {
    workflowStatus = WorkflowStatus.ProposalsRegistrationStarted;

    emit ProposalsRegistrationStartedEvent();
    emit WorkflowStatusChangeEvent(
        WorkflowStatus.RegisteringVoters, workflowStatus);
}

function endProposalsRegistration()
    public onlyAdministrator onlyDuringProposalsRegistration {
    workflowStatus = WorkflowStatus.ProposalsRegistrationEnded;

    emit ProposalsRegistrationEndedEvent();
    emit WorkflowStatusChangeEvent(
        WorkflowStatus.ProposalsRegistrationStarted, workflowStatus);
}

function registerProposal(string proposalDescription)
    public onlyRegisteredVoter onlyDuringProposalsRegistration {
    proposals.push(Proposal({
        description: proposalDescription,
        voteCount: 0
    }));

    emit ProposalRegisteredEvent(proposals.length - 1);
}

function getProposalsNumber() public view
    returns (uint) {
    return proposals.length;
}
```

```
function getProposalDescription(uint index) public view
    returns (string) {
    return proposals[index].description;
}

function startVotingSession()
    public onlyAdministrator onlyAfterProposalsRegistration {
    workflowStatus = WorkflowStatus.VotingSessionStarted;

    emit VotingSessionStartedEvent();
    emit WorkflowStatusChangeEvent(
        WorkflowStatus.ProposalsRegistrationEnded, workflowStatus);
}

function endVotingSession()
    public onlyAdministrator onlyDuringVotingSession {
    workflowStatus = WorkflowStatus.VotingSessionEnded;

    emit VotingSessionEndedEvent();
    emit WorkflowStatusChangeEvent(
    WorkflowStatus.VotingSessionStarted, workflowStatus);
}

function vote(uint proposalId)
    onlyRegisteredVoter
    onlyDuringVotingSession public {
    require(!voters[msg.sender].hasVoted,
        "the caller has already voted");

    voters[msg.sender].hasVoted = true;
    voters[msg.sender].votedProposalId = proposalId;

    proposals[proposalId].voteCount += 1;

    emit VotedEvent(msg.sender, proposalId);
}

function tallyVotes() onlyAdministrator onlyAfterVotingSession public {
    uint winningVoteCount = 0;
    uint winningProposalIndex = 0;

    for (uint i = 0; i < proposals.length; i++) {
        if (proposals[i].voteCount > winningVoteCount) {
            winningVoteCount = proposals[i].voteCount;
```

```
                    winningProposalIndex = i;
                }
            }

        winningProposalId = winningProposalIndex;
        workflowStatus = WorkflowStatus.VotesTallied;

        emit VotesTalliedEvent();
        emit WorkflowStatusChangeEvent(
            WorkflowStatus.VotingSessionEnded, workflowStatus);
    }

    function getWinningProposalId() onlyAfterVotesTallied public view
        returns (uint) {
         return winningProposalId;
    }

    function getWinningProposalDescription()
        onlyAfterVotesTallied public view
        returns (string) {
         return proposals[winningProposalId].description;
    }

    function getWinningProposaVoteCounts() onlyAfterVotesTallied public view
        returns (uint) {
         return proposals[winningProposalId].voteCount;
    }

    function isRegisteredVoter(address _voterAddress) public view
        returns (bool) {
        return voters[_voterAddress].isRegistered;
    }

    function isAdministrator(address _address) public view
        returns (bool) {
        return _address == administrator;
    }

    function getWorkflowStatus() public view
        returns (WorkflowStatus) {
        return workflowStatus;
    }
}
```

INDEX

INDEX

INDEX